电子诉讼规则研究

——最高人民法院司法研究重大课题

电子诉讼规则研究论文选编

主　编　方　向

副主编　石　松　肖建国

中国民主法制出版社

图书在版编目（CIP）数据

电子诉讼规则研究:最高人民法院司法研究重大课
题电子诉讼规则研究论文选编/方向主编.—北京：
中国民主法制出版社,2022.3
ISBN 978-7-5162-2751-0

Ⅰ.①电… Ⅱ.①方… Ⅲ.①数字技术—应用—诉讼
—规则—中国—文集 Ⅳ.①D925.1-53

中国版本图书馆 CIP 数据核字(2022)第 013529 号

图书出品人:刘海涛
出 版 统 筹:乔先彪
责 任 编 辑:许泽荣 谢瑾勋

书名/ 电子诉讼规则研究
    ——最高人民法院司法研究重大课题电子诉讼规则研究论文选编
作者/ 方 向 主 编
    石 松 肖建国 副主编

出版·发行/ 中国民主法制出版社
地址/ 北京市丰台区右安门外玉林里 7 号 (100069)
电话/ (010)63055259(总编室) 63058068 63057714(营销中心)
传真/ (010)63055259
http:www.npcpub.com
E-mail:mzfz@npcpub.com
经销/ 新华书店
开本/ 16 开 710 毫米×1000 毫米
印张/ 22 **字数**/ 325 千字
版本/ 2022 年 3 月第 1 版 2022 年 3 月第 1 次印刷
印刷/ 三河市宏图印务有限公司

书号/ ISBN 978-7-5162-2751-0
定价/ 78.00 元
出版声明/ 版权所有,侵权必究。

本书为最高人民法院 2020 年度司法研究重大课题"互联网时代电子诉讼规则研究"课题研究成果之一。

课题名称:互联网时代电子诉讼规则研究

课题编号:ZGFYZDKT202014-03

课题主持人:方　向

课题主持单位:真相网络科技(北京)有限公司

本书编委会

主　编　方　向

副主编　石　松　肖建国

编　辑　郝　绮　张思巧　丁金钰　陈雅琪

撰稿人(按姓氏首字母排序)：

曹　源　陈艳飞　程勇跃　邓　罡　邓　莹

丁金钰　杜　辉　金安怡　邝志强　李俊冰

李　科　李兴勤　李云梦　卢爱媛　孟　思

彭　星　钱宇轩　阮　啸　沈传案　石　松

孙梦龙　孙　戈　孙宇辉　陶佳钰　王　悦

吴克坤　武　桐　杨益霞　张诗曼　周蔚林

信息化时代的信息立法:立于信息科学
技术发展与社会发展交汇前沿
(代序)

法律是什么,法律为了什么,这是信息立法需要清晰认识和准确把握的价值判断与基本立场问题。人类正进入信息化时代。[①] 信息化正深刻改变着世界,深刻改变着人们的生活方式,深刻改变着社会治理方式。时代不同了,社会条件变了,但立法的价值追求没有变。信息化时代的信息立法,依然恪守立法本质要义,站在信息科学技术发展与社会发展的交汇前沿,聚焦信息科学技术发展与法律科学技术发展的交叉点,以信息化时代思维建构信息立法,彰显信息立法的时代特征,顺应信息化时代发展潮流,勇立信息化时代潮头。

一、立法初心:体现实现人的自由和全面发展

1894 年 1 月 3 日,意大利人朱泽培·卡内帕请求恩格斯为《新纪元》周刊创刊号题词,而且要求尽量用简短的字句来表述未来的社会主义纪元的基本思想,以区别于伟大诗人但丁对旧纪元所作的"一些人统治,另一些人受苦难"的界定。恩格斯回复说:"我打算从马克思的著作中给您找出一则

---

① 美国未来学家阿尔文·托夫勒在 1983 年出版的《第三次浪潮》一书中,把人类科学技术的每次巨大飞跃作为一次浪潮,认为每次新的浪潮都冲击着前一次浪潮的文明,并建立起与其相应的经济类型,从而决定社会面貌。第一次浪潮是农业革命,第二次浪潮是工业革命,第三次浪潮是信息革命。从 20 世纪 50 年代后期开始,人类社会正在向信息时代过渡,第三次浪潮的信息社会与前两次浪潮的农业社会和工业社会最大的区别,就是不再以体能和机械能为主,而是以智能为主,社会进步不再以技术和物质生活标准来衡量,而是以丰富多彩的文化来衡量。这个时代,鼓励个人人性发展,培养一种新的社会性格。2006 年 3 月举行的第 60 届联合国大会通过第 60/252 号决议,确定自 2006 年开始,每年的 5 月 17 日为"世界信息社会日",这标志着信息化对人类社会的影响进入了一个新的阶段。加快信息化发展,使信息化向纵深推进,推动信息社会建设已经成为世界各国的共同选择。2006 年 5 月,中共中央办公厅、国务院办公厅印发的《2006—2020 年国家信息化发展战略》,将信息化叙述为:信息化是充分利用信息技术,开发利用信息资源,促进信息交流和知识共享,提高经济增长质量,推动经济社会发展转型的历史进程。

您所期望的题词。我认为,马克思是当代唯一能够和伟大的佛罗伦萨人(但丁)相提并论的社会主义者。但是,除了《共产党宣言》中的下面这句话,我再也找不出合适的了:'代替那存在着的阶级和阶级对立的资产阶级旧社会的,将是这样一个联合体,在那里,每个人的自由发展是一切人的自由发展的条件。'"①恩格斯对朱泽培·卡内帕的回复,清晰地表达了马克思主义追求的根本价值目标——实现人的自由和全面发展。

谈到什么是法律,马克思有一句名言:"法典就是人民自由的圣经。"马克思认为,"法律是肯定的、明确的、普遍的规范。在这些规范中自由获得了一种与个人无关的、理论的、不取决于个别人的任性的存在"。② 在这里,马克思强调法律神圣,法律是表现人民的自由的规范,法律是实现人民的自由的保障。恩格斯在《大陆上社会改革运动的进展》中指出:"真正的自由和真正的平等只有在共产主义制度下才可能实现;而这样的制度是正义所要求的。"③马克思主义清晰地告诉我们,立法初心,就是保障人的自由,保障社会的正义,实现人的自由和全面发展。

(一)自由

自由是人类的崇高理想。什么是自由?卢梭在《社会契约论》中说:"人生而自由,但却无处不在枷锁之中。"④在该书第四卷中他重申,"每一个人生来都是自由的,是他自己的主人,因此,无论任何人都不能以任何借口在未得到他本人同意的情况下就奴役他"。⑤康德强调,自由,首先是意志自由,而意志自由就是人的意志做行为选择活动时,不受感官爱好、本能刺激之类的非理性因素的影响,而是按照符合纯粹理性的绝对命令的行为准则的要求行事:选择那种可以和其他任何人的自由相协调的行为。这样一种意志活动才是自由意志,即实践理性;这样的自由意志选择的行为才具有德行特征,才具有真正的自由特性。这样的自由才能作为权利的本体。⑥ 约翰·密尔在《论自由》中说:"个性的自由发展乃是福祉的首要要素之一""作为一

---

① 《马克思恩格斯选集》(第4卷),人民出版社1995年版,第730—731页。
② 《马克思恩格斯全集》(第1卷),人民出版社1995年版,第176页。
③ 《马克思恩格斯全集》(第1卷),人民出版社1956年版,第582页。
④ [法]卢梭:《社会契约论》,何兆武译,商务印书馆1980年修订第2版,第8页。
⑤ [法]卢梭:《社会契约论》,李平沤译,商务印书馆2011年版,第119页。
⑥ [德]康德:《道德形而上学原理》,苗力田译,上海人民出版社1986年版,第72页。

个人，到了能力已臻成熟的时候，要按照他自己的办法去运用和解释经验，这是人的特权，也是人的正当的条件。"①

——马克思、恩格斯在前人的基础上，对自由进行了建构和阐释

自由是人的本质。马克思、恩格斯认为，自由是人作为人的一项本质属性，人的自由发展是社会发展的终极目标。马克思在《关于出版自由和公布省等级会议辩论情况的辩论》中说，"自由确实是人的本质""没有一个人反对自由，如果有的话，最多也只是反对别人的自由。可见，各种自由向来就是存在的，不过有时表现为特殊的特权，有时表现为普遍的权利而已"。② 马克思在《〈科隆日报〉第179号的社论》中指出："不是理性自由的实现的国家就是坏的国家。"③在《政治经济学批判（1857—1858年）手稿》中，马克思把人的发展过程概括为三个历史阶段："人的依赖关系"占统治地位的阶段，以"物的依赖关系"为基础的人的独立性阶段，建立在个人全面发展和他们的共同的社会生产能力成为他们的社会财富这一基础上的"自由个性"阶段。"④自由个性"阶段的典型特征就是"建立在个人全面发展和他们共同的、社会的生产能力成为从属于他们的社会财富这一基础上的自由个性"，保护"自由人"的权利为主要内容的"自由个性"，保障"每个人的自由发展"与"个人全面发展和他们共同的社会生产能力成为他们的社会财富"，每一个人都将获得自由、全面的发展，成为具有自由个性的人。马克思恩格斯在《共产党宣言》中更是明确指出："代替那存在着阶级和阶级对立的资产阶级旧社会的，将是这样一个联合体，在那里，每个人的自由发展是一切人的自由发展的条件。"

自由是人的人性。人性是马克思自由观的应有之义。马克思的人性论是具体的人性论，体现了马克思对工人群众"非人的"生存状况和未来命运的深切关怀。马克思认为，"需要"是"人的天性"。人"积极地活动，通过活动来取得一定的外界物，从而满足自己的需要"。⑤ 人们的需要及其满足需要的方式不同，其人性表现也就不同，而不同时代人的人性不同，就在于他们的需要以及满足需要的生产方式不同。在马克思看来，人类的历史正是

① ［英］约翰·密尔：《论自由》，程崇华译，商务印书馆1982年版，第60—62页。
② 《马克思恩格斯全集》（第1卷），人民出版社1995年版，第167页。
③ 《马克思恩格斯全集》（第1卷），人民出版社1995年版，第226页。
④ 《马克思恩格斯选集》（第2卷），人民出版社1995年版，第713—793页。
⑤ 《马克思恩格斯全集》（第19卷），人民出版社1963年版，第405页。

为了"使'人作为人'的需要成为需要而作准备的历史"。① 马克思恩格斯主张,"必须以合乎人性的方式去造就环境""应当根据社会的力量来衡量人的天性的力量",从而使人"在社会中发展自己的真正的天性"。② 马克思指出,"专制制度的唯一原则就是轻视人类,使人非人化"。③ 马克思在《资本论》第一卷第八章"工作日"中阐述了资本家以延长工作日的手段压榨工人的剩余价值。工人在这种异化劳动中得到的只是智力愚钝、精神麻木、道德低下,这充分暴露了资本的反人性。马克思愤怒地指出:"资本由于无限度地盲目追逐剩余劳动,像狼一般地贪求剩余劳动,不仅突破了工作日的道德极限,而且突破了工作日的纯粹身体的极限……资本是不管劳动力的寿命长短的。它唯一关心的是在一个工作日内最大限度地使用劳动力。"必须把人从繁重的工作时间里解脱出来,向合乎人性复归。④

自由是人的自我意识。在马克思看来,如果一个人是自由的,就必须具有自由的自我意识。马克思认为,自我意识与人的类存在直接相关:"动物和自己的生命活动是直接同一的。动物不把自己同自己的生命活动区别开来。它就是**自己的生命活动**。人则使自己的生命活动本身变成自己意志的和自己意识的对象。他具有有意识的生命活动。这不是人与之直接融为一体的那种规定性。有意识的生命活动把人同动物的生命活动直接区别开来。正是由于这一点,人才是类存在物。或者说,正因为人是类存在物,他才是有意识的存在物,就是说,他自己的生活对他来说是对象。仅仅由于这一点,他的活动才是自由的活动。"⑤

自由是人的存在和权利。马克思主张的自由,是人的存在和权利。马克思认为,"全部人类历史的第一个前提无疑是有生命的个人的存在。因此,第一个需要确认的事实就是这些个人的肉体组织以及由此产生的个人对其他自然的关系"。⑥ 正如日本学者岩崎允胤所说:"人及其生存的尊严是最高的善,是最高的价值,是一切人间价值的根基。"⑦"有生命的个人的存

---

① 《马克思恩格斯文集》(第 1 卷),人民出版社 2009 年版,第 194 页。
② 《马克思恩格斯文集》(第 1 卷),人民出版社 2009 年版,第 335 页。
③ 《马克思恩格斯全集》(第 47 卷),人民出版社 2004 年版,第 57 页。
④ 《资本论》(第 1 卷),人民出版社 2004 年版,第 306—307 页。
⑤ 《马克思恩格斯选集》(第 1 卷),人民出版社 1995 年版,第 46 页。
⑥ 《马克思恩格斯全集》(第 1 卷),人民出版社 1995 年版,第 519 页。
⑦ [日]岩崎允胤主编:《人的尊严、价值及自我实现》,刘奔译,当代中国出版社 1993 年版,第 22 页。

在"是人类历史的前提。人类历史是人类不断走向自由的过程。马克思通过揭示资本主义漠视与践踏生命尊严的事实,提出人类要改变被侮辱、被奴役、被遗弃和被蔑视的命运,从而实现自由与解放。马克思在《论犹太人问题》中提出:"自由是可以做和可以从事任何不损害他人的事情的权利。"马克思说:"自由不仅包括我靠什么生活,而且也包括我怎样生活,不仅包括我做自由的事,而且也包括我自由地做这些事。"①

人的自由是人的尊严的积极表现。马克思在《青年在选择职业时的考虑》中说:"尊严是最能使人高尚、使他的活动和他的一切努力具有更加崇高品质的东西,是使他无可非议、受到众人钦佩并高于众人之上的东西。"②这可以看成是马克思给人的尊严下的最具科学性的定义。在唯物史观看来,人的自由主要表现为从"那些使人成为被侮辱、被奴役、被遗弃和被蔑视的东西的一切关系"中解放出来,人感到自己是人。在这个意义上说,人的自由就是人的尊严。

——马克思、恩格斯对人的自由和全面发展的实现方式和基本条件进行了建构和阐释

马克思在《1844年经济学哲学手稿》等著作中阐述了人的自由和全面发展思想的实现方式和基本条件。马克思认为,人的发展是"人以一种全面的方式,也就是说,作为一个完整的人,占有自己的全面的本质"。马克思认为,异化劳动集中体现了资本对人格尊严的漠视与践踏。在异化劳动条件下,"物的世界的增值同人的世界的贬值成正比",即工人生产的财富越多,他就越贫穷,就越表现为"对象的丧失和被对象所奴役""工人在劳动中耗费的力量越多,他亲手创造出来反对自身的、异化的对象世界的力量就越强大,他自身、他的内部世界就越贫乏,归他所有的东西就越少"。③ 因此,"必须推翻那些使人成为被侮辱、被奴役、被遗弃和被蔑视的东西的一切关系",④使人成为真正的人——"自由的人"。

个人自由以共同体的自由为条件,而共同体的自由也必须以个人自由的保障和实现为条件。《共产党宣言》明确指出,未来新社会是自由人的联

---

① 《马克思恩格斯全集》(第1卷),人民出版社1995年版,第181页。
② 《马克思恩格斯全集》(第1卷),人民出版社1995年版,第458页。
③ 马克思:《1844年经济学哲学手稿》,中共中央马克思恩格斯列宁斯大林著作编译局翻译,人民出版社2014年版,第48页。
④ 《马克思恩格斯选集》(第1卷),人民出版社1995年版,第9—10页。

合体,在这个联合体中,"每个人的自由发展是一切人的自由发展的条件"。在《德意志意识形态》中,马克思明确指出,"只有在共同体中,个人才能获得全面发展其才能的手段,也就是说,只有在共同体中才可能有个人自由"。①个人自由以共同体的自由为条件,而共同体的自由也必须以个人自由的保障和实现为条件,个人的自由个性才能生成和得到保障。

实现人性解放。实现人的解放与人性的复归是马克思的理想追求。马克思在《1844年经济学哲学手稿》中,对共产主义的本质进行了精彩描述:"共产主义是对私有财产即人的自我异化的积极的扬弃,因而是通过人并且为了人而对人的本质的真正占有;因此,它是人向自身、也就是向社会的合乎人性的人的复归,这种复归是完全的复归,是自觉实现并在以往发展的全部财富的范围内实现的复归。这种共产主义,作为完成了的自然主义,等于人道主义,而作为完成了的人道主义,等于自然主义,它是人和自然界之间、人和人之间的矛盾的真正解决,是存在和本质、对象化和自我确证、自然和必然、个体和类之间的斗争的真正解决。"②

自己解放自己。马克思认为,通往人的自由和全面发展的道路是自己解放自己。马克思主张工人阶级必须解放自己。马克思在《共产党宣言》中指出,无产者在这个革命中失去的只是锁链。他们获得的将是整个世界。而打破旧锁链,首先要打破的是精神枷锁。马克思把克服压迫的责任直接留给被压迫者。在马克思看来,只要被压迫者接受了资本的奴役或国家的奴役,人类就将始终处于锁链之中。马克思、恩格斯认为,只有在现实的世界中并使用现实的手段才能实现真正的解放。马克思、恩格斯在《德意志意识形态》中指出,"只有在现实的世界中并使用现实的手段才能实现真正的解放;没有蒸汽机和珍妮走锭精纺机就不能消灭奴隶制;没有改良的农业就不能消灭农奴制;当人们还不能从吃喝住穿在质和量方面得到充分保证的时候,人们就根本不能获得解放"。③

人与人之间的彼此尊重构成人的自由的必要条件。马克思把"人是目的"置于社会生活的基础之上,他指出:"(1)每个人只有作为另一个人的手段才能达到自己的目的;(2)每个人只有作为自我目的(自为的存在)才能成

---

① 《马克思恩格斯选集》(第1卷),人民出版社1995年版,第119页。
② 《马克思恩格斯文集》(第1卷),人民出版社2009年版,第185页。
③ 《马克思恩格斯选集》(第1卷),人民出版社1995年版,第74页。

为另一个人的手段(为他的存在)；(3)每个人是手段同时又是目的，而且只有成为手段才能达到自己的目的，只有把自己当作自我目的才能成为手段。"①马克思对人的目的与手段关系的科学论述，强调了人与人之间的彼此尊重构成人的自由的必要条件。正如康德所言："每个有理性的东西都必须服从于这样的规律：不论是谁在任何时候都不应把自己和他人仅仅当作工具，而应该永远看作自身的目的。"②把人当作目的，就是把人当作人看待，尊重人的尊严。

平等是实现人的自由和全面发展的基本条件。恩格斯在《反杜林论》中指出，"一切人，作为人来说，都有某些共同点，在这些共同点所及的范围内，他们是平等的，这样的观念自然是非常古老的。但是现代的平等要求是与此完全不同的；这种平等要求更应当是，从人的这种共同特性中，从人就他们是人而言的这种平等中，引申出这样的要求：一切人，或至少是一个国家的一切公民，或一个社会的一切成员，都应当有平等的政治地位和社会地位"。③ 在马克思主义视域中，平等的概念是一种历史的产物，需要一定的历史条件，而这种历史条件本身又以长期以往的历史为前提。平等的内涵是随着社会的物质生产方式的变化而不断向前发展的。资本主义在人类社会实现平等进程中取得了巨大进步，但资本主义的"平等"是不彻底的，这种"形式平等、实质不平等"也必将被更高级更真实的平等所代替。

反对特权，保证每一个人自由发挥自己的才能。马克思、恩格斯反对一切形式的特权，认为"现代的'公法状况'的基础、现代发达的国家的基础，……是废除了特权和消灭了特权的社会，是使在政治上仍被特权束缚的生活要素获得自由活动场所的发达的市民社会"。④ 恩格斯在《反杜林论》中论述了无产阶级一开始就提出比资产阶级更为彻底的反特权思想："从消灭阶级特权的资产阶级要求提出的时候起，同时就出现了消灭阶级本身的无产阶级要求——起初采取宗教的形式，以早期基督教为凭借，以后就以资产阶级的平等论本身为依据了。无产阶级抓住了资产阶级的话柄：平等应当不仅是表面的，不仅在国家的领域中实行，它还应当是实际的，还应当在社

---

① 《马克思恩格斯全集》(第46卷)(上)，人民出版社1979年版，第196页。

② [德]康德：《道德形而上学原理》，苗力田译，上海世纪出版集团2005年版，第53页。

③ 《马克思恩格斯选集》(第3卷)，人民出版社1995年版，第142—143页。

④ 《马克思恩格斯全集》(第2卷)，人民出版社1957年版，第148—149页。

会的、经济的领域。"①

马克思将反特权写入《国际工人协会章程》。1885年,在马克思起草的《国际工人协会章程》中明确宣示,"工人的解放斗争决不是要争得阶级特权和垄断权,而是要争得对人人平等的权利和义务,并消灭一切阶级统治""劳动者在经济上受劳动工具即一切生活源泉的占有者的支配,乃是一切奴役形式——社会贫困、精神屈辱和政治依附——得以存在的根本原因;所以,工人阶级的经济解放乃是一切政治运动都应该作为手段服从于它的伟大目标""争得一个人、一个公民的权利是他们的天职,这不仅是为他们自己,而且也是为了履行自己义务的任何人。没有无权利的义务,也没有无义务的权利"。②

在马克思、恩格斯看来,实现平等的过程,也是限制特权的过程。恩格斯指出,"一旦社会的经济进步,把摆脱封建桎梏和通过消除封建不平等来确立权利平等的要求提到日程上来,这种要求就必定迅速地获得更大的规模……这种要求就很自然地获得了普遍的、超出个别国家范围的性质,而自由和平等也很自然地宣布为人权"。③

经济自由。在《政治经济学批判(1857—1858年手稿)》中,马克思认为未来社会的基本特征,就是"自由个性"、"自由劳动"和"自由时间"的有机统一,这三者统一的基础就是社会财富的人性回归——"真正的财富就是所有个人的发达的生产力"。而个人只有成为"发达的生产力",他才能够不仅创造出巨大的社会财富,而且使他本身成为生产力中的"真正的财富",从而使他在"个人的充分发展"和"最大的生产力"的统一中获得发展。人的自由而全面的发展要以人的需要得到不断满足为前提。人的需要随着生产力的发展而发生变化,"已经得到满足的第一个需要本身、满足需要的活动和已经获得的为满足需要而用的工具又引起新的需要,而这种新的需要的产生是第一个历史活动"。④

马克思认为,实现人的自由的前提是生产力的发展,实现人的经济自由。"发展人类的生产力,也就是发展人类天性的财富这种目的本身。"⑤财

---

① 《马克思恩格斯全集》(第20卷),人民出版社1971年版,第116页。
② 《马克思恩格斯选集》(第3卷),人民出版社1995年版,第305页。
③ 《马克思恩格斯选集》(第3卷),人民出版社1995年版,第145页。
④ 《马克思恩格斯全集》(第3卷),人民出版社1960年版,第32页。
⑤ 《马克思恩格斯全集》(第26卷),人民出版社2014年版,第124—125页。

富"就是在普遍交往中产生的个人的需要、才能、享用、生产力等等的普遍性""就是人对自然力——既是通常所谓的'自然'力，又是人本身的自然力——的统治的充分发展""就是人的创造天赋的绝对发挥""在这里，人不是在某种规定性上再生产自己，而是生产出他的全面性"。①

马克思、恩格斯期待在未来社会中，"生产将以所有的人富裕为目的""所有人共同享受大家创造出来的福利"。马克思认为，古代社会是"崇高"的，"现代世界"是"鄙俗的"，因为在古代社会，人"总是表现为生产的目的"，而"现代世界"把"生产表现为人的目的，而财富又表现为生产的目的"，把"人的内在本质"表现为"为了某种纯粹外在的目的而牺牲自己的目的本身"。② 恩格斯结合马克思在《共产党宣言》《哥达纲领批判》《资本论》等著作中提出的一系列主张，阐明在社会主义条件下，社会应该"给所有的人提供健康而有益的工作，给所有的人提供充裕的物质生活和闲暇时间，给所有的人提供真正的充分的自由"。③ 让物质生产使人感到活着的幸福，文化发展使人感到作为人的幸福。也就是马克思所说的，"具有丰富的、全面而深刻的感觉的人"，就是"富有的人和人的丰富的需要"，而"富有的人同时就是需要有人的生命表现的完整的人"。④

精神自由。在资本主义条件下，资本无序扩张，"驱使劳动超过自己自然需要的界限"，只有在超越资本主义的基础上，才能改变人为物役的格局，"培养社会的人的一切属性，并且把他作为具有尽可能丰富的属性和联系的人，因而具有尽可能广泛需要的人生产出来——把他作为尽可能完整的和全面的社会产品生产出来（因为要多方面享受，他就必须有享受能力，因此他必须是具有高度文明的人）"。⑤

马克思认为，"一切生产力即物质生产力和精神生产力"。⑥ 在马克思看来，自由的有意识的活动是人的本质特征，人的精神自由是人的自由本性的体现，异化劳动使人丧失了精神自由的本性，使人沦为动物性的存在。精神生产始终是人类社会生产的重要组成部分。关于精神生产，马克思、恩格斯

---

① 《马克思恩格斯全集》（第46卷）（上），人民出版社1979年版，第484页。
② 《马克思恩格斯全集》（第46卷）（上），人民出版社1979年版，第486页。
③ 《马克思恩格斯全集》（第21卷），人民出版社1965年版，第570页。
④ 《马克思恩格斯文集》（第1卷），人民出版社2009年版，第189页。
⑤ 《马克思恩格斯全集》（第30卷），人民出版社1995年版，第389页。
⑥ 《马克思恩格斯全集》（第46卷）（上），人民出版社1979年版，第173页。

在《德意志意识形态》中指出，"思想、观念、意识的生产最初是直接与人们的物质活动，与人们的物质交往，与现实生活的语言交织在一起的。观念、思维、人们的精神交往在这里还是人们物质关系的直接产物。表现在某一民族的政治、法律、道德、宗教、形而上学等的语言中的精神生产也是这样"。① 马克思、恩格斯认为，人的精神生活的贫乏、人的思想的不自由的根源在于人的现实生活本身是不自由的。"必须推翻那些使人成为被侮辱、被奴役、被遗弃和被蔑视的东西的一切关系。"② 只有在改造现实的基础上改造人的思想观念，才能实现人的普遍的和全面的解放。

概言之，马克思建构和阐释的自由观为：人的自由，是人的存在的自由，人的自由是人的发展的自由。人，一要存在，二要发展，要自由地存在，全面地发展。

（二）正义

正义是人类的美好向往。古今中外，人类无不向往一个正义的美好的社会。在汉语中，"正义"有两重语义：一是"公正的、有利于人民的道理"；二是"正当的或正确的意义"。在英语中，正义表示公正、正确、公平之义。在通常的意义上，公平与正义具有对等的含义，公平正义连用。

在亚里士多德看来，"正义常常被视为最大的美德，比'日月星辰'更加光彩夺目。正如谚语所说，'正义集中了人类的所有美德'"。③ 亚当·斯密认为，正义是符合人的本性的、有一定约束力的权利，④ 它表示每个主体享有基本权利，并承认和尊重他人享有和自己一样的权利。亚当·斯密从人性和维护自由市场秩序需要出发，认为正义是支撑人类社会整个大厦的主要支柱；他关注劳动大众的生活状态，认为正义的社会是实现了各个阶级普遍幸福的社会；他关注贫困，重视穷人的尊严，历史性地改变了人们对穷人的看法。⑤ 一般认为，正义是社会制度的美德，而不正义则是用来反对某个社会制度的最严厉的谴责。马克思、恩格斯在前人的基础上，对正义进行了建构和阐释。

---

① 《马克思恩格斯选集》（第1卷），人民出版社2012年版，第151—152页。
② 《马克思恩格斯选集》（第1卷），人民出版社2012年版，第10页。
③ ［古希腊］亚里士多德：《尼各马可伦理学》，廖申白译，商务印书馆2003年版。
④ 周辅成：《西方伦理学名著选辑》（上卷），商务印书馆1964年版，第580—583页。
⑤ 何建华：《亚当·斯密的正义思想》，载《伦理学研究》2019年第3期。

——正义:以人的自由和全面发展为价值追求

马克思主张的正义,以人的自由和全面发展为价值追求。马克思强调正义理论的宗旨为"人的自由和解放"。如何理解正义?马克思、恩格斯在《社会主义民主同盟和国际工人协会根据国际海牙代表大会决定公布的报告和文件》中的解释是:"正义本身,按照这个词的最合乎人性、最广泛的意义来说,无非是所谓否定的和过渡性的思想;它提出各种社会问题,但是并不去周密地考虑它们,而只是指出一条解放人的唯一可行的途径,就是通过自由和平等使社会人道化;只有在日益合理的社会组织中才可能提供积极的解决办法。这是非常合乎期望的解决办法,是我们的共同理想……这是通过普遍团结所达到的每一个人的自由、道德、理性和福利——人类的博爱。"①在马克思、恩格斯看来,正义受到经济基础的制约,并最终决定于现实生产力的发展水平。正义并不是人类的终极理想,正义本身不是目的,而是实现理想的手段。

1847年6月9日,马克思、恩格斯在《共产主义者同盟第一次代表大会致同盟盟员的通告信》中解释同盟更名原因时说:"第一,由于前面提到的那个门特尔的无耻叛变,旧的名称已被政府知道,因此改变名称是适宜的。第二,而且也是主要的一点,因为旧的名称是在特殊的情况下,并考虑到一些特殊的事件才采用的,这些事件与同盟的当前目的不再有任何关系。因此这个名称已不合时宜,丝毫不能表达我们的意愿。许多人要正义,即要他们称为正义的东西,但他们并不因此就是共产主义者。而我们的特点不在于我们一般地要正义——每个人都能宣称自己要正义,而在于我们向现存的社会制度和私有制进攻,在于我们要财产公有,在于我们是共产主义者。因此,对我们同盟来说,要有一个合适的名称,一个能表明我们实际是什么人的名称,于是我们选用了这个名称。"②在这里,马克思、恩格斯强调的是,共产主义者不是"一般地要正义",而是要推翻"现存的社会制度和私有制""财产公有"的正义。

马克思认为,正义是历史的产物,承认正义是人类社会的崇高价值和理想状态,正义也应当成为工人阶级最为重要的价值观念。在《国际工人协会共同章程》中,马克思指出,工人阶级首先应当"承认真理、正义和道德是他

---

① 《马克思恩格斯全集》(第18卷),人民出版社1964年版,第508页。
② 《马克思恩格斯全集》(第42卷),人民出版社1979年版,第430—431页。

们彼此和对一切人的关系的基础,而不分肤色、信仰或民族"。① 马克思在《国际工人协会章程》中明确表明,"劳动者在经济上受劳动资料即生活源泉的垄断者的支配,是一切形式的奴役即一切社会贫困、精神屈辱和政治依附的基础;因而工人阶级的经济解放是一切政治运动都应该作为手段服从于它的伟大目标"。②

罗尔斯认为:"一个社会,当它不仅被设计得旨在推进它的成员的利益,而且也有效地受着一种公开的正义观管理时,它就是组织良好的社会。""在某些制度中,当对基本权利和义务的分配没有在个人之间作出任何任意的区分时,当规范使各种对社会生活利益的冲突要求之间有一恰当的平衡时,这些制度就是正义的。"③罗尔斯在1971年发表的《正义论》中说:"正义是社会制度的首要价值,正像真理是思想体系的首要价值一样。一种理论,无论它多么精致和简洁,只要它不真实,就必须加以拒绝或修正;同样,某些法律和制度,不管它们如何有效率和有条理,只要它们不正义,就必须加以改造或废除。每个人都拥有一种基于正义的不可侵犯性,这种不可侵犯性即使以社会整体利益之名也不能逾越。因此,正义否认了一些人分享更大利益而剥夺另一些人的自由是正当的,不承认许多人享受的较大利益能绰绰有余地补偿强加于少数人的牺牲。所以,在一个正义的社会里,平等的公民自由是确定不移的,由正义所保障的权利决不受制于政治的交易和社会利益的权衡。允许我们默认一种有错误的理论的唯一前提是尚无一种较好的理论,同样,使我们忍受一种不正义只能是在需要用它来避免另一种更大的不正义的情况下才有可能。作为人类活动的首要价值,真理和正义是决不妥协的。"④罗尔斯也看到了马克思的"正义论"旨在重建新的"制度正义"。他在《政治哲学史讲义》中说道,马克思"劳动价值论的主旨,是挖掘资本主义秩序之外在表象下的深层结构,使我们能够了解劳动时间的花费轨迹,并发现那些使得工人阶级的未付酬劳动或剩余价值能够被剥夺以及剥夺多少的各种制度安排"。⑤ 在马克思看来,不可能在不改变资本主义私有制的前提

---

① 《马克思恩格斯全集》(第17卷),人民出版社1964年版,第476页。
② 《马克思恩格斯全集》(第17卷),人民出版社1964年版,第475页。
③ [美]约翰·罗尔斯:《正义论》,何怀宏等译,中国社会科学出版社1988年版,第5页。
④ [美]约翰·罗尔斯:《正义论》,何怀宏等译,中国社会科学出版社1988年版,第3—4页。
⑤ [美]约翰·罗尔斯:《政治哲学史讲义》,杨通进等译,中国社会科学出版社2011年版,第342页。

下从根本上改变所谓的"正义"。因此，马克思是在"社会的基本结构及基本的制度安排"的意义上来思考正义的。

　　——在批判旧正义中发现新正义

　　"正义在革命的马克思主义信念中占据着一种核心的地位。"①马克思在历史唯物主义的基础上，在批判旧世界中发现新世界，在批判旧正义中发现新正义。

　　马克思指出，资本主义生产的目的是剩余价值，所以只有生产剩余价值的劳动才是生产劳动。随着资本主义的发展，越来越多的人变成雇佣劳动者，不仅为资本家生产剩余价值的工人是"雇佣工人"，而且提供各种服务的人，从仆役、医生、律师直到官员，都变成用自己的服务来赚取货币的雇佣劳动者。②

　　劳动创造价值，是马克思劳动价值论理论的基本观点。而劳动者有权占有劳动创造的价值，则是马克思劳动价值论的必然结论。马克思在《雇佣劳动与资本》一文中从资本家和雇佣工人进行交换的过程，揭示资本主义生产关系的特点："工人拿自己的劳动力换到生活资料，而资本家拿他的生活资料换到劳动，即工人的生产活动，亦即创造力量。工人通过这种创造力量不仅能补偿工人所消费的东西，并且还使积累起来的劳动具有比以前更大的价值。""资本只有同劳动力交换，只有引起雇佣劳动的产生，才能增加。雇佣工人的劳动力只有在它增加资本，使奴役它的那种权力加强时，才能和资本交换。""但是，生产资本的增加又是什么意思呢？就是积累起来的劳动对活劳动的权力的增加，就是资产阶级对工人阶级的统治力量的增加。"③马克思从劳动在生产过程中的作用的角度，进一步揭示资本主义生产关系的特点。资本主义生产的目的是剩余价值，所以只有生产剩余价值的劳动才是生产劳动。进行生产劳动的工人就是"生产工人"。但是随着资本主义生产方式的发展，社会化大生产要求把各种劳动力结合起来，形成"总体工人"，从事生产劳动的，除体力劳动者之外，还包括脑力劳动者（如生产管理人员、工程技术人员等），这些"总体工人"的成员都成为生产工人。随着资本主义的发展，越来越多的人变成雇佣劳动者，不仅为资本家生产剩余价值

----

① 吕增奎编：《马克思与诺齐克之间——G. A. 柯亨文选》，江苏人民出版社 2008 年版，第 59 页。
② 《马克思恩格斯全集》（第 38 卷），人民出版社 2020 年版，第 129 页。
③ 《马克思恩格斯全集》（第 6 卷），人民出版社 1961 年版，第 473—506 页。

的工人是"雇佣工人",而且提供各种服务的人,从仆役、医生、律师直到官员,都变成用自己的服务来赚取货币的雇佣劳动者。马克思说:"生产劳动不过是劳动能力和劳动在资本主义生产过程中借以呈现的整个关系和方式方法的概括说法。"①劳动的社会生产力随着资本主义生产方式的发展而发展,与工人相对立的已经积累起来的财富也作为统治工人的财富,作为资本,以同样的程度增长起来,与工人相对立的财富世界也作为与工人相异化的并统治着工人的世界以同样的程度扩大起来。与此相反,工人本身的贫穷、困苦和依附性也按同样的比例发展起来。"工人的贫乏化和上述的丰饶是互相对应、齐头并进的。"②随着资本主义的发展,资本的增长和无产阶级的增长表现为同一过程的两极产物。富人钱多与穷人人多也同时表现为同一过程的两极产物。资本主义生产方式一方面创造出新的物质生产力;另一方面又为一个新的更高级的社会形态创造出物质基础。

马克思强烈批评和驳斥那些旨在通过一种逐渐的善良行为的稳步推进来实现所谓"正义"的改良主义者:"应当摒弃'做一天公平的工作,得一天公平的工资!'这种保守的格言,要在自己的旗帜上写上革命的口号:'消灭雇佣劳动制度!'"③在马克思看来,在不改变资本主义私有制的前提下,不可能从根本上改变所谓的"正义",因为"生产的资本主义形式和与之相适应的工人的经济关系,是同这种变革酵母及其目的——消灭旧分工——直接矛盾的"。资本主义生产关系的这种"不正义"与资本主义总体系统在结构上是一致的,并且永远不能被改良。只有彻底废除资本主义私有制,"在协作和对土地及靠劳动本身生产的生产资料的共同占有的基础上,重新建立个人所有制",才能真正实现正义。

在马克思唯物史观的视野中,历史进程的每个发展阶段都比前一阶段具有进步性,也都有与其生产方式相适应的现实合理性和正义性。马克思在《资本论》中指出:"在这里,同吉尔巴特一起说什么天然正义,这是毫无意义的。生产当事人之间进行交易的正义性在于,这种交易是从生产关系中作为自然结果产生出来的。这种经济交易作为当事人的意志行为,作为他们共同意志的表示,作为可以由国家强加给立约双方的契约,表现在法律形

---

① 《马克思恩格斯全集》(第38卷),人民出版社2020年版,第129页。
② 《马克思恩格斯全集》(第38卷),人民出版社2020年版,第147页。
③ 《马克思恩格斯选集》(第2卷),人民出版社1995年版,第98页。

式上，这些法律形式作为单独的形式，是不能决定这个内容本身的。这些形式只是表示这个内容。这个内容只要与生产方式相适应、相一致，就是正义的；只要与生产方式相矛盾，就是非正义的。在资本主义生产方式的基础上，奴隶制是非正义的；在商品质量上弄虚作假也是非正义的。"①正是从唯物史观的理论视野中把握现实历史，马克思针对资本主义的整体结构，将资本主义在总体上判定为一个非正义的社会制度形态。

二、恪守立法初心：顺应时代发展潮流，体现实现人的自由和全面发展

百年巨变，为人的自由和全面发展提供了新的社会条件。深刻认识我们所处的时代，把握时代特征，是立法的前提条件和思想基础。信息化立法在信息化时代条件下的社会发展规律中，从变化了的时代条件中构建法律规范和法律秩序，在新的社会条件下体现和实现人的自由和全面发展。

（一）恩格斯对《共产党宣言》的理论创新：拓展新的时代发展视野

1973年5月11日，中国首个《共产党宣言》中文全译本的翻译者陈望道给组织学习马克思著作的浙江金华地区教师回信说："至于学习，我劝你们读新著，新著有马克思、恩格斯的许多篇序，比旧本完备得多。"②在这里，他期待着马克思、恩格斯新著中的许多篇序能够为人们提供新的启示。

马克思逝世12年后，1895年3月6日，75岁的恩格斯撰写了在马克思主义发展史上占据重要地位的《卡尔·马克思〈1848年至1850年的法兰西阶级斗争〉一书导言》（以下简称《导言》）。1895年8月5日，恩格斯与世长辞。如果说《共产党宣言》是马克思主义的开篇之作，那么《导言》就是马克思主义的收官之作。《导言》从实践中不断变化的社会现实出发，突破已有的认识提出新的思想，拓展了我们认识世界和改造世界的新视野。

恩格斯根据资本主义社会发展的新情况，敏锐地观察到资本主义在科学技术、生产方式等方面新的发展趋势，在《导言》中对以往的革命策略作出了深入反思，他指出："历史表明，我们以及所有和我们有同样想法的人，都

---

① 马克思：《资本论》（第3卷），人民出版社2004年版，第379页。
② 参见《永恒的明灯——写在〈共产党宣言〉中文首译本出版100周年之际》，载新华网2020年7月5日，http://m.xinhuanet.com/2020-07/05/c_1126198092.html。

是不对的。历史清楚地表明,当时欧洲大陆经济发展的状况还远没有成熟到可以铲除资本主义生产的程度;历史用经济革命证明了这一点,从1848年起经济革命席卷了整个欧洲大陆,在法国、奥地利、匈牙利、波兰以及最近在俄国刚刚真正确立了大工业,并且使德国简直就变成了一个头等工业国——这一切都是以资本主义为基础的,可见这个基础在1848年还具有很大的扩展能力。"①

恩格斯关注到,随着议会民主制在西欧各国的逐渐普及,社会主义工人运动通过合法斗争的效果显著,称赞德国工人利用选举权对无产阶级的革命事业作出了重大贡献:"他们给了世界各国的同志们一件新的武器——最锐利的武器中的一件武器,向他们表明了应该怎样使用普选权。"②恩格斯指出,"由于这样有成效地利用普选权,无产阶级的一种崭新的斗争方式就开始发挥作用,并且迅速获得进一步的发展。人们发现,在资产阶级用来组织其统治的国家机构中,也有一些东西是工人阶级能够用来对这些机构本身作斗争的。工人参加各邦议会、市镇委员会以及工商业仲裁法庭的选举;他们同资产阶级争夺每一个职位,只要在确定该职位的人选时有足够的工人票数参加表决。结果弄得资产阶级和政府害怕工人政党的合法活动更甚于害怕它的不合法活动,害怕选举成就更甚于害怕起义成就"。③ 恩格斯认识到,这里斗争的条件发生了根本性变化,旧式起义方式过时了。"人民各个阶层都同情的起义,很难再有了;在阶级斗争中,中间阶层大概永远不会毫无例外地统统团结在无产阶级的周围。"④恩格斯认为,工人阶级政党革命策略的重心应该转变为提高群众对社会主义的认识。恩格斯在《导言》中特别提出:"实行突袭的时代,由自觉的少数人带领着不自觉的群众实现革命的时代,已经过去。凡是要把社会组织完全加以改造的地方,群众自己就一定要参与进去,一定要弄明白这为的是什么,他们为争取什么而去流血牺牲。近50年来的历史,已经教会了我们认识这一点。""为了使群众明白应该做

---

① 恩格斯:《卡尔·马克思〈1848年至1850年的法兰西阶级斗争〉一书导言》,人民出版社2018年版,第9—10页。

② 恩格斯:《卡尔·马克思〈1848年至1850年的法兰西阶级斗争〉一书导言》,人民出版社2018年版,第13—14页。

③ 恩格斯:《卡尔·马克思〈1848年至1850年的法兰西阶级斗争〉一书导言》,人民出版社2018年版,第15页。

④ 恩格斯:《卡尔·马克思〈1848年至1850年的法兰西阶级斗争〉一书导言》,人民出版社2018年版,第18页。

什么，还必须进行长期的坚持不懈的工作，而我们现在正是在进行这种工作。"①

有人误解《导言》是否放弃了暴力革命思想，实际上，恩格斯在《导言》中强调工人阶级政党绝不能放弃革命权："须知革命权是唯一的真正'历史权利'——是所有现代国家无一例外都以它为基础建立起来的唯一权利。"②针对当时第二国际党内一味地迷恋合法斗争、热衷议会选举的机会主义倾向，恩格斯在1895年3月8日致理查·费舍的信中旗帜鲜明地表示了自己的态度："你们宣扬绝对放弃暴力行为，是捞不到一点好处的。没有人会相信这一点，也没有一个国家的任何一个政党会走得这么远，竟然放弃拿起武器对抗不法行为这一权利。"③

有人误解《导言》否定了《共产党宣言》的基本思想，实际上，《导言》的理论创新，仍然坚持了马克思主义基本原理，坚持了实现共产主义的最终目标。在《导言》的开篇，恩格斯指出："目前再版的这部著作，是马克思用他的唯物主义观点从一定经济状况出发来说明一段现代历史的初次尝试。"④恩格斯在《导言》中强调："使本书具有特别重大意义的是，在这里第一次提出了世界各国工人政党都一致用以扼要表述自己的经济改造要求的公式，即生产资料归社会所有。在本书的第二章中，讲到被称作'初次概括无产阶级各种革命要求的笨拙公式'的'劳动权'时说：'其实劳动权就是支配资本的权力，支配资本的权力就是**占有生产资料**，使生产资料受联合起来的工人阶级支配，也就是消灭雇佣劳动、资本及其相互的关系。'"⑤

马克思的经济理论认为，经济规律是历史性的规律。在不同的生产方式中，存在不同的经济规律。"政治经济学本质上是一门历史的科学。它所涉及的是历史性的即经常变化的材料；它首先研究生产和交换的每个发展阶段的特殊规律，而且只有在完成这种研究以后，它才能确立为数不多的、

---

① 恩格斯：《卡尔·马克思〈1848年至1850年的法兰西阶级斗争〉一书导言》，人民出版社2018年版，第19页。

② 恩格斯：《卡尔·马克思〈1848年至1850年的法兰西阶级斗争〉一书导言》，人民出版社2018年版，第20页。

③ 《马克思恩格斯选集》第4卷，人民出版社2012年版，第659页。

④ 恩格斯：《卡尔·马克思〈1848年至1850年的法兰西阶级斗争〉一书导言》，人民出版社2018年版，第3页。

⑤ 恩格斯：《卡尔·马克思〈1848年至1850年的法兰西阶级斗争〉一书导言》，人民出版社2018年版，第6页。

适用于生产一般和交换一般的、完全普遍的规律。"①在马克思、恩格斯看来，"生产一般"不能说明任何一种特殊的生产方式。马克思在《〈政治经济学批判〉导言》中指出，生产一般是对生产的一切时代的某些共同标志、共同规定的一个抽象，其中，有些属于一切时代，另一些是几个时代共有的，有的是最新时代和最古时代共有的。用生产一般说明不了资本的含义和本质，否则，原始人的木棍也可以认为是资本。② 所谓一切生产的一般条件，不过是一切生产阶段所共有的、被思维当作一般规定而确定下来的抽象要素，用这些要素不可能理解任何一个现实的历史的生产阶段。

在马克思、恩格斯看来，资本的本质——"资本是能够带来剩余价值的价值"。马克思认为，资本不是物，不是生产出来的产品或商品，不是生产要素，不是货币，而是一种具有历史规定性的生产关系或经济关系。只有在资本主义生产方式中，物、商品和货币、生产资料等才表现为资本。③ 马克思进一步指出，资本是生产剩余价值的价值；资本是对无酬劳动的支配权；资本是用来重新生产剩余价值的积累起来的财富；资本是一种历史的社会生产关系；资本就是劳动条件和生产者的分离；资本不是静止的价值，而是一种运动；资本的权力是平等地剥削劳动力。他还指出，使用价值和产品本身不是资本；商品本身不是资本；价值本身不是资本；作为资本的货币不同于作为货币的货币；劳动能力不是工人的资本。只要劳动和所有权发生分离，只要劳动采取雇佣劳动的形式，只要市场的直接目的是剩余价值（利润），生产的物质条件就会采取资本的形式。只要"经济发展的状况还远没有成熟到可以铲除资本主义生产的程度"，资本主义生产方式"还具有很大的扩展能力"，资本就仍然会发挥历史性的作用，直至由新的生产方式所代替。

（二）马克思、恩格斯科学预见中国前途：经济全球化促进中国社会变革

马克思是第一位提出全球化概念的思想家，虽然马克思没有直接采用"全球化"这个名称，但他上百次地提及"世界市场"，并对全球化的趋势作出准确的判断和预测。马克思在其经济学手稿中提道："创造世界市场的趋势已经直接包含在资本的概念本身中。"他判断，资本将力求"摧毁交往即交换

---

① 《马克思恩格斯选集》（第3卷），人民出版社1995年版，第489—490页。
② 马克思：《剩余价值理论》（第3册），人民出版社1975年版，第3—6页。
③ 马克思：《资本论》（第1卷），人民出版社2004年版，第877—878页。

的一切地方限制,征服整个地球作为市场"。在《对费尔巴哈、布·鲍威尔和施蒂纳所代表的现代德国哲学的批判》中,马克思对全球化形成过程进行了预测性描述:"随着美洲和通往东印度的航线的发现,交往扩大了,工场手工业和整个生产运动有了巨大的发展。从那里输入的新产品,特别是进入流通的大量金银完全改变了阶级之间的相互关系,并且沉重地打击了封建土地所有制和劳动者;冒险的远征,殖民地的开拓,首先是当时市场已经可能扩大为而且日益扩大为世界市场,——所有这一切产生了历史发展的一个新阶段。"①

马克思把全球作为一个整体来思考,对世界历史的剖析中始终包含着丰富的经济全球化思想。马克思、恩格斯认为,世界市场的形成,资本主义"首次开创了世界历史"②"把一切民族甚至最野蛮的民族都卷到文明中来了"。③ 随着世界市场的形成,"那些几千年来没有进步的国家,例如印度,都已经进行了完全的革命,甚至中国现在也正走向革命。事情已经发展到这样的地步:今天英国发明的新机器,一年之内就会夺去中国千百万工人的饭碗"④"地域性的个人为世界历史性的、经验上普遍的个人所代替"。⑤ 马克思、恩格斯指出:"各个相互影响的活动范围在这个发展进程中越是扩大,各民族的原始封闭状态由于日益完善的生产方式、交往以及因交往而自然形成的不同民族之间的分工消灭得越是彻底,历史也就越是成为世界历史。"⑥

关于中国社会的变革,马克思、恩格斯预见出现不同于"欧洲社会主义"的"中国社会主义"。马克思、恩格斯在1850年1月31日的一篇时评中讲道:"当然,中国社会主义之于欧洲社会主义,也许就像中国哲学之于黑格尔哲学一样。但是有一个事实毕竟是令人欣慰的,即世界上最古老最巩固的帝国八年来被英国资产者的印花布带到了一场必将对文明产生极其重要结果的社会变革的前夕。当我们欧洲的反动分子于不久的将来在亚洲逃难,到达万里长城,到达最反动最保守的堡垒大门的时候,他们说不定会看见上

---

① 《马克思恩格斯选集》(第1卷),人民出版社1995年版,第110页。
② 《马克思恩格斯选集》(第1卷),人民出版社2012年版,第194页。
③ 《马克思恩格斯选集》(第1卷),人民出版社2012年版,第404页。
④ 《马克思恩格斯选集》(第1卷),人民出版社2012年版,第299页。
⑤ 《马克思恩格斯选集》(第1卷),人民出版社2012年版,第166页。
⑥ 《马克思恩格斯文集》(第1卷),人民出版社2009年版,第540—541页。

面写着:中华共和国。自由、平等、博爱。"①马克思、恩格斯期望中国将对世界文明进程产生新的重大影响,中国革命和建设能够促成世界性的资本主义文明的崩溃和社会主义新文明的诞生。正是基于对社会发展规律的深刻把握,马克思、恩格斯预见的中国社会主义,与资本主义比较发达的欧洲出现的社会主义不同,是受中国的文化和历史传统影响,在一个落后的农业国、充满危机的封建社会基础上,叠加了资本主义的冲击而发生的,具有鲜明的中国特色。

中国曾经是一个文明发展很早的古国,为什么不能像欧洲那样及时进入现代社会发展的新阶段?马克思、恩格斯在对世界历史的剖析中,对中国经济社会结构进行了深刻的分析论述。

马克思、恩格斯分析了中国长期闭关自守、落后于世界文明步伐的经济社会原因。马克思在《资本论》中指出:"在印度和中国,小农业和家庭工业的统一形成了生产方式的广阔基础。"②马克思在《对华贸易》中说,"过去有个时候,曾经流行过一种十分虚妄的见解,以为天朝帝国'大门被冲开'一定会大大促进美国和英国的商业;当时我们曾根据对本世纪初以来中国对外贸易所做的较详尽的考察指出,这种奢望是没有可靠根据的。我们曾认为,除我们已证明与西方工业品销售成反比的鸦片贸易之外,妨碍对华出口贸易迅速扩大的主要因素,是那个依靠小农业与家庭工业相结合而存在的中国社会经济结构"。③

马克思分析了与中国封建社会经济特点相适应的专制主义政权的特点。对于中国封建社会皇帝的权力至高无上,中央集权的金字塔形"官僚体系"和"宗法制度",自上而下形成严密的官僚体系,马克思指出:"皇帝通常被尊为全中国的君父""皇帝的官吏也都被认为对他们各自的管区维持着这种父权关系。"而维系"这个庞大的国家机器的各部分间的唯一的精神联系"就是"家长制权威"④。在马克思看来,"与外界完全隔绝曾是保存旧中国的

---

① 《马克思恩格斯论中国》,中共中央马克思恩格斯列宁斯大林著作编译局编译,人民出版社2018年版,第134页。

② 《马克思恩格斯论中国》,中共中央马克思恩格斯列宁斯大林著作编译局编译,人民出版社2018年版,第161页。

③ 《马克思恩格斯论中国》,中共中央马克思恩格斯列宁斯大林著作编译局编译,人民出版社2018年版,第111页。

④ 《马克思恩格斯论中国》,中共中央马克思恩格斯列宁斯大林著作编译局编译,人民出版社2018年版,第6页。

首要条件，而当这种隔绝状态通过英国而为暴力所打破的时候，接踵而来的必然是解体的过程，正如小心保存在密闭棺材里的木乃伊一接触新鲜空气便必然要解体一样"。① 马克思说："仇视外国人，把他们排除在帝国之外，这在过去仅仅是出于中国地理上、人种上的原因，只是在满族鞑靼人征服了全国以后才形成为一种政治原则。毫无疑问，17 世纪末竞相与中国通商的欧洲各国彼此间的剧烈纷争，有力地助长了满族人实行排外的政策。可是，更主要的原因是，这个新的王朝害怕外国人会支持一大部分中国人在中国被鞑靼人征服以后大约最初半个世纪里所怀抱的不满情绪。出于此种考虑，当时禁止外国人同中国人有任何来往，要来往只有通过离北京和产茶区很远的一个城市——广州。外国人要做生意，只限同领有政府特许执照从事外贸的行商进行交易。这是为了阻止它的其余臣民同它所仇视的外国人发生任何联系。"② 由于中国封建社会经济一直处于自给自足自然经济的状态，马克思在《中国纪事》中说，"我们总是看到"的是"社会基础停滞不动，而夺得政治上层建筑的人物和种族却不断更迭"。③

马克思、恩格斯揭露了与中国封建社会经济特点相适应的政治制度的腐朽性。马克思在《中国纪事》中把中国比喻为"活的化石"。④ 恩格斯在《俄国在远东的成功》中说，"摇摇欲坠的亚洲帝国正在一个一个地成为野心勃勃的欧洲人的猎获物。这里又有一个这样的帝国，它很虚弱，很衰败，甚至没有力量经受人民革命的危机，在这里，就连一场激烈爆发的起义也都变成了看来无法医治的慢性病；它很腐败，无论是控制自己的人民，还是抵抗外国的侵略，一概无能为力"。⑤ 在《鸦片贸易史》一文中，马克思指出，"一个人口几乎占人类三分之一的大帝国，不顾时势，安于现状，人为地隔绝于世并因此竭力以天朝尽善尽美的幻想自欺。这样一个帝国注定最后要在一

---

① 《马克思恩格斯选集》（第 1 卷），人民出版社 2012 年版，第 780—781 页。

② 《马克思恩格斯选集》（第 1 卷），人民出版社 2012 年版，第 784 页。

③ 《马克思恩格斯论中国》，中共中央马克思恩格斯列宁斯大林著作编译局编译，人民出版社 2018 年版，第 122 页。

④ 《马克思恩格斯论中国》，中共中央马克思恩格斯列宁斯大林著作编译局编译，人民出版社 2018 年版，第 122 页。

⑤ 《马克思恩格斯论中国》，中共中央马克思恩格斯列宁斯大林著作编译局编译，人民出版社 2018 年版，第 88 页。

场殊死的决斗中被打垮"。①

马克思、恩格斯期待在外力作用下古老的中国社会能够孕育出一个新世界。恩格斯在1857年撰写的《波斯和中国》一文中认为,"旧中国的死亡时刻正在迅速临近""中国的南方人在反对外国人的斗争中所表现的那种狂热本身,似乎表明他们已觉悟到旧中国遇到极大的危险;过不了多少年,我们就会亲眼看到世界上最古老的帝国的垂死挣扎,看到整个亚洲新纪元的曙光"。② 马克思、恩格斯在《德意志意识形态》中提出,"各个相互影响的活动范围在这个发展进程中越是扩大,各民族的原始封闭状态由于日益完善的生产方式、交往以及因交往而自然形成的不同民族之间的分工消灭得越是彻底,历史也就越是成为世界的历史。例如,如果在英国发明了一种机器,它夺走了印度和中国的无数劳动者的饭碗,并引起这些国家的整个生存形式的改变,那么,这个发明便成为一个世界历史性的事实""由此可见,历史向世界历史的转变,不是'自我意识'、世界精神或者某个形而上学幽灵的某种纯粹的抽象行动,而是完全物质的、可以通过经验证明的行动,每一个过着实际生活的、需要吃、喝、穿的个人都可以证明这种行动"。③

历史是人民创造的。马克思在《路易·波拿马的雾月十八日》中说:"人们自己创造自己的历史,但是他们并不是随心所欲地创造,并不是在他们自己所选定的条件下创造,而是在直接碰到的、既定的、从过去承继下来的条件下创造。"④百年巨变,中国融入了世界历史,中国社会进入了大变革时期。马克思心中的"中华共和国",已成为现实的"中华人民共和国",马克思科学预见的"中国社会主义",已成为伟大的实践,为人的自由和全面发展奠定了历史的现实条件。

---

① 《马克思恩格斯论中国》,中共中央马克思恩格斯列宁斯大林著作编译局编译,人民出版社2018年版,第70—71页。

② 《马克思恩格斯论中国》,中共中央马克思恩格斯列宁斯大林著作编译局编译,人民出版社2018年版,第66页。

③ 《马克思恩格斯论中国》,中共中央马克思恩格斯列宁斯大林著作编译局编译,人民出版社2018年版,第130页。

④ 《马克思恩格斯选集》(第1卷),人民出版社2012年版,第669页。

(三)经由经济全球化迎来信息化时代的新课题

经济全球化带来了全球化巨变。① 经由经济全球化发展迎来了信息化时代,人类社会经过农耕文明、工业文明两个阶段,正在进入信息文明阶段。世界正在发生一场翻天覆地的变化,人的自由和全面发展的需求也在发生深刻变化。现在我们需要思考的是,信息化正在产生什么样的社会变革,进而需要思考信息立法怎样适应巨变,信息立法在信息化社会条件下如何体现、实现人的自由和全面发展?

关于信息的定义。美国应用数学家、控制论创始人诺伯特·维纳是信息论的革命化的原始定义者,他说信息既不是物质,又不是能量,信息就是信息,即信息是物质和能量之外的东西。② 1980 年,克劳德·申农、诺伯特·维纳对信息进行定义:信息是一种独立实体,是没有具体形状的"流",可以在不同的基质(载体)之间流通传递,其意义和本质不会丢失。③

关于信息社会的定义。信息社会也叫信息化社会、知识社会、网络社会、虚拟社会、后工业社会等,是与农业社会、工业社会等相对而言的一种技术社会形态。④ 丹尼尔·贝尔在其 1973 年出版的《后工业社会的来临:对社会预测的一项探索》一书中指出:"在今后 30 年至 50 年间,我们将看到我称

---

① 全球化首先是一个经济发展过程,但归根结底它是一个整体性的发展过程。被誉为当代德国法哲学和法伦理学领域最有成就的哲学家、图宾根大学政治哲学研究中心负责人奥德弗利德·赫费教授,从法和国家理论、伦理学和哲学三者结合的角度讨论全球化、跨文化问题,开辟了全球化研究的新视角。他认为,包括经济在内的全球化主要表现在三个方面:(1)形形色色的"暴力共同体"。如由于新式武器的出现,战争便具有全球化性质,跨国集团犯罪(贩毒、恐怖主义)、越境环境污染等等也相继出现。(2)与此同时,还存在着更广泛的"合作共同体"。其中,经济、金融、劳动、运输和信息交流等起着重要的作用,但不是唯一的。哲学和包括其他社会科学在内的科学,文化的各个领域,尤其是教育领域,也都在走向全球化。就是民主制度也正在走向全球化,形成了一股全球化的压力;保护人权的信念和行为在世界范围内受到关注,在这方面,甚至已经形成了具有批判性世界记忆的世界公众。由于国际法的发展,由于世界政府的和非政府的管理组织的增多,世界公众不断得到增强。(3)在全球化的合作共同体中,在一切领域内又充满着竞争。竞争不仅激励创造性力量,并让我们期待这些力量带来集体财富。竞争也会带来一些不良后果,有的是经济范围内的,如失业;有的是非经济范围的,如环境污染。与全球化的三个方面表现相应,作为人类共同体的世界组织的责任是:反对全球性暴力共同体;支持全球性合作共同体,保护患难共同体。联合国秘书长加利 1992 年向全世界宣告:"第一个真正的全球化时代已经到来了。"

② 王志荣编著:《信息法概论》,刘宇清译,中国法制出版社 2003 年版,第 13 页。

③ 参见[美] N. 凯瑟琳·海勒:《我们何以成为后人类》(序言),刘宇清译,北京大学出版社 2017 年版。

④ 孙伟平:《信息社会及其基本特征》,载《哲学动态》2010 年第 9 期。

之为'后工业社会'的出现。"①1963年,日本社会学家梅棹忠夫在《信息与产业论》中首次提出了"信息社会"的概念。1979年,丹尼尔·贝尔认为"信息社会"的概念比"后工业社会"更确切,接受了信息社会的提法,此后"信息社会"的概念被人们广泛接受。1982年,约翰·奈斯比特(John Naisbitt)曾判断人类已经进入了所谓的"信息社会"。② 2003年,日内瓦信息社会世界峰会《原则宣言》中提出,信息社会是一个"以人为本、具有包容性和面向全面发展的信息社会。在此信息社会中,人人可以创造、获取、使用和分享信息和知识,使个人、社会和各国人民均能充分发挥各自的潜力,促进实现可持续发展并提高生活质量"。

信息社会是信息高速发展过程中的一种新的社会形态、新的社会模式。"在新的信息发展方式中,生产力的来源在于产生知识、信息处理与象征沟通的技术。知识与信息无疑是一切发展方式的关系因素。然而,信息发展方式的特殊之处在于:针对知识本身的知识行动,就是生产力的主要来源。信息处理便集中于提高信息处理的技术,以之作为生产力的来源,达到技术的知识根源,以及应用技术来促进知识生产和信息处理这两方彼此互动的良性循环。"③

信息社会是以数字经济为基础的社会。生产力决定生产关系。"各种经济时代的区别,不在于生产什么,而在于怎样生产,用什么劳动资料生产""手推磨产生的是封建主为首的社会,蒸汽磨产生的是工业资本家为首的社会"。④ 在"手推磨"的农业时代,生产工具在个人独占的条件下发挥作用,形成那个时代的核心生产力,体现了那个时代的生产方式。在"蒸汽磨"的工业时代,产业工人被绑定成为机器系统的一部分,形成工业时代的核心生产力。在信息化进入数字化发展时代,数字经济成为新经济形态新经济模式,形成信息时代的核心生产力。关于数字经济的概念。美国人唐·塔普斯科特于1995年在《数字经济》一书中最早提出了"数字经济"的概念。日本通

① 〔美〕丹尼尔·贝尔:《后工业社会的来临:对社会预测的一项探索》,高铦、王宏周、魏章玲译,江西人民出版社2018年版,第2页。

② 〔美〕约翰·奈斯比特:《大趋势——改变我们生活的十个新方向》,梅艳译,中国社会科学出版社1984年版,第197页。

③ 〔美〕曼纽尔·卡斯特尔:《网络社会的崛起》,夏铸九等译,社会科学文献出版社,2003年版,第20—21页。

④ 《马克思恩格斯选集》(第1卷),人民出版社1972年版,第108、127页。

产省于 1997 年 5 月提出"数字经济"，又称其为"信息经济"、"网络经济"、"失重经济"、"知识经济"、"E 经济"或"新经济"。1998 年 7 月，美国商务部发布了有关数字经济的第一部著作《浮现中的数字经济》。1999 年 6 月，美国商务部在《新兴的数字经济》报告中把数字经济看成是电子商务以及使电子商务成为可能的信息技术产业等两个方面。2016 年"G20 杭州峰会"将数字经济作为主要议题，发布了《二十国集团数字经济发展与合作倡议》，进一步明确了数字经济的定义："数字经济是指以使用数字化的知识和信息作为关键生产要素、以现代信息网络作为重要载体、以信息通信技术的有效使用作为效率提升和经济结构优化的重要推动力的一系列经济活动。"2021 年 12 月 12 日，我国国务院发布的《"十四五"数字经济发展规划》将数字经济定义为："数字经济是继农业经济、工业经济之后的主要经济形态，是以数据资源为关键要素，以现代信息网络为主要载体，以信息通信技术融合应用、全要素数字化转型为重要推动力，促进公平与效率更加统一的新经济形态。"

信息社会是价值共生的社会。"共生"的概念，是德国真菌学家德贝里 1879 年提出的，其定义为不同种属生物生活在一起的一种状态，并且特别指出短期的种群联系不是共生关系。随着研究的深入，生物学家对共生的概念达成了统一认识：不同种属按某种物质联系而生活在一起，或从一般意义上说，共生是指共生单元之间在一定的共生环境中，按照某种形式形成的关系。共生单元、共生关系、共生环境是构成共生的三要素。三个要素相互影响，相互作用，共同反映着共生系统的动态变化方向和规律。在共生关系的三个要素中，共生关系是关键，共生单元是基础，共生环境是重要外部条件。共同进化、共同激活、共同适应、共同发展是共生的深刻本质，一体发展是共生单元理想的进化路径。[①] 在信息社会条件下，通过价值共生重构组织价值，尤其是重构管理者自身的价值，人们才可以在充满不确定性的数字化时代，找到新的组织价值，从而让组织中的个体、组织本身以及与组织相关的合作伙伴都获得价值释放，并创造新的价值。信息化时代，原来的同质化竞争必然被异质化合作代替。只有学会共生，才能赢得未来，只有自觉遵循信息化时代的多元协同规则，才能实现互利共生。[②]

---

① 参见段德罡、张志敏：《城乡一体化空间共生发展模式研究——以陕西省蔡家坡地区为例》，载《城乡建设》2012 年第 2 期。

② 参见陈春花：《价值共生：数字化时代的组织管理》，人民邮电出版社 2021 年版，前言。

信息社会是共建共治共享的多元化治理社会。现代哲学认为,宇宙只有三种普遍存在:物质是实体的普遍存在,能量是运动的普遍存在,信息是关联的普遍存在。农业时代以物质为核心生产资料,工业时代以能量为核心生产资料,信息时代以信息为核心生产资料。物质发挥效能靠占有,能量发挥效能靠垄断,信息发挥效能靠共建共治共享。传统管理理论认为,人是"经济人",①即为了经济利益而工作。社会人理论认为,经济因素只在第二位,社会交往、他人认可、归属某一社会群体等才是决定工作积极性的第一因素。② 北京大学经济学教授厉以宁 2018 年 4 月 20 日在北京大学的一次演讲中认为,当前的经济学正在发生重要的变化。经济学应该要充分考虑到,人是社会人,而不是经济人。现在,竞争者远不是 200 年前的竞争者了,过去亚当·斯密教条的一些假设也行不通了。人是社会人,人应该考虑协商、和解、双赢。人类社会正在走向信息协同新时代。社会协同的主要特征是差异化优势互补,这既是基于社会分工规律,也是信息化发展的必然趋势。马克思在《资本论》里面写道,"许多人在同一劳动过程中,有计划地一起协同劳动,这种劳动形式叫做协作"。③ 共建共治共享的"协作"经济形态的最高阶段是实现马克思设想的"社会自我管理"。只有信息生产力高度发展,才能创造社会自我管理的必要条件。

信息社会为人的自由平等创造了有利的社会条件。美国未来学家约翰·奈斯比特曾经认为,网络为什么能成为一种重要的人类社会结构呢?首先是集权社会结构已不复存在,其次是人们负担的信息量非常大,最后是等级制度逐渐衰落。他还认为,网络是一个三度立体空间。④ 在网络空间,互联网的包容性、开放性以及自由性,为个性发挥提供了有利条件。网络文化的自由、平等冲击了传统文化的尊卑等级,人们在虚拟的网络世界处于民

---

① 亚当·斯密在 1776 年发表的《国富论》中提出了"经济人"观点。他认为个人的一切活动都受"利己心"的支配。每个人追求个人利益就会促进整个社会的共同利益。这种个人利益的追逐者就是"经济人"。

② 1933 年,美国哈佛大学教授乔治·埃尔顿·梅奥(George Elton Mayo),在对霍桑工厂进行实验的基础上,出版了《工业文明的社会问题》一书,提出了社会人理论。对于社会人,梅奥认为:对于社会人来说,重要的是人与人之间的合作,而不是人们在无组织的人群中互相竞争。所有的个人主要是为保护自己在集团中的地位而不是为自我的利益而行动。从霍桑实验的结果可以发现,人的思想和行动更多的是由感情而不是由逻辑来引导的。

③ 马克思:《资本论》(第 1 卷),人民出版社 2004 年版,第 362 页。

④ [美]约翰·奈斯比特:《大趋势——改变我们生活的十个新方向》,梅艳译,中国社会科学出版社 1984 年版,第 202 页。

主、平等的地位,所有人以平等的地位与他人交流,享有同等的话语权,共同遵循平等交流、以理服人的基本规则。正如在工业社会后期哈贝马斯已经提出的:"个人与其他个人之间是平等的,但不能因此而否定他们作为个体与其他个体之间的绝对差异。对差异十分敏感的普遍主义要求每个人相互之间都平等尊重,这种尊重就是对他者的包容,而且是对他者的他性的包容,在包容过程中既不同化他者,也不利用他者。"①

随着科学技术的不断进步和社会的发展,信息社会逐渐过渡到一种新的社会模式"泛在信息社会"。国际电信联盟(ITU)于 2005 年 4 月发布了日本、意大利、新加坡和韩国等四个国家的"泛在网络社会"案例研究。2006 年 9 月举办的欧洲信息社会大会以"i2010:创建一个无所不在的欧洲信息社会"为主题,并达成一大共识:信息社会正在变为一个"无所不在"的信息社会,它意味着在人们的日常生活中,任何人随时随地都可以和任何物沟通。2006 年 10 月 18 日在亚太地区城市信息化论坛第六届年会上,日立信息通信集团总裁筱本学在演讲中提出了"泛在信息社会"的理念:"泛在信息社会是任何人或任何物无论何时何地都可以通过终端设备与网络联接,获取个性化信息服务的一种全新信息社会。"在"泛在信息社会"中,社会生活面貌焕然一新,人们的生活方式将发生巨大变化,信息成为生活必需品,且每个人都能够利用信息创造新价值,其核心思想是信息技术将以不为人们所觉察的方式融入人们的日常生活,即在任何时候、任何情况下都可通过有线或无线通信达到互联的状态。展现在我们面前的将是一个全新的由网络传感器、智能网络、先进计算技术以及数字化的基础设施集成的,以移动接入、实时通信、宽带传输、泛在计算、多媒体界面、传感互联成为主要技术表现形式的,信息流、物质流、能量流交互作用的技术社会形态。②

2011 年我国《国民经济和社会发展"十二五"规划纲要》提出全面提高信息化水平,"加快建设宽带、融合、安全、泛在的下一代国家信息基础设施,推动信息化和工业化深度融合,推进经济社会各领域信息化"。标志着"泛在信息社会"成为国家战略。我国尚处于信息化时代的初期,与西方比较典型的从农业社会到工业社会再到信息社会不同,我国是农业社会、工业社会、信息社会叠加在一起,处于农业现代化、工业化、信息化"并联式"的叠加

---

① [德]哈贝马斯:《包容他者》,曹卫东译,上海人民出版社 2002 年版,第 43 页。

② 《日立提出"泛在信息社会"新理念》,载《电信科学》2006 年第 11 期,第 100 页。

发展过程。我国的信息立法,只有基于现实的经济社会条件,才能体现和实现应有的价值。

三、科学立法:体现实现人的自由和全面发展

电闪雷鸣,思想走在行动之前,如同闪电出现在雷鸣之前。恩格斯说:"每一时代的理论思维,从而我们时代的理论思维,都是一种历史的产物,它在不同的时代具有完全不同的形式,同时具有完全不同的内容。"①充满挑战、充满希望的信息化时代,期待我们以信息化时代的理论思维建构信息立法,彰显出信息立法的时代特征,在信息化现实社会条件下促进人的自由和全面发展。

(一)信息立法的科学思维

搞立法就是搞科学,②搞科学就是追求真理。要以科学的态度对待科学,以真理的精神追求真理。③

——理论说服人:以科学的态度对待科学

马克思在《〈黑格尔法哲学批判〉导言》中,对理论如何说服人进行了阐释:"理论一经掌握群众,也会变成物质力量。理论只要说服人,就能掌握群众;而理论只要彻底,就能说服人。所谓彻底,就是抓住事物的根本。而人的根本就是人本身。"④而能说服人的理论一经群众掌握,必将变成改造人所生活的现实世界的物质力量,实现人的自由与解放。马克思主义能够说服人,关键在于抓住了"事物的根本"和"人的根本",关注人的根本利益,致力于实现"人的自由和全面发展"。在信息化时代,信息科学技术革命性地改变了人与人之间的连接方式和交往方式,彻底改变了人们的生产方式和生活方式。与工业社会相比较,信息社会有完全不同的行为模式、知识体系、价值体系。伟大的社会变革时代召唤伟大的社会思想和社会理论。信息化立法研究需要新的范式、方法与思路,研究新经验,提炼新概念,促生新思想,建构新理论。信息化时代的科学立法理论,抓住新时代的根本,关注现

---

① 《马克思恩格斯选集》(第 4 卷),人民出版社 1995 年版,第 284 页。
② 《毛泽东文集》(第 6 卷),人民出版社 1999 年版,第 330 页。
③ 《深刻感悟和把握马克思主义真理力量 谱写新时代中国特色社会主义新篇章》,载《人民日报》2018 年 4 月 25 日,第 1 版。
④ 《马克思恩格斯选集》(第 1 卷),人民出版社 2012 年版,第 9 页。

实的"人"，尊重"人是人的最高本质"的现实要求，才能"说服人""掌握群众"，在信息化的社会条件下实现立法初心。

马克思指出："立法者应该把自己看作一个自然科学家。他不是在创造法律，不是在发明法律，而仅仅是在表述法律，他用有意识的实在法把精神关系的内在规律表现出来。如果一个立法者用自己的臆想来代替事情的本质，那么人们就应该责备他极端任性。"①他强调，"立法权并不创立法律，它只披露和表述法律"。② 马克思认为："一切社会变迁和政治变革的终极原因，不应当到人们的头脑中，到人们对永恒的真理和正义的日益增进的认识中去寻找，而应当到生产方式和交换方式的变更中去寻找；不应当到有关时代的哲学中去寻找，而应当到有关时代的经济中去寻找。"③在科技急剧变化的信息化时代，在信息科技急剧变化的社会条件下，信息立法的核心，在于立法要尊重和体现信息化时代发展的客观规律，以信息化时代开阔的理论视野认识和思考立法使命、立法价值的新的表现形式和新的实现形式，以信息化立法科学思维建构信息立法体系。对此，需要立于科学技术发展与经济社会发展的交汇前沿重新认识这个世界，立于信息化技术发展前沿和社会发展前沿，聚焦信息科学技术发展与法学发展的交叉点，认识和回答科学技术发展和社会发展中的问题，思考和解决技术应用规范问题，而不能固守落后于时代不合时宜的思维模式和立法理念。

恩格斯在《自然辩证法》的导论中，谈到现代自然科学所产生的时代时说，"我们德国人由于当时我们所遭遇的民族不幸而称之为宗教改革，法国人称之为文艺复兴，意大利人称之为五百年代""这是人类以往从来没有经历过的一次最伟大、进步的变革，是一个需要巨人而且产生了巨人——在思维能力、激情和性格方面，在多才多艺和学识渊博方面的巨人的时代"。④ 在人类的历史发展中，每个时代都需要一批站在时代前列的巨人。历史的发展进步需要这些巨人的引领，历史要发展进步同时会催生出引领着时代发展进步的这些巨人。我们所处的时代，是信息化"所产生的时代"，是人类历史上又一次"最伟大、进步的变革"的时代，也是一个需要巨人而且能够产生巨人的时代。信息化发展，为法学人才提供了更加宽阔的历史舞台，信息立

---

① 《马克思恩格斯全集》（第1卷），人民出版社1995年版，第347页。
② 《马克思恩格斯全集》（第3卷），人民出版社2002年版，第74页。
③ 《马克思恩格斯文集》（第3卷），人民出版社2009年版，第547页。
④ 《马克思恩格斯选集》（第4卷），人民出版社1995年版，第261—262页。

法也期待着法学人才贡献智慧和力量。马克思强调:"在科学的入口处,正像在地狱的入口处一样,必须提出这样的要求:'这里必须根绝一切犹豫;这里任何怯懦都无济于事。'"①在信息化"所产生的时代",信息立法科学既需要"根绝一切犹豫"的思想,更需要"根绝一切犹豫"的行动。

——严格的自我批评精神:以真理的精神追求真理

中共中央文献研究室编写的《邓小平年谱》记载,1993年9月16日,邓小平同邓垦谈话时说,"十二亿人口怎样实现富裕,富裕起来以后财富怎样分配,这都是大问题。题目已经出来了,解决这个问题比解决发展起来的问题还困难。分配的问题大得很。我们讲要防止两极分化,实际上两极分化自然出现。要利用各种手段、各种方法、各种方案来解决这些问题"。中国人能干,但是问题也会越来越多,越来越复杂,随时都会出现新问题。比如刚才讲的分配问题。少部分人获得那么多财富,大多数人没有,这样发展下去总有一天会出问题。分配不公,会导致两极分化,到一定时候问题就会出来。这个问题要解决。过去我们讲先发展起来。现在看,发展起来以后的问题不比不发展时少。②邓小平晚年以超越自我的理论品质和政治勇气,在总结实践的经验的过程中,深刻汲取以往教训,追求真理,深入思考带根本性、全局性、长远性问题,根据发展变化着的实际丰富和发展已有的理论,最终形成成熟的邓小平理论体系。晚年邓小平指出的"发展起来以后的问题不比不发展时少",要解决"分配的问题",成为整个社会亟须解决的重大理论和实践课题,也是信息立法亟须解决的重大理论和实践课题。

1885年5月5日,恩格斯在《资本论》第二卷序言中谈到马克思对科学工作的严谨态度,写道:"只要列举一下马克思为第二卷留下的亲笔材料,就可以证明,马克思在公布他的经济学方面的伟大发现以前,是以多么无比认真的态度,以多么严格的自我批评精神,力求使这些伟大发现达到最完善的程度。正是这种自我批评的精神,使他的论述很少能够做到在形式上和内容上都适应他的由于不断进行新的研究而日益扩大的眼界。"③在《资本论》第二卷、第三卷中,揭示了马克思劳动价值理论不断深化的思想过程。对于

---

① 《马克思恩格斯选集》(第31卷),人民出版社1998年版,第415页。

② 《邓小平年谱》(下),中央文献出版社2004年版,第1364页。

③ 马克思:《资本论》(第2卷),人民出版社2004年版,第4页。

古典经济学派亚当·斯密倡导的劳动价值说，在价值形成上有两种不同的理解方式：一是商品价值由工资、利润、地租三种收入构成的"价值构成"说；二是价值是可分解为以上三个收入部分的"价值分解"说，马克思称之为"斯密教条"。马克思在作为《资本论》第三卷素材的 1864—1865 年执笔的"主要手稿"中，批判了"价值构成"说，接受了"价值分解"说。在马克思 1880 年执笔的《资本论》第二卷的最后改订稿"第 8 草稿"中，又完全批判了"价值分解"说，对亚当·斯密再生产理论进行了批判性总结，准确把握商品价值的本源性与资本和收入之间的相互关系，马克思在他生命的最后时期最终形成了成熟的劳动价值理论。正是马克思坚持终生的严格自我批评精神，使他的理论研究视野日益扩大，论述不断深化，使马克思的伟大发现最终达到最完善的程度。我们的信息立法研究，也只有坚持严格的自我批评精神，以真理的精神追求真理，扩大信息立法研究的视野，不断深化认识，不断修正错误，才能形成成熟的具有信息化时代特征的信息立法理论，推进信息立法的完善。

（二）立良法：体现、实现人的自由和全面发展

立于信息化时代潮头，站在科学技术发展与社会发展的交汇前沿，聚焦信息科学技术发展与法律科学技术发展的交叉点，观察信息立法，我们首先思考的是什么？是人的需要，是人的自由和全面发展的需要。体现与实现人的自由和全面发展，是信息立法的核心价值目标。人的自由和社会的正义是实现人的自由和全面发展的根本价值取向。良法善治是信息化时代的基本要求。善治的概念源于社会治理。① 如何克服治理失效，如何使治理更

---

① 关于社会治理，联合国在德国前总理勃兰特的倡议下成立的全球治理委员会 1995 年发表了一份题为《我们的全球伙伴关系》的研究报告，对治理作了界定。根据全球治理委员会的定义：治理是个人和制度、公共和私营部门管理其共同事务的各种方法的综合。它是一个持续的过程，其中，冲突或多元利益能够相互调适并能采取合作行动，它既包括正式的制度安排也包括非正式的制度安排。由此可见，全球治理的基本特征包括：一是全球治理的实质是以全球治理机制为基础，而不是以正式的政府权威为基础。二是全球治理存在一个由不同层次的行为体和运动构成的复杂结构，强调行为者的多元化和多样性。三是全球治理的方式是参与、谈判和协调，强调程序的基本原则与实质的基本原则同等重要。四是全球治理与全球秩序之间存在着紧密的联系，全球秩序包含那些世界政治不同发展阶段中的常规化安排，其中一些安排是基础性的，而另一些则是程序化的。参见全球治理委员会：《我们的全球伙伴关系》，牛津大学出版社 1995 年版，第 23 页。

加有效,学者提出了善治的理论。① 信息立法是立良法,以良法促进善治,保障人的自由和社会的正义,促进人的自由和全面发展,增进人民福祉。

——规范信息立法权,保障立良法

科学立法,立法权的科学行使是关键。立法权力"永远不能超出社会的经济结构以及由经济结构所制约的社会的文化发展"。② 信息立法权的运用,实际上是聚焦信息科学技术发展与社会发展的交汇前沿突破口,深刻认识信息科学技术发展与社会发展规律,尊重信息科学技术发展与社会发展规律,体现、实现立法价值。因此,必须严格规范信息立法权,严格规范信息立法事项,尤其是对宪法相关条文的修改进行最为严格的规范,确保实现立法宗旨。

科学立法,立法权的科学行使需要具有以超越自我的立法理论勇气和批评精神。马克思指出:"我们判断一个人不能以他对自己的看法为根据,同样,我们判断这样一个变革时代也不能以它的意识为根据;相反,这个意识必须从物质生活的矛盾中,从社会生产力和生产关系之间的现存冲突中去解释。无论哪一个社会形态,在它所能容纳的全部生产力发挥出来以前,是决不会灭亡的;而新的更高的生产关系,在它的物质存在条件在旧社会的胎胞里成熟以前,是决不会出现的。所以人类始终只提出自己能够解决的任务,因为只要仔细考察就可以发现,任务本身,只有在解决它的物质条件已经存在或者至少是在生成过程中的时候,才会产生。"③当下,解决"怎样实现富裕""富裕起来以后财富怎样分配""大问题"的物质条件已经存在或者

---

① 1999 年,一位法国的银行家说,善治的构成有以下四个要素:"(1)公民安全得到保障,法律得到尊重,特别是这一切都须通过司法独立,亦即法来实现;(2)公共机构正确而公正地管理公共开支,亦即进行有效的行政管理;(3)政治领导人对其行为向人民负责,亦即实行职责和责任制;(4)信息灵通。便于全体公民了解情况,亦即具有政治透明性。"参见[法]玛丽—克劳德·斯莫茨:《治理在国际关系中的正确运用》,载《国际社会科学》(中文版)1999 年第 2 期。2014 年,俞可平教授提出了善治的十大要素:(1)合法,即政治秩序和公共权威被人们自觉认可和服从的状态;(2)法治,法律成为社会管理的最高准则,平等原则被贯彻执行;(3)透明,即政府信息公开程度;(4)责任,管理者需要对自己的管理行为承担基本的公共责任;(5)回应,即公共管理机构和人员对公民的要求作出及时和负责任的反应;(6)有效,即管理的效率;(7)参与,即公民对政治社会和其他社会生活的参与;(8)稳定,意味着和平、有序、安全等;(9)廉洁,即管理人员奉公守法、清明廉洁;(10)公正,即不同性别、阶层、种族、文化程度和信仰的公民在政治领域和经济领域享有平等权利。参见俞可平:《论国家治理的现代化》,社会科学文献出版社 2014 年版,第 68—69 页。

② 《马克思恩格斯选集》(第 3 卷),人民出版社 1995 年版,第 305 页。

③ 《马克思恩格斯全集》(第 31 卷),人民出版社 1995 年版,第 413 页。

至少是在生成过程中的时候,在完善已经形成的法律体系中,信息立法也需要"根绝一切犹豫"和"严格的自我批评精神",科学回答历史赋予的重大课题,力求信息立法"达到最完善的程度",达到人民最满意的程度。

立法失误是最大的决策失误。规范信息立法权,是科学立法题中应有之义。科学立法,在一定意义上,就是规范立法权,防范"立法者用自己的臆想来代替事情的本质"的"极端任性",避免立法失误。没有规范立法权就没有科学立法。立法是发现,不是发明,立法者的任务是揭示"事物的本质"。因此,不能以揭示"物的本质"的发明思维去设计法律,譬如,不能由工程技术专家运用工程科学技术去设计关系人类发展的立法决策方案,而具有法学科学技术的法学专家却缺席。马克思在"新莱茵报"审判案中的发言里明确指出:"如果现行法律和社会发展刚刚达到的阶段发生显著的矛盾,那么,诸位陪审员先生,你们的职责恰恰就是要在过时的律令和社会的迫切要求的斗争中讲出自己有分量的话。那时你们的任务就是要超过法律,直到它认识到必须满足社会的要求为止。这是陪审法庭的最高尚的特权。诸位先生,在这种情况下,法律的文字本身就便于你们执行这个任务。你们只是应当根据我们的时代、我们的政治权利、我们的社会要求来解释它。"①在这里,马克思对"超过法律""解释"法律的要求,实际上也就是对已过时立法的效力的否定,使法律适应于发展的时代,满足现实社会的要求。

——立良法,保障人的自由,保障社会的正义

法学是正义之学,②法律是正义的化身。良法保障人的自由,培养社会的人的一切属性,让人成为具有高度文明的人。良法保障社会的正义,培养人的法律信仰,让人在法律中触得公平正义。

良法尊重人性,善待弱者。马克思的"人的自由和发展"理念,特别关注工人遭受的屈辱和不幸,呼吁把他们从各种异化、物化中解脱出来,最终达到真正人的自由和解放。信息立法讲人性,关注人的自由,以仁爱之心关注弱势群体,促进提升全体人民的数字素养与技能,有效提升信息弱势群体的

---

① 《马克思恩格斯全集》(第6卷),人民出版社1961年版,第274页。

② 参见2003年11月5日罗干的《在中国法学会第五次全国会员代表大会上的祝词》。笔者执笔起草了《祝词》初稿并全程参与了修改。在《查士丁尼法典》之《法学汇纂》中,古罗马法学家给"法学"下过一个经典性的定义,乌尔比安指出:"法学是关于神和人的事物的知识;是关于正义和非正义的科学。"

数字素养与技能,①优化数字生活环境,提升数字生活品质,让人民群众在信息化发展中有更多获得感幸福感安全感。

良法体现人心,赢得民心。信息立法,是民心之法。"人心就是力量。""人心是最大的力量"。② 让法律活在民众心里,法律才有生命活力。正如卢梭所说,各种法律之中最重要的法律,"既不镌刻在大理石上,也不镌刻在铜表上,而是铭刻在公民们的心里。只有它是国家真正的宪法。它每天都将获得新的力量,在其他法律行将衰亡失败的时候,它可以使它们获得新生或者取代它们。它能使一个国家的人民保持他们的创制精神,用习惯的力量不知不觉地去取代权威的力量。"③

良法体现实质的正义而不是形式的正义。马克思的经典论述说明了实质正义与形式正义之间的差异:"如果认为在立法者偏私的情况下可以有公正的法官,那简直是愚蠢而不切实际的幻想!既然法律是自私自利的,那么大公无私的判决还有什么用处呢?法官只能一丝不苟地表达法律的自私自利,只能无所顾忌地运用它。在这种情况下,公正是判决的形式,但不是判决的内容。内容已被法律预先规定了。如果诉讼无非是一种毫无内容的形式,那么这种形式上的琐事就没有任何独立的价值了。在这种观点看来,只要把中国法套上法国诉讼程序的形式,它就变成法国法了。但是,实体法却具有本身特有的诉讼形式,正如中国法里面一定有笞杖,拷问作为诉讼形式一定是同严厉的刑罚法规的内容连在一起的一样,本质上公开的、受自由支配而不受私人利益支配的内容,一定是属于公开的自由的诉讼的。诉讼和法二者之间的联系如此密切,就像植物外形和植物本身的联系,动物外形和动物血肉的联系一样。使诉讼和法律获得生命的应该是同一种精神,因为

---

① 根据美国图书馆协会的定义,信息素养指个体在需要信息时能够确认这一需求并具有定位、评价和有效使用所需信息的能力。具备信息素养的人可以快速且有成效地获取信息,批判性且合理地评价信息、准确而创造性地使用信息。数字技能(digital skills)、数字素养(digital literacy)、ICT素养(ICT literacy)是一组意义相近的术语,都关乎个人驾驭和使用 ICT 的能力。其中,ICT 素养曾被美国教育考试服务机构(Educational Testing Service, ETS)明确定义为"正确使用数字技术、通讯工具和(或)网络解决信息问题,以便在信息社会中行使职责的能力",包括运用技术探索、组织、评价和交流信息的能力,以及对信息伦理/法律问题的基本理解。参见于良芝、周文杰:《信息穷人与信息富人:个人层次的信息不平等测度述评》,载《图书与情报》2015 年第 1 期。

② 逄先知:《关于意识形态问题的一些看法》,载《中华魂》2015 年第 1 期。

③ [法]卢梭:《社会契约论》,李平沤译,商务印书馆 2011 年版,第 61 页。

诉讼只不过是法律的生命形式，因而也是法律的内部生命的表现。"①

恶法非法。什么是恶法，什么是非法？1946年，德国著名学者拉德布鲁赫在《法律的不法和超法律的法》论文中提出了著名的"拉德布鲁赫公式"，对此作出了明确的回答："正义和法的安定性之间的冲突是可以得到解决的，只要实在的、通过命令和权力来保障的法也因而获得优先地位，即使其在内容上是不正义的、不合目的性的；除非实在法与正义之矛盾达到如此不能容忍的程度，以至于作为'非正当法'的法律必须向正义屈服。在法律的不法与虽内容不正当但仍属有效的法律这两种情况之间划出一条截然分明的界限，是不可能的，但最大限度明晰地作出另外一种划界还是有可能的：凡正义根本不被追求的地方，凡构成正义之核心的平等在实在法制定过程中有意地不被承认的地方，法律不仅仅是'非正当法'，它甚至根本上就缺乏法的性质。因为我们只能把法，也包括实在法，定义为不过是这样一种制度和规定，即依其本义，它们注定是要为正义服务的。"②"拉德布鲁赫公式"对以后的司法裁判产生了重大影响。1991年9月，德国统一后的柏林一家法院审理了举世瞩目的"柏林围墙守卫案"。被告是4名年轻的德意志民主共和国守卫。在柏林墙倒塌前，他们射杀了一名偷偷攀爬柏林墙企图逃向联邦德国的人。被告的律师辩称，依据德意志民主共和国的法律，被告不仅有权力而且有职责那样做。但法官严厉地斥责被告："德意志民主共和国的法律要你杀人，可是你明明知道这些逃往德意志联邦共和国的人是无辜的。明知他无辜而杀他，就是有罪。作为警察，不执行上级命令是有罪的；但作为一个心智健全的人，你可以选择把枪口抬高1厘米。这也是你应当承担的良心义务。"据此，法院依据"拉德布鲁赫公式"最终判处开枪的卫兵三年半徒刑，并不予假释。在拉德布鲁赫公式中，包含着三个公式，即"安定性公式"、"不能容忍性公式"和"否认性公式"。"拉德布鲁赫公式"把是否符合公平正义作为区分良法与恶法的重要标准，要求立法应当符合公平正义，立法者的职责就是立良法，立法者不得主张"恶法亦法"，立法者一旦发现立法或者法律条文不符合公平正义价值，则应当及时修正该法律或者规则。

卢梭在《爱弥儿》中说："所有一切国家法律的普遍精神，都是袒护强者，

---

① 《马克思恩格斯全集》（第1卷），人民出版社1995年版，第287页。

② ［德］古斯塔夫·拉德布鲁赫：《法律智慧警句集》，舒国滢译，中国法制出版社2001年版，第170—171页。

欺凌弱者;袒护富人,欺凌穷人。这个缺点是不可避免的,而且是没有例外的。"①邓小平在《党和国家领导制度的改革》中说:"制度好可以使坏人无法任意横行,制度不好可以使好人无法充分做好事,甚至会走向反面。"②在信息化时代的现实社会条件下建构的信息法,立的是良法,促进的是善治,体现实现的是保障人的自由,促进人的全面发展。卢梭视野中的在过往历史现实中产生的袒护强者富人、欺凌弱者穷人的"恶法",早已失去存在空间。"使坏人无法任意横行""使好人充分做好事"的信息立法值得期待。

——立良法,让人民群众在线上诉讼中感受到数字正义

在信息化进入加快数字化发展、建设数字中国的新阶段,在线诉讼开始成为保障数字正义的一种新方式,随着数字化发展将成为未来司法的主要形态。在线诉讼带来了人民群众感受到数字正义的新机会,但在数字化发展初期,也需要审慎应对数字鸿沟带来的新风险。③数字鸿沟已被认为是数字经济时代一个严峻的问题。信息社会是以信息为战略资源的社会,人们对信息资源的占有在很大程度上反映和决定着他们在社会结构中的地位。数字鸿沟反映信息社会多方面的社会分裂,反映"信息穷人"与"信息富人"的社会分裂,而社会分裂的背后是人们运用新的信息技术能力上的差别,这种差别减少了弱势群体的经济机会、扩大了贫富差距、影响了社会公平。

因此,随着数字经济、互联网金融、人工智能、大数据、云计算等新技术新应用快速发展,构建完善的线上诉讼规则,需要与提升公民信息素养与数字技能协同,与弥合数字鸿沟相适应。一是坚持线上诉讼规则与线下诉讼规则协调。线上规则与线下规则统一协调,确保线下线上适用法律的一致性,确保当事人的合法权益,特别是确保数字弱势群体的合法权益。二是坚持诉讼与非诉讼线上规则之间的统一协调。线上诉讼规则与线上调解规则相协调,线上诉讼规则与线上仲裁规则相协调,线上诉讼规则与线上法律服务规则相协调。三是坚持线上诉讼价值与实体法价值相协调,实现程序正

---

① [法]卢梭:《爱弥儿》(上卷),李平沤译,商务印书馆 2009 年版,第 328 页。

② 《邓小平文选》(第 2 卷),人民出版社 1983 年版,第 332 页。

③ 1990 年,美国著名未来学家托夫勒出版的《权力的转移》一书中,提出了信息富人、信息穷人、信息沟壑和数字鸿沟等概念。1999 年,美国国家远程通信和信息管理局(NTIA)在名为《在网络中落伍:定义数字鸿沟》的报告中定义:数字鸿沟(Digital Divide)指的是一个在那些拥有信息时代的工具的人以及那些未曾拥有者之间存在的鸿沟。数字鸿沟体现了当代信息技术领域中存在的差距现象。参见石磊:《新媒体概论》,中国传媒大学出版社 2009 年版。

义与实体正义的有机统一。

（三）防风险：保障人的自由，保障社会的正义，促进人的自由和全面发展

全球化带来了全球风险。德国学者乌尔里希·贝克在 20 世纪 80 年代最早提出了风险社会的概念，用以描述后工业社会的巨大变迁。他在《风险社会》一书中指出："风险社会是一个灾难社会。在其中，异常的情况有成为屡见不鲜的情况的危险。"①风险社会是系统地处理现代化自身引致的危险和不安全感的方式的社会形态。在这一社会形态中，未知的、意图之外的后果成了历史和社会的主宰力量，它使这个星球上所有的生命形态都处在危险之中。不过，全球风险并不必然酿成灾难，反而可以成为创造性的来源，为制度转型提供契机，也就是说，风险社会并非预示一个"危险性增大的世界"，而是一个越来越关注未来安全的世界。中国社会因巨大的变迁正步入风险社会，甚至将可能进入高风险社会。应对风险是信息立法的题中应有之义。

——法律谦抑：在发展中规范，在规范中发展，激发信息化技术创新活力

信息立法必须尊重信息化技术发展规律。信息化技术爆炸性发展，不断超出人类的现实认知。譬如，元宇宙（Metaverse）概念。元宇宙最早出现在 1992 年美国作家尼尔·斯蒂芬森的科幻小说《雪崩》中。据清华大学新闻与传播学院新媒体研究中心发布的《2020—2021 年元宇宙发展研究报告》中解释，元宇宙是整合多种新技术而产生的新型虚实相融的互联网应用和社会形态。元宇宙的出现，将会整合并推动技术创新，最终实现虚拟世界和真实世界的深度融合。元宇宙不仅要给用户提供更真实的体验，还要整合信息革命（5G/6G）、互联网革命（Web3.0）、人工智能革命，以及 VR、AR、MR（混合现实）等虚拟现实技术成果，构建一个平行的全息数字世界，实现实体世界与虚拟世界的深度联通。一般认为，元宇宙指的是数字世界的虚拟空间，意在通过 5G、VR、AR、脑机接口、区块链、人工智能等多个前沿科技，让个人摆脱地理位置和物理空间的束缚，实现生活的数字化，关键和核心在于沉浸式体验和线上线下交互。元宇宙的出现，改变人们对世界的认识，通过立体多维的方式来看待和认识世界，但元宇宙当前仍处于元宇宙概念早期，

---

① ［德］乌尔里希·贝克：《风险社会》，何博闻译，译林出版社 2004 年版，第 22 页。

隐藏着未知风险。在法律层面,需要总结提炼在网络平台发展过程中的治理经验,注重元宇宙前瞻性立法研究,关注法律、道德伦理、数据隐私、监管审查、数据安全等问题。信息化技术在快速发展中,我们对信息化技术发展规律的认识,还存在认知障碍,还有一个逐步深化的过程。因此,对于信息化技术的新发展、新业态和新模式,信息立法需要采取审慎包容的态度,在促进科学技术发展中规范技术运用,规范数据要素市场,在规范技术运用、规范数据要素市场中促进信息科学技术发展,以激发信息化技术创新活力,进一步解放和发展数字生产力,满足信息化现实条件下人民日益增长的美好生活需要。

——风险评估:提升信息立法质量

信息社会是风险社会。趋势决定未来,信息立法既要应对现存的风险,防范可预见的风险,更为重要的是以此防范风险叠加的风险,进而防范不可预见的风险。

信息立法的社会风险评估,是在信息立法重大决策前,对立法必要性、法律案中制度规范的可行性、科学性、合法性、法律实施的预期效果和社会风险等因素进行的预测与评价。在风险社会条件下的信息立法的社会风险评估制度,成为科学立法的必要手段和有效举措,信息法律的正当性和有效性的重要来源,信息立法质量的必要保障。

信息立法的社会风险评估的法律依据已经初露端倪。我国立法法第39条规定:"拟提请常务委员会会议审议通过的法律案,在法律委员会提出审议结果报告前,常务委员会工作机构可以对法律草案中主要制度规范的可行性、法律出台时机、法律实施的社会效果和可能出现的问题等进行评估。评估情况由法律委员会在审议结果报告中予以说明。"将立法评估机构规定为"常务委员会工作机构",这实际上是立法机关的内部评估。更加科学有效地开展信息立法的社会风险评估,需要完善评估的法律规范。为了加强立法评估的科学性、有效性和可行性,在立法机关的内部评估机构之外,可由有条件的社会组织如中国法学会作为第三方评估机构。中国法学会聚集着全国各个法学学科和各个法律研究领域人才的精华,国家赋予了中国法学会"参与立法规划和法律法规的咨询论证"的职责任务,应当充分发挥中国法学会团结联系法律专业人才的组织优势,承担起"对法律草案中主要制度规范的可行性、法律出台时机、法律实施的社会效果和可能出现的问题等进行评估"的工作。可以期待在立法法确立立法评估制度的基础上,建立和完善立法风险评估制度，包括制定立法评估机制规范，明确评估机构资质、评估专家资质、评估程序、评估内容、评估时间、评估专家和评估机构的责任承担等。建立和完善立法风险评估制度，实际上是在信息化条件下，畅通各社会主体沟通渠道，让各主体参与到社会风险治理中，形成良法善治的多元治理模式的积极表现。

（四）构建信息法律制度体系：保障数字正义

在信息化进入加快数字化发展、建设数字中国的新阶段，在加快完善中国特色社会主义法律体系中构建信息法律制度体系，将为信息化发展提供推动力，促进提高我国数字经济治理体系和治理能力现代化水平，让人民群众有更多获得感幸福感安全感，在信息化发展中感受到数字正义，在体现实现数字正义中体现实现人的自由，促进人的全面发展。信息法律制度体系是一个承载着信息化快速发展特定功能的开放的系统、包容的系统，开放的系统需要有开放的视野，包容的系统需要有宽容的胸怀。沿用过往的认知和经验，既无法理解信息化带来的改变，也不能理解信息化带来的未来。实际上，构建信息法律制度体系的过程，就是思想观念转变的过程，就是政治观念转变的过程。①

——在完善法学体系中构建信息法学体系

法学体系与法律体系密不可分。法律体系是法学体系赖以存在的基础和前提，法律体系建立得是否科学完备，在很大程度上有赖于对法学体系的研究及其完善程度。关于法律体系的概念，②在1983年4月21日至29日举行的首次法学理论讨论会上提出："对法律体系的理解，应把握住如下几个方面：以一国现行的法律规范为基础，以按照一定的标准划分的部门法为主体，以宪法为统帅，组成多层次、多部门的，内容和谐一致，形式完整统一的

---

① 方向：《信息公开立法》，中国方正出版社2003年版，序言。

② 2009年出版的《中国大百科全书·法学》中将法律体系定义为，"通常指由一个国家的全部现行法律规范分类组合为不同的法律部门而形成的有机联系的统一整体"。国务院新闻办公室2011年10月27日发表《中国特色社会主义法律体系》白皮书将法律体系定义为，"中国特色社会主义法律体系，是以宪法为统帅，以法律为主干，以行政法规、地方性法规为重要组成部分，由宪法相关法、民法商法、行政法、经济法、社会法、刑法、诉讼与非诉讼程序法等多个法律部门组成的有机统一整体"。此定义，学者称之为部门法模式。

有机整体。"①1996 年,李步云提出:"要建立一个部门齐全、结构严谨、内部和谐、体例科学的完备的法律体系,这种法律应当充分体现社会主义的价值取向和现代法律的基本精神。"②2000 年,徐显明提出:"以权利为标准建构法律体系,则宣告以维护基本权利为宗旨的宪法当然应成为法律体系的核心与中轴。权利依其对权力的样态而自成四类,即自由权、社会权、参与权和救济权。这是统摄法律体系的四根主线,由此法律也被重塑为四类。"③2021 年郭建果、钱大军提出:"以权利为融贯理念对法律体系定义的部门法模式进行修正,以权利为标准重新构建法律体系。这样的一种法律体系理论将法律体系定义为:法律体系是以维护基本权利为宗旨的宪法为中轴,并以自由权法(限制权力法)、社会权法(强制权力法)、参与权法(获得权力法)、救济权法(使用权力法)为主要内容和逻辑结构的法律规范整体及其运行机制。"他们认为,以权利模式对部门法模式进行修正,对于建设中国特色社会主义法治国家而言,具有特殊的目标性质的意义。④ 2013 年,孙笑侠提出了行业法学的概念。⑤ 他认为,行业法(Occupational Law)是指以国家涉及行业的法律为基础,通过政府涉及行业的行政法规和行政规章、地方立法机关以行业为背景的地方性法规等,从而形成的行业法体系的总称。如果作广义解释,还包括各行业组织制定的自治性规范。因此从法律渊源上看行业法的外延,除了全国人大涉及行业的法律、国务院涉及行业的行政法规、地方立法机关涉及行业的地方性法规、政府各部委涉及行业的部门规章、地方政府涉及行业的地方规章,再加上各行业自治性的行业规范等。2016 年,刘剑文提出了领域法学的概念。⑥ 他认为,领域法学(Field of Law)是以问题为导向,以特定经济社会领域全部与法律有关的现象为研究对象,融经济学、政治学和社会学等多种研究范式于一体的交叉性、开放性、应用性和整

---

① 谢发东:《首次法学理论讨论会关于社会主义法律体系和法学体系讨论综述》,载《法学》1983 年第 6 期。

② 李步云:《实行依法治国,建设社会主义法治国家》,载《中国法学》1996 年第 2 期。

③ 徐显明:《"转型时期国家与社会关系的多维透视"笔谈 社会转型后的法律体系重构》,载于《文史哲》2000 年第 5 期。

④ 郭建果、钱大军:《法律体系的定义:从部门法模式到权利模式》,载《哈尔滨工业大学学报(社会科学版)》2021 年第 6 期。

⑤ 孙笑侠:《论行业法》,载《中国法学》2013 年第 1 期。

⑥ 刘剑文:《论领域法学:一种立足新兴交叉领域的法学研究范式》,载《政法论丛》2016 年第 5 期。

合性的新型法学学科体系、学术体系和话语体系。领域法学融合部门法学研究方法、工具和手段在内的全要素,但又在方法论上突出体现以问题意识为中心的鲜明特征,是新兴交叉领域"诸法合一"研究的有机结合,与部门法学同构而又互补。2021 年,丁晓东提出,所谓领域法学,指的是一种按不同领域法律问题进行划分方法的法学知识体系。他认为,领域法学首先可以加深法学知识体系对于客观世界知识的了解,从而增强法学的现实性与实践性。①

法学体系是一个开放的系统,法律体系也是一个开放的系统。在卡尔·拉伦茨看来,开放性的法律体系,有助于"概观及实际的工作",又可以是"获致新的脉络关联的根源"。② 法律体系,是法律规范之间的关系,也就是法律规范之间的逻辑关系。法律部门是一个来自苏联法学的概念。所谓法律部门是指把所有的法律规范,按照其调整的特定社会关系和调整方法,划分为若干部门。凡调整同一种社会关系并运用同一类调整方法的法律规范的总合就构成一个法律部门。有学者认为,一般来说,法律部门并不是一个具有特定含义的理论概念,它只是一个术语,指具有同类主题的一堆法律规范而已,仅仅具有"分类"作用。③ 有学者认为,在宪法之下把法律规范划分为七个部门,如果不局限于方便立法工作开展的考虑的话,并无更多的价值和合理性,对于可能存在的过度理性主义的法律系统化或体系化追求,应该有所警惕。种种现象表明,中国的法律体系建设不可能毕其功于一役,无论在整体结构还是在局部与个别的意义上,都将回应转型社会的发展要求,针对社会生活关系不断生成、定型和变化的状况,作出相应的调整。④ 法学界对法律体系模式的探讨,在于追求法律体系模式理论建构的实践理性最大化和法治理念最佳化,追求正义的法律秩序。中国经济社会发展和法治实践,决定了法律体系必然是动态的、开放的,必将伴随中国经济社会发展和法治实践而不断发展完善。在信息化进入加快数字化发展、建设数字中国的新阶段,网络法学、数据法学、人工智能法学等新兴学科迅速兴起,不仅带来法治的系统性变革,也将推动法学格局的重构,信息法治研究领域将成

---

① 丁晓东:《从"马法"到马克思主义之法:网络法的法理学与部门法意义》,载《地方立法研究》2021 年第 6 期。

② [德]卡尔·拉伦茨:《法学方法论》,陈爱娥译,商务印书馆 2003 年版,第 45—46 页。

③ 信春鹰:《中国特色社会主义法律体系及其重大意义》,载《法学研究》2014 年第 6 期。

④ 张志铭:《转型中国的法律体系建构》,载《中国法学》2009 年第 2 期。

为法学学科发展的制高点。随着数字经济等新技术新应用快速发展,催生一系列新业态新模式,相关法律制度还存在时间差、空白区,法学所面对的社会问题越来越具有跨界性、综合性,迫切需要系统性的理论反思、方法提升和制度构建,有必要在部门法模式的基础上,以领域法模式定义法律体系,即把法律体系定义为"由一个国家的全部现行法律规范分类组合为不同的法律领域而形成的有机联系的统一整体"。与部门法模式相比,领域法模式更具开放性,更有助于从宏观上整体把握法秩序的结构和特征,把握法秩序的发展方向,预见法律体系新的增长点,在完善法学体系中构建信息法学体系,建构回应数字化发展、建设数字中国需求,满足人民美好生活需要的富有预见力和穿透力的信息法治的知识体系、理论体系和话语体系。

——在完善法律体系中构建信息法体系

在法律体系中,信息法具有独特的法理学意义。信息法并不是从传统部门法衍生出来的,而是法学和自然科学交叉而成的一个法律领域。国立莫斯科法学院法信息学教研室主任、技术科学博士 B.A.科佩洛夫提出,信息法最完整的定义可以认为是:"信息环境信息生产、转换和消费环境中产生并受国家力量保护的社会规范和关系的体系,信息法法律调节的主要对象是信息关系,即实现信息过程——信息生产、收集、处理、积累、储存、检索、传递、传播和消费过程时产生的关系。"他认为,最全面并与生产、处理、传递、传播、检索、获取、消费信息时所出现的关系的实质相符的术语应认为是"信息法"。因为计算机是处理信息的手段,程序对电子计算机也是手段,信息学是关于信息研究的科学。正是信息而不是其加工和研究的手段是主要的客体,由于这一客体而产生需要在所探讨的领域加以法律调节的社会关系。信息及其运动是永恒的,而技术、程序、通信、遥传以及其他手段是作为保证和提高一定时间内信息过程效率的手段而产生和不断发展的(尽管这种客体生产、运用和传播问题方面的社会关系也应算作信息关系)。因此他认为,称这一领域为"信息法"是最正确的。[①] 张守文、周庆山提出,信息法是调整在信息活动中产生的各种社会关系的法律规范的总称。[②]

---

① [俄]B.A.科佩洛夫:《论信息法体系》,赵国琦译,载《国外社会科学》2000年第5期。
② 张守文、周庆山:《信息法学》,法律出版社1995年版,第34页。

信息法不是"马法"。① 美国网络法律知名学者劳伦斯·莱斯格(Law-rence Lessig)在网络法研究中,将网络空间中的硬件与软件称为"代码",并据此总结出了著名的"代码作为法律"的论断。在他看来,网络法与马法非常不同,如果说马仅仅是法律的规制对象,那么在网络法中,网络既是被规制对象,同时也是规制工具和手段。因此,网络法不同于法律简单适用的"马法",网络法研究可以深刻地揭示网络空间的规则互动问题,具有独特性。② 正如刘品新所说,互联网法所调整的网络空间是一个同现实空间有明显区别的虚拟空间,网络空间的法律行为具有特殊性,网络空间的权利呈现公共领域和私人领域界限模糊的问题,它蕴含着其他事物所没有的法律规制问题。因此,网络法不可能是从宪法、民事诉讼法、合同法以及行政法等法律中剥离出来的一部分,而是一个有机的整体。③

从信息法的定位看,信息法是调整信息领域各种社会关系的法律规范的总称。从法律渊源上看,信息法包括法律、行政法规、地方性法规、自治条例、单行条例、规章,还包括行业自治规范。从信息法调整领域和调整方法看,信息法体系重点涵盖个人信息权益保护法律制度、信息产权和信息交易法律制度、泛在服务法律制度、信息开放与共享法律制度、信息安全法律制度和国际合作交流法律制度。

第一,个人信息权益保护法律制度。主要包括:一是个人信息权利制度、个人信息自由制度。二是信息消费用户权益。三是信息用户政治主体权益和对信息用户新闻与言论的合理规制。④ 四是个人信息国家保护制度。

---

① 所谓"马法",最早于 1996 年出自美国联邦第七上诉法院的法官与学者弗兰克·H. 伊思特布鲁克(Frank H. Easterbrook)之口。他在芝加哥大学的会议上提出,网络法的意义就如同"马法"。"马法"是一个必要的法律部门吗? 显然是否定的。在伊思特布鲁克看来,马的所有权问题由财产法规范,马的买卖问题由合同法管束,马踢伤人分清责任要找侵权法,马的品种、许可证、估价和治病均有相应部门法处理。如果有人企图将之汇集为一部"马法",那将极大地损害法律体系的统一性。参见刘品新:《网络法是"马法"吗?》,载《检察日报》2007 年 9 月 5 日。

② 转引自丁晓东:《从"马法"到马克思主义之法:网络法的法理学与部门法意义》,载《地方立法研究》2021 年第 6 期。

③ 刘品新:《网络法学》(第二版),中国人民大学出版社 2015 年版,第 8 页。

④ 桑斯坦教授指出,网络用户具有二重身份,第一种身份是作为消费者的用户,第二种身份是作为政治主体的用户。对新闻与言论的合理规制具有建构用户政治主体的重要作用。离开了用户的政治主体身份与人民主权建构,包括互联网在内的国家治理就不可能得到有效实现。因此,不能将网络中的用户仅仅视为消极的消费者;相反,应当以积极的政治主体的身份看待和塑造网络用户。参见[美]凯斯·桑斯坦:《标签:社交媒体时代的众声喧哗》,陈颀、孙竞超译,中国民主法制出版社 2021 年版,第 206—226 页。

我国宪法第 33 条第 3 款规定的"国家尊重和保障人权",确立宪法上的个人信息国家保护义务,建构个人信息国家保护制度,落实制度性保障、组织与程序保障、侵害防止等个人信息国家保护义务,以充分实现个人信息权益保障目标。

第二,信息产权和信息交易法律制度。主要包括:一是数据产权制度,界定数据产权的客体,明确维护数据记录内容所涉及的主体的利益。二是数据流通制度,规范收集、存储、使用、加工、传输、提供、公开等数据处理规则。三是数据开发和利用的市场秩序规则,依据数据特征明确市场准入负面清单管理制度,明确平台属性与平台责任,明确行业规范监管标准,明确市场监管规范和反垄断、反不正当竞争规制,规范资本健康发展。与建设泛在智联的数字基础设施体系相协调,与建立高效利用的数据要素资源体系相协调,形成与数字经济现代市场体系相适应的信息产权和信息交易法律制度。

第三,泛在服务法律制度。① 泛在信息社会是提供智慧服务的社会,泛在服务是政府主导、社会参与的多元化和信息化的智慧服务,使人对外界具有更透彻的感知能力、更全面的认识能力、更为智慧的处理能力。泛在服务既是泛在信息社会的内在要求和外在表现,也是信息化时代促进人的自由和全面发展的必然要求。泛在服务法律制度主要包括:一是泛在公共服务法律制度。二是泛在文化服务法律制度。三是泛在娱乐服务法律制度。四是泛在法律服务法律制度。泛在服务法律制度,旨在数字素养与数字技能的教育资源共享,提升全民数字素养、数字技能,消除信息控制、思维约束,消除数字贫富差距,弥合数字鸿沟,优化数字生活环境,提升数字生活品质。毕竟,技术经济发展最终体现在人均财富增加、健康和福祉得到改善、更多的时间享受娱乐和休闲。

第四,信息开放与共享法律制度。主要包括:一是政务信息公开制度。二是政务数据共享制度,明确政务数据提供、使用、管理等各相关方的权利和责任。与构筑共建共治共享的数字社会治理体系相协调,与打造协同高效的数字政府服务体系相协调,与构建普惠便捷的数字民生保障体系相协

---

① "泛在"来自"泛在网络"的概念,"泛在网络"又称为 U 网络,U 网络来源于拉丁语的 Ubiqui-tous(意为无所不在),最早提出 U 战略的日本和韩国把"泛在网络"定义为:无所不在的网络社会将是由智能网络、最先进的计算技术以及其他领先的数字技术基础设施武装而成的技术社会形态。参见张平等:《泛在网络研究综述》,载《北京邮电大学学报》2010 年第 5 期。

调,形成与泛在信息社会相适应的信息开放与共享法律制度。

第五,信息安全法律制度。信息安全法律制度是一项系统工程。主要包括:一是数据全生命周期安全管理制度,明确数据安全标准,明确数据安全主体及其责任。二是信息安全保障,防范数据滥用。三是引导信息网络行业组织和从业单位制定促进信息技术和信息产业健康发展的行业规则、团体标准,强化行业自律。四是围绕数据跨境流动、市场准入、反垄断、数字人民币、数据隐私保护等建立相关标准和治理规则。

第六,国际合作交流法律制度。一是注重数据安全治理规则的国际协同,注重数字贸易治理规则的国际协同,积极适应成熟的国际规则,修订和完善自身治理规则,努力实现国内规则与国际规则的协同。二是针对治理的规则体系尚未形成的领域,积极提出中国方案、设计中国规则,积极参与数字经济国际规则制定,推动形成数字经济国际治理新机制。与构建人类命运共同体相适应,①与构建和平、安全、开放、合作、有序的网络空间命运共同体相衔接,以《全球数据安全倡议》为基础,深度参与网络空间国际规则和技术标准制定,推动建立公正、合理、透明的治理体系和规则体系。

一言以蔽之,在人的世界里,在人类社会中,人永远是第一位的,一切为了人,人的自由和全面发展是法律价值追求的永恒主题。在信息化时代,在信息化时代的各个发展阶段,信息立法依然需要恪守立法本质要义,不忘立法初心。在立法中,体现人的自由平等;在法律实施中,实现社会公平正义;在善治中,保障人的自由、促进人的全面发展。

方　向

2021 年 12 月 25 日

---

① 　人类命运共同体,旨在追求本国利益时兼顾他国合理关切,在谋求本国发展中促进各国共同发展。2018 年 3 月 11 日第十三届全国人民代表大会第一次会议通过的《中华人民共和国宪法修正案》将"推动构建人类命运共同体"载入我国宪法序言。

目　录

综合篇

电子证据篇

后记

综 合 篇

庭审直播中行政机关出庭应诉的检视与完善
——以 288 个庭审直播视频为样本

孟　思*

（北京市顺义区人民法院，北京　　101399）

摘　要：在最高人民法院的大力推行和各级法院的积极实践下，法院庭审直播工作如火如荼开展。庭审直播是阳光司法的重要体现，是提升司法公信力的有力抓手。行政案件属于"民告官"案件，行政机关是庭审直播的重要参与者。然而，庭审直播过程中行政机关怠于出庭、发言不当、举止失范等应诉问题频发，既影响庭审高效运行，又损害政府权威和公信力。本文从 288 个行政案件庭审直播视频出发，运用实证分析方法梳理庭审直播中行政机关出庭应诉表现和具体问题，剖析问题成因，最终从增强应诉意识、锤炼应诉本领、深化互动交流等方面提出庭审直播中行政机关出庭应诉的完善路径。

关键词：庭审直播；行政机关；应诉；完善

庭审直播是司法公开的重要形式，是建设阳光司法、提升司法公信力的重要途径。[1] 当前，庭审直播日趋常态化，大量庭审可视化信息被公众掌握和知悉。行政纠纷属于"民告官"案件，因行政机关的参与，行政案件庭审直播具有独特性。庭审直播中行政机关出庭应诉表现不仅关系自身执法形象、政府权威和公信力，也直接影响官民和谐与法治国家建设。为此，本文以 B 市 S 法院 288 个行政案件庭审直播视频为研究样本，剖析行政机关应诉现状和问题表现，探究问题频发缘由，并最终提出行政机关应诉形象的完善路径，以期对法治政府、法治中国建设有所裨益。[2]

---

　*　　孟思，北京市顺义区人民法院法官。

　①　　左卫民：《反思庭审直播——以司法公开为视角》，载《社会科学文摘》2020 年第 10 期。

　②　　为方便检索庭审视频，准确反映应诉情况，笔者结合行政审判实践，以所在的 B 市 S 法院 2020 年所有庭审直播行政案件视频为研究样本，对庭审直播中行政机关的出庭应诉问题进行探讨。

一、实践困境:庭审直播中行政机关应诉之现状

庭审直播是指对庭审过程全程录音录像,庭审视频实时上传网络并可随时回放的司法公开工作机制。通过 B 市 S 法院"庭审公开管理系统",对 2020 年行政案件庭审直播视频进行检索(检索日期为 2021 年 2 月 22 日),共获取 288 个庭审视频,以此为样本,本文对庭审直播中行政机关应诉问题进行探讨。

(一)样本基本情况

从案件类型看,288 起庭审直播行政案件中,普通诉讼案件数量为 206 件,赔偿案件数量为 82 件,普通诉讼案件数量明显高于赔偿案件数量。从被告分布看,各乡镇政府、人社局、城管局、民政局、司法局等都可能为被诉行政机关,涉诉行政机关范围较广。从具体案由看,庭审直播行政案件涉及强制拆除房屋、工伤认定、政府信息公开、行政答复、行政赔偿等多种案由。从串案情况看,81 起行政案件为多个串案分别合并开庭审理。从应诉率看,288 起庭审直播案件中,行政机关负责人出庭应诉 165 件,出庭应诉率为 57.3%。

(二)庭审直播中行政机关应诉问题

1."怠于出庭"招致当事人质疑

《最高人民法院关于行政机关负责人出庭应诉若干问题的规定》明确行政机关的正职、副职负责人、参与分管副职级别的负责人以及其他参与分管的负责人均属于行政机关负责人范围,能够以行政机关负责人的身份出庭应诉。但实践中,负责人出庭并未实现常态化和全覆盖,"告官未见官"现象频发。行政机关逃避出庭的主要理由包括:有会议安排、有紧急工作、上级领导视察、身体抱恙等。有的行政机关懈怠出庭,既未指派负责人出庭,又未提交负责人不出庭的说明。多起庭审直播案件中,当法庭询问原告对被告及其诉讼代理人的出庭资格有无异议时,原告以负责人未出庭为由,提出强烈抗议、不满甚至罢庭、闹庭。

2."不发言"影响争议实质化解

出庭负责人围绕争议焦点,积极表态发言,不仅能够展示行政机关认真

负责的执法形象,推动庭审顺利进行,还有利于实质性化解行政诉讼纠纷,促进官民和谐和社会稳定。但在庭审直播过程中,多数出庭负责人全程一言不发,少数出庭负责人仅在最后陈述阶段表态发言,极少数出庭负责人全程参与庭审并发表辩论意见。出庭负责人"不发言"主要表现在不愿发言和无法发言。有的出庭负责人怕说错话或不想争论,从而不愿发言。例如,对当事人质疑的执法情况不回应,或对当事人实质化解争议的请求不理睬。有的出庭负责人对具体执法情况或对合议庭询问的问题确实不清楚,从而无法发言。

3."错发言"影响庭审高效运行

行政诉讼案件中,行政机关一般会委托本机关工作人员或律师出庭应诉。但因法律知识、综合素养、应诉技能的不同,行政机关出庭人员的庭审表现也千差万别。庭审直播中,行政机关出庭人员"错发言"问题比较突出,既损害行政机关法治形象,又影响庭审活动高效运行。"错发言"的情形主要包括:因刚从事行政执法活动或刚代理行政诉讼案件,出庭人员对行政执法过程或行政应诉流程并不完全了解,庭审直播中神情慌乱、逻辑混乱、答非所问;出庭人员庭审发言与提交的证据材料自相矛盾;出庭人员庭前未认真调查核实行政执法细节,面对法庭询问,一问三不知;出庭人员与当事人当庭争论甚至互相人身攻击,产生与案件审理无关、与争议化解无意义的口角纠缠等。

4."多发言"引发关联效仿诉讼

与民事案件不同,"民告官"的行政案件多涉及地区政策的制定和实施,具有一定的复杂性、敏感性。庭审直播过程中难免会涉及拆迁裁决、征收补偿、政府决策等敏感信息。若庭审中行政机关出庭人员发表大量不恰当言论,则敏感信息会被实时传播到网络观众面前,极易被有心人截屏、录屏或过度利用,引发关联诉讼、他人效仿诉讼或不良社会舆情。实践中,行政机关出庭人员"多发言"主要表现在:出庭人员过多阐述与涉诉争议无关的其他内容,不经意间泄露秘密信息或敏感信息;出庭人员为推卸本机关责任,引导当事人起诉其他行政机关;出庭人员告知当事人政策制定机关、文件保管机关等信息,当事人知晓后继续诉讼等。

5."举止失范"损害政府形象和公信力

因庭审直播的实时性、可追溯性,庭审直播过程中行政机关的庭审表现被实时、无死角地暴露在公众视野。一些不恰当的行为举止,若被直播网络屏幕前的"有心"观众无限放大,则会直接损害政府权威和执法公信力。实践中,行政机关出庭人员"举止失范"主要表现在:第一,出庭负责人打瞌睡。有的行政机关出庭负责人不仅未参与庭审,还坐在被告席犯困,其庭审表现被全程直播,有损国家工作人员的形象。第二,出庭人员未严肃对待过激言行。庭审直播中,一些长期上访、反复诉讼的原告容易情绪激动,但行政机关出庭人员有时熟视无睹,有时又极力反驳,发生正面冲突,加剧两方对立情绪。第三,出庭人员未遵守法庭纪律。例如,出庭应诉迟到;未经法庭允许,随意接打电话或使用手机;擅自脱离摄像头画面采集范围,与镜头外交头接耳等。

二、考究症结:庭审直播中行政机关应诉问题频发之缘由

当前,公众越来越多地希望通过参与公共事务管理来表达和维护自身的合法权益。① 庭审直播正是公众了解司法诉讼的重要载体,是司法公开透明的重要体现。然而,行政机关出庭应诉问题频发,损害政府形象,显然有悖于庭审直播的初衷。究其原因,这既与行政机关的认知了解、应诉技能密切相关,又折射出司法机关和行政机关沟通交流的不足。

(一)对出庭应诉缺乏足够重视

庭审直播案件中,行政机关负责人积极出庭应诉既能展现勇于接受监督、尊重并支持司法权的良好形象,又能引导本行政机关工作人员依法行政,助推法治政府建设。但实践中,行政机关往往未充分考虑出庭应诉带来的"好处",而把出庭应诉当成"负担"。部分行政机关负责人屡次不出庭,频遭质疑,问题根源就在于行政机关对出庭应诉缺乏足够重视。

部分行政机关负责人出庭仅仅是为了完成上级单位制定的出庭应诉考核任务,导致主动出庭少、被动出庭多,出庭应诉效果不佳。有的行政机关在完成考核任务后,便不再继续出庭。个别行政机关负责人出庭时,也未给予法官足够的尊重和支持。思想上轻视,举止上蔑视,使负责人出庭应诉未获应有成效,既制约着庭审直播的效率效果,影响行政机关应诉形象的塑造,也不利于行政争议的实质性化解。

---

① 张西勇、张丽伟:《转型期我国政府形象塑造机制创新研究》,载《行政与法》2011年第4期。

（二）对庭审直播缺乏充分了解

庭审直播被誉为阳光司法"塔尖上最耀眼的明珠"，是司法工作最典型、最生动的尝试。[①] 对法院人而言，庭审直播是不断磨合、日渐熟悉的新伙伴。对行政机关而言，庭审直播是比较陌生、被动接受的新事物。

当前，除特定类型行政案件外，一般行政案件均须进行庭审直播。[②] 庭审直播案件中，法院庭前会向当事人释明："本次庭审将全程录音录像，并在中国庭审公开网、B 市法院审判信息网公开。请当事人及其他诉讼参与人遵守法庭纪律，恪守司法礼仪，维护自身形象。"行政机关一般在开庭后才能知悉案件是否直播，因此往往并未做好参加庭审直播的心理建设与应诉准备。此外，因行政机关出庭人员对庭审直播的定义、流程、风险、案件范围、注意事项等缺乏足够认知，导致行政机关在庭审直播中的表现不尽如人意。

（三）对出庭应诉缺乏必要修炼

行政机关的应诉能力、水平和执法形象与行政诉讼出庭人员的当庭表现息息相关。相较于律师而言，行政机关工作人员往往对行政执法过程更加了解，对查清案件事实能够发挥重要作用。但行政诉讼中，多数行政机关过度依赖律师应诉答辩，工作人员应诉能动性不足，应诉能力存在欠缺。因怕发言错误，影响案件裁判结果，行政机关工作人员即使了解执法事实，也很少主动发表陈述意见和辩论意见。而主要发言的律师对执法事实却并不清楚。因庭前缺乏细致沟通，行政机关出庭人员庭审中经常窃窃私语、交头接耳，影响庭审进程。

此外，当前多数行政机关未关注到庭审直播的重要意义，未充分意识到出庭人员的应诉表现对维护本机关执法形象和公信力的重要作用，未采取措施着力提高出庭人员应诉本领和技能。因行政机关内部往往缺乏对工作人员出庭应诉技巧的培训，出庭应诉反馈归纳不及时，导致出庭人员素质良莠不齐，在庭审直播中极易言行失当，引发诉讼风险或不良舆情。

---

① 李万祥：《庭审直播给中国司法带来了什么》，载《经济日报》2019 年 2 月 20 日，第 15 版。

② 依法公开开庭审理的行政案件，原则上均通过中国庭审公开网进行庭审直播。对于"重大敏感"案件及 60 类案件默认不直播，对涉及国家秘密的，涉及重大政治、外交、民族、宗教等敏感问题的案件，可申请不直播。

(四)对庭审直播缺乏深入互动

法院是庭审直播的组织者、主导者,行政机关是庭审直播的参与者、配合者。行政机关对庭审直播不熟悉、不了解,从侧面反映出法院对庭审直播的宣传引导力度不够。当前,司法权和行政权的良性互动一般体现在类案研讨、审判情况反馈等方面,互动形式、内容、频率仍须进一步丰富。多数法院的行政审判庭平日忙于审理行政诉讼案件,未关注到庭审直播模式下行政机关应诉形象塑造的重要价值,未意识到行政机关出庭应诉难题对法治政府建设的不良影响,未将庭审直播中发现的问题及时向行政机关反馈。因司法机关和行政机关在庭审直播部分存在互动缺失,行政审判助推法治政府建设的职能作用发挥得不充分、不全面,导致行政机关未能正确认识庭审直播,未能高效参与庭审直播,未能在庭审直播中充分展示自身良好形象,使庭审直播的效果大打折扣。

三、探寻进路:庭审直播中行政机关应诉形象之完善

政府形象是政府的整体素质、综合能力和施政业绩在国内外公众中获得的认知与评价。① 不良政府机关形象会严重污染社会,行政机关应诉形象是政府形象的重要体现。为完善庭审直播中行政机关的应诉形象,提高出庭应诉水平,增强政府法治形象和执法公信力,司法行政机关须携手并进、协同配合。只有形成合力,才能更好地推动法治政府、法治中国建设。

(一)行政机关

1. 思想层面:加强出庭应诉重视

思想是行动的先导。行政机关要从根本上加强对庭审直播和出庭应诉的重视,更加关注庭审直播中行政机关执法形象塑造的重要意义,更加关注提升出庭应诉能力的实践价值。具体包括:

(1)聚焦"出庭价值",出庭应诉更"真心"

行政机关要切实增强出庭应诉意识,充分认识出庭应诉的重大意义,要将庭审直播中负责人出庭应诉作为向公众展现行政机关执法水平、工作人

---

① 廖为建:《论政府形象的构成与传播》,载《中国行政管理》2001 年第 3 期。

员法治素养、助推本机关依法行政和实质性化解行政争议的重要抓手,确保"有案必出庭"。负责人应提前安排好各项工作,积极主动出庭应诉。若负责人确实无法出庭应诉,行政机关务必按照《最高人民法院关于行政机关负责人出庭应诉若干问题的规定》向法院提交工作说明,详细说明理由。

(2)聚焦"争议化解",出庭应诉更"诚心"

诉讼阶段,行政机关要全面了解行政争议的症结,尽量知晓对方当事人的真实诉求。要真诚地与行政相对人沟通交流,解答对方的疑难困惑,不能拒绝沟通、懈怠沟通。行政机关要主动配合法院的协调化解,在职责范围内尽全力解决涉诉纷争,解决行政相对人面临的实际问题,促进行政争议实质性化解,促进社会和谐稳定,展现政府责任担当。

2. 行动层面:加强庭审直播准备

(1)聚焦"庭审直播",出庭应诉更"用心"

行政机关可通过资料收集、与法院沟通研讨、观看中国庭审公开网上的庭审视频等形式,多途径全面了解庭审直播。行政机关既要充分了解庭审直播的重要意义,又要全面掌握庭审直播的重要内容、庭审直播案件范围、直播方式、直播规则流程等。要从不同庭审直播视频中汲取经验教训,及时改进本行政机关庭审直播中发现的问题,做好庭审直播的心理准备。

(2)聚焦"庭前准备",出庭应诉更"安心"

庭审直播前,行政机关要将答辩状、证据材料、质证意见等各类出庭应诉材料准确齐全,做好庭审直播的诉讼资料准备。有证据原件的,尽量携带证据材料原件,以便法庭查验。行政机关工作人员和律师要提前深入沟通,认真调查核实行政执法的各个流程、环节和时间节点,确保庭审过程中能准确及时发言。要反复认真核对,确保庭审发言内容和证据材料的一致性。

3. 技能层面:修炼出庭应诉技巧

(1)聚焦"言辞技巧",出庭应诉更"知心"

行政机关应加强对出庭人员应诉技能的培训。庭审直播过程中,行政机关出庭人员发要注意言辞技巧,发言要准确严谨、条理清晰、前后连贯、有理有据,不任性随意,不超必要限度,不泄露敏感信息。要学会换位思考,认真耐心地解答对方当事人的疑问,积极稳妥回应对方的质疑和不满,展现政府良好风貌。

(2)聚焦"举止表现",出庭应诉更"细心"

行政机关应对出庭人员庭审直播前后的行为举止加强关注。一方面,行政机关出庭人员要准时参与庭审,严格遵守各项法庭纪律,不迟到、不早退,不擅自脱离画面采集范围。另一方面,面对庭审直播过程中的各类突发情况,行政机关要严肃认真对待和审慎处理,避免引发不良舆情。出庭人员要积极踊跃参与庭审,全面充分发表辩论意见,准确细致回答法庭询问。

(二)司法机关

作为司法机关,法院要多措并举、勇于担当,忠实履行行政审判职能作用,与行政机关深化交流、良性互动,帮助熟悉掌握庭审直播内容,提升出庭应诉能力,助推法治政府建设新发展。

1. 深入推进负责人出庭应诉

法院应按照《最高人民法院关于行政机关负责人出庭应诉若干问题的规定》,多途径、多形式深入推进庭审直播案件行政机关负责人出庭应诉。例如,尽早发放负责人出庭应诉建议函,庭前反复沟通出庭应诉事宜,尽早告知案件是否庭审直播,加强负责人出庭应诉指导,加强庭后交流反馈等。要以出庭应诉为媒介,与行政机关密切沟通,使庭审直播成为展现行政机关良好执法形象的重要途径,使行政机关通过出庭应诉充分听取民众呼声,感受民众诉求,发现自身行政执法问题和不足,进一步提升依法行政水平和能力。法院要定期向司法局反馈庭审直播案件行政机关负责人出庭应诉数据和出庭应诉表现,推动负责人出庭应诉制度更好地落实、落细,提高出庭应诉的效率和效果。

2. 深入及时反馈庭审直播概况

法院要以行政审判动态为抓手,通过诉讼统计分析、调研报告等多种调研宣传形式,总结一定时期的庭审直播概况和特点,向行政机关或其上级机关及时反馈行政机关庭审直播过程中负责人出庭应诉情况、出庭人员表现等,帮助行政机关发现庭审直播中存在的问题,提出新形势下庭审直播要点和注意事项。法院可与司法局共同建立行政机关出庭应诉的考核监督机制,通过定期督促总结庭审直播情况和应诉表现等,使庭审直播更加常态、更加有力。必要时,法院可通过发送司法建议,指出行政机关在庭审直播应诉过程中存在的问题,提出操作性强的建议。

3. 深入推进司法行政互动交流

法院内部可通过法官会议、案例研讨等形式,对行政机关庭审直播中已经出现的问题进行归纳总结,对可能出现的隐患问题进行分析研判,制定清晰完备的庭审直播流程、应急策略,与不同当事人的沟通办法等,使庭审直播更"有序"。法院可定期选择具有典型借鉴意义的行政案件,邀请行政机关组织观看庭审直播视频,带动行政机关工作人员依法行政,使庭审直播更"有效"。法院要增进与各行政机关的沟通交流和良性互动,帮助预防和降低庭审直播过程中行政机关不恰当言行的发生概率。在区域内重大行政执法领域,要加强庭审直播的风险研判,加强与区委、区政府的沟通协调,确保案件依法公正稳妥审理。

四、结语

新时代深入践行司法公开,不断满足社会公众对司法运行日益增长的知情权、监督权,着力提升司法透明度,是推进国家治理体系与治理能力现代化的重要体现。行政案件庭审直播是司法公开的重要形式,是映射行政执法的重要途径,是助推法治政府建设的重要践行。了解行政机关庭审直播和出庭应诉的"所思""所想""所忧""所盼",帮助完善行政机关出庭应诉表现,是法治中国建设的应然选择。只有司法机关、行政机关齐努力、共奋进,才能真正实现庭审直播制度设计之初衷,让司法更阳光,让权力更规范,让公民法治素养更提升!

类案检索机制中"技术"与"技巧"双向把握
——以法官司法责任制为突破

武　桐*

（天津师范大学，天津　300382）

摘　要：类案检索机制成为审判程序中不可忽视的存在，体现着法律意识形态领域的基本原则。类案检索的方法是中国面临数量繁多、关系复杂纠纷的方法革新，是司法责任制度设计中的关键环节，更是当前审判能力现代化要求下的转型之势。在智能技术逐渐深入司法领域背后，类案标准不一、技术运用不畅、责任意识不强给类案检索的实际运行造成了阻碍。坚守住司法责任的要求，法官应当客观把握类案标准、深入类案技术学习、发挥主体责任意识。发挥技术优势的同时充分融入司法技巧，促进审判能力现代化取得长足发展。

关键词：类案检索；司法责任制；智能技术

在全面推进依法治国的总体要求下，新时期建设社会主义法治强国，加快审判体系和审判能力现代化转变，就必须"加强和规范司法解释和案例指导，统一法律适用标准"。时间回至 2010 年，最高人民法院、最高人民检察院联合推进指导性案例制度，参照类案的审理技巧进入中国特色社会主义法治建设其中一环。为进一步推进类案审理工作，继而发布的《最高人民法院司法责任制实施意见（试行）》对类案检索机制有所表述，即依托于中国裁判文书网、法信、智审等系统，按照一定因素检索相似案例以供法官审理参照，并对检索的真实性、准确性负责。类案检索逐渐发展为案件审判流程的一个重要环节，但由于主体定位、平台搭建、程序运行等均未明确，最高人民法院响应实务需求，经充分调研论证、广泛征求意见、总结各法院经验，于2020 年出台《关于统一法律适用加强类案检索的指导意见（试行）》，随着类案检索适用范围、途径方法、结果运用的进一步明确，类案检索机制迎来全

---

*　武桐，天津师范大学诉讼法学专业硕士研究生。

面发展。法律适用的过程是复杂的,裁判者借鉴以往司法裁判的智慧,解决当下案件的难题,既是在合理尺度下的分歧解决方式,又是司法公正目标的可行之径。

一、理论铺垫——类案检索凸显司法原则

任何具有普遍价值的新事物产生之时,背后所依托的一定是顶层设计的基本原则。类案检索这种极具实践操作性的司法机制中,能发现的不仅仅是外在司法技术的进步性,其中蕴含的司法原则既是孕育类案检索产生的摇篮,亦是驱动类案检索机制不断进化的背后之力。

(一)公开原则

公开原则一直是司法意识形态领域所强调的基本原则。在大数据时代下,案例也作为数据资源之一进入智能领域,公开于网络世界之中,不只司法工作人员可以接触到,连未曾参与诉讼的其他公众也能感知到裁判结果。从数据源头到检索过程,类案检索机制无一不曝光于公共环境之中,放置于公众的监督之下。案例公开化增强了裁判的透明度,使当事人有了参与决策之感,防止裁判者对司法权的滥用或专横行使,加深公众对国家司法活动的认同、信任和尊重,有利于司法公信力不断提升。[①]

(二)效率原则

类案检索机制创立之初的用意之一是帮助法官更快地作出司法裁判,基于对过程和效果的成本考量,"效率"原则牵动着类案检索机制的价值选择。法官在面对新型、疑难案情时,难以迅速萌发出具体可行、实际有效的裁判思路,此时法官会倾向于找寻以往与之相似案例的裁判思路及依据,不可避免地要花费时间和精力去搜寻必要信息,[②]司法成本骤然增加。高效便捷的类案检索系统出现后,宏观上,弥补了成文法滞后性的弊端;细节上,类案检索帮助裁判者抽离新型、疑难案情泥沼,不至于陷入无休止诉讼之中,是提高司法裁判效率、开拓司法裁判思路的有效之举。

---

① 陈卫东:《刑事诉讼法学》,高等教育出版社 2020 年版,第 81 页。
② 万发文、蒋静芬:《类案检索机制的构建技术及应用分析——基于法官需求角度的实证分析》,载《山东法官培训学院学报》2019 年第 4 期。

（三）公正原则

效率作为满足人类需求的一种价值，其中蕴含着公正的精神，效率是评价公正的一种尺度。从某种意义上讲，法律效率所追求的是以最经济的方式来实现公正的目标。[①] 社会主义法治建设下，公正更是每一种司法制度所要追求的首要价值。"法官的价值判断"与"机器的自动生成"比例也要符合一定比例原则。[②] 先前的判例不是一定遵循，放在公正原则之中理解，只有公正地处理实际案件并与相关法律规定相协调，符合正义标准的先例才值得被接纳。司法当事人所孜孜以求的是最终有一个符合自己期望的有利判决，类案检索在方式上为裁判者提供了裁量参考，有助于法官在审理过程中调整裁判尺度，及时纠正不适之举，保证复杂个案在判决认定事实之时符合法律规定，一定程度上避免错案的出现，是对实体公正的不懈追求。

二、"技术"困境——类案检索实用遭遇阻碍

（一）自我出发：何为"类案"标准不一

司法的本质在于判断，进入司法的各个环节都充斥着判断。自案例指导制度出现起，官方的说法便是"类案"。近些年，"同案同判"要求提出，不免让人更加陷入对类案标准的混乱理解。对"类案"的正确判断是法官实现其检索目标的第一步。字面上理解，"类案"是 A 案与 B 案之间具有某些相似性特征。而如何界定为"类"？为一"类"的具体标准或影响因素是什么？至今尚未出现权威性的正式回复。有的学者提出，采用定性、定量分析法：以案情定性，以法律适用定量。另有学者将"类"的比对点定格在案件事实、法律关系、争议焦点、法律适用四方面。总之，各家之言的根基都有合理之处。但未达成统一的度量标准，是从制度初始便造成实务操作混乱的源头。一旦类案这一静态标准没有站立，连带至动态检索环节不能够流畅进行。我们看到，虽然特色鲜明的智能检索系统层出不穷，产生于实践中的技术障碍同样不可忽视。

---

① 李文健：《刑事诉讼效率论》，中国政法大学出版社 1999 年版，第 52 页。
② 谷昌豪、高新峰：《类案检索程序透明化的实现路径》，载《人民法院报》2019 年 11 月 24 日，第 2 版。

(二)问题聚焦:类案检索分阶段技术解析

人工智能飞速发展之下,类案检索趁着热潮不断现代化。类案检索从初始的识别环节,一直进入检索环节,各种智能技术嵌入辅助法官完成类案检索任务。深入其中,会发现在可观的技术红利之外,疑难问题也是纷至沓来。因此,应聚焦类案检索中的技术短板,以理性视角捕捉漏洞以作补救之需。

1. 识别技术

"识别"是确认"类案"的首要环节,精准识别一直都是类案检索制度的目标要求之一。实践中,类案检索经历着人工识别、机器识别、智能识别的改革创新,智能识别摆脱了人工识别成本高、效率低的弊端,又在机器识别过度依赖用户的基础上优化改造。发展至今,显然,智能识别已成为大势所趋。

智能化的识别技术进入司法程序中,在遭遇到复杂案件之时,帮助法官高效化锁定类似之处,但更应当正视的一点是,识别技术在与类案检索系统的磨合中的确出现了或多或少的问题。第一,在案例定性上,众多的公报案例、推荐案例、经典案例中,是不同级别法院所作,如今的识别技术还未能将案例的级别分类归纳,难免会出现多层级案例同时存在的情况,使承办法官在找寻参考案例时不能笃定选择。第二,在识别方法上,以中国裁判文书网为例,高级检索项下虽有多种配对方式,却未针对性地根据类案的区别标准和识别特点进行专业化设计,识别方法始终未能系扣到检索案例的特点和比较点,偏向于机械化处理。第三,就识别结果而言,由于案例的等级划分缺少以及识别方法不当,结果不达标的情况容易发生。现实中的个别类案检索中,识别结果存在着一些尚未生效的裁判文书,这是因为无法从识别出来的文书表面判断出是否生效或者说未明确提示是否生效,极易导致案例数据库杂乱,加大法官筛选难度。

2. 检索技术

除了识别技术,如何对"类案"进行高准确度检索也是值得深入探讨的部分。检索阶段首先需要庞大数量的具体案例支撑,大数据的运用在此时尤为明显。进入数据库的案例不是随机的,诚然,个别类案检索系统不注重参考案例质量,允许来源不明、特征模糊的裁判文书进入检索数据库,这样的"灰色案例"一旦不加限制地涌入,会使检索过程在耗时耗力之后还难以得到有价值的结果。再者,我们欣喜地看到近几年来各地方陆续推出了颇具特色的类案检索平台,如江苏苏州中院重点搭建了"5+3"即 8 个平台,实行网上办案流程的留痕记录制度,辅助对案件进行动态跟踪管理。① 辽宁省高院推出"法信智推"系统,突出自动提取案情摘要、事实依据,多重审判辅助信息的一站式检索和主动推送特色。② 仔细观察,不难看出地方性检索平台的案例集中来自区域内部,各地方之间缺乏地区互动、案件关联,地方性检索特征明显且排外性的检索也不在少数。最后,宏观的检索规则存在制度缺失。③ 制度设计中检索方法设置过于笼统;结果筛选未明确效力认定依据、冲突处理规则。例如,地方法院进行类案检索时,是否需要优先考虑上一级法院的关联案例? 还有一种情况,检索结果出现相关案例分属于不同层级,是该就高层次原则,还是讲究层级的对应性? 就算是最高人民法院作类案检索后,是否将地方类案纳入最高人民法院检索范围? 在不完备的检索规则背后,隐藏着法官可能先入为主的"选择性"类案,加剧了类案检索主观过度介入风险。

(三)风险愈烈:法官主观能动性易被忽视

成文法国家试图在法律海洋中寻求与实体真实更为贴合的突破口,以案件相似性特征为契机,划分同类型案件,在中国这样一个典型的成文法国家中,出现了英美法系先例判案的影子。虽都有借鉴前案经验之意,但类案检索与英美国家的判例法的实质当然不同。一方面,案例作用不同。英美法系判例的存在更像一个大前提,且是具有法律约束力的大前提,而类案检索则是为从先例中获得启示,减轻审理困惑。另一方面,法官的能动性不同。在判例法的框架下,法官受先前判例的约束,形成心证的过程略显被动,而类案检索后,案件的复杂程度降低,反而为法官的裁量之路扫清了认识障碍,使法官更为主动地参照先例经验。

实质上,类案检索到底还是为裁判者的主观判断服务,为了不让法官在自由裁量权的驱使下走向过度自由,经验主义发挥着约束作用。同案同判

---

① 《苏州法官判案,8 种"机器人"智慧平台当高参》,载新华网 2017 年 4 月 15 日,http://www.xinhuanet.com/legal/2017-04/15/c_129537409.html。

② 《辽宁:"法信智推"系统帮法官解类案检索难题》,载人民网 2020 年 8 月 3 日,http://ln.people.com.cn/n2/2020/0803/c378317-34200689.html。

③ 魏新璋、方帅:《类案检索机制的检视与完善》,载《中国应用法学》2018 年第 5 期。

的目标宛若警钟,督促着承办法官步步谨慎,副作用也在悄然滋长。法官往往会出现这样一种心理,既然有了智能化的案例检索摆在眼前,大可不必费尽心思联络当事人、分析争议焦点,直接将检索因素录入,由机器产生裁决不是更加快捷? 的确,科技的飞速进步容易让人类的原始惰性成倍放大。"输入案由、情节等案件事实,机器人自动弹出适用法条,包括相似案例的判决书。经法官确认后,判决书便'一键生成'。"①一旦法官此心思表现于行动之中,智能化的司法审判系统便不再是"辅助"而是"替代"。机器人用量化的方式作出司法判断,一旦出现错误判断,司法责任的具体认定将会十分棘手。不得不说,当前信息飞速流动、知识竞相交汇,在司法领域,显示于案例之间的比对筛选,追求一种模式化处理方式,试图用一种固定下来的模板断定具体不一的实例。庞大的案例数量会造成司法赘累,不能否认抓紧同型的本质,寻求同判目标所带来的进步性。但同时,应当认识到,每一个案子都有其特征,同案同判的目标追求无可厚非,却不可成为法官摆脱审案负累,过度依赖类案的理由。

三、司法技巧——责任制法官寻求突破

智能技术是一把双刃剑,带来的不只是快节奏、高效率的司法操作经验,亦伴随着机械化、高依赖性的适用风险。司法责任制要求法官对每一个经手的案例负责,不止于常规化的依照成文法律审判,对于检索后的案例参考,同样应当发挥责任制法官的主体意识,利用类案检索的智能化优势,无论在类案标准的把握上,还是类案技术的操作上,加之以裁判者的工作技巧,展现现代化法官的司法智慧。

(一)客观把握类案之标准

就像世界上不会存在相同的两片树叶,案例之间不乏共性之处,更多的是个性,法条一般情形之外才是类案的适用之处。基于类案检索机制的本质目的来看,是对法律适用尺度的统一化措施,实现类似问题类似处理。可见,同案同判不是指字面上的会出现相同判决,那么,这种说法理应纠正为类案类判。"类"的因素依旧脱离不了案件的形式要素,包括案件事实、法

---

① 《南京法院拟引入机器人辅助判案:"阿尔法"是替身还是帮工?》,载澎湃新闻网 2016 年 12 月 30 日,https://www.thepaper.cn/newsDetail_forward_1590536。

律关系、争议焦点、法律适用,四重因素可将"类"的框架大致勾勒,在四重因素的逻辑线上,还要找出是否内含具有指引作用的闪光点,扣住参考价值的亮点才是法官找寻类案的核心。"案"的范围则相对明确,地域上,全国各级法院都可提供待参考案例;时效上,一定是经法院处理后的生效裁判文书,当然,根据案件编写加工而成的案例分析也可成为类案选择。① 进入"判"的环节,虽有"类"的前提性限制,作为类案检索机制下最具能动性的一环,承办法官若想达到公正的个性化判断,不仅需要摆脱"证据+法条"的机械判决,还要更加注意裁量范围内裁判尺度的谨慎拿捏。在司法责任制的要求下,不管是最高人民法院还是基层法院,心中的标杆不能偏失。就是说,在这样一种标准不一的环境中,不是为了追求类判就径行作出相似判决,不给类案异判留有余地,法官更应当坚守以裁判要点为起点出发,进行关键事实和法律适用的关联性判断。

(二)持续完善类案之技术

1. 识别技术再精确

一是精确类案识别的区分点。从识别的基本功能出发,最主要的就是将两个类案的关联点明确指出。永远不会出现完全相同的两个案例,是无从反对的真命题。司法裁判结果得出需要严密的逻辑推理过程,裁判安定性是推理过程的首位价值,法官裁判思维过程是法律推理和后果衡量的双向联动,②合理范围内对裁判数据资源进行情节特征标注,逐步建立起参考案例裁判模型,重视裁判结果的归纳整理。法官在运用类案识别技术时,应当利用法解释学、法律逻辑相关知识,根据三段论的形式逻辑,可以在大前提与小前提之中寻找足以动摇审判结果的区分点,适当利用类比推理手段,从而在案例信息数据库中自动识别类似案例集合。

二是理顺类案识别的顺序。识别过程讲究顺序可以帮助法官更快地找到所需案例。识别的数据库中应当包含上至最高人民法院的指导案例,下至地方高级人民法院的典型案例,并且最高人民法院与地方高级人民法院的案例分别划项。识别的层次性应当体现在识别过程和识别结果中,可以

---

① 郑通斌:《类案检索运行现状及完善路径》,载《人民司法(应用)》2018 年第 31 期。

② 谢春晖、何依然:《"智慧司法"融合"司法智慧":类案及关联案件检索机制的实践路径——基于 SWTO 分析视角》,载胡云腾主编:《司法体制综合配套改革与刑事审判问题研究——全国法院第 30 届学术讨论会获奖论文集(上)》,人民法院出版社 2019 年版,第 677 页。

选择自上而下的识别顺序设定,在完成识别后,按照法院级别顺次标明案例级别,作为承办法官选择时的重要参考。

三是提高类案识别技术标准。智能技术发展至今,识别技术的利用还未进入白热状态,借力大数据的流动性特征,识别技术应当吸纳案情语义匹配、案件要素提取等关联技术,构建高效可靠的类案自动识别系统。[①] 同样,裁判者要不断学习,吸纳专业化的技术性人才帮助法官掌握对识别系统的操作规范,同理论家们联合起来,加快法学学科内部的科研成果转化,把法学方法论变成切实可行的操作流程,[②]避免法官在类案检索过程中盲目追求检索结果,忽视案例质量。

2. 检索技术再精进

一是检索案例的优质化。"检索"能够开始的前提是足够数量案例存在,类案检索机制在先进技术的推动下,不单单考量于案例数量,对案例自身质量愈发重视。能够被当作参考的案例必须在某一方面有典型意义,这就需要系统后台不仅要在横向上扩大案例年份界限,还要在深度上挖掘案例的突出特征,尽可能地抛弃不具有参考价值的"灰色案例",保证案例资源质效。

二是检索平台的系统化。自最高人民法院出台指导意见起,国家层面上拥有法信资源库、最高人民法院大数据管理与服务平台等类案检索平台,各地方亦竭尽全力开发研制特色鲜明的检索平台。但对于最高人民法院与地方人民法院的平台衔接之处略显僵硬的现实情况,要积极推动上下级平台之间的互联互动,从各地方之间的区域网络联结开始,串联起全国类案检索数据资源,再以最高人民法院检索平台为指挥,构建覆盖全国范围的一体化的类案检索系统。

三是检索规则的细节化。确定被检索案例准入门槛十分必要,明确不是所有案件都需要进行类案检索,只有那些或是案情复杂、新型,或是法律适用存有争议的案件,才会寻找类案辅判。检索环节虽只是类案检索机制的一道工序,厘清检索阶段的基本程序要求不能忽视,区别于通常所见的以普通检索项和高级检索项为枢纽的方式,重新设计后的检索程序应当细化至检索项下包含着法院级别选择项,完成最高人民法院案例检索后,有箭头

[①] 钟明亮:《类案检索机制研究——以类案识别技术在审判中的应用为视角》,载《黑龙江省政法管理干部学院学报》2019 年第 1 期。

[②] 李梦雨:《类案检索制度对法官提出新要求》,载《人民法院报》2020 年 7 月 30 日,第 2 版。

按钮指向地方高级人民法院案例检索,并以此程序逐级向下检索。在此之前,每一层级的效力高低,需要按照法院级别列明。

（三）有力加强法官之责任意识

正如智能机器一样,法律也是人创造的,诸如,类案检索等智能系统终究离不开人的参与,裁判尺度控制是要使裁判成为一种公共判断,而非法官个人偏好。[①] 拟作出的裁判结果将形成新的裁判尺度或将改变本院同类生效案件裁判尺度的发现责任就落到了承办法官身上。[②] 承办法官或者说每一个司法参与者,要做的不是依赖于机器的自主运行,而是在客观性数据的基础之上发挥人的主观能动性,将有效数据掌握在自己手中。

1. 责任制法官的现代化赋能

在主观意识特别明显的司法审判领域,智能技术的出现引起不小风波,裁判者不是一开始就对类案检索机制驾轻就熟,特别是一些"年龄偏大"的法官对这种新兴技术的运用不是很流畅,不愿意选择参照类案的方法解决疑问。类案检索为法官助理搭建了司法能力养成的制度平台。[③] 因此,一方面,法院不仅要吸引年轻法官加入,还要加强类案检索应用技术培训;另一方面,要开展新老组合的办案模式,老法官在审案时遭遇技术问题可咨询年轻法官,而年轻法官更要向老法官多多汲取审判经验。以此互相吸收,各取所长。

2. 划分检索从事主体的工作范围

类案检索机制中,有法官助理、法官、审判委员会的身影,这些主体对类案检索的参与程度不可"一刀切",进行有针对性的分配是有必要的。法官应当成为类案检索参与主体的核心,以责任制法官为中心,低层次的类案资料收取可交由法官助理完成,若是有改变裁判尺度的情形,应提交审判委员会讨论决定。同时,法院内部审判监督也在类案检索机制下发挥作用。检

---

① 陈景辉:《同案同判:法律义务还是道德要求》,载《中国法学》2013 年第 3 期。

② 陈竹:《类案检索制度的梳理及系统化构建研究——从司法改革框架下制度的整合出发》,载胡云腾主编:《司法体制综合配套改革与刑事审判问题研究——全国法院第 30 届学术讨论会获奖论文集(上)》,人民法院出版社 2019 年版,第 648 页。

③ 裴大明、李丹蕊:《类案检索的规范模式——知识实践导入的司法体制综合配套》,载胡云腾主编:《司法体制综合配套改革与刑事审判问题研究——全国法院第 30 届学术讨论会获奖论文集(上)》,人民法院出版社 2019 年版,第 612 页。

索完成后,法官可能作出与参考案例相冲突的裁判结果,院长有权要求承办法官作出说明;对于提交审判委员会讨论的类案检索结果,法官应当同时提交待审案件检索报告。①

3. 责任制法官充分利用检索报告

类案检索报告是检索结果的集中反映,检索报告制作是否精良体现着检索主体的工作质量、工作态度。形式上,检索报告应当涵盖制作主体,检索平台选取,清晰地展现检索过程;内容上,列明待决案件与类案之间的甄别点,突出显示检索结果。实质上,检索报告不能替代法官在个案中的价值判断及利益衡量。② 在有充分说理和论证的情况下,应当允许出现与类案裁判结果不同的裁判尺度,反而能体现出法官于类案检索机制之外的独立思维。检索报告成为法官类案检索工作的反向监督指标之一,作为法院对法官审判质量的管理策略。

---

① 孙光宁:《指导性案例在类案检索机制中的地位及其运作》,载《法律适用》2020 年第 12 期。
② 北京市三中院课题组:《类案检索报告制作和运用机制研究》,载《法律适用》2020 年第 12 期。

民事诉讼异步审理模式的反思与重构
——兼评《在线办案规定（征求意见稿）》相关规定

摘　要：以杭州互联网法院司法改革的尝试为嚆矢，围绕其一波三折的建构历程长期存在理论争议。新的《在线办案规定》解决了其性质上的争议，并通过限制程序选择的条件、建构技术正当主义的庭审规则、建构程序转换制度框架和事后救济制度框架的做法，努力协调异步审理与民诉法原则、规则间的张力。为更好地发挥异步审理规则的功能，《在线办案规定》仍可继续完善，司法机关的组织体制配套、民事诉讼的理念与理论范式也应相应作出调适。

关键词：异步审理；互联网法院；直接言辞原则；斯图加特模式；技术正当主义

2021 年初，《最高人民法院关于人民法院在线办理案件若干问题的规定（征求意见稿）》（以下简称《在线办案规定》）的第 18 条、第 19 条对在线诉讼中异步审理的含义、范围、效力以及适用条件作出了规定，这是异步审理模式（又称错时审理模式、在线交互式审理模式）以司法解释的面貌，在全国法院系统面前完成的首秀。该规定的出台标志着对于异步审理模式合法性的怀疑将暂时偃旗息鼓，其普遍适用将会是板上钉钉的事实。

异步审理作为一种新兴的、超前的诉讼模式，会与传统民事诉讼的目的价值、工具价值、核心规则产生紧张关系。这些张力的出现，一方面是客观的、历史的，是信息技术革命抛给诉讼法领域的时代课题；另一方面，为克服这些紧张关系，需要对新生的异步审理模式的制度逻辑进行反思，并对其制度设计进行审视与再建构，促使这项新制度在"否定"与"再否定"的自我完善过程中始终保持在法治轨道上稳步前进。本文试图完成对民事诉讼

异步审理模式反思和重构这一项理论任务。首先,本文对异步审理模式在《在线办案规定》出台之前的发展历程进行回溯,并对这一时期围绕异步审理模式展开的性质、原则、规则的学术争议进行评述。接下来,本文将循着民事诉讼程序的进程,运用法解释学的方法,分别对《在线办案规定》中异步审理模式的性质、适用条件、庭审流程的构建、程序转换制度框架和错案救济制度框架进行归纳提炼,总结出《在线办案规定》解决了哪些争议、搁置了哪些争议、放大了哪些争议,并结合民事诉讼法的原理规则对相关规定展开批判与扬弃。最后,本文以异步审理为窗口,透视围绕异步审理模式进行法院组织体制改革的必要性,以及新时期民事诉讼法理论范式的革新。

一、"先行先试"与民诉成法之间的张力

(一)异步审理模式的建构历程

我国对于异步审理模式的探索,是从互联网司法的改革中得到突破的。2018 年,杭州互联网法院(以下简称杭互)首创异步审理模式。① 2019 年,广州互联网法院(以下简称广互)也推出了在线的"交互式庭审"模式。② 3 年左右的探索过程中,异步审理模式适用率稳步上升,③这表明其在互联网法院集中管辖涉网案件的应用,得到了实务界和当事人的认可。对这一时期异步审理模式的实践进行梳理,可归纳出以下特点:一是适用范围较为限定。异步审理模式仅能适用于由杭州、广州两家互联网法院管辖的涉网一审案件,而且相关的案件需为事实清楚、争议不大的"常规案件"。④ 二是缺

---

① 《扩展时空让审理异步进行——杭州互联网法院创新审理模式工作纪实》,载中国法院网 2018 年 4 月 3 日,https://www.chinacourt.org/article/detail/2018/04/id/3255333.shtml。

② 《网络治理司法难题怎么破?看广州互联网法院的现代化秘方》,载中国长安网 2019 年 12 月 3 日,http://www.chinapeace.gov.cn/chinapeace/c53726/2019-12/03/content_12306695.shtml。

③ 《杭州市中级人民法院党组成员、杭州互联网法院院长杜前法官受聘为我校兼职教授并作报告》,载浙江理工大学官网,http://m.zstu.edu.cn/info/1056/21016.html。

④ 互联网法院适用异步审理的范围,具体可参见杭州互联网法院《涉网案件异步审理规程(试行)》。与"难办案件"相对,"常规案件"的司法过程多较为简洁,大量常规案件都应当也可以通过教义分析、法律论证推理比较简单地解决,即无须司法程序对法官的实体审理作出复杂回应。"难办案件"与"常规案件"的区分。参见苏力:《法条主义、民意与难办案件》,载《中外法学》2009 年第 1 期。

乏上位法依据。仅有杭互的《涉网案件异步审理规程（试行）》以及《广州互联网法院在线审理规程（试行）》——这两份法院内使用的业务文件中的相关条款对异步审理模式（广互表述为"在线交互式审理"）的适用方式作出了规定；而两家互联网法院的先行先试，并未获得全国法院系统的普遍认证，也未有法律规范层面的顶层设计予以支撑。① 这也导致，甚至连北京互联网法院（以下简称北互）都未曾有勇气向它的两家兄弟单位学习异步审理的"先进经验"，而选择一律适用同步视频庭审方式进行案件的审理。故总体而言，互联网法院对异步审理模式的尝试，具有很强的超前探索性。

2020 年新冠肺炎疫情的暴发，使得大量民事诉讼案件被迫向线上转移。为了规范在线诉讼行为，最高人民法院专门在疫情期间下发了《关于新冠肺炎疫情防控期间加强和规范在线诉讼工作的通知》，该通知明确指出，"在线庭审应当以在线视频方式进行，不得采取书面或者语音方式"，这实际上是对异步审理做法的否认。从实践层面来看，多数法院贯彻了这一通知的精神，如最高人民法院第三巡回法庭（以下简称三巡）在疫情期间制定的在线庭审规则（试行）中，没有规定异步审理模式；且值得玩味的是，尽管三巡的巡回范围覆盖了杭互，但是这一规则的制定却是以北互的电子诉讼审理规范（试行）为参考依据，并未将杭互、广互出台的在线诉讼规则纳入其中。② 这进一步印证了在疫情期间，司法制度的顶层设计者对于异步审理模式的谨慎态度。但是在疫情期间，也开始有地方人民法院对异步审理模式进行了初步探索，例如福建省厦门市集美区人民法院、③"浙江省法院系统"④均

---

① "前疫情时期"对在线诉讼的普遍问题作出专门回应的规范性文件仅有《最高人民法院关于互联网法院审理案件若干问题的规定》（法释〔2018〕16 号）一件，其中并未对异步审理模式作出规定。

② 最高人民法院第三巡回法庭在疫情期间制定的《第三巡回法庭在线庭审规则（试行）》有以下参考依据："一、《最高人民法院关于新冠肺炎疫情防控期间加强和规范在线诉讼工作的通知》；二、《中华人民共和国人民法院法庭规则》；三、《最高人民法院关于进一步加强民事送达工作的若干意见》；四、《最高人民法院第六巡回法庭在线诉讼规则（试行）》；五、《上海市第二中级人民法院民商事及行政案件在线庭审操作规则》；六、《上海知识产权法院远程视频审理案件操作规则》；七、《北京互联网法院电子诉讼庭审规范（试行）》。"参见最高人民法院第三巡回法庭：《最高人民法院第三巡回法庭在线庭审规则（试行）》。

③ 林达、许明茹：《"异步质证"技能解锁！在线搞定庭前工作》，载微信公众号"最高人民法院"，2020 年 3 月 27 日。

④ 例如，金华市中级人民法院制定了《民商事案件在线错时审理工作规程》，三门县人民法院制定了《民商事案件错时错峰审理工作规程》。《在战"疫"大考中，浙江法院书写了一份优异的司法"e"答卷》，载微信公众号"最高人民法院"，2020 年 5 月 7 日。

形成了相关先进经验并得到了最高人民法院的默许甚至宣传。显然,随着在线诉讼的广泛应用,政策制定者对于适用异步审理模式的态度开始出现摇摆和转变。故最高人民法院在2021年初公布的《在线办案规定》中,终于将异步审理的规则纳入其中。

司法实务界对异步审理模式的态度,经历了从逡巡不前到大胆采纳的转变,笔者推测原因有二:一是对于异步审理规则的定位存在分歧。关于设立杭互的方案,是2017年中央深改小组第三十六次会议审议通过的,可见在顶层设计的层面,杭互及其在实践中的尝试,都具有"先行先试"的试验意味。但试验何时完成?经验何时成熟?并没有权威声音作出回应。故一般法院、甚至最高人民法院也只能暂时采取观望态度。二是对于异步审理规则的推广,需要法官付出较多的学习成本。异步审理模式不仅仅会对司法审判带来冲击(后文详述),即使一些司法事务性工作(如排期、案卷归档),也与原先以开庭审理为核心的司法程序存在很大区别;也有较为资深的法官不适应在线诉讼的软件操作,导致异步审理在实践中推行阻力重重。然而,随着疫情期间在线诉讼的全面推广,司法实务界对于"互联网+司法"的态度越来越积极乐观,法官也熟悉了线上办案的新常态,向全国法院系统推行异步审理模式的时机最终成熟。

(二)异步审理模式的理论争鸣

异步审理模式甫一面世,便引起了广泛关注和讨论。实务界论证其合法性,多是从"创新""司法效率""司法便民"①的话语中取得进路的。而与这种热情的声音形成对照的,是理论界的审慎态度。《在线办案规定》公布前,理论界的质疑主要从三方面展开:在性质层面,异步审理模式与开庭审理的概念有多大的兼容性?② 这一问题又可以拆分为两个子问题来理解:异步审理究竟是开庭审还是书面审?究竟是庭前准备程序还是庭审程序?如何看待异步审理模式的性质,决定了实践中异步模式可适用的程序边界。

---

① 这三套话语时常混同使用,对于异步审理模式的价值进行综合论证,可参见郑莉娜:《"异步审理"不仅仅是技术创新》,载《杭州日报》2018年4月4日;刘峥、何帆、李承运:《〈民事诉讼程序繁简分流改革试点实施办法〉的理解与适用》,载《人民法院报》2020年1月17日;中华人民共和国最高人民法院编:《中国法院的互联网司法》,人民法院出版社2019年版,第16页。

② 肖建国、丁金钰:《论我国在线"斯图加特模式"的建构——以互联网法院异步审理模式为对象的研究》,载《法律适用》2020年第15期。

在原则层面,有学者发现异步审理与"司法仪式感"①"当事人处分权原则"②"集中审理原则"③存在一定冲突。其中,有关异步审理模式对直接言辞原则(司法亲历性)的冲击的讨论是较为充分的,相关研究分别从在场原则的理论内涵、④诉讼信息呈现、理解方式的变化⑤以及"效果主义"⑥的角度切入,论证异步审理模式在何种程度突破了直接言辞原则的原理、旨趣、效果。在规则层面,多数研究认为异步审理模式削弱了质证规则的效用,不利于法官形成"自由心证"⑦、法庭"剧场效应"的发挥、⑧保障证人证言真实性。⑨ 还有论者认为,异步审理可能会违背法庭辩论和法庭调查的顺序要求。⑩

回顾这些研究,可以发现它们存在一定的局限性,主要有三个方面:(1)视野的局限性:在新冠肺炎疫情前,异步审理模式仅仅适用于互联网法院,所以以往研究也主要以杭互的异步审理模式为样本进行分析;最高人民法院

① 陈杭平、李凯、周晗隽:《互联网时代的案件审理新规则——互联网法院案件审理问题研讨会综述》,载《人民法治》2018 年第 22 期。发言人:清华大学法学院王亚新。

② 陈杭平、李凯、周晗隽:《互联网时代的案件审理新规则——互联网法院案件审理问题研讨会综述》,载《人民法治》2018 年第 22 期。发言人:最高人民法院司改办规划处李承运。

③ 杨瑞:《异步审理方式对民事诉讼法理的挑战与回应》,载《司法智库》2019 年第 1 卷(总第一卷),第 168 页;程雪梅:《互联网异步审理方式的质疑与思辨》,载《司法智库》2019 年第 1 卷(总第一卷),第 175—177 页。转引自林洋:《互联网异步审理方式的法理思辨及规则建构》,载《甘肃政法学院学报》2020 年第 4 期。

④ 宋朝武:《电子司法的实践运用与制度碰撞》,载《中国政法大学学报》2011 年第 6 期;郑世保:《电子民事诉讼行为研究》,法律出版社 2016 年版,第 356 页;占善刚、王译:《互联网法院在线审理机制之检讨》,载《江汉论坛》2019 年第 6 期;等等。以法院的司法过程为主体视角,直接言词审理原则的价值及功能与司法的亲历性类同,参见朱孝清:《司法的亲历性》,载《中外法学》2015 年第 4 期。

⑤ 肖建国、丁金钰:《论我国在线"斯图加特模式"的建构——以互联网法院异步审理模式为对象的研究》,载《法律适用》2020 年第 15 期;See GUO Meirong, *Internet Court's Challenges and Future in China*, Computer Law & Security Review, 2021, p. 40.

⑥ 林洋:《互联网异步审理方式的法理思辨及规则建构》,载《甘肃政法学院学报》2020 年第 4 期。

⑦ 秦汉:《互联网法院纠纷处理机制研究——以网络著作权纠纷为例》,载《电子知识产权》2018 年第 10 期。

⑧ 肖建国、丁金钰:《论我国在线"斯图加特模式"的建构——以互联网法院异步审理模式为对象的研究》,载《法律适用》2020 年第 15 期。

⑨ 肖建国、丁金钰:《论我国在线"斯图加特模式"的建构——以互联网法院异步审理模式为对象的研究》,载《法律适用》2020 年第 15 期;钱宇轩:《论在线民事诉讼中的证人出庭作证规则——兼评〈在线办案规定(征求意见稿)〉相关规定》,载微信公众号"青苗法鸣",2021 年 2 月 2 日。

⑩ 林洋:《互联网异步审理方式的法理思辨及规则建构》,载《甘肃政法学院学报》2020 年第 4 期。

出台的《在线办案规定》为异步审理模式提供实定法依据，它将要面对的案件将从单调、封闭的互联网空间走向多元、广袤的线下社会，它使用的场景更加宽广，解决的问题更加复杂，既有的研究显然难以对这一新形势进行回应。（2）视角的单调性：这些研究普遍是从当事人或者局外人的视角对异步审理的程序保障问题进行审视，但忽略了"程序"与"组织"的互动，故鲜有研究从法院组织体制的角度思考新兴的异步审理模式可能给司法带来的潜在影响。（3）方法论上的缺失：由于立法上的付之阙如，大多数对于异步审理模式的研究无法展开行之有效的法解释学分析，大多只能以"互联网司法"或"电子诉讼"为背景，从合法性、有效性的层面泛泛而谈，鲜有的优秀研究也只能深入原则和基本规则的维度。随着《在线办案规定》对于异步审理的含义、范围、效力、适用条件等作出了明确的规定，有必要从制度实践的逻辑对异步审理进行法解释学的基础研究。

二、异步审理性质论

（一）基于《在线办案规定》的解释论分析

"异步"（asynchronous）一词广泛用于描述电力工程、通信技术、网络教学领域中非同时、非同步的任务进程。审理，则包含"审查"和"处理"，既包括审查案件实体问题，也包括处理程序事项，故从语义的角度看待"异步审理"应然层面的定义，可以是"法院与当事人以非同时、非同步的方式进行诉讼程序，并最终完成案件的审判"。而从体系的角度审视《在线办案规定》第18条，规范语境下的异步审理模式，仅指在线诉讼中的异步过程，是以非同步的方式展开在线诉讼全部或部分环节的一种审理模式，对异步审理的讨论均要放置在在线诉讼的大前提下。据《在线办案规定》，在线诉讼可以通过同步审理或异步审理的模式进行推动。故在这种理解之下，异步审理模式应是在线诉讼模式之下，与同步审理模式相对的一个概念。这是广义的异步审理的含义。而《在线办案规定》的第19条，专门另外规定了异步庭审的适用条件。在对第18条的分析中，我们认识到异步审理是在线诉讼的一个下位概念；则对于在线诉讼中的所有民事诉讼行为，均应有"异步"和"同步"两个下位概念加以对应。则异步庭审不仅是在线庭审的全集之下，与同步庭审相对的一个子集，也是异步审理模式中与异步调解、异步证据交换、异步询问和异步辩论平行的一个环节。

上述逻辑关系,可通过表1直观展现:

表1 在线诉讼一览

诉讼流程 ＼ 审理模式	在线调解	在线证据交换	在线谈话询问	在线庭审	……
同步审理模式	同步调解	同步证据交换	同步谈话询问	同步庭审	……
异步审理模式	异步调解	异步证据交换	异步谈话询问	异步庭审	……

审视《在线办案规定》有关异步审理的性质所作出的制度安排,似乎难以发现性质上的争议之所在。尤其是对"异步庭审"与"异步审理"作出区分的做法,即在诉讼程序的不同环节中,对异步审理模式进行选择,回应了长期存在的对于异步审理模式与开庭审理模式的兼容性问题。根据《在线办案规定》,证据交换、谈话询问等环节对应线下诉讼的庭前准备程序,若案件异步进行,只需将线下的证据交换、谈话询问的规则"投射"到线上异步的审理模式下,并相应地遵循庭前准备的程序流程规则即可;而同理,《在线办案规定》明确了异步庭审就是庭审程序,且是开庭审理而不是书面审理(根据视频留言的做法可推知,后文详述),异步庭审即线下庭审在线上异步审理语境下的"投影",也需要受一般庭审的流程规则之约束。可以称这一规定是实务操作导向的,只有厘清了异步审理和异步庭审的性质与各自所需遵循的实定法规则,才能保证司法者有效预防可能出现的程序规范竞合时的选择适用风险,而可以根据明确的规则开展实际工作,维护了程序规则的统一、稳定适用。

(二)反思争鸣之所在:重返杭互异步审理规程

站在《在线办案规定》的"肩膀上"回顾曾经围绕异步审理模式出现的理论之争,似乎可以认为这些争论已经得到了解决,没有必要继续停留在当时的讨论框架中作"内卷化"的研究。但是,与其匆匆抛开前人之述而大刀阔斧地进入规则论的雕凿,不如再稍作停留,仔细咀嚼在《在线办案规定》出台之前出现这些争鸣的深层原因,从中汲取理论营养。

在本文的第一部分,曾展示了学界对异步审理性质之质疑,其中最为全面的研究,当属肖建国、丁金钰《论我国在线"斯图加特模式"的建构——以互联网法院异步审理模式为对象的研究》一文(以下简称肖文)。肖文以杭互的《涉网案件异步审理规程（试行）》（以下简称杭互异步审理规程）作为规范分析的材料，从民事诉讼法的中"庭"的概念展开，发现在杭互模式下，异步审理与庭审概念之间难以兼容。① 这一研究思路启发我们，将杭互异步审理规程与《在线办案规定》的规则进行对比，因为杭互的异步审理制度，才是当时研究中使用的"异步审理"一词的"所指"。

可以明显发现：杭互异步审理规程回避了异步审理的性质问题，其模糊的用语和不工整的逻辑又放大了这一问题。例如：（1）规程的开头指出异步审理的目的为"……提升庭审质效，充分利用网络科技方便庭审……"，这样看来异步审理应该就是庭审；（2）在规程第 1 条的定义中，又指出异步审理是将"各审判环节"分布在诉讼平台上，何为"审判环节"？ 这似乎是在学理上不常用的一个概念，姑且可以将其视作相对于"立案环节"的、法官对案件正式进行实体审查的诉讼环节；（3）而在规程的第 5 条"审理流程"中，又规定了"异步审理的起诉、答辩、举证、质证、宣判等均适用《杭州互联网法院诉讼平台审理规程》"，则这里的"异步审理"将立案环节的起诉、答辩过程纳入其中；（4）整体审视规程全文，在常规的诉讼程序之外，单独细化规定了具有互联网法院特色的"发问""辩论""最后陈述""记录核对"制度，而未将线下诉讼中的程序一一投映到"异步"过程中，尤其是"庭审"程序无法找到相对应的安排。

综合考察这些似乎自相矛盾的规定，可以说这一规程规定的全部都是异步审理的庭审规范，又可以说规程中的异步审理缺少明确的庭审规范。并可以认识到，这一规程是杭互在改革的语境下，对于异步审理模式所做的"一揽子安排"，甚至可以说，这一规程在制定时，就试图挣脱传统民事诉讼法部分概念和程序安排的羁绊，而创立一个新范式的、独立于传统诉讼程序的特殊制度。

（三）性质之争的尘埃落定：区分广义与狭义的异步审理

回到异步审理的性质问题，就能理解肖文试图用传统民诉法"庭"的概念解剖异步审理的性质，会发生"词"（les mots）与"物"（les choses）的分离：杭互所指的（或者说实然层面的）异步审理，是对全部诉讼程序进行"异步化改

---

① 肖建国、丁金钰：《论我国在线"斯图加特模式"的建构——以互联网法院异步审理模式为对象的研究》，载《法律适用》2020 年第 15 期。

造"的一揽子安排;而学界所指的(或者说应然层面的)异步审理,则聚焦于从这一揽子安排中抓取、"提纯"出的诉讼法基本制度,而又因杭互异步审理规程中独特的制度设计与传统庭审的规则从形式上最为相近,故学界基于传统民事诉讼法的基本概念试图展开杭互的异步审理模式与庭审实质可兼容性的论辩。但一旦发现了两者在"庭"的概念上存在分歧,就遭遇了解释论的困境,相关研究不得不转向立法论,尝试对杭互异步审理进行批判与重构。

现在综合本节论述可以知道:异步审理的概念和性质随着时间的发展,也经历了一个从粗糙到精细的流变。目前《在线办案规定》第18条所指的异步审理,是指对案件全过程进行异步化操作的审理流程,从这点规定上看,这与杭互曾经的"一揽子"安排相近,故本文将其称为"广义上的异步审理",又因为其概念内涵得到了司法解释的清晰界定,故又可称为"司法解释意义上的异步审理";而原先学界曾经使用的"异步审理"之概念,更接近于《在线办案规定》第19条中所规定的异步庭审环节,故可称为"狭义上的异步审理"或"学理意义上的异步审理"。鉴于司法解释对异步审理的性质进行了妥善的规定,曾经学理上使用的异步审理概念可能会渐渐搁置不用,但是梳理这一概念对于我们理解当时的论争之所是有意义的。

基于新规对于异步审理(以及其中的各个环节)作出的性质认定达成共识后,我们可以安全地进入下一部分的论述,即开始讨论异步审理模式规则的具体建构。为方便论述,如无特别说明,下文所使用的"异步审理"之概念,均是指"司法解释意义上的异步审理"。

三、异步审理规则的现实建构

(一)异步模式的适用条件

1. 根据案件的客观形态选择异步审理

民事诉讼法中的程序分化多以实体案情的客观形态为依据。在《在线办案规定》出台前,杭互使用异步审理需要同时满足案情的专业性条件("涉网")、[1]简易条件("事实清楚、法律关系明确")、[2]规模条件(根据杭互的基

---

[1] 《最高人民法院关于互联网法院审理案件若干问题的规定》(法释〔2018〕16号),第2条。
[2] 杭州互联网法院《涉网案件异步审理规程(试行)》第2条。

层法院性质可推知）。《在线办案规定》的模式与杭互模式有所区别的是：它不要求异步审理的实体案件涉网，这表明杭互的试验开始向地方法院推广，更多的一般案件将依托网络技术得到解决。此外，其他的条件与杭互的要求基本一致。[①] 这种情况下，除庭审外的诉讼程序，如调解、证据交换、询问调查，不问案件事实是否清楚、法律关系是否复杂、案件的标的和影响，只要是民事案件，均存在异步审理的适用空间。

2. 根据程序中的特殊事项启动异步庭审

《在线办案规定》的另一亮点，是在进入异步庭审程序前再设置了一道关卡：若要异步地进行庭审，则须在已满足异步审理的案件实体形态的情况下，满足两个程序展开过程中出现的客观事项：其一，需要当事人同时到庭确有困难；其二，要求案件适用简易程序（含小额诉讼）。相较于异步进行审前准备程序，异步地进行庭审，更是窒碍了当事人辩论能力和辩论权的充分发挥，所以于异步庭审的入口处，《在线办案规定》作出了更多限制。但这条规定也存在语焉不详之处，即当事人同时在线参与庭审"确有困难"的认定问题。在实践中当事人难以同时参与庭审的情形较为类型化，一般为双方当事人由于个人工作或事务安排不便在法院工作时间应诉或在期日出现了特殊情况无法参加同步庭审、或有当事人一方在国外存在时差。本文认为，《在线办案规定》当然需要维护诉讼的严肃性，但同时也应有节制地对异步庭审的适用进行推广与普及，以发挥好异步审理的司法便民、提高诉讼效率功能，故对上述三种类型化的情况，均可通过从宽认定、扩张解释为当事人同时参与在线庭审"确有困难"的情形。

3. 以当事人同意为主观条件

异步审理模式的适用至少须以当事人的同意为前提，这是杭互与《在线办案规定》的共同做法。背后的原因在于，在目前的民事诉讼现状下，多数诉讼当事人是首次向法院提起诉讼或被动应诉，[②]对于他们而言，参与诉讼的过程也是接受"普法"的过程，所以法院以他们的同意为程序启动要件就更为关键：这不仅关乎当事人程序启动权和程序选择权的保障，更加关乎着诉讼程序的公信力和终局裁判的权威。《在线办案规定》第18条和第19条

---

① 《在线办案规定》第2条、第3条（在线诉讼整体的适用条件），第18条、第19条。

② 马克·格兰特教授将其称为偶尔诉诸法院的"孤注一掷"者（one-shotters）。See Galanter Marc, *Why the Haves Come out Ahead: Speculations on the Limits of Legal Change*, 9 Law & Society Review, 95-126(1974).

之间的区别在于,第 19 条明确了异步庭审的适用必须以至少一方当事人的主动申请为前提,言下之意,法院不得主动对异步庭审模式进行释明,而第 18 条仅要求适用异步审理需要双方当事人同意,但未明确法官在程序启动时有无释明权。本文认为,释明权的有无将会是影响异步审理适用频率、尺度、样态的核心规则,故该第 18 条应当对这一问题加以明确回应。法院和法官总是有提高案件审理效率、回避同步审理中可能出现突发疑难情形的制度激励和心理冲动,[①]按部就班的异步审理模式——相较于同步审理——无疑将司法过程的可掌控性和便利性提高到了极致。杭互赋予了法官释明异步审理模式的权力,[②]这一做法的结果,是杭互在事实上形成了“以异步审理为原则、以同步审理为例外”的工作现状,这进一步印证,如果在这种情况下赋予法官程序释明权,法官将十分乐于主动释明异步审理,并且有意无意地借助信息不对称的优势,促推当事人“同意”适用异步审理。这样可能导致诉讼经验严重不足的当事人(one-shotters)处分权受到“系统性”的破坏。

此外,《在线办案规定》的第 18 条没有明确一次“当事人同意”所能覆盖的诉讼环节的范围,如果当事人在案件一开始的调解阶段同意异步进行,是否意味着他们也默认了之后的“证据交换”“谈话询问”及其他非庭审程序也可以异步进行? 还是每开启一个新的环节,都需要重新获得当事人同意? 本文倾向前说,即“一次同意、覆盖全案”,只要有灵活的程序转换规则作为保障(后文详述),这种做法能够在诉讼效率和权利保障之间达到平衡。

(二)庭审规则的重构

1. “视频留言”模式之反思

庭审程序是诉讼程序的核心,是当事人行使辩论权的“主战场”。《在线办案规定》第 19 条对于异步庭审的流程进行了阐述,即诉讼各方可以录制视频,上传至平台,在指定期限内按“庭审程序环节”异步活动。这抛弃了杭互通过“交互式对话框”即书面形式的文字进行辩论的做法,从体系解释出发,可以认为这一制度安排构成了认定司法解释意义上的异步庭审的性质

---

① 当作为“劳动者”的法官将自身的晋升、闲暇(职业效用函数)与审判业务的成果挂钩,法官会很自然地在司法程序启动时作出趋利避害的选择。这种看待法官和司法过程的视角,可参见[美]理查德·波斯纳著:《法官如何思考》,苏力译,北京大学出版社 2009 年版,第 53—72 页。

② 杭互规定法官可以向当事人推送异步审理,此后获得当事人的同意即可。参见杭州互联网法院《涉网案件异步审理规程(试行)》第 3 条。

为开庭审所倚仗的制度基础。但从文本和实效上看,这一规定有待商榷。首先,该条文存在语法上的歧义,体现在"可以"一词究竟是单独表示对录制视频方式的许可,还是引领该词之后的全部短句、整体表示对异步庭审做法的许可? 其次,视频留言的做法恐不符合异步庭审便利诉讼的工具价值。若采视频留言的形式,则当事人和法院都需要投入大量时间准备视频和审查视频;且该条规定并未明确拍摄视频的具体要求,若视频不符合法院的需求,或者在诉讼平台上活动频繁,则当事人还需要多次录制视频,反将庭审程序复杂化了。另外,视频留言模式能当然地起到保障直接言辞原则的效果吗?① 本文认为,该方法对于保障诉讼行为真实、保障言辞辩论的完整行使所起到的实效是甚微的。因为异步审理模式与直接言辞原则的内在紧张,不在于当事人实施诉讼行为的形式究竟是视频、语音还是文字,而在于"异步"模式打碎了完整的诉讼流程,②并在各个环节之间创造了时间间隔,足以让当事人对其表现出的诉讼活动和状态进行谨慎的(deliberate)"包装"。只要当事人进行诉讼活动前有时间进行深思熟虑,其最终呈现于诉讼平台中的各种行为就无法原本地、直接地反映出当事人真实的心路历程和复杂的情绪波动。故即使采取技术手段保障录制出的视频为一次性的、未剪辑的,也不能克服上述问题。

那此情况下如何设计制度,能在直接言辞原则和高效便捷原则中取得平衡? 本文认为,德国"多次书面准备+一次期日开庭"的斯图加特模式提供了可参考的思路。德国在 20 世纪 70 年代构建民事诉讼的斯图加特模式,以提高审理效率、促进庭审实质化为目标。③ 由于我国民事诉讼当事人对"证据突袭"这一诉讼策略的偏好,导致长期以来上述书面准备程序在我国的引入遭遇重重掣肘。但是,异步庭审的程序前提可以过滤"证据突袭"发生的可能性,使书面准备制度发挥出提高审理效率的功能。理由如下:首先,因

---

① 有学者从保障言辞辩论的功能出发,论证视频留言模式的必要性,并提出了一些保障视频留言真实性的具体方法,如禁止剪辑合成、视频必须一次性完成。参见林洋:《互联网异步审理方式的法理思辨及规则建构》,载《甘肃政法学院学报》2020 年第 4 期。

② 肖建国、丁金钰:《论我国在线"斯图加特模式"的建构——以互联网法院异步审理模式为对象的研究》,载《法律适用》2020 年第 15 期。

③ Vgl. Bericht und Antrag des Rechtsausschusses (6. Ausschuß) zu dem von der Bundesregierung eingebrachten Entwurf eines Gesetzes zur Vereinfachung und Beschleunigung gerichtlicher Verfahren (Vereinfachungsnovelle), 21. 05. 76 Sachgebiet 31; siehe auch Münchner Kommentar Zivilprozessordnung, 4. Auflage , § 272 , S. 1647 , I. Normzweck.

为对于主动选择异步庭审的当事人,迅速解决纠纷是选择诉讼程序的首要需求,他们缺乏证据突袭的主观意愿;其次,异步庭审适用于事实清楚的简案,往往是规范的适用而不是事实的查明构成了疑难问题;①最后,异步庭审全程线上进行,法官仅以最后一次开庭后固定下来的当事人陈述和证据为判案依据,其证据突袭并无法起到干扰法官适用法律的效果。只要在宣判前基于禁反言原则,要求当事人通过视频、以言辞形式签署并宣读具结保证,就能对先前所有的诉讼活动的真实性和效力进行确认,即可同时实现权威公正与便捷高效。

2. 质证规则之嬗变

在异步庭审之下,传统庭审质证活动的剧场效应无从发挥,这使得法官通过质证流程发现案件事实的审判心理学基础付之阙如。从证据法的角度看,没有了同步质证程序的压力感和紧张感,"三类人员"经过深思熟虑后编辑的陈述、证言,其实质效力当与书面陈述、证言无异。故随着质证过程中言辞辩论的弱化甚至缺失,在异步庭审中灵活运用科学技术"硬规则"的必要性凸显;线下诉讼多年来奉行的"程序正当主义"应被在线诉讼中的"技术正当主义"所取代,即将检验证据、发现事实的任务交给区块链技术,②使得原本需要依靠言辞辩论来辨明真伪的证据,可以借由技术获得真伪性结果。异步庭审给质证规则带来的又一副产品,是证人出庭作证——这一古老的诉讼程序规则——遭遇危机。其遭遇的首要问题,是异步的时间间隔导致证人与当事人互通有无、相互串通更加方便,证人隔离作证规则几近无法实现。此外,还有证人作证的真实性问题,异步庭审过程中,证人参与线上庭审的终端设备被当事人或其他有利害关系的人控制的情形更有可能出现。面对这一困局,除了从证据法的角度出发进一步贯彻"技术正当主义",减少证人证言作为关键证据在异步庭审中的使用之外,也可以尝试重构证人作证规则的模式。目前,我国证人出庭作证的制度设计背后,隐含了诉讼、审判结构对于证人诉讼地位的认识,即不仅仅将证人置于双方当事人"对抗武器"的位置,而且视其超然于诉讼的两造,使得在一定程度上,证人成为"法

① 事实出发型和规范出发型的诉讼构造之异同,参见[日]中村英郎:《新民事诉讼法讲义》,陈刚等译,法律出版社2002年版,第187页。

② 实际上《在线办案规定》的第12条至第17条承认了非同步的证据交换模式的合法性,并规定以同步及线下的质证作为区块链证据存疑时的补充,故在异步庭审的时候,只要无相反证据足以推翻区块链证据,则异步提交、未经言辞辩论质证的证据也是被认定为合法有效真实的。

院的证人"，①在异步审理状态下，法院与其从职权出发，耗费大量制度成本要求证人完全服从法院指挥、中立并隔离于当事人，不妨公平地赋予双方当事人申请证人出庭的机会，而不问证人是否隔离。证人在诉讼结构中的地位向着从属当事人的方向转变，法院从而将调查收集证据、重现案件事实的压力移交给了双方当事人。这也与民事诉讼模式改革从职权主义向当事人主义过渡的潮流相契合。

（三）程序转换规则的构建

当简易快捷但粗糙的程序无法满足当事人实体权利保障的需求时，需要及时打开向更精密的程序过渡的出口。《在线办案规定》从宏观层面，对在线诉讼向线下转换的程序和规则作出了规定，但是对异步审理中的程序转换，仅在其第20条模糊地规定了"在线视频方式庭审"向线下庭审转换的制度。根据本文第二章的论证，以及现有《在线办案规定》对于异步庭审采用视频留言形式的明文规定可以推知，异步庭审是在线视频庭审的一个种类，故当出现了第20条规定的五种情况之一时，程序就应当由异步庭审直接过渡到线下庭审。同理，异步的调解、证据交换、谈话询问等也是直接向线下程序转换的。

但是根据这一程序转换过程明显过于激烈。在异步庭审与线下庭审的两极间还应存在程序保障效果和程序复杂程度均适中的"在线同步庭审"模式，即以视频会议的形式进行的集中审理。这种模式的在线庭审并没有对当事人的言辞辩论权利和能力构成较大阻碍，且并未打破庭审的连续性，可以视作线下庭审在互联网空间的投射。②从司法实践看，杭互异步审理规程就规定了异步审理向线上同步审理转换的程序，③作为异步庭审向线下审理的缓冲。④本文猜测，《在线办案规定》放弃使用在线同步视频作为异步审理向线下审理的过渡，有两种可能性：其一，最高人民法院倾向于在实践中严

---

① "当事人的证人"和"法院的证人"，是王亚新、陈杭平基于"三方博弈"分析框架，对民事诉讼证人的地位作出的形象描述。王亚新、陈杭平：《证人出庭作证的一个分析框架——基于对若干法院民事诉讼程序的实证调查》，载《中国法学》2005年第1期。

② 肖建国、丁金钰：《论我国在线"斯图加特模式"的建构——以互联网法院异步审理模式为对象的研究》，载《法律适用》2020年第15期。

③ 杭州互联网法院《涉网案件异步审理规程（试行）》第4条。

④ 杭州互联网法院《诉讼平台审理规程》第14条规定了线上审理的案件向线下审理转换的情形。

格限制异步审理的使用,而鼓励以在线集中视频审理模式为原则的在线诉讼模式。本章的第一部分曾论述,最高人民法院的这一态度在《在线办案规定》第19条"异步庭审适用条件"中有所体现,但是这一倾向是暧昧的,需要进一步明确;并且本文也曾结合杭互的实践及法官的"效率偏好"论述,严格限制异步庭审恐难以在实践中实现。其二,《在线办案规定》的本条在制定时忽视了异步庭审与同步庭审之间程序保障效力的区别,而是简单地将其二者视作"在线视频庭审"的两个平行的子集;若是这种情况,则是一个需要及时填补的漏洞。本文认为,需要增加异步庭审向在线同步式庭审转换的制度,适用于当事人在程序展开的过程中不同意异步庭审、案情复杂证据繁多需要同步询问同步质证等情况,并依此类推适用于异步调解、证据交换、谈话询问等程序,构建起"线上异步—线上同步—线下"的三级程序转换层次,维护在线诉讼程序规则的秩序井然和逻辑自洽。

(四)事后救济程序

如前文所述,异步审理模式在程序设计上的粗糙性、探索性,决定了围绕异步审理模式建立事后救济程序的内在规定性。但是,《在线办案规定》并没有直接构建针对异步审理模式的事后救济规则,故对于异步审理的案件进行救济,则应以民事诉讼法及其司法解释的相关规则为依据。从当事人的角度而言,对于异步审理的一审民事案件寻求救济的方式主要有上诉和审判监督两种。

《在线办案规定》没有规定除异步庭审外的异步审理流程适用的审级范围,故无论是一审案件,还是案件进入二审程序,均可适用异步审理模式完成除庭审外的诉讼活动;而异步庭审仅能适用于简易程序(含小额诉讼),根据民事诉讼法规定可知,异步庭审只能适用于一审中。值得注意的问题是,小额程序的案件一旦通过异步庭审作出判决,则当事人既未在庭审中进行口头辩论,又不得上诉,这似乎构成了对当事人诉讼权益的"二次剥夺"。故是否应当赋予小额诉讼案件当事人以"异步庭审的流程建构未贯彻一般意义上纯粹的程序正当主义"为由提起上诉的权利?虽然异步庭审原则上均基于当事人的选择而适用,但实践中难免存在当事人在异步庭审过程中未获得充分程序保障的情形出现,因此,如何平衡当事人以程序违法为由的上诉利益和民事诉讼禁反言原则,系一个棘手难题。根据现行法律规范,当事人能且仅能通过审判监督程序寻求救济。虽然小额案件多数事实清楚、权利义务关系明确,且目前实践中适用率低,从诉讼经济的角度来看,小额案件适用异步庭审似无太大问题;可是一旦在线诉讼得到普及,在可以预见的将来,将会有更多的小额纠纷涌入异步审理程序,让所有小额案件挤占再审程序的通道,无论从司法效率的角度、当事人权利保障的角度,还是终局判决既判力的角度看,均有不妥。这是我国小额诉讼规则构建不完善的现状在异步庭审语境下的凸显。不过鉴于小额诉讼制度在实践中的规避适用、类型化适用的"悬浮型"实践现状,[①]对这一立法逻辑上的漏洞似乎不必担心过度,即使需要填补,也应当主要在小额程序规则构建上发力。[②]

对于已生效的异步审理判决,需要通过审判监督程序获得救济。根据民事诉讼法解释,按照审判监督程序再审的案件,不得适用简易程序审理,故也不能进行异步庭审。这一结论是可以根据现行法律法规推知的,逻辑也是与民事诉讼法的基本精神一致、连贯的。

四、余论

本文的第三章展示出异步审理模式下民事诉讼程序将经历的重构。可以预见,当这一套全新的诉讼程序的逻辑镶嵌到仍以线下办案为主流业务的法院组织系统中,似会产生"互斥"的隐忧,例如异步庭审过程中纯粹适用法律规定的"法条主义"将进一步挤压"经验主义"的思维方式;根据上诉与审判监督程序的规则,绝大多数异步审理模式的适用将仅存在于基层法院的一审案件中,这给资源本不丰富的基层法院带来了学习、适应新模式的成本压力,这种压力如果在短时间内不能完全消除,有可能导致制度实践背离缓解基层法院"案多人少"之压力的初衷。不过本文认为,法院内部可以以"组织复杂性"应对"社会复杂性",即通过建立专门处理在线诉讼的审判单元(如建立在线诉讼庭接手立案庭目前承担的司法程序入口处纠纷一站式解决工作)并培养专门的法官队伍,通过精细化的繁简分流制度,实现立案

---

① 安晨曦:《民事诉讼立法预期与运行效果的背离及修正——以〈民事诉讼法〉新制度实施状况为范例的分析》,载《现代法学》2015年第6期;肖建国、刘东:《小额诉讼适用案件类型的思考》,载《法律适用》2015年第5期。

② 日本民诉法中的小额诉讼规定可以提供一些启发,即不允许当事人控诉(即上诉),但允许当事人在一定期间内向原审法官提出异议,若异议合法,则产生使诉讼回复到口头辩论终结前的状态,法官重新作出终局判决。这一做法可以很好地平衡异步庭审制度构建中的效率要求和民事诉讼基本的程序保障要求。参见《日本民事诉讼法典》第377条、第378条、第379条、第380条。

环节中案件受理与压力化解的适度分离与相互共存,也能够使得案件在审理过程中享受到司法专业化带来的高效。

至此,本文已经基本完成了对民事诉讼异步审理模式的反思与重构。本文的立论基础在于,尽管这一制度与传统民诉法的原则和规则存在一定的张力,但是通过合理的规则设计(以《在线办案规定》的尝试为代表)、组织保障,可以努力缓解这些张力,为新制度的稳步推行保驾护航。但如果说这是对当下至未来一段时间内异步审理与传统民诉法融洽相处的乐观预测,则我们不禁对其前景进行追问:异步审理模式有可能成为互联网诉讼乃至民事诉讼的主流吗?一旦"戴着镣铐跳舞"的异步审理模式得到了广泛适用,是否会诱发"量变引起质变"的哲学规律,反噬传统的、建构在集中同步审理模式上的民事诉讼原则和规则?社会交往的日益密切、社会活动的节奏加快使得对于纠纷解决的效率价值的追求成为当事人程序选择的主要考量因素,以效率为主要价值的异步审理就有了广泛适用的空间。一旦异步审理从适用规模上和社会认可度上超越同步式的审理模式成了既成事实,那么需要作出改变的,恐不是"离经叛道"的异步审理规则,而将是阻碍、限制异步审理进一步扩张的"经"和"道"——也就是传统的民事诉讼规则原则;否则,大量异步审理的纠纷解决程序弥散在司法实践中,却无法得到来自正统诉讼观念的承认和背书,异步审理的程序会产生脱离正统诉讼制度框架的冲动,这不利于法秩序的统一与稳定。

纵观民事诉讼发展史,也是规则创新与传统理念的"斗争史"。诉讼制度和规则的发展,总是滞后于变动不居的社会事实,这是"经济基础决定上层建筑"的哲学所决定的;而主观领域的诉讼理念,又不免滞后于客观的诉讼制度和规则的变迁,这是"物质决定意识"的哲学所决定的。正如证据科学的发展完善,使得口供对于查明案件事实的重要性越发轻微、"刑讯逼供"的必要性流于阙如,"口供中心主义"被抛弃,"零口供定罪"的观念才能够获得认同;又正如社会纠纷的增加,使德国司法改革选择了压缩口头辩论的"斯图加特模式",其便利与高效的实效,反使充分的书面准备程序的合法性成为理论的共识。到而今异步审理模式乘司法改革之东风开始发展,更需要民事诉讼理念和理论范式与之一道,向"技术正当主义"的框架作出重构,以期实现制度与理念的调适。

刑事案件在线诉讼规则研究
——以新冠肺炎疫情防控期间的刑事司法实践为视角

陈艳飞 *

（北京市房山区人民法院,北京　102403）

摘　要:在新冠肺炎疫情防控期间,刑事案件在线诉讼已成为主流,此种诉讼方式的变化,悄然引发了刑事审判活动的一系列变革。刑事案件在线诉讼虽有其内在的实践逻辑,但却与传统刑事诉讼的诸多原则和价值相抵牾。为规制刑事案件在线庭审的风险,应当构建刑事案件在线庭审的规则体系,即以合法性规则为前提,以合规律性规则为根基,以合程序性规则为目标,以合目的性规则为归宿,以合比例性规则为参照系。同时,应以该五项规则作为指导,推进在线诉讼在刑事案件中的理性应用。

关键词:刑事案件;在线诉讼规则;构建;应用;新冠肺炎疫情防控

受新冠肺炎疫情的影响,为防止疫病的传播,保证各诉讼参与人的安全和健康,大多数法院,尤其是疫情严重地区的法院,在疫情防控期间都主推在线诉讼,在线诉讼已然取代线下诉讼成为疫情防控期间的主流庭审方式。然而,就刑事案件的在线诉讼实践而言,其运行尚缺乏法律依据,与刑事诉讼的诸多原则和价值也存在抵牾之处。在此种背景之下,构建刑事案件在线诉讼的规则,从而指导和规制其运行恰逢其时。

一、实践之困:刑事案件在线诉讼的问题省察

尽管在疫情防控期间,刑事案件在线庭审方式已成为主流,但并不意味着其天然就具有正当性。从实践来看,这种庭审方式仍然存在诸多显性和隐性问题。

＊　陈艳飞,北京市房山区人民法院刑庭员额法官。

（一）合法性存疑

关于在线诉讼问题，民事诉讼法司法解释第 259 条明确规定，经当事人双方同意，可以采用视听传输技术等方式开庭。此外，北京、杭州等地的互联网法院的设立和运行，也给予在线诉讼明确的法律地位。与民事案件不同，刑事案件除减刑、假释可以采取视频方式在线开庭以外，①其他刑事案件在线庭审尚无法律依据。而减刑、假释案件与普通刑事案件存在显著差异。因此，在法律、相关司法解释并未明确给予普通刑事案件在线庭审方式正式名分的情况下，刑事司法实践却把此种庭审方式推进得如火如荼，无论如何是无法回避对其合法性问题的诘难的。

（二）与刑事司法的直接原则相抵牾

直接原则是刑事司法的基本原则之一。而通过远程视频进行的在线庭审，无论是在观感上还是触感上，与在实体法庭中进行庭审均存在较大差异。在实体法庭中，法官能够观察到被告人的表情及其他身体语言，能够通过诉讼实现内心确信，而被告人也可以将自己的情绪及意愿传达到现场的人员，这些互动过程对于准确查明案件事实并作出公正裁判具有重要意义。这也是中国古代司法者通过"五听"来进行审判的价值所在。"从司法认知心理学角度出发，隔着电脑屏幕在摄像头前的法庭调查与辩论，其真实性同直接面对面进行法庭调查与辩论必然存在着观感上的偏差，而这一偏差至少包含了情感上的偏差。"②刑事诉讼的直接原则，在很大程度上就是基于此而设，而在线庭审所面临的最大问题就在于与刑事庭审的直接原则相抵牾。可以说，对于被告人而言，其在场权具有权利和义务的双重属性，物理上面对面的在场，能够使被告人在心理上真实地参与到程序之中，真切感受到能够以自己言行影响诉讼结果的程序主体的地位，这也构成被告人获得公正审判的权利的一部分。③ 而在现场接受审判，也是对被告人进行惩罚和教育的重要形式，对于实现刑罚的特殊预防目的具有重要意义，同样不可或缺。

---

① 《最高人民法院关于减刑、假释案件审理程序的规定》第 8 条规定："开庭审理应当在罪犯刑罚执行场所或者人民法院确定的场所进行。有条件的人民法院可以采取视频开庭的方式进行……"

② 占善刚、王译：《互联网法院在线审理机制之检讨》，载《江汉论坛》2019 年第 6 期。

③ 于一飞：《远程视频在刑事审判中的利弊》，载《民主与法制时报》2018 年 8 月 30 日，第 7 版。

而在在线诉讼中,虽然各诉讼参与人之间虽仍是以言辞的形式在进行信息交换,但由于法庭在物理空间上已隔绝了与当事人、律师的直接接触,这种"言辞",也是经由互联网从另一个空间传来的言辞,对于法官和对方当事人来讲,也已成为一种"非亲历性"的言辞。① 刑事案件在线诉讼的推行,可能会使间接审理主义"抬头",不仅会引发办案质量下降风险,而且会导致好不容易建立起来的直接原则理念产生动摇甚至是倒退。

(三)与正当程序原则相冲突

随着人工智能的快速发展,智慧法院建设也在加速。人工智能所具有的超越物理时空的扁平化、破碎化、流动化要素,可以进行全场景联网、可视化监测、大数据分析和网格化处理,从而实现各种要素的汇集、整合和管控的特征。② 这些特征契合在线庭审的技术需求,有着广阔前景。但从实践来看,尽管远程视频技术大多数情况下能够保障庭审过程的顺利完成,但囿于技术本身的缺陷,也存在程序正当性不足的问题。由于远程审判高度依赖信息网络技术,技术系统自身潜藏的风险就有可能传入法律系统中,而表现为诉讼程序正当性缺失的风险,因此远程审判所承载的法律系统运作正当性与信息网络技术所体现的技术系统之固有风险之间也存在张力。③ 影响在线诉讼正当性的问题主要表现在以下几方面:首先是身份认证缺陷问题。在传统庭审中,法院可以通过对相关证件进行审核以确认参与者身份。且在物理空间中,法官对参与者的面貌、身高等体态特征能够有更为直观的感受,这为参与者的身份确认提供了保障。而在远程在线庭审方式中,目前并未形成一套规范且系统的远程审判身份认证体系,这有可能会为当事人及其他诉讼参与人带来不便,④还可能导致错审被告人、非证人作证风险。其次是庭审过程无法控制的问题。从实践来看,出现过被告人、辩护人或者诉讼代表人在庭审过程中向他人寻求支持和帮助的情况,这种情况虽然法官能够通过口头予以制止,但是,却无法通过强制手段予以制止。而且,如果

---

① 郑天铭:《论在线诉讼对传统诉讼规则的挑战与发展》,载《浙江万里学院学报》2021年第1期。

② 苗梅华:《智慧治理的时代面向与挑战》,载《国家检察官学院学报》2020年第1期。

③ 段厚省:《远程审判的双重张力》,载《东方法学》2019年第4期。

④ 安晨曦、刘思瑞:《我国远程审判制度的反思与构建》,载《福建农林大学学报(哲学社会科学版)》2018年第6期。

相关诉讼参与人手段足够高明,法官也许根本无法发现这种情况。再次是庭审被干扰的风险。在线庭审实际上是一个开放的庭审,与实体法庭封闭的庭审环境不同,容易受到各种外在的环境、声音、网络信号等因素的影响,往往会影响到庭审的效果。最后是在线庭审系统自身故障问题。从实践来看,经常会出现在线庭审系统无法登录、庭审过程中诉讼参与人掉线、声音图像传输不流畅甚至是中断等情形,既影响庭审的效果,也影响庭审的效率,同时缺乏程序正当性。

（四）与实体公正原则相违背

从刑事案件在线庭审的实践来看,只能适用于一些人数较少、案情简单,且被告人认罪认罚的案件,以及涉疫情防控的犯罪案件,对于一些被告人人数众多、需要对证据进行深度展示的案件,尚无法通过在线方式来完成庭审。以北京法院研发的"北京云法庭"在线庭审平台为例,目前该平台只有八个线路,也就是说,所有的诉讼参与人加起来不能超过八人,否则,无法采用该平台开庭。故而,对于既无法通过线上方式进行视频开庭,也无法通过线下方式在实体庭审中开庭的案件,只能将案件搁置。实践中已经出现羁押期限已经超过检察机关量刑建议的上限仍未开庭的案例。这就会导致此类案件处于长期的未决羁押的状态,这对被告人而言,实际上也是一种隐性的超期羁押。而这些案件中,有相当一部分被告人的犯罪情节较轻,依法判处的刑期较短,但由于不具备开庭条件,法院又不愿对其变更强制措施,最终的裁判结果往往是通过押多久判多久的方式进行"实报实销"。这样的裁判结果显然没有做到罪刑相适应,对被告人而言有失公正。

（五）与公开审判原则相矛盾

为了解疫情期间刑事案件在线庭审的公开情况,笔者在中国庭审公开网上,从全国各省市随机各抽取了3个案件,发现在实体法庭中均没有旁听人员。出现这种情况,显然不是大家受疫情影响不愿意旁听案件审,而是法院为防控疫情而不允许旁听。事实上,被告人家属是有强烈旁听案件审判意愿的。而对于其家属的诉求,法院通常会建议其通过中国庭审公开网上观看庭审直播实现旁听。但从实际情况来看,不是所有的案件在中国庭审公开网上都能看到,即便能看到的案件,也仅能看到法官在法庭上,根本看不到被告人、辩护人等未在实体法庭中的诉讼参与人的身影,加上受法庭设备的影响,其发表的意见也难以传达到旁听人员。而对于其他社会公众,则更是难以了解案件的审理情况。在被告人家属及社会公众无法有效看到庭审的过程和效果的情况下,其将失去监督的基础。所谓的通过直播方式公开庭审也将失去意义。

（六）与公正优先的价值相悖离

从疫情期间司法机关、媒体公布的涉疫情的相关案例来看,从立案到宣判,快则几个小时,慢则一个多月,与非疫情期间的刑事案件办理期限相比,效率之高确实无可比拟。那么,司法机关的高效率是如何实现的呢?从官方披露的信息来看,最主要的做法就是提前介入。何谓提前介入?是指后续环节的办案机关将工作提前到前一环节进行。常见的是检察机关提前介入侦查、指导侦查,"捕诉合一"后甚至演变成在侦查阶段完成审查起诉工作;且随着"扫黑除恶"工作的推进,法院提前介入侦查、指导侦查、指导检察机关审查起诉,包括指导采取强制措施也成为常态。① 提前介入固然在一定程度上能够提高办案效率,甚至能够对案件的定性作出准确认定。但从根本上讲,提前介入是与刑事诉讼法所规定的侦查、起诉和审判三机关的地位和作用相悖的。在提前介入的情况下,相互制约变成了相互配合,作为中立的审判机关实际上在相当程度上也蜕变为侦查机关和公诉机关。辩方在面对强大公权力机关时本就处于弱势,而在侦查、起诉和审判三大公权力形成合力的情况下,辩方显然更是毫无反抗之力。正如有学者所言,"作为远程审判之程序正当性主要来源的实践正当性,其所追求的程序效率价值,并不能为远程审判的程序正当性提供充分的证成"。② 再者,以牺牲被告人的诉讼权利来提高司法效率,将背离人民司法的本质,导致最大的"不效率",也违背当代科学技术运用的人权和伦理要求。③ 毕竟,公正才是司法的核心和生命。如果将公正让位于效率,司法将失去其生命力。

① 根据海南省高级人民法院在"扫黑除恶"新闻发布会上的介绍,截至 2019 年 7 月 22 日,全省法院提前介入涉黑涉恶犯罪案件 122 次,这说明法院提前介入也成为常态。海南省扫黑办:《海南省扫黑除恶专项斗争 2019 年第二次新闻发布会》,载东方市人民政府网站 2019 年 7 月 24 日,http://dongfang. hainan. gov. cn/jdhy/xwfbh/201907/t20190724_2636366. html.

② 段厚省:《远程审判的程序正当性考察——以交往行为理论为视角》,载《政法论丛》2020 年第 2 期。

③ 范黎红:《远程审理的适用空间之展望》,载《法学》2010 年第 2 期。

二、规则之治：刑事案件在线诉讼的规则构建

从前述刑事案件在线诉讼的司法实践来看，其运行过程打破了以往线下实体庭审所坚守的诸多原则和价值，在疫情尚未结束，在线诉讼尚难以被取代的情况下，构建在线诉讼规则就显得尤为迫切。

（一）刑事案件在线诉讼之合法性规则：须以合法性为前提

如前所述，刑事案件在线庭审目前尚无法律依据，其面临着合法性危机。尽管在疫情防控的特殊时期，该问题可以让位于其他价值。但这并不意味着不需要采取相应的补救措施。如果连刑事诉讼最为核心的庭审程序都不具有合法性，审判的合法性何在？"司法运行的起止等均以法律明文规定为准据。但凡没有法律明文规定，司法不能够自行启动。"①在民事诉讼法及相关司法解释已就在线庭审方式作出明确规定的情况下，刑事诉讼法及其司法解释仍旧未跟进，这说明刑事审判程序的理念和价值有别于民事审判之处。在缺乏授权的情况下，刑事案件采取在线方式进行庭审确有违法之嫌。毕竟，在公权力的行使问题上，"法无规定即是禁止"应成为公理性规范。而刑事庭审也是公诉机关和审判机关行使公权力的重要方式，且通过此种方式所作出的裁决结果直接关系行为人的生命、自由和财产，要比行政权力行使给行为人带来的后果严重得多。因此，刑事案件在线庭审要推行，合法性问题必须先解决。

（二）刑事案件在线诉讼之合规律性规则：须以尊重司法规律为根基

任何活动都有其内在的运行规律，司法活动也不例外。司法规律意指"司法的法则"。② 刑事案件在线庭审作为司法活动的一种表现形式，当然应当遵循司法规律。而遵循司法规律的目的也是实现司法公正。因此，疫情期间刑事案件在线庭审所体现出来的从快、从简，以及背离庭审实质化为代表的新间接主义审理方式，都是有悖于司法规律的。近年来，刑事司法改革所大力推进的以审判为中心，就是尊重司法规律的表现。而在线庭审的广泛适用，削弱了以审判为中心的刑事诉讼制度改革的成果，在很大程度上使

---

① 江国华：《司法规律层次论》，载《中国法学》2016 年第 1 期。
② 江国华：《司法规律层次论》，载《中国法学》2016 年第 1 期。

得刑事审判退变为"形式审判"。实践中,部分法院所进行的在线庭审仅仅是为了将庭审在形式上予以完成。不仅庭审笔录是提前打印好的,连判决书都是提前打印好的,即便被告人在庭审过程中提出一些此前未想到的问题,也会被选择性忽略。可以说,被疫情催生出来的远程视频在线庭审,在实践中也部分地异化成了简化审判程序和限制当事人权利的挡箭牌,不仅是对司法规律的违反,在某种程度上也是一种司法的倒退。

(三)刑事案件在线诉讼之合程序性规则:须以保障程序公正为基础

随着刑事诉讼理念的不断进步,程序公正的价值越来越深入人心,其本身也被赋予了独立的价值。司法实务部门也越来越注重对被告人程序性权利的尊重和保障。"正当程序原则本身,既可以作为超验的'法的一般原则'而存在(原理意义),也可以在实定法中具体体现(规则意义)。"①易言之,正当程序或者说程序公正,既是原理性要求,也是实践性规则。正如日本学者谷口安平所指出的那样:"审判结果是否正确并不以某种外在的客观的标准来加以衡量,而充实和重视程序本身以保证结果能够得到接受是其共同的精神实质。"②从媒体报道法院从立案到宣判3小时结案的案件③来看,我们无法得知行为人是否有时间聘请律师,是否得到过律师的法律帮助,是否对自己的行为有完整、充分的认识。在这些核心权利都未得到保障的情况下所作裁判,即便结果没有不妥,从程序上看,也不能说完全得到了公正裁判。正所谓正义不仅要实现,而且要以看得见的方式实现,"只有在正当程序中才可能谋求正当的实体正义,否则,实乃有违现代司法法治",④这就是程序公正的核心要义。在线庭审同样要追求程序正义,若其工具价值的行使损抑了司法活动的内在追求,那么这种工具价值将不值得坚持。⑤ 刑事案件在线庭审是特殊时期的一种特殊庭审方式,同样要以尊重并体现程序公正的方式来实现实体公正。

---

① 蒋红珍:《正当程序原则司法适用的正当性:回归规范立场》,载《中国法学》2019年第3期。

② [日]谷口安平:《程序的正义与诉讼》,王亚新、刘荣军译,中国政法大学出版社1996年版,第6页。

③ 《柳州首例!男子网上卖口罩获刑3年半,立案到宣判不到3小时》,载搜狐网2020年2月21日,https://www.sohu.com/a/374864997_99959951。

④ 江国华:《司法规律层次论》,载《中国法学》2016年第1期。

⑤ 胡颖:《秉持传统司法理念探寻在线庭审规则》,载《人民法院报》2020年9月1日,第2版。

（四）刑事案件在线诉讼之合目的性规则：须以实现实体公正为归宿

程序公正虽然有其独立的价值，但毕竟是为实现实体公正而创设。因此，如果在线庭审的运行不仅侵害到程序公正，连实体公正也无法保障，那么，其存在和运行的基础也将丧失。也就是说，程序公正并非不证自明，相反，它须借助于实体正义来证明自身。① 可以说，在疫情期间采取远程视频庭审，其正当性基础归根结底还在于防止受疫情影响而导致案件久拖不决，或者将本应判处较短刑期的案件判处更长的刑期。换言之，在疫情防控的特殊时期采取在线方式进行庭审，终极目标乃是在于实现结果公正。如果偏离了这个目标，则在线庭审将失去正当性，进而丧失存在的基础。

（五）刑事案件在线诉讼之合比例性规则：须以妥当性作为参照系

"源于普鲁士行政法的比例原则，适用于所有的行政领域，在许多国家成为一项宪法原则。"②事实上，比例原则和刑事法领域的谦抑原则、罪刑法定原则、罪责刑相适应原则在本质上是相通的，其在刑事法领域也有适用的空间。"作为现代法治国家至关重要的一项基本法律原则，比例原则的适用也早已突破行政法领域并广泛运用于刑法、刑事诉讼法等公法领域。"③就我国而言，比例原则作为公权力行使所遵循的一个重要原则，尽管在行政诉讼中得到了彰显和贯彻，但在刑事诉讼过程中却未引起足够的重视。同为公权力，相比行政执法权，刑事侦查权、起诉权和审判权在限制和剥夺公民各项基本权利的广度、力度上要大得多。因此，在刑事诉讼中强调和贯彻比例原则，具有更为深远的意义。因此，刑事案件在线庭审也必须遵循该原则，具体而言，可以从两个方面来把握：一是采取在线方式进行庭审要有更重要的法益需要保护。比如，不通过在线方式进行庭审将会导致被告人面临超期羁押，甚至承受更重的处罚。二是采取在线庭审要保障辩方获得和线下庭审大致等同的诉讼权利，要对辩方的权利限制限缩在最小范围之内。否则，在线庭审的不正当性同样会受到质疑。

---

① 江国华：《司法规律层次论》，载《中国法学》2016 年第 1 期。
② 张明楷：《法益保护与比例原则》，载《中国社会科学》2017 年第 7 期。
③ 吴宏耀、丰怡凯：《比例原则在没收财产上的应用——以美国廷布斯诉印第安纳州案为例》，载《人民法院报》2020 年 6 月 12 日，第 8 版。

三、应用之道：刑事案件在线诉讼规则的适用

前文根据刑事案件在线诉讼存在的问题，提出了刑事案件在线诉讼应遵循的五项规则，但这五项规则如何具体应用并指导刑事在线诉讼，仍须进一步探讨。

（一）合法性规则之应用路径

1. 合法性规则的暂行路径：尊重被告人的选择权

众所周知，对于公权力而言，法无授权即是禁止；相反，对于私权利而言，法无禁止即自由。在线开庭审理被告人也是公权力行使的一种方式，在无法律授权的情况下，只有在被告人让渡其私权利的情况下，公权力才能进入。因此，赋予被告人是否同意采取远程视频在线方式庭审的选择权，也就成为此种庭审方式合法性的注解。也就是说，应通过尊重并保障被告人的选择权来化解在线庭审的合法性危机。而从中国庭审公开网中可以查到的案件来看，法官在适用远程视频开庭时，征求被告人是否同意采取此种方式开庭的比例极低。仅有个别地区的个别法官开庭时，将此作为被告人的一个选择权来对待，大部分法官都没有征求过被告人的意见。如果被告人不同意采取远程视频进行开庭的，应当尊重其意见。正如有学者所言："我们的时代是一个迈向权利的时代，是一个权利倍受关注和尊重的时代。"①从一定意义上讲，一个国家被告人权利被尊重的程度，可以折射出公民权利被尊重的程度。因此，尊重并保障被告人的人权，应当从赋予并尊重其选择权为起点。

2. 合法性规则的长远路径：刑事案件在线庭审的法治化

在纷繁复杂的社会生活面前，法律总是滞后的，我们不能期望立法能够预测未来。因此，尽管我们可以通过被告人让渡其要求在实体法庭中接受审判的权利来弥补在线庭审的合法性缺陷。但这仅是权宜之计，不可能长久实施下去。且这种以尊重被告人的选择权来换取在线庭审的合法性的做法，无法解决被告人不同意在线庭审的情况下，案件如何办理的问题。因此，刑事案件在线庭审要取得合法性，仍须司法解释和法律的承认。当然，

---

① 张文显、姚建宗：《权利时代的理论景象》，载《法制与社会发展》2005 年第 5 期。

最为稳妥的做法,还是由最高人民法院总结疫情防控期间在线庭审的刑事司法实践情况,出台相应的司法解释,从而为刑事案件在线庭审正名。当然,相信随着在线庭审技术的进步以及疫情期间在线庭审刑事司法实践经验的总结和提炼,亦能为今后在线庭审成为法定审判方式提供实践支持。

(二)合规律性规则之应用路径

1. 以推进庭审实质化修正间接审理主义

在疫情防控背景下,一些法院将"全程无接触式"诉讼作为一种经验予以宣传和推广,其实,这种间接审理的做法是有违司法运行规律的,应予警惕和克服。就庭审过程而言,在线庭审本身即属于隔着屏幕的间接审理,与在实体法庭中审理有较大差异,故法官更应通过强化证人、鉴定人出庭,保障辩方的质证权来推进庭审实质化,而不是借助在线审理来规避庭审实质化。虽然技术手段初步应用于司法时,通常会面临司法提出的问题,当司法问题通过技术完善给予解决,或者司法自身的程序原则按照技术发展现状进行调整后,就呈现对不适应问题逐步克服的趋势,在互动中逐渐消除技术规则与司法规则的冲突,实现现代信息技术对司法运行机制的有效支撑。[①]在线庭审方式本身即有间接审理嫌疑的情况下,通过强化直接原则、庭审实质化等方式来修正其缺陷,应当是符合司法规律的选项。

2. 重申公正与效率的关系

公正与效率是刑事司法的两项重要价值,关于二者的顺位问题,早已有定论:公正优先,兼顾效率。亦即,当效率和公正发生冲突时,效率应让位于公正。就刑事司法而言,如果为了追求效率而丧失了公正,那么,这种效率本身即是不效率的。正如陈光中先生所言:"在民主法治国家,司法规律首要的是以公正为灵魂。"[②]对于司法实践中因在线庭审而引发的过于注重效率而忽视程序公正和实体公正的做法,确实值得反思。因此,通过远程视频进行的在线庭审,很有必要重申公正与效率的关系,从而防止司法实践误入歧途,重演3小时完成从诉到判的效率奇迹,避免刑事司法成为"形式司法"。

---

① 尹逊航:《刑事速裁程序场域中远程审判的展开》,载《人民司法》2019年第4期。
② 陈光中:《关于司法规律的四点看法》,载《司法改革》2015年第2期。

(三)合程序性规则之应用路径

1. 以人工智能彰显司法程序的公正之维

刑事案件在线庭审本身即是技术和刑事诉讼对接的产物。在目前的实践中,还存在着一系列可能导致庭审失控的风险问题。因此,有必要根据刑事司法需求改进在线庭审的技术支持,从而实人工智能与司法程序的深度融合。首先,在在线庭审系统中引入生物认证技术来进行身份认证功能,防止顶罪、伪证风险。具体而言,可将在线庭审系统与公安的身份识别系统相关联,采取指纹、面部识别等技术对各诉讼参与人进行身份认证,从而消除实践中可能出现的顶罪和伪证风险。其次,将虚拟现实技术引入在线庭审过程中,从而减少在线庭审与线下庭审的差异,增强在线庭审的严肃性,提高诉讼参与人的亲历性和信任感。随着信息技术(特别是 VR、AR等技术)的发展,庭审场面将会缩小和实体庭审的差异,而人们对信息革命产物的熟悉和认同,以及法官专业性的提升,则会让公众对在线司法具有更强的信任感。如此,在线庭审仍然可以严肃而庄严,在线庭审程序也仍旧会得到严格遵循,这些都使得传统审判中的那种仪式感和威严感不致丧失,庭审对当事人的震慑和教育功能也能得以实现。① 再次,扩展在线庭审的证据展示功能,强化对证据的质证和认证,真正实现质证在法庭、认证在法庭、裁判结果形成于法庭。当然,需要特别指出的是,法官在在线庭审出现卡顿、掉线等情形时,应当暂停庭审,只有确保各诉讼参与人都在场的情况下才能继续推进庭审。否则,同样也不符合程序公正的内在要求。

2. 推动在线庭审公开展现看得见的正义

正所谓公开是最好的防腐剂。在现代社会,刑事案件的公开审理成为一项基本原则,而不公开审理则是例外。因此,获得公开审判应当定位为被告人的一项权利。因为,"刑事审判是对公民自由剥夺最为严厉的审判,是推进法治进步最为重要的手段,因此,人们关心刑事案件审判公开及公正的程度,也是在关心审判对公民权利和自由关怀及保护的程度,关心人权受到

---

① 陈锦波:《在线庭审的实践检视与规则重塑》,载《安徽大学学报(哲学社会科学版)》2021年第 1 期。

保障的程度"。① 在这种情况下,采取远程视频方式进行庭审,也应当进行公开,不能因疫情的影响即采取不公开的方式进行庭审。事实上,我国的刑事庭审程序包含着"表态—展示—教育—忏悔"四部曲,这种教化型庭审并非毫无意义的"形式",它不仅有利于实现刑罚的特殊预防功能,而且有利于罪犯复归社会、被害人的精神康复及社会重新接纳罪犯,②同样也有利于实现刑罚的一般预防功能,能够对潜在的犯罪行为人提供警示教育功能。因此,有必要采取相应的技术措施,将线上开庭的过程也通过直播的方式向社会公众开放,使得被告人家属在千里之外也能看到被告人的面目、听到被告人的声音,社会公众也可以足不出户就能了解到案件的庭审情况。应当说,在各种直播平台如此盛行的当今社会,这个问题从技术上应当并不难实现。

（四）合目的性规则之应用路径

1. 以理性司法维护结果公正

新冠肺炎疫情本身就是人类所面临的一场灾难,在灾难面前,司法理应体现应有的人文关怀。比如,对于妨害传染病防治类犯罪,被告人往往也是新冠肺炎受害者,在刑事诉讼过程中,应当充分考虑该因素,给予其相对宽缓的强制措施及刑罚。又如,对于无法及时开庭而导致的隐性超期羁押问题,需要确实采取相应的措施确保被告人得到公正的裁判结果。未决羁押的制度设计一方面以国家主权主义理论及功利主义立场为依据,成为国家保障刑事诉讼顺利进行、预防再犯罪的有效手段;另一方面它又受无罪推定、正当程序、人权保障等思想的约束,成为使"法律上无罪的人"受到类似于罪犯监禁待遇之"不得已的恶"。③ 因此,为解决因受疫情影响而带来的结果不公问题,应当从以下两个方面来进行调试。首先,应适时变更羁押性强制措施。对于不适宜进行在线庭审,而被告人羁押时间又很长的案件,应当及时变更强制措施,对其予以监视居住或者取保候审,而不能坐视不管,通过以后实体审理时采取"羁押多久判决多久"的方式来解决。其次,对患有疫病的被告人应优先适用非羁押性强制措施及非监禁刑。这是因为,一方

① 汪敏、王亚明:《司法公开应从刑事案件做起》,载《中国审判》2011年第11期。
② 李昌盛:《刑事庭审的中国模式:教化型庭审》,载《法律科学》2011年第1期。
③ 杨雄:《刑事强制措施的正当性基础》,中国人民公安大学出版社2009年版,第34页。

面,被告人本人也需要进行治疗,另一方面,采取羁押性强制措施还有可能将病毒带至羁押场所。所以,对于此类犯罪案件,无论是从保障被告人人权的角度看,还是从保障他人安全的角度看,均应当优先适用非羁押性强制措施和非监禁刑。

2. 通过降低诉讼成本来体现实体公正

诉讼成本的投入和收益则是每一个当事人最关注、最直接,也是最现实的问题。在刑事诉讼中,降低被告方的诉讼成本,提升其诉讼效益同样是实现实体公正的一个重要内容。降低辩方的诉讼成本而言,可分为降低有形成本和无形成本。就有形成本而言,主要是指被告方因参加诉讼而支出的经济成本。比如,为参加庭审、领取法律文书而支出的成本。因此,有必要通过完善在线庭审系统来实现线上签名、送达法律文书来降低其诉讼成本。就无形成本而言,主要是指因裁判不公或者不当而导致当事人诉讼成本的增加。如果审判不公正,当事人对结果不服,就会采取上诉或申诉,请求人民检察院抗诉、人民法院再审,从而大幅增加诉讼成本。[①] 此种情形对于被告人而言,也难谓公正。因此,法官在刑事审判过程中,也要将当事人的诉讼成本作为结果公正的考量因素。

(五)合比例性规则之应用路径

1. 以最小损害要求来体现刑事司法的谦抑性

比例原则中的必要性原则,又称最小损害原则,是指国家机关在实现某一法定目的时,如果存在多种可以选择的手段,但这些手段对公民权利的限制程度各不相同,那么国家就应当选择对公民权利限制最小的手段。[②] 其实,必要性原则和刑事司法的谦抑性具有共通之处,二者具有高度的契合度。"司法谦抑能够弥补司法权民主性的不足,增强司法裁判的说服力,消减公众对司法骄横的疑虑,从而为树立司法权威提供道德基础。"[③]就疫情期间的刑事司法而言,应当从以下两个方面来体现对辩方的最小损害要求:一是禁止自我授权。比如,自行确定在线庭审的案件范围,不经被告人同意的情况下径行采取线上方式开庭。又如,自行创造决定退回补充侦查权,从而

---

① 邓志伟、江华、陈小珍:《诉讼成本及其控制》,载《人民司法·应用》2008 年第 17 期。

② 郝银钟、席作立:《宪政视角下的比例原则》,载《法商研究》2004 年第 6 期。

③ 吴天昊:《司法谦抑:司法权威的道德基础》,载《上海行政学院学报》2007 年第 1 期。

实现案件审限重新计算。二是慎用扩大解释。比如,审判实践中将受新冠肺炎影响解释为不可抗拒的原因从而中止审理,就有扩大解释的嫌疑。应该说,新冠肺炎疫情属于不可抗力,但疫情期间案件不能在法定审限内审结则不宜解释为不可抗力。

2. 以强化辩方权利的完整性来体现控辩均衡

均衡原则的基本含义是指国家在行使任何权力的过程中,其对公民个人权利所造成的损害与其所保护的社会利益之间应保持一定的比例关系。① 而刑事诉讼所强调的控辩平等和均衡原则的价值意蕴同样是相通的。由于受疫情影响,辩方权利的行使受到了诸多限制,故应通过强化辩方权利的维护来实现控辩均衡。就被告人而言,应强化对其获得辩护权和质证权的保障。就辩护权而言,要落实律师辩护全覆盖制度,对于未自行聘请辩护人的被告人,应当为其指定律师。就质证权而言,应当强化在线证据展示功能,确保被告人不仅能听到公诉人以言辞方式展现的证据,还能看到证据本身。就辩护人来说,辩护权受限主要体现为会见难和阅卷难,因此,疫情期间更应强化对这两个方面权利的保障。就会见权的保障而言,也应建立与在线庭审相对应的远程在线会见方式。毕竟,"实践中在押的被追诉人无权让看守所通知律师前来会见,只能苦等律师行使会见权,这给被追诉人有效地准备辩护造成了不良的影响"。② 在这种情况下,只能退而求其次,通过强化辩护人的会见权来保障被告人的会见权。阅卷权是辩护人进行辩护的基础,应予充分保障。我国的刑事诉讼仍然是以公安机关收集的卷宗证据为基础的,辩护人只有充分、全面掌握卷宗材料,才能有效行使辩护权。从阅卷的操作方式来看,大多数法院仍然采取的是通知辩护人到庭进行实体阅卷。在疫情防控期间,有的法院采取了给辩护人提供电子卷宗的方式来实现阅卷。应该说,这种操作还是值得肯定的,应当予以推广。

四、结语

尽管在疫情防控期间,刑事案件在线诉讼已经常态化,但由于缺乏相应的法律规定和诉讼规则,刑事案件在线诉讼实践存在诸多与当代刑事诉讼

---

① 郝银钟、席作立:《宪政视角下的比例原则》,载《法商研究》2004 年第 6 期。
② 黄士元:《刑事辩护权利的解释原理》,载《中外法学》2018 年第 2 期。

的原则和价值相悖离之处。因此,构建行之有效的刑事案件在线诉讼规则,不仅有利于指导和约束刑事案件在线诉讼行为,而且能实现在线诉讼与传统线下诉讼的有效融合和互补,还彰显了人民群众在重大疾病面前追求司法公正的决心和勇气。当然,我们更期待疫情防控期间的刑事在线诉讼实践能够为今后在线诉讼的制度化、法治化提供经验和智慧支持。

在线庭审运行中的风险防控探析

杜　辉[*]

（河南省信阳市息县人民法院，河南　信阳　464300）

摘　要：当前，我们正在经历一个从工业社会的法律体系向数据社会的法律体系转变的时期，在线庭审既是审判方式的创新，也是"智慧法院"建设的具体展现，即使没有疫情的出现，在线庭审作为新型的审判方式也代表了未来的趋势。作为新型审判模式，对传统庭审规则带来了巨大挑战和风险，这是在线庭审适用过程中不得不深度考量的问题。

关键词：在线庭审；智慧法院；传统庭审；问题；风险防控

一、在线庭审适用中的风险问题梳理

（一）在线庭审在法理上的"身份"有待证成

法官的审判权是国家公权，所有的国家公权的行使都必须严格遵守法律的规定，在线庭审作为新型虚拟环境下的审判模式也应遵守"法无授权不得为"和法无授权即非法的原则。由于三大诉讼法及其他法律没有明确规定这种审判方式，因此在线庭审的合法性值得商榷，需要在法理上证成"合法性"。[①] 否则，这种创新方式难以达到真正的效果。

（二）在线庭审在审判模式上需要与传统模式契合

1. 与传统庭审的直接言辞、亲历性原则的内在抗力冲突

直接言辞、亲历性原则的真正意旨乃是当事人享有在审判现场直接参与诉讼程序并充分表达意见的权利。在线庭审使得法官通过一块屏幕与当事人进行交流，会导致不利于法官对被告人的当庭回答以及证人证言的判

　＊　杜辉，河南省息县人民法院综合办公室副主任。

　①　冯琳：《电子法庭审判模式的法理学思考》，载《上海政法学院学报（法治论丛）》2008年第3期。

断。因为在只能听到声音看不到肢体语言和面部表情的情况下,法官无法从细微表现进行综合的判断观察,这将直接抵消直接言词原则的效果。在线庭审采用在线庭审的"去现场化"会损害辩论效果,影响当事人直接参与诉讼程序并充分表达意见的权利,法官无法看到诉讼参与人整体表现,难以达到面对面质证的效果,削弱了法官对诉讼参与人表述真实性的审查能力。①

2. 减损了在场庭审的司法权威和尊严

司法活动特别是法庭审理具有强烈的仪式性,诉讼仪式感源自西方传统法庭审理,借助诉讼参与主体特定着装和法庭特殊构造等元素营造出庄重、严肃的氛围,通过特定诉讼程序设计使得当事人参与诉讼时感受到强大的震慑力,以确保法律得以顺利实施。对于当事人及诉讼参与人来讲,法庭代表着正义和公平,能够引发当事人的崇敬和信赖感;对于法官来讲,法庭代表着正义和约束,能够增强其职业荣誉感和内心约束。但是,在线庭审在形式上打破了传统的法庭模式,在一定程度上减损了法庭的威严。当事人和法官失去法庭出席的在场感,从而引起微妙的心理变化,减损法庭审理的仪式性和威严感,减损法庭行为的严肃性。②

3. 与绝对公开原则的内在冲突

庭审方式改革应当做到理性思考与实用主义相结合,处理好诉讼公正与诉讼效率的关系。按照法律规定,除非是部分不宜公开的案件不公开审理,其他案件都需要公开审理,审判公开原则的本质要求是审判过程的公开,即法院对案件的审判通过向当事人和社会民众公开以达到向全社会公开的目的,体现出社会民众对司法审判的监督,允许民众旁听庭审是审判公开原则最直观的体现。

(三)在线庭审在司法实务运行中的真正价值尚未充分表达

1. 难以达到高效的审判效果

无法实现内外网无缝对接。目前,在线庭审利用云技术、依托互联网资源实现法官和诉讼参与人之间的音视频的实时交流,从而满足了庭审的基

---

① 付雄、叶三方:《论远程审判的适用规则——克服远程审判之不足的制度设计》,载《内蒙古社会科学》2011 年第 4 期。

② 刘敏:《电子诉讼潮流与我国民事诉讼法的应对》,载《当代法学》2016 年第 5 期。

本需要,但无法实现互联网与人民法院内网的无缝对接,无法实现相关信息数据的同步传送。在线庭审的背后还是需要大量的人力物力做准备和铺垫,增加了法官、审辅人员的庭审准备时间,审判辅助人员需要做大量的线下工作,信息化的在线庭审没有彰显其应有的高效便利优势。

2. 影响程序公正的实现

影响当事人诉讼权利的表达。因受客观条件限制和应用在线庭审能力影响,个别当事人无法在云审判中正常表达诉讼权利,特别是对当事人陈述和辩论权利的影响较大。在线庭审中审判人员、当事人之间不存在物理上的联系,因此当事人在实质上无法真正参与进去,不能像在传统庭审现场把真实的想法表达出来。在线庭审中程序简化,诉讼权益不能得到全方位保证。

3. 对实体公正有所影响

首先,无法完成复杂案件的举证质证。法律规定,当事人向人民法院提供证据应当提供原件或者原物。但是,在运用在线庭审审理案件中,法官和当事人都是通过一个共有的云端完成信息互换,当事人的证据也是事先通过终端传递到云端的,在这个过程中,无论是什么样的证据最终都要转化成电子的形式在各方传递,这样一来就无法保证当事人双方在质证的时候看到的证据是原始证据,这也和现行法律规定不一致。^① 无法杜绝证人旁听庭审,可能引起串证和证言不实的问题。其次,在线庭审程序简化,影响审理效果,使庭审程序趋于虚设,容易忽略法庭调解和辩论。

4. 对违反庭审规则难以认定

在传统审判中对退庭的判断非常容易,就是原、被告没有任何理由的情况下或者理由不成立的情况下擅自离开庭审。但是在在线庭审中,对中途退庭的事实认定将会非常难,由于是借助网络平台开展的庭审活动,其正常的开展依赖于网络状况和当事人的客观环境,庭审中,怎样判断是当事人故意退出庭审,还是由于其他客观原因导致庭审中断,如何做到对主观故意和客观情况的准确甄别,从而保证庭审的规范性,促使当事人遵守法庭规则,是在线庭审程序必须面对的问题。经过对部分当事人、代理人和法官进行问卷调查发现,在线庭审适用中主要遇到联系当事人难占比 27.1%,主要包

---

① 乐俏娜:《远程视频在刑事案件庭审中运用的利弊分析及其适用建议》,载《民办高等教育研究》2020 年第 1 期。

括提供号码错误、不接电话、不回复短信、接了电话直接挂断或中途挂断;技术难占比18.2%,主要是没有智能手机、不会操作、网络差等;沟通难占比21.5%,主要是不适应视频沟通,不适应视频举证质证和辩论;严肃性难占比33.2%,主要有当地乱以致不遵守庭审秩序、随意性大、受到外界干扰等。

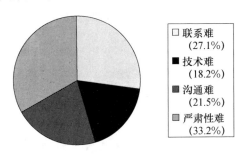

图1 调查问卷情况统计

(四)在线庭审审理效果尚未达到预期

1. 适用范围和条件有所限制

受案件、技术、地域等因素限制。在目前条件下,仍需谨慎地控制适用,而不能滥用。当前各地法院的在线庭审仍处于探索阶段,还没有统一明确的适用范围。大多数对简易案件进行在线庭审,而且在信息化落后地方无法实现在线庭审。

2. 难以达到法治宣传教育功能

刑事庭审中被告人、证人或因缺乏对法庭审判庄严性的感受而不如实陈述,从而在线庭审的去仪式性,损害事实的发现,减损司法裁判的教化功能。在线庭审的秩序、仪式感难以彰显。当事人线上的环境可能比较随意,削弱法庭的威严性。一些当事人会随意走动,法官对这种情况没法控制。因此,开放性的在线庭审很可能会导致庭审效果大打折扣。在线庭审弱化了庭审对刑事被告人的教育感化作用。[①]

3. 存在安全保密风险

云计算服务当前垄断在私人机构手中,不可避免地存在风险性。人民法院网络安全保密工作存在的弊端不断凸显,内网频繁遭受攻击、移动存储

---

① 顾永忠、肖沛权:《"完善认罪认罚从宽制度"的亲历观察与思考、建议——基于福清市等地刑事速裁程序中认罪认罚从宽制度的调研》,载《法治研究》2017年第1期。

设备的违规接入滥用造成泄密事件时有发生等。专业技术人员外包模式弊端丛生,长期依赖外包会导致法院在人才培养和机构建设上存在严重依赖和惰性,缺乏专门的技术人才和管理人才。①

4. 作为虚拟化环境,容易引发虚假诉讼。

在线庭审实现"隔空"对话,暂时无法通过网络实名认证、人脸识别等方式完成"认证"工作,缺乏当庭验证机制,容易出现"弄虚作假"引发虚假诉讼。

二、从三维度构建在线庭审风险防控体系

（一）从宏观上进行顶层设计,完善在线庭审内在法理机制

完善在线庭审的法理内涵。结合当前在线庭审的实践对传统庭审现场性、公开性、直接言辞原则等基本审判机理进行再认识和合理"突破",为在线庭审的"法理合理性"提供理论支撑,进而实现二者的互融互通。② 现场性并不等同于接触式,公开性并不否定可以通过电子化、可视化的方式,如庭审视频来满足公众监督司法的需求。亲历性是司法活动的重要原理,指法官应当亲身经历案件审理的全过程,直接接触和审查各种证据,特别是指直接听取诉讼双方的主张、理由、依据和质辩,直接听取其他诉讼参与人的言词陈述,并对案件作出裁判。③ 亲历性规则重在强调审理者与裁判者的统一,这完全是定案规则需要解决的问题,与线上还是线下审理并没有直接的关系。技术的发展带来了联络和沟通方式的变革,不同的空间同样可以实现实时的交流,物理上的"隔空"并不影响面对面的实际效果,也没有影响法官和诉讼参与人亲自参与审理活动的客观需求。④

一个明显的例证是,公众对"田间法庭""船上法庭""马背法庭"的接受也并没有受到庄严法庭缺位的影响,反而因为便利和亲民得到了肯定,

---

① 冯琳:《电子法庭审判模式的法理学思考》,载《上海政法学院学报（法治论丛）》2016 年第 3 期。

② 左卫民:《如何打造具有法理合理性的刑事诉讼法——审思 2018 年刑事诉讼法修正案》,载《比较法研究》2019 年第 3 期。

③ 陈琦华:《远程审判与司法创新的路径探讨——兼论民间法的功能和定位》,载《河北法学》2013 年第 5 期。

④ 卞建林:《直接言词原则与庭审方式改革》,载《中国法学》1995 年第 6 期。

更何况使用互联网开庭时,法官仍然身披法袍、身处法庭,这是人民法院在司法中的便民创新。最高人民法院院长周强同志在《推进严格司法》一文中明确提出"确保直接言词原则体现在法庭"。① 直接言词原则在大陆法系国家被普遍奉行,在英美法系国家则被表述为传闻证据规则。② 在线庭审并不违背"直接言词原则"。在线庭审中诉讼各方参与人通过现代即时通信技术进行视频面对面的审理方式,未尝不是一种直接的审理方式;诉讼各方参与人通过视频通话开展诉讼活动,亦不能否认其系言词审理方式。

另外,司法的权威并非依赖于法庭布景是否庄严以及审判仪式是否被精心设计,而在于褪去威严与神圣装饰的司法制度的设计是否以个人权利的保护为本位。法庭仪式感早就随着现行程序法和实体法的完善逐渐被抛弃,司法权威更多建立在先进的事实发现手段和精准的法律适用上,并非完全依赖于庄严的司法场景设计带给诉讼参与主体压力。

(二)从中观上进行中层策划,完善在线庭审运行程序

适用在线庭审要坚持法治原则,不能突破现有法律和司法解释。特别是要强调程序的正当性,在线审理不能演化为书面审、语音形式,不得影响当事人诉讼权利的行使。

1. 规制启用和运行程序

2020年1月15日最高人民法院发布的《民事诉讼程序繁简分流改革试点方案》中第2条第5项的规定"经当事人同意,适用简易程序或者普通程序审理的案件,均可以采取在线视频方式开庭"。在启用在线庭审时,应征求当事人意见,符合在线庭审条件后,法官掌握适用决定权,可以最大限度地避免法官和当事人有意回避使用在线庭审程序。③

2. 规范适用范围

一些程序过于复杂,事实难以查清的案件并不适合在在线庭审发展之初利用在线庭审程序进行审理。笔者建议适用范围如表1所示:

---

① 朱孝清:《司法的亲历性》,载《中外法学》2015年第4期。

② 《公平正义,要以看得见的方式实现——新华社客户端专访最高人民法院院长周强》,载新华网2016年3月13日,http://www.xinhuanet.com/politics/2016lh/2016-03/13/c_1118313366.htm。

③ 安晨曦、刘思瑞:《我国远程审判制度的反思与构》,载《福建农林大学学报(哲学社会科学版)》2018年第6期。

表 1 在线庭审适用范围

案件类型	适用范围		排除情形
	一审	二审	
民事案件	适用简易程序的民事案件或小额诉讼案件	事实清楚的行政二审案件	重大疑难复杂案件；需要法官庭审时组织大量证据的质证，以及案件事实的认定 多名证人出庭且陈述可能存在相互冲突的案件 诉讼参加人如聋哑、失明等生理缺陷存在视频交流障碍的案件
行政案件	诉讼当事人较少的简单的行政案件		
刑事案件	适用简易程序的刑事案件；依法可能判处 3 年以下有期徒刑、拘役、管制、单处罚金的公诉案件，事实清楚、证据充分；告诉才处理的案件；被害人起诉的有证据证明的轻微刑事案件	事实清楚的刑事二审案件，证据比较充分、犯罪事实清楚的上诉案件，由于主要涉及法律适用问题的案件； 事实清楚的死刑复核案件	少年犯罪案件 重大疑难复杂案件，需要法官庭审时组织大量证据的质证，以及案件事实的认定 多名证人出庭且陈述可能存在相互冲突的案件 诉讼参加人如聋哑、失明等生理缺陷存在视频交流障碍的案件

3. 模式试点循序渐进逐步推广

布里格斯大法官认为，"在线法院应当按照分阶段、分步骤的操作理念以及先行先试、逐步推行的试点方案进行"。① 面对创新庭审方式对传统诉讼文化的挑战和突破，既要以革新和发展的眼光来看待这种变化，又要从庭审的本质来思考，维护传统庭审的庄严性和正统性。应以这次疫情的暴发对在线庭审庭审模式发展的影响的先行先试为契机，分层次、有步骤地推广适用。各地情况不同，案件复杂程度不同，条件不成熟、不符合线上办案的不应强求推行在线庭审。在线庭审从概念走向应用，是一个探索完善的循环过程，即使初步的在线庭审系统构建成功后，也不必苛责法官一开始就利

---

① ［英］布里格斯勋爵：《生产正义方式以及实现正义途径之变革——英国在线法院的设计理念、受理范围以及基本程序》，赵蕾编译，载《中国应用法学》2017 年第 2 期。

用在线庭审系统开庭审理案件,应当在云平台的基础上有针对性地逐步开展审判业务。

(三)从微观上进行底层细化,让在线庭审安全发挥"智慧"功能

1. 强化基础:建设专有平台和技术

建立人民法院独有的云服务平台,这样既符合实际又节约资源。[1] 开通专线平台,做到专网专用。实现系统间数据互通和集成化,改进系统应用性,提升系统安全性,融合技术与业务,主动拥抱现代科技的目标任务,在线庭审要满足各类案件的审理,需要实现语音转写需求,满足复杂案件的证据展示和质证需求。构建专有平台要实现内外网对接共享和深度利用。

2. 注重内练:完善庭审规则

(1)构建"虚拟法庭"规则。为避免在线庭审对传统审判开庭审理的仪式感和严肃感的破坏,可以设置庭前宣誓制度来增强庭审的严肃性。明确对于出庭履行职务的人员,按照职业规定着装,包括律师也应该着律师出庭服装,没有职业着装规范的,应文明着装。当事人及诉讼参与人应当选择安静、无干扰、光线适宜、网络信号良好、相对封闭的场所参加庭审。应以虚拟化方式呈现国徽、法槌、席位,实现法官"打开电脑,就有法庭","虚拟法庭"则创造出互联网上的移动法庭,彻底打破法官开庭的空间限制,真正实现随时随地线上开庭。[2]

(2)构建协助制度。在线庭审对终端的要求有所限制,同时对环境也比较挑剔,因此,在线庭审的发展有必要在全国法院范围内构建法院之间的协助制度,从而保证云终端的可行性。身处异地的当事人如果想借助在线庭审参加庭审又缺少必备的条件的话,可以选择就近的法院并利用法院的云终端数字审判庭来完成庭审活动。异地协助制度可以兼顾当事人的便利同时保持庭审的可控性,在法院内部法庭完成开庭可以增强庭审的严肃性,防止当事人行为的随意性,可以对中途退庭和缺席审理进行有效监督;也可以在律师事务所设置在线庭审室,方便当事人及律师参与庭审。

(3)构建在线庭审当事人身份确认规则,对线上诉讼身份认证、账号使

---

[1] 廖元勋:《网络视频在远程审判中的运用》,载《中国审判新闻月刊》2012年第9期。

[2] 周文峰:《审判,在虚拟法庭进行》,载《检察风云》2013年第3期。

用予以规范,确立了专用账号及密码的身份标识原则。参与者获得了在平台上的一把"私人钥匙",持有这一把"钥匙"使用平台,就视为被认证人本人行为。当事人及诉讼参与人不得授意他人使用自己的账号密码,不得让他人冒充自己参加诉讼。[1] 在进行身份认证之后应当进行记录备案。庭审时,通过当事人之间相互进行确认。

(4)构建承诺制度,防止虚假诉讼。在线庭审是在虚拟网络下完成的审判活动,相对传统审判来讲,对法官的监督和约束增强了,但对当事人的约束管控能力有所降低,为了避免当事人行为的任意性,有必要在在线庭审审理案件过程中预先构建承诺制度,承诺制度的对象是当事人、代理人和证人。其主要的内容要体现在同意利用在线庭审进行审理,了解在线庭审庭审规则,愿意承担相应的风险及法律责任。[2]

(5)构建在线庭审证据认定规则。在法官和庭审参与人无法如传统庭审般对原件、原物进行核对的情况下,构建适用于在线庭审的最佳证据推定规则。做好庭前准备,督促当事人及时在举证时限内向法院提交证据。邀请协助法院的法官或书记员作为庭审配合人员,不仅可以保证审理程序的规范性,还可以协助主审法官来判断证据的证据力。设立证人宣誓环节。证人须出现在协助法院的法庭上或在自己专有账户平台进行宣誓,宣誓内容应当包含其已完全清楚法律规定的如实作证义务,并愿意忠实履行该法定义务,以及甘愿承担作伪证的一切否定性法律后果等。通过该宣誓环节可以进一步激发证人如实作证的责任感和使命感,同时强化其作伪证引发不利后果的恐惧感,起到对作证行为的约束作用。[3] 证人不得与当事人及其他诉讼参与人于同一场所参加庭审;法院应当采用音视频信号隔离等方式,确保证人在线作证前及完成作证后不能在线旁听庭审。

3. 提升技能:提高信息化应用技能和建设专业团队

提高审判人员在线庭审操作应用技能,确保在线庭审的每一环节都能够顺利进行。建立专门的在线庭审审判团队,吸纳一批既具有较高计算机专业技能又具备法律知识的复合型人才,集中专业化人才,增强在线庭审适用效果。

---

[1] 段厚省:《远程审判的双重张力》,载《东方法学》2019 年第 4 期。
[2] 王慧:《远程审判的理论与现实支持》,载《知识经济》2009 年第 8 期。
[3] 庄绪龙、田然:《疫情期间刑事案件"视频庭审"的正当性》,载《法律适用》2020 年第 5 期。

基于 CiteSpace 知识图谱的电子诉讼研究热点与趋势分析

陶佳钰*

（浙江省知识产权研究与服务中心，浙江　杭州　310057）

摘　要：基于 CiteSpace 软件，以中国知网（CNKI）的核心期刊数据库为基础，检索了 2010—2020 年电子诉讼研究的相关文献，总结了研究的时间分布、热点议题及发展前沿，并对主要研究内容进行述评，以期借此厘清相关研究的演进脉络和关键问题，为我国未来电子诉讼研究和规划提供参考。通过对从中国知网（CNKI）中检索到的与电子诉讼领域相关的 123 篇文献进行分析，分析发现，2010—2020 年，电子诉讼研究发文总量较少，呈现"先增长后下降"的趋势，说明电子诉讼领域研究热度在不断下降。目前已形成了一批以彭昕、安晨曦、刘敏、张兴美为代表的核心学者团队，相关研究者逐渐形成团队，但规模较小，合作不够密切。机构合作呈现"区域集中，整体分散"状态，以"吉林大学法学院"为主的高影响科研机构形成了合作子群。目前，电子诉讼领域共形成了 5 个主要聚类，分别为"电子诉讼""刑事诉讼""电子数据""法律地位""收集"等热点专题。

关键词：电子诉讼；知识图谱；文献计量；CiteSpace

一、电子诉讼领域研究方法和数据来源

（一）研究方法

文献计量是指通过定量分析各类文献资料，发现在大量文献数据中的潜在规律和信息，最早是由 Pritchard 于 1969 年提出。CiteSpace 是美国德雷塞尔大学陈超美教授团队开发的一款适于多元、分时、动态的复杂网络分析的新一代引文可视化分析软件，已成为科学计量学普遍应用的一种新

＊　陶佳钰，浙江省知识产权研究与服务中心工作人员。

方法,①近年来被广泛应用于文献计量分析。② CiteSpace 知识图谱能系统地展示出知识领域演进的关键路径和知识拐点,通过 CiteSpace 软件的关键词共现功能,能深入分析研究领域的研究进展、热点内容和前沿趋势。③

本文借助科学知识图谱工具 CiteSpace 绘制电子诉讼领域 2010—2020年研究知识图谱,旨在回答以下三个问题:第一,电子诉讼领域文献历年发文量、主要研究学者、主要研究机构等基本分布状况如何? 第二,电子诉讼领域研究核心领域何在? 第三,电子诉讼领域研究的前沿热点领域何在?

(二)数据来源

本文基于 CiteSpace 软件,以中国知网(CNKI)的核心期刊数据库为基础,检索 2010—2020 年电子诉讼研究的相关文献,总结研究的时间分布、热点议题及发展前沿,并对主要研究内容进行述评,以期借此厘清相关研究的演进脉络和关键问题,④为我国未来电子诉讼研究和规划提供参考。

时间是投射客观存在的一个普遍维度。笔者在中国知网(CNKI)的高级检索界面中,以"TS =(电子诉讼)"为检索式,限定检索词为"电子诉讼",将时间段设置为 2010—2020 年(检索时间 2021 年 1 月 28 日),为避免跨学科文献的丢失,未对文献来源进行精简;将检索所得文献以"Refworks"的格式导出为 txt 文件,最终共得到文献 123 篇有效记录,用于进一步量化分析。

笔者以中国知网(CNKI)收录的电子诉讼相关文献作为数据源,以科学文献计量的方法运用 CiteSpace 绘制了 2010—2020 年我国电子诉讼领域研究发文数量及增量表(见图 1)。从"发文量"观察,2010—2020 年,电子诉讼研究文献总量较少,呈现"先增长后下降"的趋势。在 2010—2019 年呈现出浮动上升的态势,具体而言,文献量从 2010 年起呈现逐渐上升的趋势,并在2019 年达到高峰值(34 篇),随后回落达到近 3 年的低峰值(22 篇)。从"发

---

① 郑乐丹:《基于突发检测的我国数字图书馆研究前沿及其演进分析》,载《图书馆论坛》2013年第 1 期。

② 井世洁、周健明:《我国校园暴力研究(1990—2019 年)的回顾与展望——基于 CiteSpace 的可视化分析》,载《青少年犯罪问题》2019 年第 6 期。

③ 莫海彤、刘玉亭、何深静:《国内村镇公共服务设施研究新进展——基于 CiteSpace 的知识图谱分析》,载《城乡规划》2020 年第 2 期。

④ 莫海彤、刘玉亭、何深静:《国内村镇公共服务设施研究新进展——基于 CiteSpace 的知识图谱分析》,载《城乡规划》2020 年第 2 期。

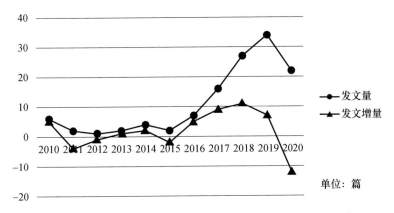

图 1　2010—2020 年我国电子诉讼领域研究发文数量及增量表

文增量"观察,2010—2020 年,电子诉讼领域的发文增量总体偏少,自 2010—2015 年,发文增量一直浮动在负值与正值的的边缘。自 2016—2019 年,发文增量情况有所好转,均维持在正值。2020 年,发文增量大幅削减,年增量缩至"−12 篇"。

二、电子诉讼领域知识图谱分析

(一)电子诉讼研究重要作者可视化分析

作者是文献产出的最小单元,也是电子诉讼领域研究的直接贡献者。具有学术影响力的作者群体全面反映了该学科科学研究实践的趋势,是特定学科领域科学研究活动的缩影之一。[①] 通过作者共被引可以研究全国范围内在这一领域比较活跃的学者。经过对作者姓名的初步分析,对作者进行消歧处理后进行共被引分析,从 267 位作者中提取得到电子诉讼领域研究的作者产出与合作的最大子网络。通过数据统计发现,高产量的作者并不多,其中发文数量为 1 篇和 2 篇的作者分布较广,分别为 243 人和 20 人,分别占作者总人数的 91.01% 和 7.49%。

根据普莱斯定律定义统计核心作者数量,普莱斯定律规定核心作者的发文量下限为 N = 0.749 * (Nmax)1/2 ,N 为核心作者发表最低论文数,

---

①　邱均平、马瑞敏:《基于 CSSCI 的图书馆、情报与档案管理一级学科文献计量评价研究》,载《中国图书馆学报》2006 年第 1 期。

Nmax 为最高产作者的发表论文数。[①] 本文采用普莱斯定律来确定该领域的核心作者，[②]其中 Nmax 为核心作者的最高发文量为 8，代入公式得到 M = 2.118，取整数为 2，则确认发文量超过 2 篇以上的作者为核心作者，最后统计出"电子诉讼"领域的核心作者有 4 人，分别为彭昕(8 篇)、安晨曦(4 篇)、刘敏(3 篇)、张兴美(3 篇)。说明"电子诉讼"领域的研究还未发展成熟，核心学者人数稀少(见表 1)。

表 1　2010—2020 年我国电子诉讼领域学者发文量

排名	作者	发文量	排名	作者	发文量
1	彭昕	8	5	吴小纷	2
2	安晨曦	4	5	王言言	2
3	刘敏	3	5	高峰	2
3	张兴美	3	5	李锦华	2
5	钦娟	2	5	刘丹	2
5	张博	2	5	吴哲	2
5	周翠	2	5	周慧丽	2
5	郭玲	2	5	陈曦	2
5	覃豪曼	2	5	王福华	2
5	谭茗	2	5	邹积超	2
5	李璐君	2	5	张雯	2
5	梁静	2	5	赖卫东	2

　　科研合作指在一篇论文中同时出现不同的作者、机构或国家/地区，那么就认为他们存在合作关系。作者合作网络包含了各个作者在网络中的重要性指标及网络属性。[③] 笔者将数据导入 Citespace 进行作者共现分析，N = 267，E = 42，Density 为 0.0012，如图 2 所示。图中节点越大，表明作者的发文量越大，图中连线越多，表明作者与作者之间合著的次数越多，不同颜色也

---

　　① 张晓超、陈明昆：《改革开放 40 年我国农民工教育研究——基于 CiteSpace 知识图谱的可视化分析》，载《职教通讯》2019 年第 21 期。

　　② 纪谦玉：《新媒体时代大学生思想政治教育研究文献的计量分析》，载《黑龙江高教研究》2016 年第 4 期。

　　③ 杨萌、薛海平、高翔：《改革开放四十年来我国基础教育课外补习研究回顾与展望——基于 CiteSpace 的可视化分析》，载《教育经济评论》2020 年第 1 期。

代表不同时间的发文量。① 由图 2 可见,Density 仅为 0.0012 表明现阶段国内学者在电子诉讼领域上的合作较少,合作网络较为稀疏。国内电子诉讼领域论文产出量越高的作者,则越青睐个人研究的论文产出方式。

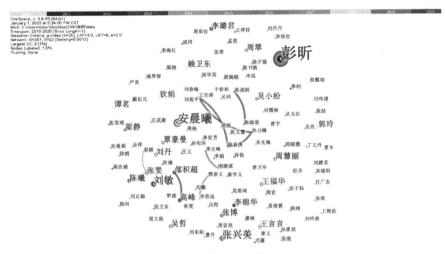

图 2 2010—2020 年我国电子诉讼领域研究作者知识图谱

统计得出,发文量超过 2 篇的作者有彭昕、安晨曦、刘敏、张兴美,发文量分别为 8 篇、4 篇、3 篇、3 篇。合作较为密切的团队较少,主要形成了以钦娟—赖卫东(2010 年)、邹积超—高峰(2011 年)、刘关平—王安涛—吴剑—陈良庚—孙力楠(2011 年)、张成刚—陈晓珺(2012 年)、李主峰—刚继斌(2013 年)、李思远—樊崇义(2015 年)、张雯—姜颖(2019 年)等为主的合作团队。发文量大的高产作者在研究过程中,大多采取与他人合作的方式进行研究,双方或者多方合作已经成为常态,作者间的合作密度较高。②

(二)电子诉讼研究重要机构可视化分析

随着现代科学研究的不断深入,和个人之间的合作类似,团队之间的合作也越来越频繁,科研合作的重要性也逐渐被人们所认知和肯定,学科领域

---

① 曹树金、吴育冰、韦景竹、马翠嫦:《知识图谱研究的脉络、流派与趋势——基于 SSCI 与 CSSCI 期刊论文的计量与可视化》,载《中国图书馆学报》2015 年第 5 期。

② 张立春、金亚飞:《基于 CiteSpace 的智慧校园研究热点及发展趋势分析》,载《数字教育》2020 年第 2 期。

中的科研合作程度亦已成为分析该学科领域成熟度的一个十分重要的指标。① 知识图谱中的节点大小代表该机构的发文量,节点越大说明发文量越大,不同的颜色表示不同时间的发文量。通过 CiteSpace 对样本数据进行机构共线网络分析,最终得出 N = 221,E = 45,Density 为 0.0019。我国电子诉讼领域研究机构知识图谱如图 3 所示。

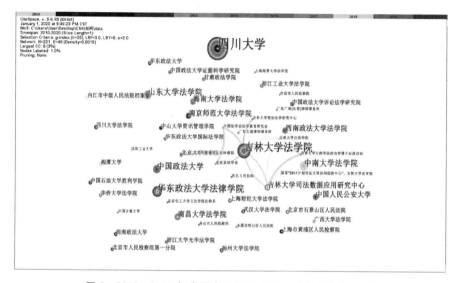

图 3　2010—2020 年我国电子诉讼领域研究机构知识图谱

综合各子网络内部的合作关系强度(合作次数)的分布来看,国内电子诉讼领域的合作不够密切,呈现出很强的地域特征,以本省、本地区机构之间的合作为主。机构合作呈现"区域集中,整体分散"状态,以"吉林大学法学院"为主的高影响科研机构形成了合作子群。如吉林大学法学院与吉林大学理论法学研究中心有显著的合著网络(2015 年),吉林大学法学院与吉林省法学会、中国法学会法学教育研究会有显著的合著网络(2017 年),吉林大学法学院与吉林大学行政学院、吉林大学司法数据应用研究中心有显著的合著网络(2018 年),吉林大学法学院与国家"2011 计划司法文明协同创新中心"、吉林大学法学院有显著的合著网络(2018 年),吉林大学法学院与吉林大学司法数据应用研究中心有显著的合著网络(2019 年),吉林大学司

---

① 张晓超、陈明昆:《改革开放 40 年我国农民工教育研究——基于 CiteSpace 知识图谱的可视化分析》,载《职教通讯》2019 年第 21 期。

法数据应用研究中心与吉林大学行政学院政治学博士后流动站有显著的合著网络(2019 年)。另外,大部分高产发文机构未和其他机构合作,如四川大学、华东政法大学法律学院、山东大学法学院、中国政法大学、中南大学法学院等高校院所。

表 2　2010—2020 年我国电子诉讼领域机构发文量

排名	机构	发文量	排名	机构	发文量
1	四川大学	11	13	上海财经大学法学院	2
2	吉林大学法学院	7	13	西南政法大学	2
3	华东政法大学法律学院	5	13	内江市中级人民法院档案室	2
4	山东大学法学院	4	13	北京大学法学院	2
4	中国政法大学	4	13	四川大学法学院	2
4	中南大学法学院	4	13	中国政法大学证据科学研究院	2
7	南京师范大学法学院	3	13	浙江工业大学法学院	2
7	南昌大学法学院	3	13	北京市人民检察院第一分院	2
7	吉林大学司法数据应用研究中心	3	13	广西大学法学院	2
7	中国人民公安大学	3	13	扬州大学法学院	2
7	海南大学法学院	3	13	北京市石景山区人民法院	2
7	西南政法大学法学院	3	13	华东政法大学	2
13	甘肃政法学院	2	13	浙江大学光华法学院	2
13	中国石油大学胜利学院	2	13	上海市黄浦区人民检察院	2
13	湘潭大学	2	13	华侨大学法学院	2
13	华东政法大学国际法学院	2	13	中山大学资讯管理学院	2
13	中国政法大学诉讼法学研究院	2	13	武汉大学法学院	2

表 2 为 2010—2020 年我国电子诉讼领域机构发文量。在检索范围内,发文量最多的机构为四川大学,发文量为 11 篇,吉林大学法学院和华东政法大学法律学院排名第二、第三,分别为 7 篇和 5 篇。发文量排名前 10 的机构依次为:四川大学(11 篇)、吉林大学法学院(7 篇)、华东政法大学法律学院(5 篇)、山东大学法学院(4 篇)、中国政法大学(4 篇)、中南大学法学院(4 篇)、南京师范大学法学院(3 篇)、南昌大学法学院(3 篇)、吉林大学司法数据应用研究中心(3 篇)、中国人民公安大学(3 篇)、海南大学法学院(3 篇)、西南政法大学法学院(3 篇)。

（三）电子诉讼研究热点可视化分析

关键词作为研究一篇文章的切入点,是对主题的高度概括与凝练,也是文献计量研究的重要指标。[①] 借助 CiteSpace 软件可以实现对关键词共性分析进而揭示出研究热点。[②] 以文献中的引用频次(大于 7)和中心性为指标,对关键词进行筛选得出 2010—2020 年我国电子诉讼领域被引频次排名前 20 的关键词。将筛选获得的文献数据导入 CiteSpace 软件中,设置时间间隔为 1 年,节点类型为关键词和主题词,得到研究领域和热点的聚类视图(见表 3)。

表 3　2010—2020 年我国电子诉讼领域被引频次排名前 20 的关键词

序号	关键词	引用频次	序号	关键词	引用频次
1	民事诉讼	96	11	审查判断	10
2	电子数据	96	12	可采性	9
3	电子诉讼	72	13	取证	9
4	电子送达	58	14	智慧法院	9
5	刑事诉讼	56	15	证据规则	9
6	证明力	42	16	保全	8
7	真实性	22	17	应用	8
8	证据能力	20	18	电子商务	8
9	互联网法院	15	19	关联性	8
10	收集	12	20	庭审方式	8

从表 3 中可以看出,关键词被引频次排名前 10 集中在民事诉讼(96次)、电子数据(96 次)、电子诉讼(72 次)、电子送达(58 次)、刑事诉讼(56次)、证明力(42 次)、真实性(22 次)、证据能力(20 次)、互联网法院(15次)、收集(20 次)等词,这些关键词即代表电子诉讼领域研究的热点。

表 4　2010—2020 年我国电子诉讼领域中心性排名前 20 的关键词

序号	关键词	中心性	序号	关键词	中心性
1	电子诉讼	0.56	12	互联网法院	0.03

---

① 赵绘存:《全球知识产权研究发展态势与热点分析》,载《现代情报》2016 年第 10 期。

② 赵蓉英、许丽敏:《文献计量学发展演进与研究前沿的知识图谱探析》,载《中国图书馆学报》2010 年第 36 期。

序号	关键词	中心性	序号	关键词	中心性
2	民事诉讼	0.47	13	智慧法院	0.03
3	电子数据	0.3	14	电子法院	0.03
4	电子送达	0.15	15	真实性	0.02
5	刑事诉讼	0.14	16	证据能力	0.02
6	服务平台	0.09	17	收集	0.02
7	电子商务	0.06	18	审查判断	0.02
8	立法	0.06	19	法律地位	0.02
9	证明力	0.05	20	远程庭审	0.02
10	应用	0.05	21	信息技术	0.02
11	书证	0.05	22	电子取证	0.02

从表 4 中可以看出,除了"电子诉讼"本身,"民事诉讼"的中心性最高,为 0.47。而后中心性排名前 10 的关键词分别为电子数据(0.3)、电子送达(0.15)、刑事诉讼(0.14)、服务平台(0.09)、电子商务(0.06)、立法(0.06)、证明力(0.05)、应用(0.05)等词。对比表 3 和表 4 可以发现,被引频次和中心性排名均为前 10 的关键词为:民事诉讼、电子数据、电子诉讼、电子送达、刑事诉讼、证明力。

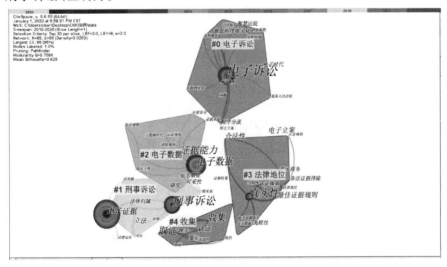

图 4　2010—2020 年我国电子诉讼领域的关键词聚类图谱

对于关键词共现网络而言,聚类代表同类节点的汇总,节点类型包括关键词,节点的大小代表关键词出现的频次,连线的颜色代表关键词共现的时间。根据聚类大小和平均发表年时间可以判断一个领域的热点主题及其时间演进情况。① 为了更深入地确定我国电子诉讼领域的热点研究主题,笔者借助 Citespace 软件,对 2010—2020 年间电子诉讼领域的论文进行关键词的共现可视化分析,并在此基础上得到了关键词聚类图谱。聚类的阈值位于 -1 到 1 之间,阈值越大,则该聚类的主题越明确,质量越好。本文中模块性 Q 值为 0.7584,平均阈值为 0.629,网络的模块性较为理想。从图 4 关键词聚类图谱中可以看出,目前电子诉讼领域共形成了 5 个主要聚类,分别为"电子诉讼""刑事诉讼""电子数据""法律地位""收集"等热点专题。

（四）电子诉讼研究前沿可视化分析

研究前沿是指某一学科研究中最新、最有发展潜力的研究主题。陈超美将研究前沿定义为一组突现的动态概念和潜在的研究问题,可以准确反映相关学科的前沿领域。② 突变词是指在短时间内出现频次有明显变化的术语,其可较为准确地反映特定时间段中的某一学科领域的研究前沿。③

笔者通过 CiteSpace 应用"突变值探测"（Burst Detection）将关键词突变进行量化统计,探索出版研究的前沿态势,检测出近 10 的 TOP6 突现词,如图 5 所示,Strength（突发强度）表示词的研究热度,Begin 和 End 分别表示突变开始、结束年份,红色加粗代表突发的年份区间。④

从图 5 中可以看出,2010—2020 年关键词突变强度前六位的分别为电子证据（16.3222）、刑事诉讼（3.9949）、互联网法院（2.8787）、电子商务（2.6406）、电子数据证据（2.6255）、证明力（2.4965）。关键词突现持续时间最长的为"刑事诉讼",持续时长为 7 年;其次为"电子证据",持续时长为 6 年;关键词"证明力"和"电子商务"的持续时长均为 5 年。

---

① 范云满、马建霞、曾苏:《基于知识图谱的领域新兴主题研究现状分析》,载《情报杂志》2013年第 9 期。

② 赵蓉英、王菊:《图书馆学知识图谱分析》,载《中国图书馆学报》2011 年第 3 期。

③ 张新玲:《当前国际数字出版研究综述——基于 SSCI 期刊的知识图谱分析》,载《传媒》2018年第 8 期。

④ 倪娜:《我国智库研究演进路径、热点与趋势分析——基于 Citespace 的文献计量分析》,载《晋图学刊》2019 年第 6 期。

Top 6 Keywords with the Strongest Citation Bursts

Keywords	Year	Strength	Begin	End	2010-2020
电子证据	2010	16.3222	2010	2015	
刑事诉讼	2010	3.9949	2010	2016	
证明力	2010	2.4965	2011	2015	
电子商务	2010	2.6406	2012	2016	
电子数据证据	2010	2.6255	2017	2018	
互联网法院	2010	2.8787	2018	2020	

图 5　2010—2020 年我国电子诉讼领域的关键词突变图谱

　　突变词的突变特征主要从两方面呈现,其一是突变强度,其二是持续时间。通过分析突变词的突变特征,可以将其分为三类。[①] 第一类,突变强度较大,持续时间较长,这类词可以看作是某时期较为成熟的研究热点,如"电子证据""刑事诉讼"等词。突变权重较大,说明"电子证据""刑事诉讼"等词的突变经历了一定的演变过程;持续时间较长,说明"电子证据""刑事诉讼"等词对研究主题的影响较大,值得深入研究。第二类,突变强度一般,持续时间较长,这类词是某时期较为稳定的研究热点,如"电子商务""证明力"等词。突变权重一般,说明"电子商务""证明力"等词涉及的是细分主题,难以聚集形成规模;持续时间长,说明"电子商务""证明力"等词具有持续研究的价值。第三类,突变强度大,持续时间短,这类词是某时期突发性的研究热点,如"电子数据证据""互联网法院"等词。突变强度较大,说明"电子数据证据""互联网法院"等词是由具有影响力的现实因素引发的;持续时间短,说明"电子数据证据""互联网法院"等词属于过渡性热点,会融合或转移至其他研究热点中。

　　利用关键词共现可以确定某研究领域一段时间内研究主题的变化,中心度和频次高的关键词代表着一段时间内研究者共同关注的问题,[②]以此来鉴别出版研究的主要研究方向和热点,并识别出知识演进的脉络。[③] 笔者通过运行 CiteSpace,绘制关键词时区线谱图,如图 6 所示,得到 89 个节点(Nodes),99 条连线(Links),模块值(Modularity)为 0.7584,平均轮廓值

---

　　① 郭晶:《我国出版领域电子书研究前沿的知识图谱分析》,载《出版发行研究》2018 年第 10 期。

　　② 林强:《我国档案学研究热点和知识来源谱系》,载《兰台世界》2012 年第 5 期。

　　③ 左成光、吴开贵、任永力:《国际科学推理研究进展及其启示》,载《物理教学探讨》2019 年第 3 期。

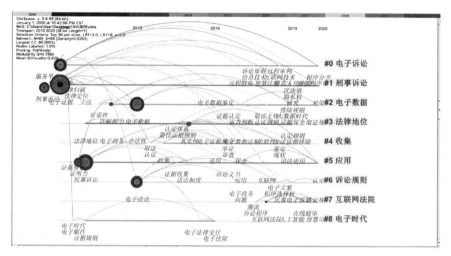

图6 2010—2020年我国电子诉讼领域的关键词时区线谱图

（Mean Sihouette）为 0. 629。

从图6可以看出,2014年的研究主要领域为"电子时代",具体细分领域分布在"在线庭审""智慧司法""人工智能""电子法律交往""电子法院""电子邮件""证据规则"等方向。2015年的研究主要领域为"刑事诉讼",分布在"法律归属""法律定位""远程庭审""程序分流""督促程序""智慧法院""互联网技术""信息技术"等方向。2016年的研究主要领域为"法律地位"和"应用"。"法律地位"细分领域主要分布在"可采性""证据能力""电子证据""认证体系""最佳证据规则""审查判断""认证规则""证据保全"等方向。"应用"细分领域主要分布在"证据资格""收集""司法适用""取证认证""举证审查""鉴定现状"等方向。2017年的研究主要领域为"电子诉讼"、"电子数据"和"收集"。"电子诉讼"具体细分领域分布在"诉讼原则""远程审判"等方向,"电子数据"具体细分领域分布在"电子证据""电子数据鉴定""区块链""隐私权"等方向,"收集"具体细分领域分布在"法律地位""电子商务""非法证据排除""认定规则""真实性""合法性""关联性"等方向。2018年的研究主要领域为"诉讼规则",具体细分领域分布在"民事诉讼""送达制度""证据收集""诉讼文书""应用""互联网""认定"方向。

时间序列图谱是依据某个研究领域各个热点主题之间的交互作用及突

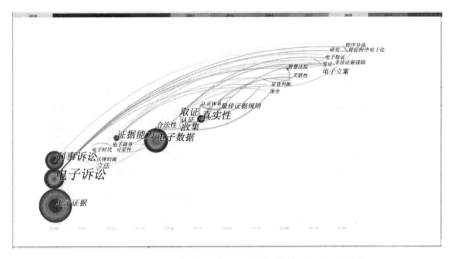

图 7 2010—2020 年我国电子诉讼领域的时间序列图谱

变关系设计的,[①]有助于挖掘该研究领域的演变轨迹与阶段性特色。[②] 在分析研究演进历程时,在 CiteSpace 中选定节点类型为关键词,选择精简算法为最小生成树,便可以得到涵盖节点与连接线的输出网络,然后再选择"Time-zone View",即可生成基于关键词的时区知识图谱。[③] 图 7 为本文基于 CiteSpace 软件绘制的 2010—2020 年我国电子诉讼领域的时间序列图谱,从时间维度上直观呈现电子诉讼领域研究的阶段性热点和发展脉络。

从图 7 可以看到,2010—2020 年间,随着时间的推移,电子诉讼领域的新兴研究成果不断涌现。2010 年电子诉讼领域出现的研究方向为"电子证据""电子诉讼""刑事诉讼"等。2011—2012 年的研究方向主要为"电子时代""法律归属""立法""电子商务""可采性""证据能力"等。2013—2014 年出现的研究方向主要为"电子数据""合法性""取证""认证""收集"等。2015—2017 年出现的研究方向主要为"最佳证据规则""真实性""认证体系"。2018 年出现的研究方向主要为"智慧法院""关联性""审查判断""保全"。2019—2020 年电子诉讼领域出现的研究方向更为聚焦,分别为"电子

① 时影、戚谢文静:《国内网络话语权的研究现状述评——基于 CNKI 期刊论文(2001—2017)的计量分析》,载《湖北省社会主义学院学报》2018 年第 2 期。

② 姜晓萍、苏楠:《国内服务型政府研究的知识图谱》,载《四川大学学报(哲学社会科学版)》2014 年第 2 期。

③ 翟剑桥:《基于 CiteSpace 的知识产权文献综述》,载《内蒙古科技与经济》2017 年 2 月。

立案""电子取证""程序分流""非法证据排除""督促程序电子化"。

三、结语

笔者对从中国知网(CNKI)中检索到的与电子诉讼领域相关的123篇文献进行分析发现,2010—2020年,电子诉讼研究发文总量较少,呈现"先增长后下降"的趋势,说明电子诉讼领域研究热度在不断下降。目前,已形成了一批以彭昕、安晨曦、刘敏、张兴美为代表的核心学者团队,相关研究者逐渐形成团队,但规模较小,合作不够密切。机构合作呈现"区域集中,整体分散"状态,以"吉林大学法学院"为主的高影响科研机构形成了合作子群。目前,电子诉讼领域共形成了5个主要聚类,分别为"电子诉讼""刑事诉讼""电子数据""法律地位""收集"等热点专题。同时,本文存在一定的局限性,笔者未对 Web of Science 的英文文献进行分析,未来研究可以将国外文献纳入分析,进行国内文献和国外文献的数据对比,进一步丰富文献来源数据库。

智能合约"自动执行"的司法闭环探索
——兼论民法典背景下网络赋强公证在司法智能合约的应用

阮 啸 孙 戈*

(杭州互联网公证处,浙江 杭州 310009)

摘 要:民法典为电子合同的运用提供了基础性的法律保障。在区块链技术的支持下,智能合约以"自动执行"作为其核心含义,已从技术领域延伸至司法领域。针对具有标的小、总量大、纯线上完成等特征的涉智能合约的金融业务,网络赋强公证已具备了政策和技术方面的可行性。当前司法改革过程中,网络赋强公证具备结合区块链智能合约给金融合同形成完整司法闭环的能力。司法实践过程中的智能合约应用也离不开网络赋强公证的参与。当然,网络赋强公证的业务与其他纠纷解决途径相比优点很明显,但也存在需要进一步解决的问题。

关键词:智能合约;执行;赋强公证;民法典

一、电子合同及其伴随的司法痛点

(一)民法典对电子合同的支持

民法典关于电子合同方面的规范并不是首创。在原合同法中就明确规定了"数据电文"属于书面形式的合同载体;2019 年修正的电子签名法也对"视为可靠的电子签名"情形进行了列举,①同时明确了"可靠的电子签名与

---

* 阮啸,杭州互联网公证处互联网二部部长;孙戈,杭州互联网公证处区块链公证研究中心公证员。

本文系最高人民法院 2020 年度司法研究重大课题"互联网时代电子诉讼规则研究"(ZGFYZD-KT202014-03)的阶段性成果。

① 电子签名法第 13 条规定:"电子签名同时符合下列条件的,视为可靠的电子签名:(一)电子签名制作数据用于电子签名时,属于电子签名人专有;(二)签署时电子签名制作数据仅由电子签名人控制;(三)签署后对电子签名的任何改动能够被发现;(四)签署后对数据电文内容和形式的任何改动能够被发现。当事人也可以选择使用符合其约定的可靠条件的电子签名。"

手写签名或者盖章具有同等的法律效力"①以及与电子签名相关的责任认定方式。② 我们可以认为这种责任认定方式,确立了推定电子签名有效的原则,为电子签名的实际使用提供了法律依据。

随着科技的不断发展,电子合同也逐渐成为市场交易中的"刚需"。而民法典也是在吸收了合同法与电子签名法的相关内容后,在"总则编"明确了采用数据电文形式的意思表示生效的时间。③ 在"合同编"对电子合同的订立、承诺期限、合同成立、交付等进行了详细的规定。④

当前,社会生活向虚拟社会延伸,信息网络技术向现实社会生活渗透,故而民法典关于电子合同以较大篇幅作出了规定,也是体现民事立法对网络虚拟社会的民事法律关系给予重点关注。一般而言,以电子数据交换、电子邮件等方式能够有形地表现合同内容的,并可以随时调取查用的电子合同,可视为书面合同。⑤ 电子合同的法律地位,已与纸质合同别无二致;可以说,有效且可靠的电子合同是现代市场交易的基础契约保障,民法典回应了现实的立法需求,为电子合同的运用提供了基础性的法律保障。

（二）电子合同伴随的司法痛点

电子合同背后的金融业务具有资金流动快、办理方便、总量大等特点,对活跃市场经济具有极大的价值。然而,近几年所谓的线上金融在实践中出现了"跑路潮",存在较大的金融和社会风险,对应而言,人民法院面对此类案件亦是疲于奔命。究其原因,电子合同背后的金融业务相比于较为规范的传统金融业务而言,主要问题在于:（1）单笔交易金额小。通过纯线上金融环境的贷款额度一般都比较低,甚至可以低至几百至几千元不等。（2）交易总量大。因为交易单笔金额低,会有大量有需要的人通过纯线上金融环境进行贷款,也就导致了监管难度大。（3）纯线上完成借贷流程。纯线上的借贷流程,似乎正消解传统借贷程序的亲历性和仪式感,缺乏对逾期还

---

① 电子签名法第14条。

② 电子签名法第27条规定:"电子签名人知悉电子签名制作数据已经失密或者可能已经失密未及时告知有关各方、并终止使用电子签名制作数据,未向电子认证服务提供者提供真实、完整和准确的信息,或者有其他过错,给电子签名依赖方、电子认证服务提供者造成损失的,承担赔偿责任。"

③ 民法典第137条。

④ 民法典第137条、第469条、第482条、第491条、第492条、第512条等规定。

⑤ 民法典第469条。

款后果的警示,没有司法威慑力。(4)借贷时间较短。线上金融资金流动快,而一旦违约率高,则会出现催收或诉讼时间成本与所能弥补的收益不成正比的问题,催收难度极大。(5)无抵押无担保。目前,很多电子合同背后的金融业务采取纯信用的模式进行借贷,在使得公众享受金融红利的同时,无形中增加了不良借贷出现的风险。(6)借款人平均文化程度有限。对纯线上金融消费存在需求的公众,普遍的文化程度不高,无法理解甚至怠于阅读电子合同内容,对不良借贷的法律后果没有正确认识。

面对上述情况,此类各家金融机构大多通过诉讼方式解决不良借贷的问题,因而导致诉讼案件数量激增,不仅给法院造成了巨大的立案和执行压力,同时,此类金融机构的维权成本也大大增加,甚至获益远远低于付出的成本。

(三)传统人工裁执的改革

如前所述,目前此类金融机构大多需要通过诉讼的方式解决不良借贷纠纷问题。而司法作为经济社会发展的"晴雨表",在保障电子合同履行以及涉及的金融业务上起着重要作用,也对此类金融业务的进一步发展有着重大的指导意义。近年来,司法机关在总结审判规律和类案特点的基础上,借助信息网络科技的力量,积极应对涉及电子合同纠纷金融案件的到来。其中,近年来最重要的政法思路无外乎是诉源治理。债权追索节点前置,成为将金融借款风险降到最低的一大解决思路。譬如浙江衢州,在贷款风险暴露之初,就由信贷员主动催收,一次性达成还款协议,充分压缩借款人逃债的时间和空间。另外,在一些与电子合同金融业务接触较多的司法机关中,充分引入法律科技和多元化的纠纷解决机制,也成了解决法院传统的审理模式诸多弊端的标配武器。

二、智能合约在法律中的应用

相比以诉讼为中心的纠纷解决方式,有无一种可以应对电子合同领域的诉源治理前置化措施呢?早在2016年,工业和信息化部(以下简称工信部)发布的《中国区块链技术和运用发展白皮书》就指出,智能合约是区块链技术发展到2.0阶段的一项关键技术,是一种运用计算机语言取代法律语言记录各项条款的合约。智能合约的应用,在一定程度上可以解决诉讼压力问题。

（一）智能合约的技术概念

智能合约的概念最早由学者尼克·萨博（Nick Szabo）于 1995 年提出，认为智能合约是一套以数字形式定义的承诺，并使用协议和用户接口来执行的合同条款。[①] 智能合约原本的概念是将智能合约内置到物理实体的方式以构建出可控的智能财产。如现在常见的自动售卖机即一个典型模型：其通过物理系统控制商品，通过程序处理数据，当消费者投入大于等于所选商品销售金额的货币时，自动售卖机会根据程序设定交付相应的商品，并返还差值，从而实现了买卖合同条款的自动履行。而将自动售卖机中的商品替换成不动产、其他动产或知识产权等，也可以通过这种形式完成合同条款的自动履行，即扩大版的"自动售卖机"，就是智能合约的早期模式。

（二）法律界赋予的新概念

智能合约早期模式的扩展存在一定的问题：其一，财产的安全性如何保障；其二，什么样的机构或者系统可以存储和执行程序，使得程序不可篡改且取得合同各方的信任？区块链技术可有效解决以上问题。凭借去中心化、公开透明、安全性强的特点，可以说，区块链已成为智能合约的基础技术。

工信部发布的《2018 年中国区块链产业白皮书》中指出，"智能合约是由事件驱动的、具有状态的、获得多方承认的、运行在区块链之上的且能够根据预设条件自动处理资产的程序，智能合约最大的优势是利用程序算法替代人为仲裁和执行合同。本质上讲，智能合约是一段程序，且具有数据透明、不可篡改、永久运行等特性"。换言之，智能合约是结合了区块链技术，运行在区块链之中的程序代码合约。

与传统的法律协议的首要区别在于，智能合约可以借助自治代码来履行合同义务。[②] 在法律体系下，智能合约如若推广使用，不仅于区块链技术能够使合同以去中心化的架构存在，而更在于程序方面，在于如何实践。很明显，对于合同的履行，智能合约与现行的合同制度存在较大差别。智能合

---

① 倪蕴帏：《区块链技术下智能合约的民法分析、应用与启示》，载《重庆大学学报（社会科学版）》2019 年第 3 期。

② 普里马韦拉·德·菲利皮、亚伦·赖特：《监管区块链代码之治》，卫东亮译，中信出版集团2019 年版，第 75 页。

约以算法程序代替现实主体履行合同义务,如为合同的普通履行,似乎并不存在什么问题,但如若需变更合同、解除合同或承担违约责任时,则存在一定困难。

故而,在法律体系下,智能合约的司法应用应主要考虑程序方面的特点,借助司法区块链,而非原有在公链上的智能合约概念。通过打造网络行为"自愿签约—自动履行—履行不能智能立案—智能审判—智能执行"的全流程闭环,设计司法治理机制和纠纷兜底处置,助推智能合约的执行效率,高效处理少数违约行为,减少人为因素干预和不可控因素干扰,真正实现网络数据和网络行为的全流程记录、全链路可信、全节点见证、全方位协作、全自动执行。

(三)目前的不完全"自动化"实践

网络空间的纠纷,一直存在证据难以收集、保存、传输的问题。2018 年 9 月,杭州互联网法院宣布司法区块链正式上线运行,成为全国首家应用区块链定纷止争的法院。[①] 杭州互联网法院应用的司法区块链主要由三层结构组成:区块链程序、区块链的全链路能量层、司法联盟层,实现了电子数据在整个司法流程的可信流转,解决了电子数据的认定难题。经过一年多的发展,杭州互联网法院司法链不断迭代升级,催生出"5G+区块链+执行"助推解决执行难等应用场景,并于 2019 年 5 月成立长三角司法链,进一步扩大司法链的影响力。[②]

2019 年 10 月,杭州互联网法院发布全国首个区块链智能合约技术,意在解决违法成本低、维权周期长的问题,合约各方签署后,自动运行,一旦约定的条件达成,智能合约将立即触发相应的结果。

类似地,北京互联网法院主导建立的"天平链"电子证据平台通过"全流程记录、全链路可信、全节点见证",解决了涉网案件存证难、取证难、验证难等问题。2019 年 10 月,北京互联网法院率先将区块链智能合约技术应用于调解书的执行立案,实现全国首例区块链智能合约技术"一键立案",即调解协议确定被告支付原告赔偿金 3 万余元,如被告在履行期内未履行义务,将

---

① 张名扬、吴巍:《又一个全国首创!杭州互联网法院司法区块链正式上线啦!》,载微信公众号"浙江天平",2018 年 9 月 18 日。

② 杭州互联网法院:《"链"接法院,"E"路领航!长三角司法链推动司法区域一体化发展》,载微信公众号"杭州互联网法院",2019 年 5 月 22 日。

通过区块链智能合约技术实行自动执行。①

但是仔细探究,上述的司法领域"智能合约"的实践都还只能解决少量的裁判前的步骤。也就是说,现阶段所谓的"智能合约"通常相应步骤在审判之前就结束了,完全无法覆盖裁判及执行板块。而且在范围上也很难涵盖其他非金钱标的的执行。所以目前的司法链实践,是不能完全实现裁判执行"自动化"闭环的。

三、智能合约的司法"自动执行"

(一)"自动执行"是智能合约的核心含义

智能合约具有自动性、可执行性、可匿名等特点,具有寻求弥补传统合同法方面的不足和旨在消除法律强制执行的必要性两大功能。② 如果司法实践中的智能合约无法"自动执行",等于空谈"智能合约"。现有的司法链中,行政机关、司法机关、公证机构、鉴定机构等多元网络主体共同参与智能合约的开发、规制、运行与监管。如遇需要执行的案件,智能执行系统协同相关机构在线对被执行人的银行、房屋、车辆、证券等财产进行查控,失信被执行人将被自动纳入司法链信用惩戒黑名单。

未来,随着技术的普及和完善,智能合约极有可能延伸至整个私法领域。但智能合约的实行,无须建立在对任何主体的信任之上,因为其本身就是建立信任的一种技术手段,在满足设定条件时自动执行。故而,在司法实践中,智能合约的核心含义依旧为"自动执行"。

(二)赋强公证打造司法"自动执行"闭环

1. 各种法律工具在"自动执行"中的应用

那么司法实践中的什么工具可以实现"自动执行"呢? 我们将当前司法改革过程中较常见的工具作以下的比较:

其一,快审智审。在涉及互联网或金融专业的法庭中,大多对涉及类型化案件都已有了相对成熟的法律科技解决方案。系统通过直接抓取特定信

---

① 熊志钢、汪倩、颜君:《全国首例! 北京互联网法院采用区块链智能合约技术实现执行"一键立案"》,载微信公众号"最高人民法院",2019年10月28日。

② 柴振国:《区块链下智能合约的合同法思考》,载《广东社会科学》2019年第4期。

息(包括案号、双方当事人信息、起诉和答辩内容等),节省了人工输入的成本;以人工智能、视频通话、语音识别等技术为支撑,基本可以完成书记员和法官助理的部分工作。当然,目前整个司法界的法律科技水平应该还只能达到"快审"的目标,但是案件事实的归纳、证据的质证、法院观点部分的阐述,还是需要法官去组织。也就是说,还未到非常智能化的"智审"阶段。

其二,在线调解。司法不是守护公平正义的唯一一道防线,复杂多样的矛盾纠纷需要多元化的处理机制,诉调对接合作可形成多方参与、共建共治的社会治理体系。司法机关充分吸收律师、公证、行业协会等组织或个人来共同参与金融纠纷快速处置。通过专业指导和帮助,各金融机构送到法院的金融纠纷调解材料格式会相对更统一、内容会相对更规范,为后续的司法确认和审查节约了大量时间。一般来说,类型化的金融案件通常移送至法院后,调解成功率并不大。因为金融机构往往对于这些业务都已经作了相当的催收工作。在线调解虽然相对更为方便,但因其形式较为简单、门槛较低,往往也很难对恶意债务人起到必要的震慑作用。

其三,电子督促。督促程序是矛盾纠纷多元化解的重要方式,电子督促程序改革是多元化纠纷解决机制改革的重要方面。最高人民法院在《关于人民法院进一步深化多元化纠纷解决机制改革的意见》《关于进一步推进案件繁简分流优化司法资源配置的若干意见》等文件中明确指出,要"创新在线纠纷解决方式",建立"电子督促程序",积极推广使用电子支付令。我国电子督促程序的试点已经在杭州市西湖区人民法院、合肥市蜀山区人民法院、无锡市新吴区人民法院等数家法院开展。这些法院均位于经济发展水平较高的东南沿海地区,辖区内涉网案件数量较多,且基本上属于类型化的案件。当然,尽管个别法院对于电子督促程序有相当的支持力度,但推广时仍面临较多的困难:对内来说,案多人少的压力依旧没有减轻,尤其是推送至执行局的案子一旦增多其压力也必然会传到立案部门;对外而言,由于属于制度创新,在管辖、送达、保全等问题没有明确政策支持的情况下,很多法院很难接受。

其四,网络仲裁。仲裁作为诉讼之外解决纠纷的有效途径,随着互联网技术的不断提升,"互联网+仲裁"以其开放性、即时性和便利性等特点符合了电子商务时代纠纷解决模式的要求,逐渐成为电子商务纠纷的主要解决方式。[1] 以广州仲裁委、衢州仲裁委等为代表的仲裁机构依法制定网络仲裁

---

① 程琥:《以"互联网+"推进我国矛盾纠纷多元化解机制的完善》,载《人民法治》2015年第12期。

规则,搭建互联网平台。在涉网商务纠纷发生时,买卖双方倾向于在线协商采用平台内部自身的在线客服涉入纠纷,并让其居中裁定解决争议。所以,大多数的电商纠纷一般较难通过网络仲裁进行解决,更多的是金融领域的相关业务会被引流至网络仲裁。然而,我国的涉网仲裁模式仍较多停留在仲裁申请环节,审理过程仍普遍采用传统的仲裁模式。就互联网仲裁在我国的现状,未形成完善的、规模化的体系,依然存在诸多法律问题与实践问题需要解决。尤其是仲裁需要到中院去执行(中院本身的案件受理标的都相对较高),而网络仲裁的案件往往标的额非常低且频度非常高,导致了一些法院的抵触。再加上此前"先予仲裁"给整个仲裁界带来的负面影响,不少法院明确不支持网络仲裁。

2. 赋予强制执行效力公证的优势

目前看来,公证在互联网领域中的作用已经从最开始的固定网页证据发展到了存证电子合同文本;接下来,需要尝试的是将电子合同赋予强制执行效力。本文认为,对于电子合同相关的法律问题,用赋强公证制度亦可在电子合同领域发挥作用,以公证的优势解决电子合同中可能产生的纠纷矛盾,并且还可以补齐智能合约的闭环。

首先,公证与网上法庭、仲裁与调解等的区别是明显的:即强执公证以签署时对直接执行的承诺确认,可以免去审理程序(包括诉讼、仲裁或调解)从而达到对于未履约债务人的直接强制执行。

其次,除了上述区别,其与电子督促程序也有不同:其一,电子督促程序要求债权人与债务人没有其他债务纠纷;但赋强公证适用于办理了赋强公证的特定合同,并不影响各方的其他债权债务关系。其二,电子督促程序要求支付令能够送达债务人的,而赋强公证在订立合同时就可以提前约定送达不能情况下的处理方法。其三,电子督促程序只要债务人能提出成立的异议,支付令就自行失效;但赋强公证因有债务人订立合同时对于直接强制执行的确认与承诺,故而债务人想要再拖延时间就会较为困难。其四,电子督促程序中,法官对于合同的真实性较难把握(除了部分特大型金融机构或公司外);但赋强公证本身就以第三方的信用确保了合同订立的真实性,不易在真实性上给法官造成判定不能的困局。其五,电子督促程序中,法官对于合同的合法性需要进行实质审查;赋强公证则将审查合同合法性的问题提前到了订立合同时,可以为法院的执行省却相当部分审查任务。

最后,其与实现担保物权也存在着不同:民事诉讼法律体系中实现担保物权章节旨在保障有担保物权部分的合同,但对于无担保或者保证担保的合同无能为力;而在电子合同背后的金融领域,最为突出的特点在于其更多地运用了大数据来剖析各人的信用情况,从而为普惠金融打下了基础。另外,如果需要在线上运用实现担保物权,还需要不动产登记部门的上线服务。故目前来讲,实现担保物权案件在互联网金融领域实现的可能性并不大。

公证制度最初产生于欧洲,欧洲之公证制度起源于古罗马,几经变迁后,在证明作用的基础上扩充了具有强制执行的效力。公证书具有执行效力,源于中世纪意大利债务人执行承诺约束制度,现今大陆法系国家均予以沿用,对当代社会的纠纷解决起着积极作用。[①] 赋强公证是对"强制执行"的一个前向延伸,对合同的一个后向延伸,对于实现"自动执行"而言,缺一不可。

3. 赋强公证对智能合约司法自动执行的重要意义

随着科技的发展,"智能合约"已经实现了跨越式发展:从逻辑程序中"if-then"判断语句的 1.0 时代,到将"if-then"语句作为代码并存储于区块链上达到自动履行合同的 2.0 时代,再到司法实践中能够"自动执行"的 3.0 时代,智能合约已成为对信任制度的补强。[②]

但就目前发展来看,无论单独选取哪种法律形式,都无法完全实现"自动执行"的目的。智能合约运行过程中出现的法律问题,不可避免地要回归法律制度之中,解决新技术与原有法律体系在适用上的冲击。[③] 由于合同权利义务的复杂性,违约也表现出极其复杂的形态,违约行为的分类也有很多。对于纠纷解决,赋强公证具备独特的效率优势,可以说,没有赋强公证支持的司法智能合约,不能称之为真正的"自动化"。

(三)司法"自动执行"的制度保障

1."面签"在网络环境下的新理解

目前,公证领域中,对电子合同赋予强制执行效力还是存在争议的,其

---

① 龙飞、赵毅宇:《赋强公证制度在多元化纠纷解决机制中的功能定位》,载《人民法院报》2018年6月6日。

② 赵磊、孙琦:《私法体系视角下的智能合约》,载《经贸法律评论》2019年第3期。

③ 杨东:《链金有法区块链商业实践与法律指南》,北京航空航天大学出版社 2017 年版,第311页。

最主要莫过于制度层面的合规性,即公证一直以来的"面签"原则是否可以突破的问题。虽法律上并没有直接载明这一原则,但实践中公证人员均将其作为公证的基础性理论原则之一。我们认为,就现行的各项法律法规及政策来看,可以有节制地谨慎突破"面签"原则。《最高人民法院、司法部关于公证机关赋予强制执行效力的债权文书执行有关问题的联合通知》《中华人民共和国公证法》《中国公证协会办理具有强制执行效力债权文书公证及出具执行证书的指导意见》《最高人民法院、司法部、中国银监会关于充分发挥公证书的强制执行效力服务银行金融债权风险防控的通知》均未要求必须本人以书面形式申请。

构成障碍的可能会有两个效力等级较低的规则:司法部 2006 年制定的《公证程序规则》①以及《最高人民法院关于适用〈中华人民共和国民事诉讼法〉的解释》。② 如何理解"亲自到场"公证的问题,也就成为认定公证债权文书有效性的关键。上述规定目的在于要求公证机构能够确认被执行人的身份以及作出举债并承诺可直接强制执行的合意。形式要求总归是为内容服务的,内容真实才是根本。

面对这个问题,司法部和外交部在面对侨胞时迈出了关键性一步。2018 年,华东公证处在海外公证联络员协助下,借助互联网技术远程视频,为远在国外的华侨办理公证。这一模式,在疫情防控期间也广为各地公证处所使用。

而对于国内电子合同赋强公证事项,也可以效仿这一模式,尝试采用互联网技术远程视频的模式进行办理。互联网远程视频需要多方合作:一方面需要保证公证过程中所使用的网络不能出现任何卡顿或延时;另一方面是远程视频交互系统,既要确保公证事项办理过程中的音视频被完整记录,以便公证留档,又要保证远程联络点中的视频拍摄无死角,以防当事人受他人胁迫;此外,最重要的是实现公证逻辑,确保电子签名真实,公证程序中的信息予以

---

① 《公证程序规则》第 17 条明确载明了"自然人、法人或者其他组织向公证机构申请办理公证,应当填写公证申请表"并"应当在申请表上签名或者盖章"。2020 年 9 月通过的《司法部关于修改〈公证程序规则〉的决定》对此条并未修改,但增加 70 条第 2 款规定,"公证机构采取在线方式办理公证业务,适用本规则。司法部另有规定的,从其规定"。

② 《最高人民法院关于适用〈中华人民共和国民事诉讼法〉的解释》第 480 条规定:"有下列情形之一的,可以认定为民事诉讼法第二百三十八条第二款规定的公证债权文书确有错误:……被执行人一方未亲自或者未委托代理人到场公证等严重违反法律规定的公证程序的……"

加密,防止公证过程中信息被人篡改。面对因各种特殊情况不方便亲自到公证机构办理公证的当事人,或者涉及重大事项的电子合同赋予强制执行效力公证,公证机构亦可使用互联网技术远程视频的模式进行办理,或在部分地点设立公证联络点,或公证机构根据个案派员上门,在核实当事人身份后,按照公证程序办理公证事项,以技术为支撑,最大限度地实现便民服务。

此外,此类赋强公证,可引入区块链技术,形成"区块链+网络赋强公证"模式,在科技金融系统、用户、公证机构、法院执行庭之间建立起公证联盟链,可在谨慎突破"面签"原则的同时,实现增强公信力、全流程监控以及系统安全的目标。具体而言,科技金融系统、用户、公证机构、法院执行庭四者作为数据节点形成可信数据链,可达到业务数据安全加密且线上协作处理的目的;而监管机构通过部署节点,可以实现对科技金融机构借贷赋强公证全流程监管,成本较低;而通过区块链技术实现公证过程中的身份认证,保证了数据的可信传输,系统安全性强。由此,借助技术手段,公证机构可以根据不同科技金融机构的特点,提供差异化的网络赋强公证服务。

2. 司法管辖连接点的适度扩大

(1)公证执业区域

公证机构的执业区域实际就是从以前作为行政机关的公证机构管辖发展而来——该制度实际上还是基于互联网社会之前的工业时代所制定的,而互联网时代的到来以及对工业时代的诸多规则提出了新的要求。[1] 但网络环境下的行为和事实发生已经与传统的本人亲自到场发生了重大的变化,科技的发展也动摇了以地域为基础的管辖标准。对此,一方面是我们应该如何去重新理解"行为地或事实发生地";另一方面则是制度层面上如何去做新的界定(司法部以及各省都有新的一些动作)。

在实践层面,解决公证执业区域问题的路径在于:提高全行业对于智能合约的认识,同时共享公证互联网化的利益。

(2)法院执行管辖

不管是何种法律形式,都只能解决审理层面上的相关问题,最终却都无法逃避"执行"环节。依《民事诉讼法》规定,[2]赋强公证的执行有可能是依

---

① 《公证法》第25条第1款规定:"自然人、法人或者其他组织申请办理公证,可以向住所地、经常居住地、行为地或者事实发生地的公证机构提出。"

② 《民事诉讼法》(2017年)第224条第2款规定:"法律规定由人民法院执行的其他法律文书,由被执行人住所地或者被执行的财产所在地人民法院执行。"

据被申请人或被执行财产的不同在全国各地的法院进行。那么，网络赋强公证未来的执行情况可能也会存在较大问题。

现行立法本意在于方便法院对被执行的财产实施保全和执行措施。但是网络赋强公证的全流程包括推送至法院均可通过网络完成，与此相对应的执行查控实际上往往也都可以通过网络进行处理。这种情况下，要求债权人到被执行人住所地或被执行财产所在地申请执行，既不方便也不经济。

网络环境下，管辖确认方面存在一定的争议；参考电子合同签订地采用主营业地和经常居所地原则、履行地根据不同情况采取买受人住所地、收货地原则，①有学者提出了三种方案：一是可以由办理赋强公证的机构所在地法院管辖；二是建议允许高级人民法院以指定管辖的方式，由辖区内的特定法院执行；三是建议允许公证机构与互联网法院进行执行对接，并将网络赋强公证出具的公证债权文书的执行管辖归口到互联网法院。② 在 2018 年最高人民法院制定《关于公证债权文书执行若干问题的规定》的过程中，北京市公证从业人员就曾建议将签订、履行行为均在互联网上完成的金融借款合同、小额借款合同在办理完公证债权文书手续后，债权人在申请执行时的管辖法院指定为办理公证的公证机构所在地的互联网法院或其他基层人民法院管辖。遗憾的是这一建议最终并未得到采纳。目前，对于各机构来说最现实的办法可能无外乎是利用金融机构开设的账号作为财产所在地用以取得管辖权——当然，这也得看当地法院的案件压力情况。

（3）区域协助机制

对于上述执业区域或管辖所产生的问题，实际上还有一个相对比较可行的方案，即区域协作。通过各地公证机构与法院的相互协作，可以实现有关案件摆脱或打破地域的桎梏，提升行业的整体对外工作能力。

然而，这里仍然存在现有制度的掣肘——2000 年《最高人民法院、司法部关于公证机关赋予强制执行效力的债权文书执行有关问题的联合通知》中"原公证机关"③的规定给公证行业通过此种前后协作模式进行操作带来

---

① 吴卫明：《数字金融法律实务与风险防控》，中国法制出版社 2018 年版，第 116—117 页。

② 廖永安：《完善网络赋强公证的执行管辖是推动互联网金融纠纷解决的关键一招》，载《人民法院报》2019 年 7 月 18 日。

③ 《最高人民法院、司法部关于公证机关赋予强制执行效力的债权文书执行有关问题的联合通知》中规定："四、债务人不履行或不完全履行公证机关赋予强制执行效力的债权文书的，债权人可以向原公证机关申请执行证书。"

了障碍。

因此,目前较能形成共识的实际还是以出具互联网公证文书的机构与司法辅助的机构在法律范畴内实现区域协作。

3. 公证机构参与执行辅助

执行问题,不仅仅是上述司法管辖这一个方面。人民法院提出要破解"执行难"的问题也已多年,虽然成绩斐然,却依旧无法解决日益增长的案件压力。网络赋强虽然在确认债权定纷止争等方面能起到分担法院审判工作的重要作用,但其必须得到有效执行。如何打通这"最后一公里",实际上是所有这些司法制度当前所遇到的最大痛点。

智能合约下的金融业务所涉的执行中面临的难题:一方面是被执行人散落于全国各地,对任何一家法院来说其执行难度都异常大;另一方面却是执行标的额异常小,有的甚至小到真正要追偿的费用都无法覆盖执行的标的额。如若额度特别小的情况下给相关被执行人列入失信人名单,则容易造成该制度使用过度引发群体社会事件;但如若前端经过了审判、仲裁或公证,后端却不执行,则又将造成威慑力的下降以至于相关制度丧失其必要的公信力。

那么到底如何破局?2017年最高人民法院、司法部发布了《关于开展公证参与人民法院司法辅助事务试点工作的通知》(以下简称《司法辅助通知》)。在此文件前后,各地公证机构与人民法院开展了诸多卓有成效的实践探索。在执行业务中,最重要的莫过于公证机构如何取得相关的职权以便开展工作。《司法辅助通知》使用了一个术语——参与。那么公证实务中,应当如何理解"参与"?从已有的实践来看,公证参与司法辅助事务大致可以概括为四种模式:申请模式、[①]委托模式、[②]协同模式、[③]进驻模式。[④] 现在最多的是上述部分模式共存,即首先为公证处入驻法院,然后对于执行阶

①　申请模式,即公证机构需依人民法院申请启动公证程序,这一模式无疑符合公证法对公证程序的要求,《司法辅助通知》确认了法院执行阶段的保全证据公证应依申请启动公证程序,其完整表述是:"经执行机关申请,可以办理保全证据公证。"

②　该模式已较多地出现在公证参与司法辅助事务的实践中,《司法辅助通知》对于公证参与调解、取证、送达等司法辅助事务都明确了以人民法院委托公证机构为前提。

③　协同模式,即法院与公证机构通过共同设置某种组织架构,引入公证机制参与司法辅助事务。

④　该模式较为常见,即公证机构派员入驻法院从事公证调解等司法辅助事务,以减轻法院案件压力。

段的保全证据公证依旧采取传统的申请模式,由法院作为申请人向公证提出公证申请。平时公证入驻人员则是接受法院的委托处理相关辅助事务。然而,单纯债权人委托或者法院授权的模式在财务上还是会遇到一些困境,建议实践中可以通过三方协议的方式处理。

另外,2019 年最高人民法院、司法部又联合发布了《关于扩大公证参与人民法院司法辅助事务试点工作的通知》,并指出了新方向:"北京市中信公证处推出网络赋予债权文书强制执行效力公证系统,对网上小额借贷在线公证,将案件直接推送至人民法院,批量立案、批量执行,全程无纸化操作,从源头上分流案件,有效缓解了互联网金融案件诉讼难、执行难的问题。"智能合约下的金融案件,最终还是需要以科技的方式加持赋能进行解决。用科技的方法加上公证的司法辅助,想必可以更好地协助人民法院处理科技金融案件,也是为网络社会的治理提供的新方案。

四、结语

民法典的实施对于电子合同在实践中的应用将起到基础性的保障作用。而面对互联网背景下因电子合同而带来的海量案件,光靠"捉襟见肘"的裁判人员是难以应对的。互联网法院通过对司法链上的智能合约应用,迈出了司法领域自动化的坚实一步。但目前的智能合约在司法领域的实践只能说是非常初级的,尚无法覆盖裁判和执行的全过程。所以,这就需要我们发挥好多元纠纷解决的文件精神,充分用好赋强公证的优势,利用技术打造起全流程司法智能合约的闭环。当然,打造全流程司法智能合约的过程中一定还会有不少有待解决的问题,这需要法院、公证处以及技术公司等各方的协同尝试。

无纸化立案背景下的电子化材料提交规则研究
——以要件事实论为思维径路

吴克坤　李云梦　李俊冰*

（重庆市两江新区人民法院，重庆　401135）

摘　要：世行营商环境评估中"执行合同"指标关注司法程序和质量，无纸化立案是该指标项下重要考察内容。为优化营商环境，民商事案件无纸化立案已在全国范围内实际运行，以此为契机，全程无纸化办案也在积极探索中，但因电子化材料提交规则不完善，实践中存在提交形式基础不足、时限要求不严、提交范围不清以及提交证据材料有效率不高等问题，亟待研究改进。本文在充分检视现状、分析主客观限制因素的基础上，以要件事实裁判方法与数据分析技术在分析解构信息方面机理的契合性为思维路径，促进各方协同诉讼为出发点，尝试依托信息技术构建要件指引电子化材料提交模式并着力完善配套规则，形成电子化材料提交规则体系，以期有益于司法实践。

关键词：无纸化；电子化材料；要件事实；提交规则

世行营商环境评价是全球公认的权威营商环境评价体系，其中代表司法程序质量的"执行合同"系 11 项一级指标之一，其重要内容为法院自动化，主要评价民事诉讼中电子立案、电子送达、电子缴费等制度建设及应用情况。① 为优化营商环境，民商事案件无纸化立案已在全国范围内施行。以无纸化立案制度推行为契机，我国也在积极探索民商事案件全程无纸化办案，最高人民法院下发的《关于进一步做好优化营商环境工作的意见》中明确要求完善有关制度，全面实现买卖合同等案由案件的无纸化办案。然而，在这一改革过程中，电子化诉讼材料提交规则不完善、指引欠缺，导致后续

---

　　* 吴克坤，重庆市两江新区人民法院综合审判庭法官；李云梦，重庆市两江新区人民法院综合审判庭法官助理；李俊冰，重庆市第一中级人民法院法官助理。
　　① 罗培新：《世界银行营商环境评估——方法、规则、案例》，译林出版社 2019 年版，第 396—397 页。

诉讼流程运行不畅,亟须研究改进。本文主要研究一审民商事案件中电子化诉讼材料提交问题,在充分检视现状、分析主客观限制因素的基础上,以要件事实论为思维路径,促进各方协同诉讼为出发点,尝试构建要件指引式电子化材料提交模式并着力完善配套规则,形成电子化材料提交规则体系,以期有益于司法实践。

一、实证检视:无纸化立案背景下的电子化材料提交现状

无纸化立案仅要求当事人在线提交起诉材料,但在这一制度实施背景下,当事人在提交起诉材料后,也可通过诉讼平台进一步在线提交证据、申请书等诉讼材料,推进无纸化办案的法院更是积极倡导当事人在线提交全部诉讼材料。为检视我国一审民商事案件中电子化材料提交现状,笔者一方面从实然运行情况入手,对网上立案同步生成的电子卷宗进行抽样查阅,并与承办法官访谈,另一方面从规则建构层面考察,对部分法院电子化材料提交规则进行梳理分析。

(一)案件抽样分析

C市L区基层法院受收案范围管辖调整影响,受理案件类型较集中,主要为投资、贸易、金融类商事案件,该院在全面实现无纸化立案基础上已尝试推行全流程无纸化办案。笔者随机抽取该院2020年1—6月200件新收网上立案案件同步生成的电子卷宗(未归档整理),经查阅上述卷宗,并与对应9名承办法官访谈可知,当事人基于无纸化立案要求提交的起诉阶段所需电子化材料,含诉状、身份信息、证明管辖及争议存在客观性和已然性的相应证据(如合同)等材料,较为全面规范,符合世行营商环境评价标准。但样本法院推行全流程无纸化办案后,当事人在立案同步及后续提交其他电子化材料时则存在以下问题:

1. 提交形式基础不足

200件样本电子卷宗中,当事人提交的除诉状、身份信息外其他电子化材料普遍存在提交不完整、材料不清晰、资料缺乏逻辑性整理等形式方面问题。其中,有126件案件存在提交材料不完整的情形,占比达63%,具体包括:金融借款合同纠纷案件中缺少放款流水或者逾期流水,债权提前到期的缺少邮寄提前到期通知书的邮寄单,保险合同纠纷中缺少保单,责任保险纠

纷中缺少已经向第三者履行赔付责任的材料等。有 52 件案件存在提交材料不清晰的情形,占比 26%,包括电子化材料底色灰暗、阴影范围较大、图像模糊等,致使具体金额、时间等重要内容难以辨认清楚。有 116 件案件电子化材料上传顺序混乱,内容跳跃,且并未进行合逻辑性整理,占比 58%,法官阅卷时须前后寻找连贯页面,并重新整理资料,增加了阅卷难度和耗时。

2. 提交时限要求不严

200 件样本电子卷宗中,根据同步生成资料时间显示,仅有 45 件案件经网上立案后,当事人在庭前准备阶段严格按照举证时限要求提交了证据资料,占比 22.5%,余下 155 件案件均存在逾期举证的情况,占比 77.5%。但对上述逾期举证案件,法官在庭审环节均审查了当事人逾期提交的证据,且有 123 件案件当事人并未因逾期举证承担不利后果,占全部逾期举证案件比例为 79.36%,仅有 32 件案件采取了训诫措施,占全部逾期举证案件比例为 20.64%;无案件采取了罚款措施。当事人频繁逾期举证使得电子化证据材料难以及时固定,导致在庭前环节中证据交换及争议焦点归纳存在障碍,影响庭审顺利进行。

3. 提交材料范围不清

无纸化立案背景下,当事人提交电子化起诉材料后,也可通过诉讼平台进一步在线提交其他诉讼材料,但经访谈可知,实践中当事人、法官对于网上提交资料的范围仍存在不同认识。在网上提交资料过程中,一般会通过程序设置对当事人提交起诉状、身份材料予以提示指导,但对其他诉讼材料的提交则无相应诉讼释明,导致实践中操作不一。如对于和解、撤诉、延期举证、延期开庭审理、追加第三人等申请类程序性文书,因对诉讼进程推进及当事人权利义务影响较大,有 5 名法官认为不适合通过网上电子化提交,其担心电子化提交可能会导致处理不及时或者因材料真实性问题引发争议,而另外 4 名法官则认为可以网上电子化提交,与线下提交应具有同等法律效力。

4. 提交证据材料有效率不高

经与承办法官访谈可知,因当事人在线提交电子化材料时缺乏明确有效的举证指引,导致举证方向把握不准,或基于胜诉心理提交上传大量与诉求(反驳)无关的冗余资料,或仅上传基础合同扫描件,未再提交其他证据资料,已提交的证据材料也缺乏符合法官裁判思路的逻辑性整理,法官在审查材料过程中难以在证据资料及对应待证事实间建立起清晰有效联系、明晰争议焦点,当事人提交证据材料有效率整体不高,制约诉讼效率提升(如图1)。

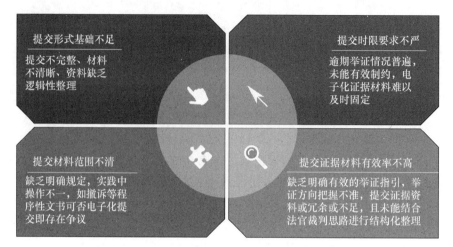

图 1　当事人提交电子化材料存在的问题

（二）现有电子化材料提交规则实证考察

以下笔者尝试从电子化材料提交形式基础、时限要求、范围、效力等方面进行规则梳理，因我国未有专项电子化诉讼材料提交规则，故将根据部分高级人民法院出台的网上立案或电子诉讼规定，以及最具代表性的电子诉讼平台"移动微法院（浙江分平台）"操作指引①进行提炼梳理。梳理情况及结论详见表 1 至表 4。

表 1　电子化材料提交形式基础规则

出台单位	文件名称	涉及电子化材料形式基础规则的内容	条款特征
北京高院	《北京法院网上立案工作办法》2020 年 3 月 9 日	第七条　当事人和代理人在北京法院审判信息网网上立案系统所提供的起诉状和申请书等材料应使用 A4 型纸的电子文本，同时应当附与书面材料内容一致的可编辑的起诉状、申请书的电子文本（word 文本），其他材料纸质文件的 PDF 文本格式或者 JPG、BMP 等图片格式 当事人和代理人在北京移动微法院网上立案系统应上传 JPG、BMP 等图片格式的起诉材料	对提交电子化材料文本型号及格式的要求

①　各地移动微法院分平台功能有所差异，移动微法院（浙江分平台）成立最早、功能最全。

续表

出台单位	文件名称	涉及电子化材料形式基础规则的内容	条款特征
上海高院	《关于网上立案、电子送达、电子归档的若干规定（试行）》2019年2月17日	该规定附件对当事人提交电子诉讼材料技术规范进行了较为全面的规定:如电子化材料命名需规范;单个文件大小不能超过100M;电子化材料格式为pdf;扫描文件分辨率不得低于300DPI,原件不清晰的不得低于400DPI;材料不得旋转、倾斜;材料需编页码后再扫描上传;对上传数码照片有明确的格式要求	对提交电子化材料较为全面的形式基础要求
江苏高院	《关于完善"互联网+诉讼服务"的实施办法（试行）》2019年8月10日	9. 当事人应当遵循诚实信用原则,不得提交虚假证据,网上提交的有关材料应当真实、完整、清晰	对提交电子化材料的真实、完整、清晰要求
山东高院	《关于规范网上立案工作的意见（试行）》2019年6月25日	第十五条 当事人或其诉讼代理人申请网上立案,应当实名注册、上传材料、诚信诉讼,对诉讼行为承担法律责任	对提交电子化材料的真实性要求
浙江高院	《浙江法院网上诉讼指南（试行）》2018年7月2日	22.……有条件的人民法院可以通过智能立案系统,对网上诉讼平台的当事人信息、诉讼请求、事实和理由等起诉状内容进行结构化设计,便于当事人选择和提供案件信息	对提交的电子化材料进行结构化管理
	移动微法院（浙江分平台）操作指引	上传材料文件可基于本机相册或拍照、基于微信聊天记录的PDF文件。添加证据可选择"图片视频证据"或"PDF文件证据"	对提交电子化材料的格式要求
重庆高院	《网上立案工作规定（试行）》2019年9月25日	第五条 在网上立案平台所提供的立案材料应使用A4型纸扫描图像,并附有与网上提交的起诉状（申请书）内容一致的电子文本,其他材料的电子文本同一并提供	对电子化材料文本型号的要求

结论:各法院均一定程度上对电子化材料提交形式基础要求作出规定,但各地规定尚不统一,且较为注重书证转化为电子化材料提交的格式要求,对电子数据、物证、视听资料等证据形式如何电子化提交缺乏明确规定。同时,各法院对提交电子化材料的完整性及清晰性要求较为原则,缺乏可操作性。另,除浙江高院外,其他法院均无对提交电子化材料进行结构化整理的要求

表2 电子化材料提交时限要求规则

出台单位	文件名称	涉及电子化材料时限要求规则的内容	条款特征
北京高院	《北京法院网上立案工作办法》2020年3月9日	第十一条 ……(二)当事人和代理人提交的材料不符合要求的,法官应当一次性全面告知应当补正的材料和期限。在指定期限内经补正符合法定条件的,登记立案。逾期未补正或者经补正不符合要求的,裁定不予受理……	立案阶段指定期限
上海高院	《关于网上立案、电子送达、电子归档的若干规定(试行)》2019年2月17日	第九条(告知补正) 对符合立案基本条件,但证据形式要件不齐全的,立案人员应告知申请人在一定期限内补充提交相应材料以及不按时补正的后果。逾期不予提供的,视为撤回立案申请	立案阶段指定期限
江苏高院	《关于完善"互联网+诉讼服务"的实施办法(试行)》2019年8月10日	6. ……需要补正或补充材料的,应当一次性告知补正材料及内容;当事人在指定期限内无正当理由未补正或补充材料的,应当通过网上立案系统退回其申请	立案阶段指定期限
山东高院	《关于规范网上立案工作的意见(试行)》2019年6月25日	第八条 ……(三)信息填写有误或者提交材料不齐全的,人民法院可通过网络、电话、传真、邮寄、电子邮件、现场告知等方式一次性告知补正;(四)收到补正通知的,当事人或其诉讼代理人应当在七日内完成补正,七日内未补正的,人民法院网上退回立案申请,记录在网,视为未起诉	立案阶段指定期限
浙江高院	《浙江法院网上诉讼指南(试行)》2018年7月2日	24. 网上诉讼平台提交的起诉(申请)材料不符合规定需要补正的,人民法院应当一次性告知应当补正的内容和期限。在指定期限内补正且符合法律规定条件的,人民法院应当登记立案。逾期未补正的,视为撤回网上立案申请。当事人可以另行以线下方式进行立案	立案阶段指定期限
		31. ……被告知进行网上应诉的,应当在答辩期限和举证期限内通过网上诉讼平台提交答辩意见并积极举证……	庭前举证期限
		34. ……网上举证期限与线下案件一致……	庭前举证期限
	移动微法院(浙江分平台)操作指引	无	无

续表

出台单位	文件名称	涉及电子化材料时限要求规则的内容	条款特征
重庆高院	《网上立案工作规定(试行)》 2019年9月25日	第七条 ……当事人提交的诉讼和材料不符合要求的,人民法院应当一次性书面告知在指定期内补正……	立案阶段指定期限
结论:各法院均对立案阶段电子化材料提交的期限要求作出规定,但仅浙江高院对庭前电子化答辩及证据材料提交期限作出强调,且各法院尚未有结合系统对逾期提交电子化材料进行适度限制的规定			

表3 电子化材料提交范围规则

出台单位	文件名称	涉及电子化材料提交范围规则的内容	条款特征
北京高院	《北京法院网上立案工作办法》 2020年3月9日	第六条 当事人和代理人应按照网上立案系统的要求准确填写诉讼标的额、当事人及代理人相关身份信息,并按照要求上传起诉状(申请书)、身份证明及委托手续、证据材料等必要的起诉(申请)材料	含诉状、身份材料及委托手续、证据材料
上海高院	《关于网上立案、电子送达、电子归档的若干规定(试行)》 2019年2月17日	附件:1. 电子诉讼材料提交应当根据材料内容按件区分,如起诉状、身份证明材料、委托材料、证据材料等……	含诉状、身份材料及委托手续、证据材料
江苏高院	《关于完善"互联网+诉讼服务"的实施办法(试行)》 2019年8月10日	1. ……可提交申请诉讼、执行立案的相关材料。	含诉状、身份材料及委托手续、证据材料
		8. ……完成身份验证后……可上传证据材料。双方当事人可以通过证据交换平台补充证据材料	含证据材料
山东高院	《关于规范网上立案工作的意见(试行)》 2019年6月25日	无	无

续表

出台单位	文件名称	涉及电子化材料提交范围规则的内容	条款特征
浙江高院	《浙江法院网上诉讼指南(试行)》2018年7月2日	20.当事人及其诉讼代理人申请网上立案时,应当通过网上诉讼平台提交起诉状(申请书)、身份信息证明、授权委托书、诉讼代理人身份证明、与诉请相关的证据材料等诉讼材料。材料较多(证据材料在10页以上的)或不便于网上提交的,当事人可以在网上提交起诉状(申请书)、身份信息证明、授权委托书、诉讼代理人身份证明与证据清单,并在网上提交起诉材料之日起3日内向人民法院邮寄或递交纸质起诉(申请)材料。人民法院收到纸质起诉(申请人对纠后应当及时扫描生成电子起诉材料)	含诉状、身份材料及委托手续、证据材料
		22.网上上诉平台可以通过对接人民法院以外互联网平台的方式,接收其他平台传输的原始数据、资料作为起诉材料	含接收互联网平台传输的原始数据、资料
	移动微法院(浙江分平台)操作指引	选择立案法院并上传相应的立案材料并点击提交。当事人或代理人可通过"掌上法院"提交证据模块上传证据材料	含诉状、身份材料及委托手续、证据材料
		可通过移动微法院中的"掌上法庭"模块进行诉讼活动……点击输入框右则"+"号按钮,可使用更多功能:……提交申请……等。当事人或代理人在"掌上法庭"中点击"提交申请",选择申请事项"撤诉",进入撤诉申请页面,微法院支持提交申请书图片或者填写模板生成申请书两种方式	含撤诉等程序性申请材料
重庆高院	《网上立案工作规定(试行)》2019年9月25日	第四条第(三)项中规定了提交材料的范围,主要为诉状、身份材料及委托手续、证据材料	含诉状、身份材料及委托手续、证据材料
结论:各法院均对诉状、身份证明材料、委托材料、证据材料可电子化提交作出规定,仅浙江高院明确撤诉等申请类程序性文书可电子化提交,此外其他诉讼材料是否可电子化提交各法院未明确说明,规则模糊			

表4　电子化材料提交效力规则

出台单位	文件名称	涉及电子化材料形式基础规则的内容	条款特征
最高人民法院	《民事诉讼程序繁简分流改革试点实施办法》2020年1月15日	第二十二条　当事人及其他诉讼参与人以电子化方式提交的诉讼材料和证据材料,经人民法院审核通过后,可以直接在诉讼中使用,不再提交纸质原件。人民法院根据对方当事人申请或者案件审理需要,要求提供原件的,当事人应当提供	电子化材料经法院审核通过,可直接在诉讼中使用
	《民事诉讼程序繁简分流改革试点问答口径(一)》2020年4月15日	二十九、当事人提交的电子化材料有何效力?答:根据《实施办法》第二十二条规定:经过人民法院审核通过的电子化材料,具有"领同原件"的效力,可以直接在诉讼中使用,但该效力仅针对电子化材料形式真实性,对证据的实质真实性、关联性和合法性必须通过举证质证程序审查 三十、法官应当如何审核电子化材料?答:法官审接电子化材料的形式真实性,应当注意以下几个方面:第一,对于审核难度相对较小的诉讼材料,可以通过打通相关部门公民个人身份信息和企业工商登记信息系统进行在线核实,对授权委托书等材料采取电话核实。第二,对于双方都占有的证据材料,主要视对方当事人提出异议情况而定,无异议的可以直接认定,有异议且理由正当的应要求提供原件核对。第三,对于仅单方占有的正据材料,首先考虑是否系制式化、标准化或第三方出具,如发票,交费收据等,这类证据若对方当事人不持异议,可以直接认定;对于单方提供的非制式化并对案件审理具有关键性作用的证据,人民法院认为无法核实真实性时,应当要求提供原件核对	经法院审核通过的电子化材料,具有"视同原件"的效力,但该效力仅及于形式真实性
北京高院	《北京法院网上立案工作办法》2020年3月9日	无	无

续表

出台单位	文件名称	涉及电子化材料形式基础规则的内容	条款特征
上海高院	《关于网上立案、电子送达、电子归档的若干规定(试行)》2019年2月17日	无	无
江苏高院	《关于完善"互联网+诉讼服务"的实施办法(试行)》2019年8月10日	无	无
山东高院	《关于规范网上立案工作的意见(试行)》2019年6月25日	第十二条　当事或其诉讼代理人通过网上立案提交的电子材料,其效力与纸质材料相同……	效力与纸质材料相同
浙江高院	《浙江法院网上诉讼指南(试行)》2018年7月2日	无	无
浙江高院	移动微法院(浙江分平台)操作指引	无	无
重庆高院	《网上立案工作规定(试行)》2019年9月25日	无	无

结论:最高人民法院规定试点地区电子化材料经法院审核通过,可直接在诉讼中使用,具有"视同原件"的效力。但该效果仅及于形式真实性;山东高院规定当事人通过网上立案提交的电子化材料与纸质材料效力相同;其他法院均未对电子化材料提交效力问题作出明确规定

（三）小结

通过实证检视,可得出以下分析结论:一是当前无纸化立案背景下,电子化材料提交存在提交形式基础不足、时限要求不严、提交范围不清以及提交证据材料有效率不高等问题,亟待研究规制。二是在电子化材料规则制

定层面,相关指引规则不完善,且各法院关于电子化材料提交未有统一认识和体系化思考,亟待制定明确统一的电子化材料提交规则体系。

二、原因回溯:电子化材料提交主客观限制因素分析

针对上述电子化材料提交中存在的相关问题,笔者从当事人、法官及制度等维度深入分析回溯其限制因素,探寻问题症结。

(一)当事人维度

1. 诉讼能力限制

部分当事人因维权意识及诉讼能力不足,不注意对可能引发纠纷的事实证据进行固定保存,或对提交哪些证据才可充分证明支持其诉讼主张不甚清楚,导致电子化材料提交,尤其是证据材料提交不完整、针对性不足、有效率不高。但需要明确的是,法律知识具有专业性,此种不足不能完全苛责于当事人,而应从外部寻找解决方法,如加强诉讼释明指引等。

2. 诉讼策略考量

与此同时,也有部分当事人出于诉讼策略考量,故意不完整或逾期提交诉讼资料,其不希望相关主张及证据信息被对方当事人庭前及时获取以进行充分的反驳应对,通过逾期答辩、举证,以制造答辩主张突袭或证据突袭效果。但因我国民事诉讼实行非强制答辩制度,对逾期举证也较为宽容,对此未能进行有效规制。

(二)法官维度:中立被动的本位主义认知

部分法官认为,审判者应居中裁判,与当事人庭外沟通互动不宜过多,尤其是涉及具体案件如何举证的问题,法官介入干涉后恐不易把握尺度,一旦超过界限,将导致诉辩双方诉讼能力失衡,丧失裁判中立地位,引发当事人对裁判公正性的质疑。实际上,因我国法治化进程所限,当事人诉讼能力普遍不足的现象是客观存在的,出于追求客观真实的诉讼传统,须保障双方当事人均具有相应的诉讼能力,因此法官加强释明指引不可或缺,否则将严重影响诉讼效率,并可能导致裁判结论不公正。同时,在无纸化立案背景下,当事人电子化材料提交与法官材料接收系非"面对面"异步进行,当事人具有更多自主性,法官进行前置诉讼指引方式有限,也一定程度上影响法官释明指引的积极性。

（三）制度维度

1. 任务指标下的被动上线

当事人提交电子化材料主要基于无纸化立案相关工作要求，是优化营商环境中提升司法公正效率的重要举措。2020 年以来，无纸化立案背景下的电子化材料提交，由最高人民法院自上而下强力推动，系任务指标下的被动性上线，此种上线运行模式能够在短时间内覆盖全国，但因发展进程所限，相关制度及配套措施并未跟上，比如，缺少统一的电子化材料提交要求，对当事人诉答主张和证据主张进行要件式、结构化引导不足，电子化材料提交的效力认定等配套规则缺失，规范管理机制不健全等，导致电子化材料提交实践中出现相关问题。

2. 我国立审分离诉讼传统的影响

我国立案阶段与审理阶段证据材料证明对象不同，立案阶段证据材料只需要证明争议存在的客观性和已然性，审理阶段证据材料则须证明诉讼主张成立的相关事实具有"高度可能性"存在，因此两个阶段在诉讼资料提交方面有着不同的需求。但在无纸化立案背景下，当事人在线提交起诉材料后，也可能一并在线提交其他诉讼材料，立审分离思想下立足于起诉和庭前"分阶段"释明指引已不足以适应司法实践现实情况。笔者认为，在遵循立审分离的诉讼传统前提下，仍可整合立案环节和审理环节电子化材料提交需求，在审前环节对诉讼主张及证据资料提交进行初步释明指引，以提高当事人提交电子化材料的有效性。

三、思路选择：构建要件指引式电子化材料提交模式

由上可知，当前无纸化立案背景下，电子化材料提交亟待规制，其中，因指引规则不完善致使电子化材料提交范围不清、证据提交针对性不足等问题为关键痛点。对此，笔者认为，为解决痛点问题，可结合大数据分析技术，以要件事实裁判方法为基础，构建要件指引式电子化材料提交模式。

（一）价值证成

1. 民事诉讼要件事实裁判思路的内在机理要求

诉讼材料的提交为法官裁判提供前提和基础，作为有机统一的民事诉

讼过程,应以法官的具体裁判思路为统领,当事人全程围绕该裁判思路提供具有针对性、逻辑联系清晰的基础资料,从而实现帮助法官高效作出裁判的诉讼目标。要件事实裁判方法作为民事案件审理过程中最广为运用的裁判方法,可以其内在机理为思维路径,当事人及法官在诉讼各环节均据此实施连贯的、体系化的诉讼行为,即无纸化立案背景下,当事人围绕法律要件事实提供有针对性的电子化诉讼资料,对方当事人提交对应的电子化诉讼资料进行切合的反驳回应,法官围绕法律要件事实从上述诉讼资料中获取有效诉讼信息,明晰争议焦点,从而确保各方进行高效的法律交流,避免因法律规范识别、举证思路差异造成诉讼障碍。

2.“协同主义”诉讼的有效实现方式

“协同主义”最早由德国学者贝特曼(Bettermann)于 1972 年提出,实质为“合作”之意。1978 年,德国资深法官瓦塞曼(Rudolf Wassemam)认为,“社会法治国家中的民事诉讼之模型是以‘作业共同体’为其特征的”,此种法院与当事人之间的协作即为“协同主义”诉讼。在“协同主义”诉讼语境下,诉讼竞技被摒弃,各方须加强协作以高效利用司法资源、降低诉讼成本。基于此,无纸化立案背景下,当事人提交电子化材料应充分考虑以便于诉讼顺利推进的方式进行,法院为帮助当事人规范有效提交电子化材料,也应进行明晰的诉讼指引。值得注意的是,以要件事实论为基础的民事诉讼规则、裁判方法毕竟属于法律共同体话语范畴,依目前我国普通民众的法律素养而言,进行要件识别和理解仍具有一定难度,因此,结合我国法律实践客观情况,须以适当方式对当事人进行诉讼指引,才能确保当事人有效配合推进诉讼,即以法律要件指引为先导,构建要件指引式电子化材料提交模式,从而保障各方协同高效推进诉讼,有效实现“协同主义”诉讼效果。

(二)逻辑起点

要件指引式电子化材料提交模式的理论基础为要件事实裁判方法。所谓要件事实裁判方法是指,“在明确要件事实法律性质的基础上,依据民事实体法规范的结构以及民事诉讼审理的结构而展开的民事裁判方法”。[①] 我国审判传统是法律规范出发型,法官在诉讼中发现事实的主要任务为发现

---

① 许可:《民事审判方法——要件事实引论》,法律出版社 2009 年版,第 2 页。

法律规范所分解的要件事实,要件事实裁判方法指引之下,整个裁判过程围绕"识别请求权基础规范—请求权基础规范的法律事实要件分析与解构—证明责任分配—要件事实认定—涵摄得出裁判结论"①展开,通过实体与程序的不断交错,得出裁判结论。传统的"司法裁判三段论",其适用前提为待决事实明确,而对于如何证明待决事实则未能提供更多的方法论,因其高度抽象化的特性,只能作为论证的起点。要件事实裁判方法则在"司法裁判三段论"基础上,提出证明待决事实的方法,在案件审理中具有较强的可操作性。具体为:按照"司法裁判三段论",若以法律规范(T)为大前提,以待决案件事实(S)为小前提,以特定法律效果之发生(R)为其结论,则推论过程的逻辑结构可表示为:$T \to R$ 且 $S = T$,则 $S \to R$。结合要件事实裁判方法,进一步推导,为证明待决事实成立,则 T 作为法律规范的大前提,可将其指向的法律事实要件分解为 A1、A2、A3……,即 $T = A1 + A2 + A3$……,再通过证明责任分配,依据诉讼证据证明待决事实 S 中事实要素 B1、B2、B3 符合法律事实要件 A1、A2、A3……,即得出 $S = T$ 的证明结果,则可完成三段论中 $S \to R$ 的事实到法律的涵摄,作出裁判结论。要件事实裁判方法通过要件分解明确了待证事实的证明路径,将民事诉讼实体法规范的程序运用充分技术化,通过搭建实体与程序之间的桥梁,为当事人提供具体可行的攻击防御方法,并为法官指明审理方向。

将要件事实裁判方法引入电子化材料提交规则,即通过对当事人起诉请求权基础规范进行识别解构,向当事人释明其依据的请求权基础规范须待证明 A1、A2、A3 等法律事实要件,引导当事人(原告)在举证期内往 A1、A2、A3 方向提交证据材料,证明事实要素 B1、B2、B3 存在且符合 A1、A2、A3 等法律事实要件内容,引导当事人(被告)明确其抗辩意见和在举证期内提交对应的反驳回应证据材料,从而提升电子化证据材料提交的针对性和规范性。需要明确的是,要件事实的认定须经过庭审举证、质证以及证明责任分配后才能确定,故电子化材料提交规则中引导当事人进行要件式举证只是要件事实裁判方法运用中的前置程序,即引导当事人尽可能地往其请求权基础规范指向的法律事实要件方向进行举证,便于法官庭前初步掌握当事人请求(或答辩)主张及对应的证据主张情况。

---

① 高翔:《人工智能民事司法应用的法律知识图谱构建——以要件事实型民事裁判论为基础》,载《法制与社会发展》2018 年第 6 期。

（三）构建与信息技术融合的要件指引式电子化材料提交模式

因要件事实裁判方法中对法律事实要件的分析解构与数据分析技术的标准化、要件化、层级化信息解构规则相契合，与人工智能的分词识别设置也在一定程度上吻合，故可充分运用信息技术，建构相应要件知识图谱，辅助指导电子化材料提交，从而分担法官的释明指引工作，也可打消法官对于释明指引影响其裁判中立地位等方面顾虑。此时关键环节为根据要件事实裁判方法对已生效案件的关键诉讼信息进行识别、分析、标注与数据积累建模，建立案由、请求权基础规范、法律事实要件、待决事实要素等信息间的数据联系，形成可再次识别比对信息的数据知识图谱。

知识图谱一旦形成，当事人在网上平台录入诉求及事实理由等基础诉讼信息或上传诉状资料后，即可结合大数据分析技术的智能化推送指引，围绕法律事实要件提交电子化材料。具体过程为：首先，数据系统根据诉求及事实理由等基础诉讼信息进行语义识别及数据分析，推送对应案由及请求权基础规范。当事人可予以确认，也可自行选择其他案由或请求权基础规范。其次，数据系统以请求权基础规范为依据，提示、分析、解构出法律事实要件，当事人据此提示可整理形成结构化的诉讼主张或答辩主张，提交诉辩电子化材料，同时要求其围绕法律事实要件提交电子化证据资料，用以证明待决事实要素成立。须注意的是，一个案件中当事人可能提出多个诉讼请求，不同诉讼请求对应的请求权基础规范不同，则相应的法律事实要件亦不相同，但每一诉讼请求，均有相对应的法律事实要件。以责任保险纠纷中第三者的直接请求权为例，当事人进行网上立案时输入相应诉请和事实理由后，数据系统即会提示对应的请求权基础规范，即保险法第 65 条、《保险法司法解释（四）》第 14 条、第 15 条。根据该请求权基础规范，数据系统会同步提示第三者可直接要求保险公司给付保险金所须满足的法律事实要件，即被保险人对第三者的责任确定、被保险人怠于向保险人请求赔偿、被保险人已经向第三者履行了赔偿责任。当事人被要求参照上述已解构的法律事实要件重新整理诉讼主张或答辩意见，并围绕上述法律事实要件提交证据资料。即便因客观因素或当事人举证能力所限，其未能收集相应证据，但通过当事人明确勾选对应分类的证据有无，亦可反馈给审判人员相应诉讼情况。至此，在庭前环节，当事人提交的电子化资料已通过数据系统诉讼指引的方式被初步规范化整理,使得审判人员获得结构清晰的诉讼信息,为后续诉讼流程顺畅推进打下坚实基础(见图2)。

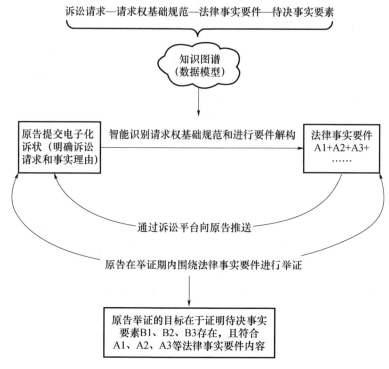

图2 与技术融合的要件指引式电子化材料提交模式

四、配套完善:形成电子化材料提交规则体系

以要件事实裁判论方法为基础,引导当事人围绕请求权基础规范指向的法律要件事实进行举证,是电子化材料提交规则体系的核心内容,但为保障电子化材料提交流程运转顺畅,仍须设置相关配套规则,规制解决电子化材料提交中其他方面问题,从而建构相对完善的电子化材料提交规则体系。

(一)电子化材料提交的基础性要求

电子化材料提交需要遵循三个基础性要求:真实、完整、清晰。对电子化材料的真实性要求系第一位阶要求,法官作出准确裁判结论的前提为获取真实的诉讼信息。然而实践中,部分当事人因法律素养不足,对提交伪证的法律后果不甚清楚,因此须由诉讼系统在当事人提交电子化材料时明确提示其提交伪证的法律后果,对其进行法律释明,形成心理震慑。对电子化材料的完整性要求,主要内容为当事人须核验其上传的电子化材料是否足页、连贯,并进行排序编码,保证材料阅读的顺畅性。对电子化材料的清晰度要求,则可以通过技术手段核查,即由系统计算图片的快速傅里叶变换,设置合理阈值,查看高低频分布以识别清晰度。① 当事人提交电子化材料不符合真实、完整、清晰三项基础性要求的,法院可要求其限时更改调整。

(二)电子化材料提交的范围

关于可电子化提交材料的范围问题,笔者认为,既然起诉状作为诉的发起资料都可通过电子方式提交,那么其他诉讼材料理应同样可采用电子化方式提交,且全部诉讼资料通过电子化方式提交应是今后发展趋势。同时,对于管辖异议、调查取证、延期举证、延期开庭、追加当事人、撤诉等申请类程序性文书,因对诉讼进程推进及当事人诉讼权利义务影响较大的资料,建议设置单独模块进行电子化上传提交,避免其泯于冗杂的证据材料中,便于法官及时识别处理。若当事人对已提交电子材料行为予以否认,笔者认为,此时可通过身份认证规则来明确当事人提交材料的法律效力及意思表示真实性问题。

(三)赋予电子化材料"形式上"的原件效力

笔者认为,为保障诉讼流程顺畅,须赋予当事人提交的电子化材料具有"形式上"的原件效力,可直接在诉讼中使用,否则,频繁要求当事人提交纸质诉讼材料用以核对真实性,将减损诉讼资料电子化提交在提升诉讼效率方面的价值。具体规则为:电子化材料经法院形式审核通过后具有"视同原件"的效力,但该效力仅及于材料的形式真实性,且其中证据材料的实质真实性、关联性和合法性仍须通过举证质证程序审查认定。该"形式上"的原件效力可根据后续诉讼流程中对方当事人提出异议或法官依职权审查核实

---

① BobChan:《Python 做图片清晰度识别》,载微信公众号"爱全端",2018 年 12 月 2 日。

情况而被推翻,此时,当事人将被要求提供诉讼材料原件核对,如其无法提供,则相应提交的电子化材料的真实性将被否定。

（四）电子化材料提交人应当负有原件保管义务

无纸化立案背景下,全部诉讼资料均可通过电子化方式提交,法院不再像传统线下诉讼一样保存当事人提交的纸质原件或复印件诉讼资料,而仅会留存当事人提交材料后同步生成的电子卷宗,相关诉讼资料原件系由材料提交人保管。然而,由上文可知,虽然赋予电子化诉讼材料具有"形式上"的原件效力,但在案件裁判未生效前（如一审结束后当事人提起上诉时）,当事人仍可能面临被要求提交材料原件以核实真实性的境况,为保障诉讼流程顺畅,应苛以电子化材料提交人负有原件保管义务。当电子化材料出现真实性争议时,可参考《最高人民法院关于民事诉讼证据的若干规定》中的书证提出命令制度,由提交人负责提供证据原件,在其不能提交证据原件的情况下,由其负担不利后果。

（五）证据材料在线提交的举证期限设置

因我国重视客观真实的法律传统,对当事人逾期举证较为宽容,同时,传统线下提交证据资料方式,对于提交时间及提交材料内容也未能像在线提交一样全程留痕,举证期限的限制实际上不易把控,由此导致了证据材料固定困难,证据交换实效不足。笔者认为,为解决这一问题,对于电子化提交证据资料可通过系统设置相对严格的举证期限限制,引导双方当事人庭前围绕法律事实要件充分提交证据、发表质证意见,为后续庭审环节打好基础。笔者建议在网上系统中进行程序设置,超过举证期限后,当事人将无法提交上传电子化证据材料,其若想逾期举证,仅能由法官审核同意后才可继续线上举证,以此督促其及时充分举证;举证期后,双方当事人可通过网上系统进行证据交换,以明确庭审争议焦点,保障庭审高效进行。

（六）电子数据等其他证据形式的提交规则

目前诉讼中的电子化材料,其原始形态以书证居多,转化为电子材料上传亦较为方便,但对于电子数据、物证、视听资料等证据形式如何电子化提交则缺乏相应规则。实践中较为常见的处理方式是将电子数据信息、物证转换为照片后再上传提交到诉讼系统,而视听资料因资料格式、大小所限一般以线下刻录光盘的方式提交。笔者认为,在相关软硬件配套并不完善的过渡时期,可以按照前述模式进行电子化提交,但从长远发展来看,此种方式未体现出对信息技术的充分应用,仍然在用传统人工方式来解决信息技术发展中带来的新问题。对于原始形态以电子形式存在的证据,如电子数据、视听资料,应当允许当事人通过在线诉讼系统直接上传。关于鉴真问题,可考虑打通法院与第三方平台数据通道,通过计算机系统进行数据比对,从而认定电子信息的真实性。若电子信息的形成没有相应第三方平台参与,则可考虑由专业技术人员通过技术手段直接将原始载体上的电子信息与当事人提交的电子信息进行数据比对,此过程中应验证两方面问题:(1)确定原始载体上的电子信息有无被篡改痕迹;(2)确定当事人提交的电子信息与原始载体上的电子信息一致。

五、实例演示:以责任保险中被保险人起诉保险人要求给付保险金为例展示电子化材料提交规则的具体应用

(一)案情简介

甲系 A 公司员工,A 公司于 2019 年 8 月 10 日在 B 保险公司投保雇主责任险,保险期间为 1 年,2019 年 12 月 10 日,甲在上班途中过马路时被汽车撞伤,经交警部门认定甲无责任,肇事方全责,经工伤鉴定甲系工伤,伤残等级为八级伤残。事故发生后,甲与 A 公司工伤一事经劳动仲裁委仲裁,A 公司须支付甲停工留薪期工资等相关费用,A 公司依据仲裁裁决进行了赔付。现 A 公司诉至法院要求 B 公司在雇主责任险范围内给付保险金 5 万元。

(二)图例演示

经过要件知识图谱比对,诉讼系统推送的 A 公司据以起诉的请求权基础规范为保险法第 10 条、第 65 条第 3 款,相应法律事实要件为保险合同成立、属于保险责任范围、被保险人与第三者责任确定、被保险人已向第三者赔付相应款项四项内容。其电子化材料提交流程如图 3 所示:

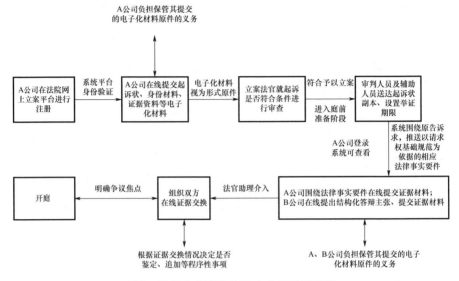

图 3　无纸化立案背景下 A 公司诉讼流程

六、结语

我国电子诉讼飞速发展将对民事诉讼运行模式带来颠覆性改变,全流程电子诉讼被期待成为诉讼主流模式登上历史舞台,基于电子化信息交互方式,依托于大数据分析及人工智能技术,整个诉讼流程都将被重塑再造。电子化材料的规范有效提交,为电子诉讼进程顺利推进打下坚实基础,本文仅尝试对相关规则进行初步探讨,其规则适用将随着诉讼理念、诉讼模式、信息技术水平等发展变化而与时俱进地变更和完善。

从"程序正当主义"到"技术正当主义"
——电子民事诉讼程序价值观新诠

丁金钰[*]

(中国人民大学,北京 100088)

摘 要:作为一种新型诉讼模式,电子民事诉讼在提升诉讼效率、降低诉讼成本之际,也对传统诉讼规则和程序法理带来了前所未有的冲击。传统民事诉讼的正当程序保障原理,在互联网诉讼语境下天然地具有不相称性,在信息化浪潮席卷民事司法的进程中,一味强调在线诉讼应恪守传统民事诉讼"程序正当主义"的价值论,已不再适应数字时代的司法诉求。应以"技术正当主义"重塑电子民事诉讼的基本理念,并辅之以技术赋权、技术交互、技术优化和技术谦抑四个子原则,在更高程度上保障当事人"接近数字正义"的程序参与权和选择权,在更广范围内实现技术原理与诉讼法理的价值调适、并存与发展。

关键词:电子民事诉讼;在线诉讼;程序正当主义;技术正当主义;数字正义

一、问题提出与研究进路

近年来,互联网技术的飞速发展,给传统司法运行机制带来前所未有的机遇和挑战,我国法院紧扣时代脉搏和现实需求,大力推进在线诉讼机制建设,深度应用大数据、云计算、人工智能、区块链等新兴技术,推动互联网时代诉讼流程和司法模式实现革命性重塑。[①] 作为信息化浪潮下互联网和司法融合发展的产物,在线诉讼体现了司法对于信息化、科技化、智能化需求的回应,几乎必然会成为与这个时代相匹配的新司法方式。[②]

2020 年全球性新冠肺炎疫情的暴发,对公民生活及各个行业的渗透与

---

* 丁金钰,中国人民大学法学院诉讼法学专业博士研究生。

本文系最高人民法院 2020 年度司法研究重大课题"互联网时代电子诉讼规则研究"(ZGFYZD-KT202014-03)的阶段性成果。

① 最高人民法院:《中国法院的互联网司法》,人民法院出版社 2019 年版,第 16 页。

② 左卫民:《中国在线诉讼:实证研究与发展展望》,载《比较法研究》2020 年第 4 期。

影响具有普遍性和不可逆转性,民事司法领域亦无法自全。一方面,基于疫情防控期间"零接触"的要求,线下诉讼活动难以按时开展;另一方面,除疫情前积压的案件外,疫情期间亦产生了基于合同履行障碍导致的违约责任、不可抗力认定规则、因感染新冠病毒而引发的劳动争议、生产销售伪劣防护物品责任等新型民事纠纷,在此背景下法院实现审判方式转变,提升审判执行工作智能化水平具有相当的必要性和紧迫性。在疫情防控期间,远程非接触式诉讼在避免病毒传播、最大限度减少疫情带来的司法延迟方面具有传统接触式诉讼不可比拟的优势。① 在时代洪流和科技浪潮的双重"簇拥"下,将实体的物理法庭转换成以虚拟图像、数据和文字为载体的网络法庭,成为令人振奋的抉择。可以预见,全球性新冠肺炎疫情的持续蔓延如催化剂一般加速了民事诉讼电子化时代的到来,在线诉讼的全面推广已是大势所趋,滚滚潮流不可阻挡。

诉讼电子化把司法舞台从物理法庭这一固定场所解放出来,搬到网络空间的同时,也在悄然改变几十年来"司法剧场化"下形成的若干诉讼理念和程序规则。自三大互联网法院成立以来,围绕在线诉讼对民事诉讼法造成冲击与挑战的质疑声不绝于耳,相关研究几乎一致认为,在线诉讼在我国尚处起步阶段,仍须在现行民事诉讼法框架内讨论和建构电子送达、管辖范围、区块链存证、庭审程序运行、庭审规范、证人出庭、异步审理等在线诉讼规则,尽可能消除在线诉讼与民事诉讼法传统理论不相融合的地方。② 但问题在于,现代民事诉讼基础理论产生时并未出现互联网技术,既有的民事诉讼基本原则、制度和理念能否有效融合司法"网络化"对诉讼程序的影响,尚存争议。作为一个新生事物,电子民事诉讼的利弊得失远未获得系统化探讨与精细化研究,③居于核心地带的电子民事诉讼所应奉行的程序正义理念

---

① 占善刚、张博:《民事诉讼电子化及其边界》,载《中南大学学报(社会科学版)》2020 年第 5 期。

② 高翔:《民事电子诉讼规则构建论》,载《比较法研究》2020 年第 3 期;陈锦波:《在线庭审的实践检视与规则重塑》,载《安徽大学学报(哲学社会科学版)》2021 年第 1 期;郝晶晶:《互联网法院的程序法困境及出路》,载《法律科学(西北政法大学学报)》2021 年第 1 期;占善刚、张博:《民事诉讼电子化及其边界》,载《中南大学学报(社会科学版)》2020 年第 5 期;张兴美:《电子诉讼制度建设的观念基础与适用路径》,载《政法论坛》2019 年第 5 期。

③ 总体而言,电子诉讼理论研究仍然处于相对粗略的阶段,研究重心偏重于宏观价值讨论,以及过于微观层面的具体电子诉讼环节论证,但对于电子诉讼的规则体系问题,例如,电子诉讼适用范围、适用阶段、程序规则等问题则涉及较少,滞后于电子诉讼实践快速发展的需求。高翔:《民事电子诉讼规则构建论》,载《比较法研究》2020 年第 3 期。

和程序正义观,也远未凝聚法律同人的价值共识。由此便引发社会公众的质疑,即电子诉讼可能会动摇传统民事诉讼奉行的"正当程序原则",并且具有在网络上形成"司法广场化"之虞。本文旨在澄清以上"质疑之声"实际是对互联网司法模式的误读,在信息化浪潮席卷民事司法的进程中,恪守传统民事诉讼"程序正当主义"已不再适应互联网时代的诉求,当以"技术正当主义"作为电子民事诉讼的程序价值论,在更高程度、更广范围内支持互联网技术与诉讼程序的深度结合,赋予诉讼参与人在不同程序阶段平等获得技术保障的权利,方可实现技术原理与传统法理的价值调适、并存与发展。

二、在线诉讼的功能定位及实然现状

(一)功能定位:依托互联网科技兴起的"网络化诉讼模式"

近年来,"虚拟世界"与"现实世界"之间的分野正在失去以往的意义,人们想要保持与互联网数据或者在线身份完全隔绝的生活变得越来越不可能了。事实上,线上和线下的边界也不再泾渭分明,利用互联网参与各种各样的私人生活、商业活动及诉讼活动,已是司空见惯。新冠肺炎疫情的暴发让在线诉讼走向自觉,非互联网法院的互联网化,重塑了社会公众对"接近正义"的理解,同时也削弱了"司法剧场化"的符号意义。

舒国滢教授在 1999 年曾撰文指出,从"司法广场化"到"司法剧场化"将会成为司法活动类型发展的一个趋向,①回顾过去 20 年司法体制改革的流变,确实证成了"司法剧场化"的通说地位——"剧场"即法庭,是法院进行审判活动的地方,在这相对封闭的"剧场"之内,当事人实施诉讼行为必须遵守预先设定的程序规范,必须服从法官的庭审指挥,必须在开庭、休庭环节起立,必须依照次序在"剧场"中发表意见,不得在"剧场"内随意走动、喧哗等。法官作为庭审的主持人,对庭审秩序和当事人诉讼行为具有较强的掌控能力,堪称"剧场司法"中绝对的主角(主演)。他们正襟危坐,身着长袍,用一种外行人无法理解的"法言法语"传递信息,引导诉讼活动有序推进,宛如手术室里的外科医生。正是在这样一种严肃庄重、令人生畏的环

---

① 舒国滢:《从司法的广场化到司法的剧场化——一个符号学的视角》,载《政法论坛》1999 年第 3 期。

境中,正义得到了伸张。① 司法剧场化内化了人们的理性精神和品质、凸显了程序正义和秩序观念,强化了诉讼程序安定性。不过,司法剧场化也带来了高昂的诉讼成本,增加了民众接近司法的难度,使得参与者之间变得疏离。在司法剧场化的场景下,诉讼参与人虽然尊重法律,但这种尊重可能永远不会是基于亲近感的尊重,而是一种"保持距离"和"令人敬畏"的尊重。②

与"司法剧场化"的特征明显不同,在线诉讼因互联网技术的交织融合,打破了法庭仅能存在于物理空间的限制。换言之,法庭从一个相对封闭、令人生畏的场域内,移转到网络这样一个相对开放的场域,标志着剧场化司法向网络化司法模式的转型。网络化司法模式特征之一是诉讼活动在线化。信息技术的广泛应用使得诉讼活动突破了时空约束,实现了立案、送达、庭审、质证、宣判、执行等各个诉讼环节的全面网络化、信息化、数字化,③意味着诉讼信息的传递、交流、留存、呈现、使用方式发生了根本性的变化。

网络化司法模式特征之二是降低民众"接近司法的门槛"。互联网技术催生出灵活、方便、廉价、快速的纠纷解决机制(ODR),无须采用面对面的形式就能定分止争。当事人不再需要多次辗转不同层级、不同地市法院提交诉状、参加庭前会议、出庭应诉以及领取判决书;证人不必再舟车劳顿,为线下出庭作证而付出大量时间、物质成本;法院亦可利用技术手段代替部分程序性工作(如记录庭审、文书送达等),提高审判效率,节约司法资源。

网络化司法的特征之三是司法的剧场效应显著弱化。在法庭上,遵守规则是解决纠纷的核心,随着物理环境的改变,庭审庄严肃穆的氛围消失,法官对庭审秩序和当事人诉讼行为的指挥、控制能力大打折扣,虽然改变物理场所的目的在于"更高效地实现正义,但同时也使得逃避法律的概念边界,并进一步远离法庭上法律条文主义的思考成为可能"。④ 毋庸讳言,剧场

---

① Richard Susskind, *Online Courts and the Future of Justice*, Oxford University Press, 2019, p. 56.

② 舒国滢:《从司法的广场化到司法的剧场化——一个符号学的视角》,载《政法论坛》1999 年第 3 期。

③ 李占国:《互联网司法的概念、特征及发展前瞻》,载《法律适用》2021 年第 3 期。

④ [美]伊森·凯什、[以色列]奥娜·拉比诺维奇·艾尼:《数字正义——当纠纷解决遇见互联网科技》,赵蕾等译,法律出版社 2019 年版,第 29 页。

效应的弱化使一向"高冷"的司法更加亲民,但对庭审秩序、直接言辞原则、当事人的程序正义观均会产生深刻影响,甚至有在数字时代重返"司法广场化"之虞,①因而不可小觑。

(二)实然现状:在线诉讼由特殊走向常态

2017年以来,以杭州、北京、广州互联网法院的挂牌成立为契机,拉开了我国的电子民事诉讼发展的序幕。② 2018年9月,最高人民法院发布《关于互联网法院审理案件若干问题的规定》,对互联网法院的审判方式、管辖、案由、证据、送达等进行了规定,为网上审判奠定了制度基础。互联网法院的特点不仅在于专门审理互联网纠纷,还在于以互联网的方式进行审理,双方当事人同意通过互联网在线审判案件,实现"立、审、执"全流程在网上运行,当事人足不出户就能化解纠纷,极大降低诉讼成本,节约司法资源。截至2019年6月,全业务网上办理、全流程依法公开、全方位智能服务的"智慧法院"体系已基本建成。③

智慧法院不但承载着对司法服务的精益求精,更时刻面临着新问题的不断考验。2020年,突如其来的新冠肺炎疫情使得大量线下社会活动受到巨大阻碍,诉讼活动亦是如此。此前绝大多数法院仅将在线诉讼作为线下诉讼的补充,但为了缓解无法面对面进行诉讼与案件审限之间的张力,全国法院系统在疫情期间借助近年来智慧司法建设成果和互联网法院的实践经验,纷纷开启在线诉讼模式,越来越多的诉讼环节从线下转移到了线上。各地法院开始探索多种形式的在线庭审方式,如"微信开庭""钉钉线上开庭""腾讯会议开庭",或是通过"中国移动微法院""支云庭审App"

---

① "司法广场化"是一种人人直接照面的、没有身份和空间间隔、能够自由表达意见和情绪的司法活动方式。司法的广场化更多地体现出司法的大众化特点,抗日战争时期著名的"马锡五审判方式"便是司法广场化重要例证之一。舒国滢:《从司法的广场化到司法的剧场化——一个符号学的视角》,载《政法论坛》1999年第3期。

② 2017年8月18日,杭州互联网法院成立,标志着我国开始了涉网案件集中审理模式、全流程网上审理方式的探索,是里程碑式的改革。2018年9月,北京互联网法院、广州互联网法院相继成立,互联网审判稳步推进。

③ 最高人民法院:《中国法院的互联网司法》,人民法院出版社2019年版,第4页。

等法院专门开发的在线诉讼平台进行诉讼。[①] 2020 年,全国法院接收网上立案 1080 万件,占一审立案量的 54%。当事人在非工作时段提交的网上立案申请占全部网上立案申请量的 23.6%;非工作日的立案申请占网上立案申请量的 10%左右;网上缴费超过 700 万件,实现立案服务"零距离""不打烊""指尖办"。[②] 遑论三大互联网法院的在线庭审率已达 98%以上。[③] 可见,民事诉讼电子化已渐入人心。

值得强调的是,在线诉讼一直以来主要靠国家政策及司法政策引导驱动,缺乏民事诉讼法等法律保障,[④]疫情期间形成的特殊规则能否成为常态秩序下的普遍规则,尚未形成司法共识。后疫情时代是否将不可抗力之下的特殊诉讼政策上升为法律规范之高度,直接决定了在线诉讼全面推广的适用空间。最高人民法院显然已经意识到在线诉讼发展的法律供给明显不足,为规范人民法院在线办理案件,进一步完善在线诉讼程序规则,最高人民法院于 2021 年 6 月 16 日公布《人民法院在线诉讼规则》(以下简称《规则》),并于 8 月 1 日起施行,以期对全国法院系统的在线诉讼进行指引,推进在线诉讼体系建设。毋庸讳言,拥有司法解释依据的在线诉讼,将推动现代诉讼在互联网环境中的规则重塑与流程再造;具有统一规则指引的在线诉讼,将具有更加强大的生命力和广阔的应用前景。[⑤]

除诉讼规则外,民事诉讼电子化的发展趋势也使得许多法院实现了审判模式观念上的转变。电子民事诉讼以三大互联网法院司法改革的尝试为

---

① 例如,北京市第一中级人民法院高效运用在线诉讼平台,借助已有的"互联网+审判"创新模式,积极引导当事人优先通过网络平台开展诉讼活动,有效避免人员聚集引发疫情扩散风险,切实保障防疫期间当事人的合法权益。马相桐:《距离不是问题! 北京一中院首次实现网上开庭》,载微信公众号"最高人民法院"2020 年 2 月 5 日。江苏法院在全国率先上线互联网庭审小程序——"互联网开庭"平台,在疫情期间向全国免费开放。陈甦、田禾主编:《中国法院信息化发展报告 No.5(2021)》,社会科学文献出版社 2021 年版,第 38 页。深圳市龙华区人民法院速裁庭运用"深圳移动微法院"开庭数占全院 81%。肖波、徐全盛:《深圳"智慧引擎"启动在线诉讼》,载《人民法院报》2020 年 4 月 21 日。

② 陈甦、田禾主编:《中国法院信息化发展报告 No.5(2021)》,社会科学文献出版社 2021 年版,第 6 页。

③ 截至 2020 年 8 月 31 日,三家互联网法院共受理案件 222473 件,审结 194697 件,在线立案申请率达 99.7%,在线庭审率达 98.9%。赵骏:《互联网法院的成效分析》,载《人民法院报》2020 年 10 月 25 日。

④ 高翔:《民事电子诉讼规则构建论》,载《比较法研究》2020 年第 3 期。

⑤ 肖建国、丁金钰:《以规则创新推动在线诉讼深化发展》,载《人民法院报》2021 年 7 月 7 日。

嚆矢,其适用案件类型、诉讼阶段呈现出适度的法定性和专门性特点,将在线诉讼视为传统线下诉讼的"补充""例外"占据主流观点;①疫情暴发大大加速了民事诉讼电子化的进程,网上开庭不再为三大互联网法院所专属,在线诉讼也不再被视为"补充"和"例外",而成为喜闻乐见的纠纷解决机制,认为线上和线下两套诉讼模式并行不悖,甚至期待便利各方的在线诉讼在后疫情时代更受当事人青睐的观点,大有后来居上之势。

三、在线诉讼之程序困顿:"程序正当主义"有所减损?

近年来,我国电子诉讼实践虽取得显著成果,但现阶段仍面临缺乏调整和规范电子诉讼活动的法律,电子诉讼规则构建相对滞后。作为一种新型诉讼模式,电子诉讼在提升诉讼效率、降低诉讼成本之际,可能受到影响正当程序、损害当事人程序利益、有违程序保障等质疑,②进而也对传统诉讼规则和程序法理带来前所未有的冲击。由于缺乏其他法域可供借鉴的相关司法经验,我国互联网司法犹如一块尚未开垦的处女地,挖掘潜力巨大,但挑战层出不穷,依赖先进技术保障和顶层设计的支持。在疫情防控期间,最高人民法院印发专门的司法文件,③各地方法院也根据自身的审判要求出台了若干规范性文件,④不过在制度层面仍然存在部分规则不明确、标准不清晰、程序不统一等问题,⑤未能妥善解决电子民事诉讼运行之程序困顿,面临一系列程序保障减损的指摘。

其一,异步审理与直接言辞原则的冲突。异步审理是互联网法院开创

---

① 王福华教授认为,视频技术只能在当事人无法参加庭审时作为例外的程序保障手段使用,而非笼而统之地适用于一般案件。王福华:《电子诉讼制度构建的法律基础》,载《法学研究》2016 年第 6 期。

② 高翔:《民事电子诉讼规则构建论》,载《比较法研究》2020 年第 3 期。

③ 《最高人民法院关于新冠肺炎疫情防控期间加强和规范在线诉讼工作的通知》(法〔2020〕49 号)。

④ 如上海市高级人民法院发布的《关于积极推广并严格规范在线庭审的通知》,广东省高级人民法院、省司法厅、省律师协会联合发布的《关于在新冠肺炎疫情防控期间加强和规范在线诉讼的意见》,重庆市高级人民法院发布的《关于规范在线庭审活动的工作规则(试行)》,南通市中级人民法院发布的《关于运用互联网庭审系统开展诉讼活动的暂行规定》《江苏省南通市中级人民法院支云系统庭审规范(试行)》等。

⑤ 孙航:《最高人民法院印发通知要求各级法院加强和规范疫情防控期间在线诉讼工作》,载《人民法院报》2020 年 2 月 19 日。

的新型在线审理模式,①诉讼参与人可不在同一期日各自实施诉讼行为,一方当事人可在一定的时间间隔后对对方的诉讼行为作出回应;异步庭审突破了诉讼活动的时空约束,呈现出一种非面对面、非同步式且碎片化的审理样态,由此形成对传统司法亲历性、直接言辞等程序正义原则的挑战。虽然在间隔期间,程序参与者有充分的时间和机会进行更有针对性的发问和更有效的辩论,但允许其多次下线退出诉讼平台(可类推解释为退出法庭),脱离法官的视线,显然弱化了传统法庭审理中攻击和防御的紧迫性,②由于庭审不是连续进行,对于法官和对方当事人的提问,一方当事人可能有意回避,可能忘记回应,抑或在时限结束前突击回复,减少对方的辩驳机会,在缺乏"面对面"质证的情况下,法官不能实时观察程序参与者的神情举止,难以通过当事人的即时回应获取争点事实信息,更无法知悉当事人离开法庭后的行为,一旦当事人在下线后与证人或者其他当事人密谋,作出虚假自认或虚假陈述,无疑会加重法官心证过程和查明真相的难度。③

其二,"司法剧场效应"的高度弱化。传统民事诉讼被称为"剧场司法",两造当事人被安排至特定的、相对封闭的物理空间即法庭内,通过特定的诉讼程序,实施开庭、举证、质证、辩论、调解等一系列诉讼行为,展开攻击防御,还原客观真实。但在电子民事诉讼中,信息的传递、交流、留存和使用方式发生质变,"司法剧场效应"呈现弱化乃至消解之势。物理空间的分离从根本上改变了传统审判场景产生的基础,诉讼参与人不在"同一个屋檐下"活动,尽管法官仍在法庭之内,但当事人通过远程技术参与诉讼,通过显示屏看到法官和有限的法庭场景,难以感受到同线下法庭那般的剧场氛围,法庭的庄严肃穆感大打折扣。疫情防控期间,那些充斥在抖音视频中令人啼

---

① 根据杭州互联网法院《涉网案件异步审理规程(试行)》第 1 条规定,异步审理不要求法院与原被告等诉讼参与人同步在线,而允许其在规定期限内按照各自方便的时间登录平台,以非同步、非面对面的方式完成诉讼行为。

② 肖建国、丁金钰:《论我国在线"斯图加特模式"的建构——以互联网法院异步审理模式为对象的研究》,载《法律适用》2020 年第 15 期。

③ 由于社会信用体系缺失以及诉讼诚信原则失灵的现实,近年来司法实践中虚假诉讼屡禁不止,传统法院对于虚假诉讼的识别可谓颇费踌躇,力有不逮。而异步审理模式的基本特征更是对虚假诉讼天然地缺乏免疫力。异步审理意味着判决作出前,法官、当事人未曾有过一次线上或线下的会面,则任何一方当事人提交虚假的纠纷解决的信息都不易被揭露。如果说在线视频审理还能通过开庭时身份认证、人脸识别系统来核验当事人身份的话,那么全程不开庭的异步审理甚至无法保证诉讼行为系由当事人本人实施,遑论法官通过当事人慌乱的神情或者沉默的言语行为来探知真相。

笑皆非的开庭场面,皆是对司法庄严性和剧场效应消解的生动注脚。[①] 网上审判对于诉讼参与人的表情、肢体动作等场内因素的可观察性减弱(异步审理模式几近丧失),导致线下面对面纠纷解决中非常有用的技巧,到了线上环境,几乎无用武之地。

其三,隔离作证规则难以落实。2019年《最高人民法院关于民事诉讼证据的若干规定》(以下简称新《证据规定》)第72条和第74条确立了"隔离作证规定",即证人作证前不得旁听法庭审理,且询问证人时其他证人不得在场。"隔离证人的做法与圣经一样古老",[②]尽管证人在法理上具有中立性质,但多数时候案件结果仍会在实际上影响证人的利益。所以,将证人与庭审的"局势"相隔离后,证人只能从客观角度陈述事实,防止其根据庭审的走向为自身的利益而剪裁、加工案件事实,导致证言被"污染"。互联网诉讼将高科技融入审判,使证人可以足不出户地参与诉讼,节省了出庭作证的物质支出。然而线上庭审过程中,现有技术手段和规则无法保证证人未实际旁听庭审过程,以及作证过程中未受他人引导指挥,因此,诉讼法意义上的"隔离作证"规则尚未得到真正的落实。在线审判中,如何避免证人旁听案件影响证人证言的客观性,如何防止当事人与证人恶意串通,如何防止证人证言被污染,如何保证证人在线上"剧场效应"弱化的状态下作出真实性陈述,以及有证人出庭的案件是否一律排除异步审理的适用等问题,仍须强势的理论加以论证,并辅以强大的技术予以支持。

其四,庭审规范亟待统一。民事司法的电子化,会引发传统诉讼庭审规范是否还应坚持的追问,比如开庭、休庭前法官是否敲法槌,当事人是否应当起立;最后宣判程序是否是庭审必经程序,能否简化,宣判时全体人员应否起立,法官在法定期限内向当事人电子送达裁判文书是否可视为一种宣判方式等。上述问题均可纳入司法礼仪或法庭秩序的范畴,是法院"诉讼指挥权"行使的重要组成部分,但在当下司法实践中尚未凝聚价值共识,在不同法院可能存在不同的理解,甚至同一法院内部都可能存在明显

---

① 例如,当事人举着手机在卧室里、在马路上、在菜市场甚至驾驶着电动车参加庭审,某些当事人穿着睡衣、蓬头垢面甚至叼着香烟出现在屏幕上,这些情形在各地司法实践中均有出现。

② Jack B. Weinstein & Margaret A. Berger, *Weinstein's Evidence Manual Student Edition*, 6th Edition, Matthew Bender & Company, Inc., 2003, at 10.05. 转引自易延友:《英美证据法上的证人作证规则》,载《比较法研究》2008年第6期。

的分歧。①

以上论争背后,实质上反映的是互联网技术与传统诉讼法理——"正当程序原则"的价值冲突与协调问题。现代民事诉讼法以正当程序作为民事诉讼程序的基准性、终极性价值目标,任何程序制度的设立都必须符合正当程序的要求。没有足够充分且正当的理由,不得剥夺或限制当事人的程序权利,不得支持构成程序正义基本价值取向例外的价值判断结论。传统民诉法中诸多程序制度的安排,如回避、审判公开、合法的传唤送达、直接言辞、平等的攻击防御方法手段等,均遵循这一价值判断准则。若以此为试金石来检验网络化司法模式中诸多制度安排的妥当性,便会发现正当程序原则的子内涵难以不折不扣地在线上投射和反映,除上文所述四方面争议外,包括在线诉讼的适用范围、适用条件、电子送达、庭审公开、区块链存证等问题,同样会面临相似的质疑和困惑。笔者认为,在线诉讼程序困顿的根源,实为技术原理与程序法理能否兼容以及在多大程度上交错适用的问题。如果认为法院信息化工作应保持谦抑、克制、不得冲锋在前,则难免对电子民事诉讼中正当程序原则的异化、变形而疑窦丛生。反之,如果认为信息技术可以合法嵌入民事诉讼中来,将现行诉讼程序规则翻译成技术语言,并通过限定技术的应用范围、条件调节民事诉讼制度的完整性和开放性之间的张力,②便不会对在线诉讼的程序价值给予过多否定和质疑,亦不会简单地用现成制度去评价新生事物,却忽视了法律的滞后性。

四、从"程序正当主义"到"技术正当主义":在线诉讼之理念转型

随着大数据、人工智能等科技创新成果同司法工作深度融合,智慧法院"不再是一个外界组织和诉讼当事人无法接触到的孤岛,法庭正迅速地从手

---

① 例如,关于在线视频开庭当事人是否需要在开庭和宣判环节起立的问题,在实践中争议颇大。北京互联网法院部分法官认为这属于民事诉讼法中必须保留的庭审礼仪,但也有法官秉持"二分法",认为法官进入法庭时当事人不必起立,但宣判时原则上应当起立。《北京互联网法院电子诉讼庭审规范(试行)》草案原先有 27 条规定,其中第 15 条的草案提供了上述两种方案,但因在北京互联网法院内部分歧较大,最后出台的《北京互联网法院电子诉讼庭审规范(试行)》回避了该问题,即两种方案均未采纳。

② 王福华:《电子诉讼制度构建的法律基础》,载《法学研究》2016 年第 6 期。

写的纸质世界向无纸化的电子世界转变"。① 传统正当程序理论强调裁判者的独立、中立、公开、参与等核心要素,正在面临人工智能背景下司法运作的解释力失灵问题。② 2008 年,马里兰大学丹尼尔·西特鲁恩教授提出了"技术正当程序"(technological due process)的概念,强调通过优化计算机程序设计提高自动化决策系统的透明性和可问责性。技术正当程序要求执法者在应用自动化程序的时候提供更多的告知义务,同时为利害关系人和社会公众的参与、辩论提供相应的机会,③以此来解决自动化技术引入行政执法过程中正当程序失灵问题。"技术正当主义"旨在平衡法律和技术的关系,推崇技术,但不迷信技术;相信技术,亦尊重程序法理。

(一)"技术正当主义"与网络化司法模式的内在契合性

从诉权保障的目的论来看,网上审判与线下审判并无差异,都是为当事人的民事权利保驾护航。传统民事诉讼正当程序理论强调法官中立、审判公开、武器平等、程序参与等核心要素,力图通过为诉讼程序设置若干标准来实现程序正当化。遵守正当程序是解决纠纷的核心,违反正当程序所作出的司法裁判,构成当事人上诉或再审的事由。在技术驱动下,网上审判的物理环境发生重大改变,数字技术和互联网接入为当事人提供了更加多样化的选择,让当事人更容易"接近正义",④但同时也会影响我们长期推崇的"程序正义理论"和"程序正义观"。电子诉讼的实质,是在考量纠纷解决投入和收益的基础上,利用信息技术来替代传统的民事诉讼行为,或利用信息技术设计出传统民事诉讼行为无法完成的民事诉讼行为,高效便捷地完成民事诉讼任务。⑤ 但电子民事诉讼对于诉讼效率的追求不能以牺牲程序正义为代价,为了适应数字时代的纠纷解决特点,电子民事诉讼的价值目标应

---

① James E. Cabral et al. *Using Technology to Enhance Access to Justice*, Harvard Journal of Law & Technology, 2012, p. 292.

② 李训虎:《刑事司法人工智能的包容性规制》,载《中国社会科学》2021 年第 2 期。

③ 丹尼尔·西特鲁恩教授认为,技术正当程序的基本内容包括:自动化程序代码公开、为程序的运行提供试错空间、加强社会公众在规则制定与修改中的参与以及保留部分执法者的自由裁量权。See Danielle Keats Citron, *Technological Due Process*, Washington University Law Review, Vol. 85: 1249, pp. 1249-1313(2008).

④ [美]伊森·凯什、[以色列]奥娜·拉比诺维奇·艾尼:《数字正义——当纠纷解决遇见互联网科技》,赵蕾等译,法律出版社 2019 年版,第 54 页。

⑤ 郑世保:《电子民事诉讼行为研究》,法律出版社 2016 年版,第 110—111 页。

概括为"追求高效+兼顾公平",信息技术是改良诉讼程序的手段,而程序正义和实体公正仍然是终极目标。

基于在线诉讼全面推广以来出现的各种新情况、新问题,以及理论界和实务界对于在线诉讼程序价值减损的忧虑,恰恰给我们反思在线诉讼程序正义观提供了契机。在线诉讼是互联网、大数据时代的产物,现行民事诉讼法是近代民事诉讼规则的产物,因此必然存在与数字时代的互联网诉讼不相适应之处。申言之,传统民事诉讼的正当程序保障原理,在互联网诉讼语境下天然地具有不相称性,一味强调法院信息化工作应保持克制、慎用,抑或要求在线诉讼与线下诉讼规则完全兼容的司法通说,虽然有利于维护程序法秩序的稳定性和统一性,却罔顾了互联网司法本身所具有的独特个性,在信息化浪潮席卷民事司法的进程中,恪守传统民事诉讼的正当性和正当程序保障原理已不再适应信息化时代的诉求,应将民事诉讼程序正当主义作出新的解释,以符合数字正义的时代要求。

笔者发现,"技术正当主义"与互联网司法运作原理具有高度契合性,以"技术正当主义"作为电子民事诉讼的程序正义观,可为电子诉讼的程序困顿提供一条行之有效的解释论出路。前文述及,"技术正当主义"缘起于自动化行政程序,但随着实践发展,日渐被学界揭开神秘面纱,其内涵和外延被不断拓宽,例如刘东亮教授就从法律和技术两个维度探讨了技术正当程序在行政程序中的适用空间;①李训虎教授更是将技术正当程序首次引入刑事司法领域,主张其可以对刑事司法人工智能应用进行过程规制,成为刑事司法一种新的程序正义观。② 因民事诉讼活动的协同性、交互性较强,民事诉讼相对于行政程序与刑事诉讼程序更适宜信息通信技术的应用,考虑到在当下审判实践中,电子民事诉讼运用最为广泛,③将"技术正当主义"嵌入互联网司法,对于解决电子民事诉讼在实践中面临的程序正义危机、程序虚设危机、程序效用危机具有重要的拯救作用,能为电子诉讼的蓬勃发展注入强劲的动力。

---

① 刘东亮:《技术性正当程序:人工智能时代程序法和算法的双重变奏》,载《比较法研究》2020年第5期。

② 李训虎:《刑事司法人工智能的包容性规制》,载《中国社会科学》2021年第2期。

③ 根据《最高人民法院关于新冠肺炎疫情防控期间加强和规范在线诉讼工作的通知》第8条,民商事、行政案件一般均可以采取在线方式开庭,刑事案件在线庭审目前仍在探索阶段,存在诸多限制,尚不能全面推行。

"技术正当主义"的核心价值取向在于强调互联网技术的有效性，赋予当事人平等获得技术红利、技术保障的机会，提升裁判结果的正当性和可接受性。必须指出，将西特鲁恩教授提出的"技术正当程序"纳入电子民事诉讼的体系，并非是对传统民事诉讼法奉行的正当程序原则的否定，而是通过化解传统正当程序理论内含的独立、中立、公开、参与等要素所面临的正义风险，发挥对于正义实现的促进价值。[①] "技术正当主义"对于"司法剧场化"模式下建立起来的诉讼理念进行了变通，但不主张复杂、高深的技术程序可以从法治国家的规范中逃逸，故而绝不等同于"电子工具崇拜"或"技术万能主义"。由此，电子诉讼通过强调互联网技术提升程序参与度，保障当事人"接近数字正义"的权利，实现"程序正当主义"向"技术正当主义"的迈进。

（二）"技术正当主义"嵌入电子民事诉讼的路径探索

对正当程序理论稍有涉猎的人都知道：一旦确定要适用正当程序，接踵而至的问题就是，什么样的程序才是"正当"的？这一程序法的核心问题在"技术正当主义"的语境下转换为：什么样的程序设计具有法律和技术双重意义上的正当性？"技术正当主义"如何合理地嵌入电子民事诉讼？

正当的技术能够为纠纷解决提供新的可能性和方式，甚至技术方案本身就是更好的程序，当纠纷解决遇见互联网科技，"技术正当主义"不应再专属于（自动化）行政程序，其在电子民事诉讼中亦具有广阔的解释适用空间。"技术正当主义"在电子诉讼的语境不仅仅包含算法公开、具有可解释性和可问责性等基础内涵，技术正当的理念应贯彻在线诉讼的始终，且一并适用于诉讼外智能机器的建设。[②] 本文将"技术正当主义"划分为技术赋权、技术交互、技术优化和技术谦抑四个子内涵，以期重塑电子民事诉讼的程序正义观。

1. 技术赋权形塑当事人武器平等原则

电子诉讼是人民法院在信息时代实现数字正义的必要载体，可以说，在线纠纷解决与互联网法院不仅改变了司法正义的实现场景，也推动了程序正义理念的发展。虽然适用的场景不同，但正当程序的价值理念诸如维护程序公平、保障人性尊严等，具有超越时空的特性，它们在新技术条件下也

---

① 李训虎：《刑事司法人工智能的包容性规制》，载《中国社会科学》2021 年第 2 期。
② 包括但不限于在线诉讼平台建设、电子证据平台建设、区块链存证平台建设等。

不会过时。① 技术原理与程序法理实现融合的关键,是将技术作为变革"接近正义"的一种方式与民事诉讼法追求的保护私权有机融合,衍生出"技术赋权"理念,即以"科技向善""科技红利"为导向,以保障当事人武器平等原则为价值依归,以诉讼知情权、程序参与权和自主选择权是否得到保障和强化,作为评判诉讼程序正当的标尺。

"技术赋权"是技术正当主义的基石理论,贯穿电子诉讼的始终。《规则》第2条明确规定在线诉讼应遵循"公正高效""合法自愿""权利保障""便民利民""安全可靠"五大基本原则。五大基本原则强调了互联网技术和平台的中立性,赋予诉讼当事人平等获得技术红利的机会,同时统筹兼顾不同群体的司法需求,注重对未成年人、老年人、残障人士等特殊群体加强诉讼引导,充分体现"技术赋权"和"人文关怀"的理念,有利于增强当事人对在线诉讼的信任感和可接受性。在起诉阶段,赋予当事人利用算法和机器进行网上立案的权利,使当事人无须受制于法院工作时间和人力,有助于加强当事人诉权保障。在证据收集阶段,为使证据资料在存储、传送、收集过程中未经过修改、处理,保障其真实性,当事人可利用区块链开源、透明、防篡改等特点进行存证,进一步彰显区块链技术在电子存证方面的优势,从而更好地还原案件事实真相,提高社会治理效率。在审理阶段,赋予当事人在小额案件中选择适用异步审理模式的权利,使得当事人可以将原本无价值的碎片化时间用来进行更高价值的诉讼活动,②从而降低诉讼成本。在判决作出阶段,电子诉讼可以借助于司法大数据、人工智能等技术性辅助措施,向办案法官进行类案推送,从而为法院在电子诉讼中实现类案同判奠定基础。在电子送达阶段,法院应以受送达人权利保障为中心,在明确告知且当事人同意适用的前提下启用电子送达方式,对裁判文书进行电子送达,并同步通过短信、电话、即时通讯工具等方式,保障受送达人的知悉权。③ 总之,"技术赋权"既可以为电子民事诉讼提供诉前保障,又可以为诉讼实施权行使提供指引,还可以提供事后评价标准。电子民事诉讼在技术赋权理念的引领下,

---

① 刘东亮:《技术性正当程序:人工智能时代程序法和算法的双重变奏》,载《比较法研究》2020年第5期。

② 李占国:《网络社会司法治理的实践探索与前景展望》,载《中国法学》2020年第6期。

③ 最高人民法院在《规则》第29—32条中专门对电子送达作出细化规定,旨在提高诉讼效率的基础上加强当事人程序选择权、知悉权的程序保障水平,以解决在线诉讼中判决、裁定、调解书实施电子送达与民事诉讼法第87条的矛盾。

能够更好地彰显以人为本的民事司法理念,实现互联网技术与民事司法的良性互动。

2. 技术交互赋予"直接言辞"新内涵

电子民事诉讼的审判实践样态可概括为同步审理模式和异步审理模式。在同步审理模式中,法官和当事人均需要保持同时在线,通过视频及网络文件的形式在线同步实施诉讼行为。一般认为,法官与当事人、证人使用在线视频方式推进诉讼,可视为言辞传播载体和法官在场方式的转变,并未颠覆直接言辞原则,但显著弱化了"司法剧场效应"。笔者认为,同步审理模式(视频庭审)可以通过技术交互加以调适,技术交互系电子民事诉讼的行为模式。技术交互具体体现在:借助于生物特征识别、证件证照比对等技术识别和确认诉讼当事人的身份;借助语音识别及自然语言处理等技术,发挥庭审笔录的自动记录功能;借助于虚拟仿真技术,复原法庭审判场景,虚拟化呈现国徽、法庭、席位人员名称,增强在线庭审的仪式感;借助区块链存证技术,拓展当事人收集证据的渠道;借助 AI 法官助理的辅助,智能预测裁判结果,使案件当庭宣判成为可能。总之,电子诉讼高度的交互性和人工智能的不断进步,将赋予"直接言辞"新的内涵,在线视频审理终将实现信息接收、互动体验的效果堪比在同一空间,甚至超越同一空间的效果。[①]

在当事人行动不便,往来法院成本高昂且无法同步在线的情况下,打破"时空双重限制"的异步审理模式应运而生。异步审理代表着当下信息技术嵌入民事司法对审理程序的最大形塑,理论界对于异步审理的种种质疑,均是站在传统观念和实定法角度去评价新生事物,忽视了电子诉讼法律供给的滞后性;[②]异步审理对直接言辞、双方对审原则形成的冲击,对"司法剧场效应"的消解,也可通过技术正当主义加以调适。具体而言,所谓的异步,应当解释为法院给当事人提供了一个灵活便捷的诉讼空间和绝佳的交换证据、发表意见的场所,由于不在同一个物理空间,屏幕的分隔,诉争当事人的对抗程度得以缓解,营造出一种相对融洽的氛围,有助于促使当事人在情绪

---

① 陈甦、田禾:《中国法院信息化发展报告 NO.5(2021)》,社会科学文献出版社 2021 年版,第99 页。

② 事实上,《规则》第 20 条对在线诉讼中非同步审理(异步审理)的含义、范围、效力以及适用条件作出规定,标志着对于异步审理模式合法性的怀疑将暂时偃旗息鼓,其普遍适用将会是板上钉钉的事实。

平稳的状态下进行沟通谈判,达成和解,便于纠纷的彻底解决。① 申言之,当事人和法官在同一在线诉讼平台互动交流,理性对话,平等协商,求同存异,最后形成一个各方共识度最高的正当裁判结果(just outcome),而不再严格追求具有排他性的(正确)结论(correct decision)。通过异步审理获得的裁判结果,不应再受到"剧场化司法"严格制约,无须贯彻"对抗制"诉讼理念,也不必遵守既定的程序特征和目标限制。法院与当事人之间的关系不再是泾渭分明的"当事人主义"或"职权主义",而是强调法官与当事人在同一个互联网诉讼平台上平等对话,三方协作的协同主义诉讼模式。② 如此,异步审理便不会再给人以孤雁出群之感。

3. 技术优化助推隔离作证规则的实现

证人作证隔离规则是保证证人陈述证言独立性的基本要求,具有独立的程序保障价值和超越时空的特性。无论是同步视频审理抑或异步审理,皆可能面临当事人和证人没有分离、询问证人时其他证人在场、证人旁听审理等问题。仅靠传统正当程序保障原理来进行反思和回应,得到的有且只有质疑、冲突以及对线上作证信任感的瓦解。最高人民法院显然注意到了这一问题,并于《规则》第26条中规定"证人通过在线方式出庭的,人民法院应当通过指定在线出庭场所、设置在线作证室等方式,保证其不旁听案件审理和不受他人干扰"。这一规定体现了技术正当主义的理念,表明这种暂时性的程序公正减损是因为技术性原因而产生,线上隔离作证规则的缺失,未来可通过优化技术的手段而得到修补。具体来说,"不得旁听法庭审理"是规范目的,"指定在线出庭场所、设置在线候审室"是技术手段,③技术手段与程序法理相互交织,相互渗透,相互融合,隔离作证规则才能最终落实,在线诉讼的程序困顿才能得到有效化解。由此可见,技术优化是电子民事诉讼的程序完善手段。

值得强调的是,证人在线出庭,还应遵守新《证据规定》的要求,完成具

---

① 肖建国、丁金钰:《论我国在线"斯图加特模式"的建构——以互联网法院异步审理模式为对象的研究》,载《法律适用》2020年第15期。

② 杨严炎:《论民事诉讼中的协同主义》,载《中国法学》2020年第5期。

③ 法院可运用网络定位技术锁定各个证人接入系统的网络端口和实际地址,并且屏蔽其自身作证外的其他庭审期间的视频(含音频)连接,从而有效规制证人与当事人同处一室、相互密谋,以及旁听庭审进程等现象。

结保证程序,签署并宣读如实作证保证书,[①]以增强证人的责任感,提高司法威慑力。此外,对于对方当事人提出合理理由认为证人作证可能受他人指挥、有多个证人需要在线出庭等情形,应适用法院指定场所在线作证规则,进行物理隔离。各地法院则应通力协作,为证人作证提供便利,从而最大程度上保障证人证言的客观性、合法性。

4. 技术谦抑消解"电子工具万能主义"的担忧

民事纠纷解决机制因现代科技不断发展而转型,但这种转型并非简单地将现代科技应用到传统模式中,而是以互联网为基础重新构建一种新的在线纠纷解决模式,[②]以更好地保障公民"接近数字正义"的权利。但技术终究不是包治百病的良药,也无法一揽子解决所有问题,之所以强调技术正当程序,而非技术万能论,就在于阐明"技术正当主义"亦有其局限性,对于不适宜技术涉足的领域,技术就应当保持其谦抑性,不能"包打天下"。技术谦抑原则是在线诉讼中最低程序保障原则的体现。

技术谦抑原则首先适用于在线诉讼适用范围的确定。笔者注意到,各地法院在疫情期间一般只在线上审理简单案件,不审理复杂案件。复杂案件(如房地产纠纷)往往涉案标的额巨大,诉讼参与人人数众多,社会关注度较高,"堆积如山"的证据资料不方便在线上一一展示,线上庭审效率乏善可陈。但《规则》中确立的电子民事诉讼适用范围极为宽泛,原则上适用于全部民事诉讼案件、非诉案件和执行案件,存在违反技术谦抑主义之虞。[③] 对于疑难复杂、诉讼参与人众多的民事案件,仍应以"线下为原则",同时不断探索"线上审判"的可行性。此外,法院需要完善线上线下的庭审转换机制,当简易快捷但粗糙的程序无法满足当事人对程序、实体权利保障的需求时,应及时打开向更精密的程序过渡的出口。《规则》已从宏观层面对于在线诉讼向线下转换的程序和规则作出了规定,[④]但对于异步审理中的程序转换,未作出精细化的制度设计。笔者认为,应构建异步庭审向在线同步式庭审转换的制度,转换条件为当事人不同意异步庭审且有正当理由、案情复杂、证据繁多需要同步询问、同步质证等情况,并依此类推适用于异步调解、证

---

① 2019 年新《证据规定》第 71 条。
② 郑维炜:《中国"智慧法院"在线调解机制研究》,载《当代法学》2020 年第 6 期。
③ 《规则》第 3 条。
④ 《规则》第 5 条、第 21 条。

据交换、谈话询问等程序,最终构建起"线上异步—线上同步—线下"的三级程序转换层次,进一步提升电子民事诉讼的程序保障水平。

在线诉讼中的庭审直播与司法公开的关系问题,是技术谦抑原则另一个适用的领地。庭审直播是对传统庭审公开的极大延伸,传统理论认为,线下法院比在互联网法院能够更大限度上践行审判公开原则,但随着信息技术的发展,物理法庭提供的"信息透明度"已远远无法与网上法庭相提并论。① 网络的无限延展性,决定了任何人都可以通过通讯终端随时随地查询庭审情况,引发了"司法过度曝光"的担忧。② 司法实践已经证明,一个普通人的交通肇事案不会引起多少人的关注,但一个公众人物的名誉权纠纷就可以产生巨大流量,导致一个简单民事案件迅速扩大社会影响力,成为热点事件。打着程序正义的旗号,主张庭审公开直播适用于所有在线诉讼案件的观点,不符合技术谦抑性的要求,有违实质意义上的程序正义。在当下,更应该合理规制网络直播引发的审判娱乐化倾向,平衡好审判公开原则与民法典时代加强个人信息保护的价值追求。对于涉及公民重大人格利益、隐私权的家事案件、名誉权案件,庭审直播应当慎用,或通过法律、技术手段规制庭审录音录像与在线网络庭审情况被无限制传播的问题,加强个人信息保护的力度,从而为在线诉讼提供最大限度公开的可能性。

五、结语:"技术正当主义"助推数字正义迈向更高水平

电子诉讼与人工智能、5G、区块链、司法大数据的融合应用,将共同构筑未来信息社会的法治图景。相较于传统法庭,网络法庭具有方便、快捷、高效、易于使用等优势,③随着时间的推移,越来越多的民事案件将分配给网络法庭,传统法院许多低效、烦琐的程序设置将被迅捷、便利的网络法庭所取代。在面对新兴科技给民事司法带来挑战的同时,需要对程序正当化问题作出正面诠释。于传统诉讼领域,程序正当原则一直作为保障诉讼实体正义的重要手段,在电子诉讼的场域下,审理方式的改变已使得程序正当原则

---

① Richard Susskind, *Online Courts and the Future of Justice*, Oxford University Press, 2019, p. 294.

② 司法的"过度曝光"在电子诉讼的语境下,一般是指诉讼流程公开与审理过程留痕的运行方式使当事人可以清楚了解诉讼进程,法庭审判的一举一动都暴露在公众的视野内,任何社会公众都可以根据自己的喜好在网上选择案件进行旁听,并随时随地对法官、诉讼参与人的表现进行评论,甚至使司法进入另一种形式化的广场化。

③ Richard Susskind, *Online Courts and the Future of Justice*, Oxford University Press, 2019, p. 190.

的子内涵难以完整地在线上投射,但并不意味着电子诉讼就势必会对程序正义和实体正义的保障功能有所减损。面对在线诉讼对传统规则带来的冲击,以技术正当主义作为互联网诉讼的程序价值观,可谓恰逢其时。在技术正当主义的四个子内涵中,技术赋权理念是在线诉讼的基石,技术交互是在线诉讼的行为模式,技术优化是在线诉讼的完善手段,技术谦抑是在线诉讼最低程序保障原则的体现。总之,技术正当主义并非是对传统民诉法奉行的正当程序原则的否定,而是对既有民事诉讼理论的继承、发展和创新,是在面对在线诉讼对传统规则带来的冲击下,使当事人在诉讼系属中平等享有技术赋权和技术保障的机会,实现传统程序法理与技术原理的有机统一,助推数字时代的司法正义迈向更高水平。

司法区块链篇

司法区块链的应用与发展

石　松　邝志强[*]

（真相网络科技（北京）有限公司,北京　100102；
广州公证处,广东　广州　510030）

摘　要:司法区块链是支撑电子诉讼的基础设施,同时也是发挥诉源治理的关键要件,同时,区块链网络建设也是国家数字经济新基建的重要范畴。在当下司法区块链快速发展、建设和应用的过程当中,需要结合区块链技术的发展规律以及全社会区块链网络的建设情况,根据法院的核心功能定位和新时期智慧法院的发展要求,科学地进行统一区块链网络建设,积极地推动法院区块链司法实践。需要在司法区块链技术、司法区块链组网方面加强基础研究和设计;发挥司法区块链的核心功能定位,强化司法区块链在数字法治进程中的诉源治理能力,明确司法区块链的网络和功能边界。注重在司法区块链的建设过程当中,研究司法区块链安全技术,研究司法区块链业务标准和规范,发挥司法区块链在社会化司法协同和国际司法协同方面的基础作用。

关键词:司法区块链;司法信息化;电子诉讼;智慧法院

2019 年 11 月 8 日,最高人民法院院长、网络安全和信息化领导小组组长周强主持召开最高人民法院网络安全和信息化领导小组 2019 年第二次全体会议并讲话。周强强调,要加强区块链、人工智能在司法领域应用,突出工作重点,狠抓任务落实,全面提升智慧法院建设水平,促进审判体系和审判能力现代化。[①]

周强强调,要狠抓工作落实,加快推进智慧法院建设。要打通信息孤岛

---

　　[*]　石松,真相网络科技（北京）有限公司董事长;邝志强,广州公证处主任。

　　本文系最高人民法院 2020 年度司法研究重大课题"互联网时代电子诉讼规则研究"（ZGFYZD-KT202014-03）的阶段性成果。

　　[①]　《周强主持召开最高人民法院网络安全和信息化领导小组会议强调加强区块链和人工智能应用全面提升智慧法院建设水平》,载中国法院网 2019 年 11 月 9 日,https://www.chinacourt.org/article/detail/2019/11/id/4624079.shtml。

和数据壁垒,补齐智能化服务短板,加快推进智慧法院实验室建设。要以构建现代化诉讼服务体系建设为目标,全面推进一站式多元解纷机制和一站式诉讼服务中心建设,推动诉讼服务线上线下功能互补、有机结合,实现一站通办、一网通办、一号通办。要以完善全国统一司法链平台为重点,提升司法管理精细化水平,积极探索引入智能合约,建设完善数据中心以及大数据管理和服务平台,优化办公办案系统,加快建设全国人民法庭信息网和全国人民法庭工作平台。要优化法院专网结构,提升网络可靠性,加强信息安全保障,确保智慧法院建设稳步推进。①

区块链技术分布式存储、点对点传输、加密和时间戳机制等技术机制,使得该项技术具有安全可靠、不可篡改、全程可追溯等特性,这些特性使区块链技术与公平公正要求的司法业务存在天然的结合,区块链技术是打破信息孤岛,实现数据可信流通的开创性技术;同时对于特别依赖跨部门数据支撑的司法审判业务,区块链技术可以实现既保障各自机构组织的数据安全与独立性,又保障数据的跨部门可信流转。区块链技术作为一种信任计算技术目前已在社会各个领域得到广泛实践应用。分析当前我国区块链技术的落地实践情况,相比其他领域,无疑在司法区块链实践和应用领域已经逐步形成规模。在一项创新技术大规模应用于特定领域之际,我们十分有必要本着科学的发展论研判司法区块链的发展思路和策略,以保障区块链技术在司法领域的高质量稳步发展,切实高效提升我国智慧法院建设水平、构建现代化的审判体系、审判能力,从而在构建现代化法治中国进程中发挥法院体系的关键作用。

一、区块链技术与司法结合的基本逻辑

区块链技术与法律有天然的联系,尤其适合应用于法律相关领域,这也使得区块链这项新技术应用当中,在司法区块链领域的应用案例和实践效果都处在各行业领先位置。

(一)区块链技术不可篡改可追溯有利于审判监督和管理

区块链技术不可篡改、全流程可追溯的特点与司法审判业务管理的要

---

① 《周强主持召开最高人民法院网络安全和信息化领导小组会议强调加强区块链和人工智能应用全面提升智慧法院建设水平》,载中国法院网 2019 年 11 月 9 日,https://www.chinacourt.org/article/detail/2019/11/id/4624079.shtml。周强强调法院专网的信息安全保障建设。

求是高度一致的,法院作为司法审判机关对自身工作的客观、公正性具有最高的要求,因此将区块链技术应用到法院内务管理、法院审判流程当中是最恰当不过的技术。区块链技术可以可信方式(对司法业务审理、程序流转和卷宗文档进行存证和追溯),这对于保障司法审判业务的公正性具有重要的基础作用;相信下一阶段法院内网信息化的重点将如周强院长所指出的,以区块链技术和人工智能技术提升法院业务能力上,区块链技术重点从计算机技术层面保障法院的客观公正性,而人工智能技术则重点提升法院工作的效能。从目前我国互联网法院的区块链实践情况来看,三家互联网法院均将诉讼过程全流程通过区块链技术进行存证和归档。

(二)区块链分布式共识有利于跨部门协作

区块链技术分布式共识的特点,有利于通过互联网提升司法审判业务服务社会的能力和司法审判效能,区块链网络可以构建不同部门之间的可信协同网络,实现数据的可信流转和验证,这使得传统意义上相对互联网开放共享特质相对封闭的司法服务网络具备安全可靠的技术条件与社会组织和社会经济活动保持紧密、直接、有效的在线司法协同。通过区块链技术的安全协同机制,法院与相关检察、公证、司法鉴定、行政部门及各类社会组织可以构建大规模的司法协同网络,而这种协同网络的张力和可扩展性是巨大的,我们有必要仔细验判司法协同网络的功能定位边界。

(三)区块链智能合约是法律的数字化实现

区块链的高级别应用智能合约在司法领域体现为一种法律语言的技术化实现,即通常表述的"代码即法律",从一种理想化的技术角度来看,法律语言是可以通过代码来实现的,而这种实现在区块链技术中体现为智能合约。智能合约是区块链技术的重要特性,也是区块链技术从数字经济、数字法治底层技术支撑延展到具体司法业务的关键特性。智能合约是一种旨在以信息化方式定义、验证或执行合约的程序代码,智能合约允许在没有第三方的情况下进行可信交易和执行,智能合约的执行可追踪且不可逆转。目前智能合约的应用在我国司法区块链的具体运用上还停留在探索和实验阶段。

从以上分析可见,司法区块链的建设和应用对于我国数字化司法体系的建设具有重要的基础作用,其实,当前阶段,区块链早已纳入国家新基建范畴,区块链对于数字经济的发展具有重要的基础作用。

2019年,习近平总书记在十九届中共中央政治局第十八次集体学习时强调:把区块链作为核心技术自主创新重要突破口,加快推动区块链技术和产业创新发展,要探索利用区块链数据共享模式,实现政务数据跨部门、跨区域共同维护和利用,促进业务协同办理,深化“最多跑一次”改革,为人民群众带来更好的政务服务体验。习近平总书记指出,相关部门及其负责领导同志要注意区块链技术发展现状和趋势,提高运用和管理区块链技术能力,使区块链技术在建设网络强国、发展数字经济、助力经济社会发展等方面发挥更大作用。①

在智慧法院建设方面,最高人民法院院长周强提出,要以建设人民法院区块链统一平台为重点,加快推进区块链技术攻关和应用场景落地,形成全国统一的人民法院区块链应用体系。② 最高人民法院信息中心已牵头制定《司法区块链技术要求》及《司法区块链管理规范》,指导规范全国法院数据上链。截至2020年5月,全国人民法院司法区块链已建立32个节点,上链业务贯穿互联网和专网。③

应该说,法院系统对区块链技术的理解、建设和应用情况大幅领先其他部门和行业,这是一种优势,也是一种挑战,各种层面司法区块链的建设和运用对于其他部门和行业起到了很好的借鉴和参考作用,与此同时,司法区块链的率先规模应用必然会面临各种技术本身及社会化协同的具体问题,这都需要在具体技术应用中不断积累经验、突破创新。最高人民法院对司法区块链发展的基本要求是个长期的过程,能否在一定时间内构建统一可靠的司法区块链系统基础设施及司法区块链标准化司法应用场景和模型,是一项具有现实技术挑战和业务挑战的任务。

二、司法区块链及相关行业区块链发展现状

作为数字经济新基建范畴的区块链网络建设,涵盖和关联社会各个方

---

① 《习近平在中央政治局第十八次集体学习时强调把区块链作为核心技术自主创新重要突破口加快推动区块链技术和产业创新发展》,载新华网2019年10月25日,http://www.xinhuanet.com/politics/leaders/2019-10/25/c_1125153665.htm。

② 《最高人民法院关于人民法院贯彻落实党的十九届四中全会精神推进审判体系和审判能力现代化的意见》(法发〔2020〕9号)第8条。

③ 代小佩:《最高法报告提到的司法区块链有啥用》,载《科技日报》2020年5月29日,第5版。

面,因此在研判司法区块链的发展进程和方向时,既需要关注司法区块链在法院的建设发展情况,也需要关注区块链在全社会其他行业尤其是司法相关行业的发展情况。

（一）法院核心业务的区块链发展状况

随着三家互联网法院的成立,互联网法院率先采用区块链技术支撑到司法审判业务当中,三家互联网法院均建设了司法区块链系统,分别是北京互联网法院的"天平链"、杭州互联网法院的"司法链"、广州互联网法院的"网通法链",虽然三家互联网法院的司法区块链建设略有差异,但核心功能主要是用以承载电子证据流转验证以及审判业务存证,这也是区块链应用到法院体系的内外部业务的基础应用。各家法院又有各自的创新应用,比如北京互联网法院全国率先在执行环节使用区块链智能合约技术;①杭州互联网法院将区块链存证平台与社会化司法需求有机结合,把司法区块链服务推进到产品溯源、②版权保护等具体法律场景等;与此同时,各地方法院结合自身业务也进行了诸多区块链司法创新应用,比如朝阳法院探索利用区块链技术化解物业纠纷诉源治理、③多地法院启用区块链电子封条、④广州中院上线区块链律师调查令办理平台等,⑤可见区块链作为一项基础司法技术在司法领域的应用场景是广阔而丰富的。

随着最高人民法院全国区块链网络的建设,地方性司法区块链基础设施的建设处于全国统筹建设阶段,⑥全国司法区块链网络的建设目前主要以连接法院系统为主,这与地方性法院围绕自身审判业务、注重不同部门之间的区块链协同建设思路存在差异。本文讨论的重点是支撑法院系统的大型区块链网络而不是单独法院的司法区块链系统,全国一张网的建设思路和

---

① 《北京互联网法院采用区块链智能合约技术实现执行"一键立案"》,载北京法院网 2019 年 10 月 30 日,http://bjgy.chinacourt.gov.cn/article/detail/2019/11/id/4603900.shtml。

② 《搭载 5G 技术 西湖龙井茶牵手杭州互联网法院成立司法区块链平台》,载杭州网 2019 年 4 月 1 日,https://ori.hangzhou.com.cn/ornews/content/2019-04/01/content_7170498.htm。

③ 《朝阳法院探索利用"区块链"化解物业纠纷诉源治理新路径》,载北京法院网 2020 年 12 月 10 日,http://bjgy.chinacourt.gov.cn/article/detail/2020/12/id/5659440.shtml。

④ 《亳州谯城启用区块链电子封条:可云端实时监控被查封财产状况》,载中国法院网 2020 年 5 月 20 日,https://www.chinacourt.org/article/detail/2020/05/id/5234093.shtml。

⑤ 《广州中院"区块链律师调查令"线上办理平台开通》,载中国法院网 2020 年 8 月 14 日,https://www.chinacourt.org/article/detail/2020/08/id/5403522.shtml。

⑥ 本内容为根据最高人民法院司法区块链平台建设应用研讨会会议信息整理。

布局在当前司法区块链建设的过程中依然有很多具体的顶层设计、业务规划以及建设思路需要细致研究。

（二）相关行业区块链发展状况

对于数字经济基础设施的区块链技术来说，除了法院系统之外，检察部门、市场监督管理部门、公证部门、司法行政部门、版权部门等均进行了各自的区块链实践。

2020 年，浙江上线全国首个市场监管区块链电子取证平台"市监保"，该平台是在"市监链"根链基础上搭建的固证平台，"市监链"支持药品溯源、知识产权保护、交易监测、电子证照、合同行为等多种上层区块链应用。① 国家市场监督管理总局"慧眼观后厨 共治促食安"项目可以对餐饮相关单位后厨的违规行为进行自动识别和反馈，对违规画面锁定证据，并利用区块链技术进行存证。② 最高人民检察院探索利用区块链技术衔接环保部门、检察院、法院等机构，以支撑公益诉讼中的证据获得难的问题，③与此同时，最高人民检察院信息中心建议构建更大规模的司法区块链网络，连接公检法司等司法机构，以实现更大规模、更深层次的区块链司法协同机制。④ 司法部专门组织讨论区块链法治的研讨会议，并对区块链技术如何运用到司法部相关业务中进行了系统的项目建设规划，⑤全国多家公证处建设并应用区块链公证系统；⑥贵州司法厅试点建设"区块链+公正执法"项目，并已实际应用到监狱管理工作当中；⑦北

---

① 《浙江之声：全国首个市场监管区块链电子取证平台在浙江正式上线》，载浙江省市场监督管理局（知识产权局）官网 2020 年 8 月 3 日，http://zjamr. zj. gov. cn/art/2020/8/3/art_1229003093_53875999. html。

② 《"不忘初心、牢记使命"主题教育专项整治食品安全问题联合行动工作组举办"慧眼观后厨 共治促食安"校园食品安全主题活动》，载国家市场监督管理总局官网 2019 年 11 月 22 日，http://www. samr. gov. cn/xw/zj/201911/t20191122_308750. html。

③ 《智慧检务创新发展与实践路径选择》，载最高人民检察院官网 2019 年 10 月 14 日，https://www. spp. gov. cn/spp/llyj/201910/t20191014_434496. shtml。

④ 赵志刚：《区块链与智慧检务》，第五届中国互联网法治大会中的演讲。

⑤ 《司法部：推进区块链技术与法治建设全面融合》，载人民网 2019 年 11 月 18 日，http://legal. people. com. cn/n1/2019/1118/c42510-31459993. html。

⑥ 《重磅：全国首家互联网公证处在杭州成立 公证行业创新变革拉开序幕》，载光明网 2019 年 1 月 2 日，https://it. gmw. cn/2019-01/02/content_32284924. htm。

⑦ 《贵州省司法厅副厅长张行到监狱系统调研"区块链+公正执法"建设试点工作》，载人民网 2020 年 7 月 9 日，http://gz. people. com. cn/n2/2020/0709/c396834-34144507. html。

京某律所开始启用区块链电子律师函;[①]与此同时,多地司法部门开始筹划建设地方司法链,衔接地方各类司法机关。

在各行业、各部门建设和应用区块链技术的同时,全国性区块链基础网络和设施也在布局建设,如中国信通院牵头建设和推广的"星火·链网",该区块链基础设施主要用以承载工业互联网标示信息;[②]国家信息中心领导建设的区块链服务网络(BSN)联合各类社会组织加入基础区块链网络建设;[③]各行业大型基础区块链网络正在积极准备或建设当中,这其中也包括法律相关社会机构和单位开展建设和运营的大型全国性法律协同网络,法律事务是个社会化的事务,各行业构建以法律服务为目标的区块链网络时,不约而同地进行各类法律相关机构的区块链链接,比如围绕向社会各行业提供法律技术服务的 legalXchain 司法联盟链、至信链、蚂蚁链等,以及众多行法律相关行业区块链如版权链、公证链等。[④]

(三)司法区块链的发展思路

在进行司法区块链建设过程当中,我们需要注意分析区块链技术在整个社会中的发展脉络,区块链作为新型基础设施,是承载未来社会经济活动、民生、政务、社会治理的重要网络设施。区块链设施目前正在横向的基础平台以及各类垂直行业中广泛实践,目前并没有已论证的可以统筹全国区块链建设科学的区块链网络架构和应用框架,这需要在实践中不断总结,不断改进建设思路和方向。对于司法区块链来说,在数字化新基建的进程中,各类区块链网络的互联互通、网络定位、区块链网络发展成熟度等都在不断演进变化当中,司法区块链的建设需要根据国家基础区块链网络的建设进程和成熟度以及与司法区块链相关联的行业区块链网络建设情况不断完善发展建设思路,以应对在新技术和新基建的发展进程中所存在的不确定性和发展变数。

---

① 《全球首个区块链律师函可直达互联网法院?数字化律师服务颠覆行业》,载中华新闻社网2019 年 12 月 5 日,http://www.chinanews.org/falv/faquezhuanlan/7771.html。

② 《中国信通院牵头建设的"星火·链网"超级节点武汉正式签约》,载搜狐网 2020 年 11 月 30 日,https://www.sohu.com/a/435347224_735021。

③ 《区块链服务网络(BSN)发布 打造全国性基础设施平台》,载人民网 2019 年 10 月 16 日,http://scitech.people.com.cn/n1/2019/1016/c1007-31403941.html。

④ 《战疫钜献:司法联盟链 legalXchain 区块链浏览器全新升级实现规模数据协同》,载真相科技官网 2020 年 2 月 20 日,http://www.truthso.com/aboutTruthso/news? id = 137。

三、司法区块链发展建设的三个重点

(一)区块链技术与区块链组网规划

区块链技术目前还处于技术发展中期阶段,区块链技术本身并没有经过大规模落地应用考验,在具体建设过程中依然面临很多具体的技术问题和科学业务规划问题。区块链技术虽然有诸多优势,但也存在跨链协同机制不成熟、区块链协议标准不统一、区块链行业规范不健全等显而易见的问题;与此同时,在区块链性能承载能力、智能合约安全性、技术完全自主可控方面依然有很大的改进空间。这与互联网发展早期非常类似,因此在经历过互联网发展历程的前提下,一项互联技术的运用路线有很多可以借鉴的思路和方法,防止出现在互联网发展历史过程中曾经出现过的问题。在互联网发展早期阶段,存在大量的互联网技术体系和协议标准,各个国家、各行业的互联网建设也处于一种各自为战又相互竞争的状态,最终全球互联网统一到一套技术体系当中,并形成全球性的互联网行业模型。区块链技术与区块链网络的发展依然会遵循这样的历史规律,因此在司法区块链的建设过程当中,可以有预见性地、高质量、高效率地进行司法区块链建设。

同时区块链技术作为一种网络技术,大规模组网方案是进行司法区块链建设的关键要素。显然,目前全球均没有可借鉴的大规模区块链网络组网经验,作为全世界领先的中国司法区块链建设工程,需要借助自身的创造力和智慧进行科学的区块链组网,区块链组网需要考虑区块链技术发展路线以及司法区块链的业务层级,考虑未来技术的可调整性及业务规划的科学性,以保障司法区块链的持久生命力。基于区块链技术点对点传输机制及分布式共识的特点,在全国性网络建设过程中尤其需要注意网络划域分层设计,同时对于区块链业务通道进行合理规划;在任何一项基础网络建设过程中,后续的任何调整代价都是巨大的,最科学的方法是在建设初期进行科学合理的规划。

(二)司法区块链的功能规划

当前司法区块链的关键作用,主要体现在如下几个方面:

1. 助力审判业务监督

审判业务是法院的核心业务,司法区块链可以有效对各级法院的审判业务进行管理,并可实现在上下级法院的可信案件数据和业务流转。目前在已经应用司法区块链的法院中,与传统的法院信息化不同,所有相关司法审判业务流程从在线立案开始就进入全流程的区块链存证过程,区块链的存证特性和区块链数字签名机制可以有效保障可靠的文件存证和行为签名,这在审判业务监督中发挥了关键作用;由于全流程存证和数字签名,使得案件审理过程可追溯、不可篡改,从而可以有效保障司法公正。另外,基于区块链网络可信数据流转的特性,在案件上诉审理和案件流转过程中,可实现基于区块链网络的案件流转,从而避免线下流转所带来的各类风险。

2. 提升互联网诉讼服务质量

司法区块链可以可靠运用到法院的在线诉讼业务中,司法区块链可以对案件审理的全流程进行存证,保障司法公信力;与此同时,通过与不同社会组织的联通性,可以提高电子文件、电子数据的可信流转和验证,提高司法审判效率。在案件审理过程当中,除大量的原生司法数据产生,亦有通过其他社会组织和数字化平台流转过来的证据类电子数据,通过司法区块链网络衔接的电子数据可以实现数据流转和验证的同步机制,从而提高诉讼当事人、诉讼相关人、法院法官的诉讼工作效率。

3. 强化司法协同能力

司法区块链的作用还体现在司法协同上,借助区块链技术,法院可以方便的与各相关部门及社会化组织进行在线司法协同。法院可以与公证、司法鉴定机关等建立依托区块链的协同机制;与此同时对于非诉业务,区块链在衔接调解、仲裁、执行相关部门的能力上得到了有效加强。随着智能执行工作的开展,法院将可以更好地与相关可数字化执行部门进行完全在线的执行工作,区块链是执行工作数字化"最后一公里"的技术基础。

4. 促进智能司法建设

区块链智能合约和人工智能技术的运用,是实现智能司法的两个重要技术,区块链智能合约可实现法律的程序代码化,人工智能在司法审判中的多个环节可以起到提升审判效率和质量的作用。未来的智慧司法将是由人工智能技术和区块链合约技术支撑的智慧审判和智慧执行。当然,考虑到法律的严肃性和技术的成熟度,这是一个长期的建设和发展过程。

(三) 司法区块链与法官

作为司法审判业务的核心角色,法官如何依托司法区块链所构建的智慧司法系统提升审判效率和质量,是司法区块链的核心价值。从目前的司法实践来看,法院法官确实通过司法区块链的支撑作用提高了司法审判效率,但与此同时,司法区块链的阶段性探索和应用,也给法官提出了更高的要求。这种对法官要求的提高,不仅仅是区块链技术运用带来的,也涉及数字经济形态与传统经济下的案件案情有显著的差异,法官需要对数字经济的运行方式有了解,从而客观、公正、准确地对法律进行适用。在司法区块链的运用当中,法院区块链电子证据平台所带来的证据核验便利性与证据真实性审查认定难度同时到来,这与区块链电子证据规范的成熟度以及法院区块链证据平台的建设和定位有密切关系。理想的司法区块链电子证据平台应只严格按证据规范接入外部数据,法官只通过司法区块链电子证据平台进行证据核验和调取,将审理重心放到案情中。现实情况是规则制定依然是紧锣密鼓地进行以适应区块链司法的强实践性。①

四、司法区块链发展的建议

司法区块链在我国已经形成规模化应用,在当前阶段是进行系统化统筹建设的最佳时机,在具体开展建设过程中,司法区块链建设应重点关注如下几个方面的问题。

(一) 区块链技术与司法区块链网络的建设同步问题

根据新技术发展曲线,区块链技术目前处于发展期,而非成熟期;区块链网络的建设则是处于早期阶段,未来成熟完整的区块链技术体系以及大规模稳定的区块链网络模型还远未成型,在此条件下,司法区块链的技术研究和网络建设应重点关注:(1)加强司法区块链技术研究,尤其需要研究在现行法院体系结构下的技术自主可控,形成满足智慧法院建设的成熟完善的区块链技术体系。(2)注意司法区块链网络建设的边界,应围绕智慧法院核心建设目标,围绕司法审判业务开展司法区块链网络建设和司法区块链

---

① 《吉林船营区法院探索运用区块链技术进行电子证据司法认定》,载搜狐网 2020 年 10 月 11 日,https://www.sohu.com/a/423890489_265827。

应用建设,不建议在司法区块链的建设过程中延展司法区块链的网络边界和业务应用边界;尤其在开展诉源治理过程中,要考虑司法区块链的边界问题,司法区块链可以只提供司法区块链接入能力,而将延展到源头的相关区块链网络和建设交给社会其他部门处理,以保持法院核心职能定位。区块链网络是可以无限延展的,在各行业区块链的建设过程中,很容易出现惯性扩展建设。显然,目前全社会的区块链网络建设处于早期,目前司法区块链的应用相比其他行业领先,在这个前提下很容易出现建设范围距离法院司法审判业务核心任务偏离较大的情况。但从发展的角度看,全社会的区块链网络建设将逐步同步。另外,司法区块链建设进程中,其他部门的区块链网络建设也在规划,以电子证据平台为例,公证行业组织也有类似区块链平台的实践和建设规划,因此司法区块链的电子证据平台应关注提供支撑法院审判业务的电子证据接入能力,而不应在区块链固定证据能力上向社会提供公共法律服务。同样在具体行业的司法支撑上,司法区块链应该向其他行业部门提供跨链接入能力,而不应将司法区块链网络直接建设到其他行业部门。以版权行业为例,司法区块链应该与行业区块链进行跨链对接,以司法支撑版权行业,而不直接对各类权利方进行直接的区块链网络节点接入。在早期互联网法院的司法区块链建设探索实践当中,更重要的作用是要探索创新,但目前阶段涉及全国司法区块链建设问题,需要严格考虑司法区块链建设和应用边界问题。(3)需要关注国家基础区块链网络的建设进程,目前国家级区块链网络正在建设当中,司法区块链是否作为专网运行是需要相关决策部门思考的问题,这需要考量全国司法区块链的统筹问题,也涉及司法区块链在地方发挥直接法治支撑的问题。

(二)司法区块链的功能定位问题

法院司法区块链的建设应着重围绕法院司法审判业务和行业、社会接入能力开展相关工作。在具体建设过程中尤其需要注意与广义司法机关的业务协同方面的功能定位,在与公、检、司、行政执法的部门协同当中,紧紧围绕法院审判业务进行功能定位,尤其需要重点注意与司法公证体现区块链网络的功能划分问题。公证是法定证明机关,在当前公证行业的区块链建设当中,普遍在进行区块链证据平台的建设,可以预见的是,随着社会区块链网络的建设,公证行业必然形成大规模的区块链存证平台,服务社会各个方面的法律存证需求,这与法院系统建设的司法区块链存证系统有明确的功能定位区分,以目前法院系统地方司法区块链建设的情况来看,有法院系统司法区块链向公共证明功能延伸的情况,相信随着最高人民法院统筹建设司法区块链系统,这种功能延伸会得到修正;尤其需要注意在法院通过区块链进行诉源治理工程时的功能定位,法院系统开展的诉源治理是要把司法效能延伸到案件和矛盾源头,实现源头减量、减少案件存量、缓解案件增量,提升审判质效;这种司法效能和影响力的延伸并不意味着法院要将从矛盾和案件源头到司法审判过程中的所有环节进行承担,而是通过法律链条将法院的司法效能传递到源头,这是诉源治理的科学方法。法院系统可以联合法律机构如公证、律所、矛盾源头等多机构的协同实现法院司法效能到源头的传递和影响。法院司法区块链应重点通过区块链网络的建设构建全国一张法院区块链网络,实现对审判业务的监督和法院系统的数据和业务可信流转;与此同时,秉持开放的态度,向社会提供广泛适用的行业区块链接入能力。

(三)与社会化区块链网络的协同问题

在司法区块链的建设过程中,法院要主动承担司法区块链跨链接入规则的制定工作,司法区块链是保障数字经济和数字法治的基础设施,是行业区块链的区块链网络,司法区块链将是数字经济行为、数字政务行为的合法有效运行的基础,因此与互联网的发展进程不同,区块链网络的建设过程中,司法部门应当承担引领和驱动其他行业区块链网络建设和发展的作用,从而最终构建以司法区块链为数字社会运行基础、行业区块链为行业运行基础的总体架构,形成完整的数字经济形态,保障我国实现数字经济运行机制的数字基础设施。

(四)注意区分司法区块链与区块链司法

司法区块链是指应用到司法领域的区块链基础网络,主要体现在对各类司法业务的区块链技术基础平台作用;而区块链司法应用一般指通过区块链技术赋能到具体司法业务当中。最高人民法院建设的司法区块链网络、互联网法院建设的区块链平台以及社会上出现的跨行业司法联盟系统均属于司法区块链系统;而区块链司法应用更关注区块链技术的应用而不是区块链网络应用,比如采用区块链技术的电子封条、区块链电子律师函等均属于区块链司法范畴。区块链技术可以构建区块链网络,司法区块链上可开发建设各类区块链技术司法业务。因此,在全国建设司法区块链网络的同时,各类区块链司法应用可以同步进行建设和探索。

(五)注重国际司法协同的主导性

司法区块链建设要尤其关注在国际司法协同机制上的技术引领和模式引领作用,要发挥我国司法区块链建设的领先优势,积极推动和引导通过我国的司法区块链技术的区块链网络机制进行跨国司法区块链技术和区块链网络建设,提升国际司法话语权,通过法律机制保障我国在全球竞争中的合法公平地位。未来很长一段时期内,国际间的竞争及国际话语权的争夺加剧将成为主旋律,司法保障和法律话语权是我国在国际政治、经济竞争中处于优势地位的关键环节,司法区块链的建设要围绕我国宏观国际关系准则和对外政治、经济策略,逐步建设国际化的司法区块链网络。在互联网的基础设施、基础技术的竞争中,西方国家取得了优势地位,从而构建了长期的国际互联网话语权。区块链网络建设是我国在新型数字化基础设施中取得领先优势的绝佳机会,当前我国区块链应用能力和水平处于全球领先地位,需要利用先发优势,逐渐扩大我国司法区块链的国际话语权和国际司法协同能力。在具体操作当中,要鼓励互联网法院在"一带一路"、亚太司法协作中跨国推广和应用我国的司法区块链技术和网络,可以探索性地将司法区块链网络延伸建设到域外国家的相关机构。

(六)区块链技术的安全性问题

司法区块链的建设要从技术可控、数据可控、规则可控等多个层面保障区块链系统的安全性;根据国家区块链漏洞库数据统计显示,2020 年区块链领域的安全事件超过 230 起,主要发生在区块链技术底层领域。[①] 由此可见,区块链技术本身在安全技术层面依然不足够成熟。司法区块链的安全敏感度非常高,这在司法区块链的建设过程中尤其需要加强研究和防范。通过技术机制、软硬件结合机制、访问控制策略等,降低司法区块链系统被攻击的可能性。以智能合约应用到司法审判业务中为例,在智能合约广泛使用的情况下,如果发生安全事件,导致法律被错误适用,所带来的危害和风险是巨大的。

---

① 国家互联网应急中心主编:《2020 年区块链安全态势感知报告》第一章第一节。

五、结语

基于当前区块链技术的发展阶段和区块链网络建设应用的实践情况，司法区块链的建设需要注重顶层网络架构设计的科学性、典型司法区块链法院应用的标准化体系结构，从而指导我国司法区块链建设有序健康进行。与此同时，考虑司法区块链的可实践性依然存在大量空间，应鼓励各地方法院在全国司法区块链基础网络的前提下，结合自身业务特点探索围绕法院核心审判业务的区块链司法应用，从而构建以最高人民法院统一司法区块链网络为主干、以基层法院丰富的区块链司法应用为枝叶的系统司法区块链服务网络。区块链网络具有可衔接性，基于司法应用开展的区块链业务建设与骨干区块链网络并不形成冲突，相反是发挥骨干司法区块链网络价值的实现路径。

司法区块链本身的技术规范及应用规范虽然在制定当中，但区块链应用于司法及司法区块链服务于社会经济各个层面应仍然有很多具体的规范需要定义，以最基础的区块链上链存证业务为例，对于各类司法数据的业务上链的规范以及不同业务类型的数据格式依然存在各种情况，在缺乏足够广泛的实践案例支撑前提下，司法区块链自身以及司法区块链的开放式接口规范依然有大量的基础工作要做，需要在具体建设过程中不断结合技术发展情况与行业发展情况，切实高质量地进行司法区块链的建设工作，为我国智慧法院建设、法治中国建设提供有力的技术支撑。

构建区块链架构下的"参与式"法律验证

孙梦龙*

（黑龙江大学法学院，黑龙江　哈尔滨　150080）

摘　要：以区块链为代表的技术证明体现了非对称加密与分布式存储特性，通过不同节点的相互印证打破了证据载体对证明结果的影响，实现了一种以技术特征为信用背书的自我验证，但却又因技术的复杂性而产生了信任难题。区块链、健康码等技术正在实现一种以高度保留事实为逻辑的证明体系。而建构区块链架构下的电子数据"参与式"节点化验证可以有效回应当今司法实践所面临的区块链真实性认定难题与规则体系搭建问题，让司法活动中的当事人直接参与司法证明活动，并通过匿名节点的相互印证实现技术证明的证据链闭合。区块链架构下的"参与式"技术证明让公众成为共同验证的节点，让司法伪证风险的社会分担拥有了实现的可能。这种法律验证模式既是平衡技术复杂与公众可接受程度的调和剂，又可以搭建算法时代人机基础的信任架构，从而推进国家治理能力与治理体系的现代化。

关键词：区块链技术；技术证明；参与式；法律验证

> "在当代以及其他任何时代，法的发展的重心既不在立法，也不在法学或司法判决，而在于社会本身。"
>
> ——［奥］欧根·埃利希

一、问题的提出与研究评述

区块链作为科技创新的最新成果，不仅是一种技术，更是一种理念；不仅给技术革新带来新思维，更给法律带来了挑战。2021年1月21日最高人

---

* 孙梦龙，黑龙江大学诉讼法学专业硕士研究生。

基金项目：中国法学会项目"人工智能法律责任配置研究"［CLS（2018）D13］；黑龙江大学研究生科研创新重点项目：区块链视角下技术证明与法律证明的理念互动（编号：YJSCX2020-029HLJU）。

民法院对此作出积极回应,公布了《关于人民法院在线办理案件若干问题的规定(征求意见稿)》,其中第 14 条、第 15 条、第 16 条、第 17 条以单独列举的方式对"区块链证据"予以规定。尽管此处的区块链运用并非严格意义上的"区块链证据"而仅仅运用到了底层时间戳技术,但却足以说明技术证明的进步已经撼动了原有法律条文与法学理论。正如霍姆斯所言:"在法律的故纸堆里皓首穷经之人或许眼下大行其道,运用统计学之人以及经济学的行家里手则引领未来。"

习近平总书记在中共中央政治局第十八次集体学习时强调,要加强对区块链技术的引导和规范。习近平总书记强调:"自然科学和人文社会科学之间日益呈现交叉融合趋势,科学技术从来没有像今天这样深刻影响着国家的前途命运,从来没有像今天这样深刻影响着人民生活的福祉。"区块链作为难以篡改的公共账本技术,其去中心化的特征及给法律带来的挑战,日益受到法学研究的重视。传统法学研究在面临区块链技术变革时,无论选择哪种路径,均需要深度证成,通过深度证成,可以将正当化问题提高到更高的层级,并赋予其更根本的特点。① 一种路径是侧重从技术的角度对区块链技术的技术特征进行解构,以期实现区块链技术在云计算环境下的电子数据取证与存证。② 另一种路径则侧重从法理的角度、传统证据的合法性、客观性、关联性角度对电子证据予以解读,以期实现区块链技术的合法性论证。③ 但是,由于近代的证据法理论法律移植于西方,不可避免地受到特定历史条件下生产关系的影响。在抗击新冠肺炎疫情过程中,人们普遍感受到健康码的重要意义,从证明力来看都远远超过政府出具的"健康证明"这样一份公文书所带来的证明效果。我们不禁追问:"健康码的设计者真的明晰我们证据法所设定的证明逻辑吗?"如果没有形成我们的证据法的证明逻辑,用传统证据的观念去论证一个无论是国家还是公众都公认的证据的正当性是什么? 区块链、健康码、移动支付等技术正在实现一种有别于我们证明逻辑的一种以高度保留案件事实为逻辑的证明体系。一种有别于以上两种研究思路的新思路应运而生,通过吸纳技术证明的证明逻辑来实现法律证明。法律证明积极主动接纳技术证明的证明逻辑,是交叉研究的全新方

---

① [德]乌尔弗里德·诺伊曼:《法律论证学》,张青波译,法律出版社 2014 年版,第 117 页。

② 刘品新:《论区块链存证的制度价值》,载《档案学通讯》2020 年第 1 期。

③ [美]凯文·沃巴赫:《信任,但需要验证:论区块链为何需要法律》,林少伟译,载《东方法学》2018 年第 4 期。

案。最高人民法院院长周强曾强调要推进技术创新,深化云计算、区块链、5G 传输等前沿科技与司法审判融合对接。[①] 由此,如何打破以技术特征为信用背书的技术证明的信任难题,从而实现新技术的法律验证,是法学研究的重要课题,也是新时代赋予法律人的重要使命。

二、法律证明与区块链视域下技术证明的路径冲突

(一)独有证明思路的证明——技术证明

区块链技术作为一种共识机制下的科技产物,本身就具备高证明力的自证功能。[②] 去中心化技术所带来的不仅是电子证据证明力的提升,而且标志着电子证据内部分化的形成。电子证据将不再单纯地以追求交易的便捷、沟通的流畅为价值追求而体现出"1. 计算机数据很容易更改或损坏;2. 计算机数据的技术具有复杂性;3. 数据量巨大导致证据的高风险"[③]等特征。以健康码为代表的新型电子证据正不断挑战证明力的新高度,形成一类以安全记录为价值追求的电子证据(见图1)。

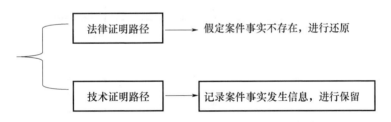

图1　法律证明与区块链视域下技术证明的路径冲突

在数据主权与个人信息保护的时代背景下,这类证据会形成一种与强调数据流通相对的交换型电子证据相对应的记录型电子证据。尽管时代的变革已经启动,我们的证据法并没有统一电子证据的相关规则,也没有给出电子数据的采纳与采信的标准。

---

① 《勇于改革创新 把互联网司法工作提高到新水平》,载甘肃法院网 2020 年 9 月 24 日,http://www.chinagscourt.gov.cn/Wap/Show/58413。

② 张玉洁:《区块链技术的司法适用、体系难题与证据法革新》,载《东方法学》2019 年第 3 期。

③ Clifford May, *Computer-Based Evidence*, Computer Law & Security Report, 2000, pp. 163-164.

（二）去中心化技术对传统证据法观念的冲击

证明电子数据的真实性包括电子证据内容的真实性、电子数据的真实性，电子数据载体的真实性是否属于电子证据的属性值得质疑。而去中心化技术所带来的是对司法实践长久坚持的载体观念的冲击。在区块链技术下，连接到区块链网络的每个节点都拥有完整数据的副本，并与其他节点通过时间戳技术实现同步更新，确保存储信息的真实性与准确性。由此，可以发现，在区块链技术下电子证据并不是一种传统思路下中心化的加密式存储，而是一种开放参与式的分布式存储。在这样一种存储模式下，由于各个节点之间有互连印证的功能，电子数据的载体并不会对区块链的证明力产生任何的影响（不同节点可能拥有不同的存储媒介，但都需要信息一致才能通过验证）。传统的证据法理念在应对新兴证据问题上缺少足够的兼容性（见图 2）。

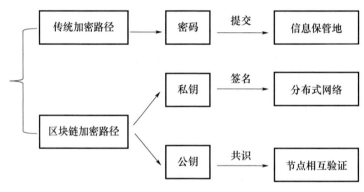

图 2　传统加密路径与区块链加密路径示意
（区块链技术通过交互验证的方式打破了电子证据载体对内容的影响）

通过上图可以发现，区块链技术相对传统加密路径，在保留信息安全的同时，实现了网络社会数据开放与沟通的需求。区块链技术下的非对称加密，通过分布式存储的方式，实现了节点相互验证。单个节点的载体并不会对其他节点的内容产生影响。相反，单个节点试图造假的行为会快速导致该节点进入交易的"黑名单"。这种管理模式实现了一种以成员共治取代中心监管的新型管理模式。

在 2010 年著名的日本航空公司破产重组事件中，员工缺少经营者意识在经营情况恶化时不断要求保持高额的养老金与工资，导致日航一度陷入经营危机。2010 年 2 月 1 日，稻盛和夫出任日本航空董事长，开始重组日航并提出

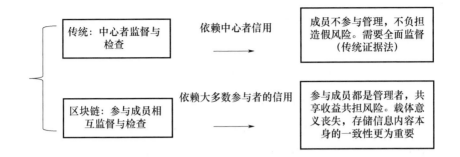

图3　无政府主义的区块链技术对社会管理结构的变革

了"阿米巴经营法",将员工分散为若干的小集体进行分别的结算,从而提高了员工的经营者意识。该法一经施行就实现了营业利润率从-17%到17%的大逆转。① 这样的管理模式与区块链技术充分调动参与者的积极性有着异曲同工之妙。区块链上的参与者与传统诉讼案件中的当事人不同,参与者内部伪造证据会受到来自内部自发式的制裁措施,而非完全依赖于来自公共部门的国家强制力保障。布雷特·斯科特(Brett Scott)在评论区块链技术这样一种无政府主义技术的时候,指出区块链系统用分权组织代替强势的集权机构,让那些天生以自我为中心的个人来彼此签订合同。这个目标更像是允许自然社会的人在合作理念下而非个人主义竞争下进行发展,彼此合作。②

与传统证明思路不同,这种以区块链技术为信用背书的加密结构打破了传统证据法对载体的依赖,但同时又因对区块链技术本身的技术复杂与可行性质疑而令法官望而却步。中国首部关于区块链存证的白皮书中指出:"区块链技术可以保障电子证据的载体及载体上证据副本的真实性,但载体的真实和副本数据的真实,无法决定电子数据本身的真实性。"③如何通过区块链技术本身来实现对拥有复杂技术特征的技术证明进行法律验证呢? 为此,构建一种符合互联网技术特征、满足技术证明独有特征路径的证明模式,已成为数据科学时代的重要议题。

---

① [日]稻盛和夫:《解密日航重生的五大引擎》,曹岫云译,载《中外管理》2013 年第 4 期。

② See Brett Scott, *How Can Cryptocurrency and Blockchain Technology Play a Role in Building Social and Solidarity Finance?*, United Nations Research Institute for Social Development, 2016.

③ 《区块链司法存证应用白皮书》,载中国信通院官网 2019 年 6 月 17 日, http://www.caict.ac.cn/kxyj/qwfb/bps/201906/t20190614_201169.htm。

三、共识机制实现电子数据的线上司法证明

(一)司法实践中电子证据的规则缺位

在区块链时代的证据法变革中,着眼于区块链为代表的技术证明如何改变整个证据法结构,这可能是更为重要的议题,而这种思路会让长期恪守国家强制力为保障忽略新时代技术治理崛起的传统证据法理论陷入解释力不足的困境——区块链技术的信用背书并不是国家强制力而是区块链技术本身的技术特征。① 西方学者指出,人类已经进入了一个新的阶段,一种通过代码来起草和阐述法律规则,而非单纯通过代码来执行法律。② "代码之治"由法的运行阶段渗透至法的制定阶段,一种以技术架构来规范技术领域的思路应运而生,其核心特征是利用代码来定义人们需要遵守的规则。

电子数据的技术含量与日剧增,但在司法实践中依然保持着较低的认可率。这与电子证据"易被篡改"的特征息息相关。在"北京阅图科技有限公司与上海东方网股份有限公司著作权权属、侵权纠纷案"一审民事判决书中,法官指出,相较于传统的公证存证方式而言,可信时间戳等电子存证方式具有成本低廉、制作时间短等优势。电子数据证据不同于传统的证据形式,具有真伪的脆弱性、传递的技术性、极强的可复制性等特殊属性,并非只要采用了上述技术手段所采集的电子证据就是真实可靠的,存在在抓取之前已因所处设备或网络环境存有问题而遭受"破坏"的可能性,导致存证下来的证据不具有可信力。这类"破坏"包括非真实的网络坏境、定向虚假链接访问、时间来源不明等问题。因此,当事人在用可信时间戳等技术手段采集证据时,应当严格遵守操作流程,确保电子数据的真实性。③ 但是在另一起相似案件中法官却作出了几乎相反的认定。在北京海丰传媒文化有限公

---

① 张玉洁:《区块链技术的司法适用、体系难题与证据法革新》,载《东方法学》2019 年第 3 期。

② Kaeseberg T, *The Code-ification of Law and Its Potential Effects*, Computer Law Review International, 2019, pp. 107-110.

③ 具体案情详见北京互联网法院民事判决书,(2019)京 0491 民初 1212 号。在本案中法官认为《可信时间戳互联网电子数据取证及固化保全操作指引(2017.7 版)》系联合信任时间戳服务中心(即北京联合信任技术服务有限公司)出具,作为可信时间戳存证方式的操作规范,具有一定指导作用。

司与广州网易计算机系统有限公司侵害作品信息网络传播权纠纷一审民事判决书中,法院认为该案中的存证云服务器采取了必要的技术措施保障了电子证据的真实性,可以确认其取证时网络环境的清洁性及证据内容的真实性、完整性和未篡改性,最大限度地排除了人为不当介入、网络环境不真实等因素可能对取证结果造成的影响,其电子数据的提取、生成和储存的方法具有完整性与可靠性。[①] 以技术证明为信用背书的新型证明,突破了传统中心化的证明模式,(却同时促使长期恪守权威部门认定为判断依据的司法部门产生了信任危机。)据广州互联网法院的调研显示:73.25% 的受访法官对区块链技术持怀疑或不信赖态度;91.2% 的受访法官认为应将区块链存证证据等同于传统电子数据进行常态化审查;甚至有部分受访法官认为,应当对区块链存证证据设置高于其他电子证据的认证标准。当裁判者普遍对区块链技术了解不足、信任不足时,很难期待其在裁判中对区块链证据证明的案件事实予以应有关注、充分审查并大胆认定。[②] 广州互联网法院的段莉琼、吴博雅指出现有证明规则存在"以技证技"倾向。现有证明规则是将真实性认定对象从电子数据本身转换成在存证平台的存证行为,而忽略了证据法上的证明规则及法理内涵,存在滑向技术中心主义的潜在危险。[③] 但该观点值得商榷,因为它树立起技术与法律的天然界限,法律就是应当吸纳符合法律价值取向,顺应时代发展趋势的技术规范。否则法律就沦为宗教的教条,任何与其价值伦理相抵触的行为都会被视为异教徒。通过吸纳技术证明高度保留案件事实的证明理念进入法律证明的轨道,可以实现技术证明与法律证明的良性互证。[④] 从而将技术规范中符合法律价值理念、符合人类发展前景的规范纳入法治规范。

[①] 北京海丰传媒文化有限公司与广州网易计算机系统有限公司侵害作品信息网络传播权纠纷案,北京市西城区人民法院民事判决书(2018)京 0102 民初 47020 号。

[②] 广州互联网法院的段莉琼、吴博雅向杭州、北京、广州 3 家互联网法院法官及 G 市法院 11 家基层法院、850 名裁判者发出调查问卷,收回有效样本 785 份。问卷共设置 14 个问题。问题 1—3,调查受访者基本信息;问题 4—6 了解受访者对区块链技术、案件、平台等基础认知情况;问题 7—12 了解受访者对区块链证据证明力、真实性审查、跨平台调证等的主观态度及顾虑所在;问题 13—14 了解受访者对区块链技术证据化应用及未来更多司法场景应用所持态度。段莉琼、吴博雅:《区块链存证证据的认证分析及完善路径》,载《人民司法》2020 年第 31 期。

[③] 段莉琼、吴博雅:《区块链证据的真实性认定困境与规则重构》,载《法律适用》2020 年第19 期。

[④] 孙梦龙、陈文:《区块链视角下技术证明与法律证明的良性互证》,载《湖南社会科学》2020年第 6 期。

（二）区块链技术的自证功能彰显

区块链证据在运用哈希值进行单向加密的同时，①运用了去中心化技术防止了数据在终端被修改。司法实践长期对权威部门的权威认定的依赖产生了对新兴技术证明认定的桎梏，2009年诺贝尔经济学奖得主埃莉诺·奥斯特罗姆就曾对这种不依赖于政府权威部门而依赖于自治性组织的经济管理模式作出过充分的论证，进而提出多中心治理的公共理论（Polycentric Governance），②其证明得出类似于区块链下节点式等自治组织能够有效管理公共财产，也即作为市场与政府之外的"第三方治理力量"而发挥"看不见的手"的作用。埃莉诺·奥斯特罗姆的理论以"自组织"的概念被运用于社会科学领域。区块链技术这种典型的自治技术结合其"拜占庭容错"③下的共识机制能够形成埃莉诺·奥斯特罗姆所论证的"自组织"体系。④ 拜占庭容错算法设计初衷就是假设区块链网络环境中包括正常的服务器、故障的服务器和破坏者的服务器情况下，如何在正常的节点间形成对网络状态的共识。

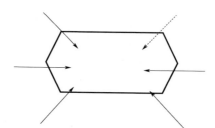

图4 拜占庭算法下处理恶意节点示意

（恶意节点会向各个节点发送前后不一致的信息，从而阻挠真实信息传递）

分布式分类账的绝妙之处在于，其能够确保特定活动可信无疑，无须以信任特定主体为前提。⑤ 去中心化下的分布账本使得节点参与者的活动在

---

① 哈希算法具有单向性。只能由输入的数据或消息计算出一个定长的哈希值，而不能通过这个哈希值反向推算出输入的数据或者消息。

② 张克中：《公共治理之道：埃莉诺·奥斯特罗姆理论述评》，载《政治学研究》2009年第6期。

③ 拜占庭容错算法目前主要包括三种，实用拜占庭容错算法、授权拜占庭容错算法以及联邦拜占庭协议。

④ 自组织，是指系统在演化过程中，在没有外部力量强行驱使的情况下，系统内部各要素协调一致，使得在时间上、空间上或功能上进行联合行动，出现有序的活的结构。

⑤ ［美］凯文·沃巴赫：《信任，但需要验证：论区块链为何需要法律》，林少伟译，载《东方法学》2018年第4期。

制度安排下,有理性地、为了集体利益而行动,并交互式验证各方节点的一致性。这项技术不仅能保证存储到区块链上的证据几乎没有篡改的可能,并且通过拜占庭容错(Byzantine Fault Tolerance)理论①支撑下的"共识机制"保障了存储前的电子数据也是真实的,只要交易的双方并非基于非法的目的,那么基于自组织的"自我规制",他们就没有理由进行虚假的电子数据存证。现有司法实践在审查区块链证据中偏离了审查的正确方向,将内容侧重于电子数据的真实性,实则区块链共同体设立目的的合法性才应当是审查的重点问题。这一点在经过对典型案件区块链证据的审查要点分析比较中得到了印证,互联网法院在关于区块链证据存证云服务器案件中的审查要点偏向平台与诉讼案件有无利害关系,而在同样涉及存证云案件中的普通法院则侧重审查技术背后有国家的信用背书。如果承认区块链具有"自我鉴真"的属性,就应将审查重点放在该技术是否"保持中立"。若执意"双重鉴真"难免会让区块链陷入信用背书缺乏中心化的解释学悖论,试问一个去中心化的技术如何在一个中心化的司法体系证明自己?用中心化体系下的电子证据的真实性理论去验证去中心化的区块链技术可能本身就是逻辑错误的。互联网法院通过充分理解与吸收共识(机制)建立一种范围较广的法律验证模式,不仅仅限制于使用区块链进行司法存证,而是通过代码来阐述法律之治的优良范式(见表1)。

表1 区块链证据的审查要点分析与归纳②

法院名称	审查侧重点	主要思路
杭州互联网法院	平台与诉讼案件有无利害关系	技术中立,承认技术特征的信用背书。"自我鉴真"
北京东城区法院	存证技术是否通过相关质量检测	是否拥有国家信用背书,变相否认技术中立。"双重鉴真"
上海普陀区法院	司法区块链平台可靠性与运算结果的确认性	是否拥有国家信用背书,变相否认技术中立。"双重鉴真"

---

① 拜占庭容错大致思路为"每个忠诚的将军必须收到相同的值 v(i)[v(i)是第 i 个将军的命令]"以及"如果第 i 个将军是忠诚的,那么他发送的命令和每个忠诚将军收到的 v(i)相同"。

② 具体案情详见上海市普陀区人民法院(2020)沪 0107 民初 3976 号民事判决书、北京市东城区人民法院(2018)京 0101 民初 4624 号民事判决书、杭州互联网法院(2018)浙 0192 民初 81 号民事判决书。

四、区块链架构下的证明桥梁——"参与式"司法

(一)假定案件事实存在,则应具有相应存储节点理论构建

电子证据与传统实物证据相比具有技术本身的复杂性与证明过程上的技术依赖性,需要建立与之相配套的制度体系。司法推定是解决电子证据真实性难题的一种可行路径,将具有可靠来源的电子证据以区块链存证方式对其真实性予以确认,从而降低对电子证据入链前电子证据真实性的证明难度。美国佛蒙特州采用了这种司法推定的规则,该州规定,通过区块链技术的有效应用而核实的事实或记录是真实的。[①] 司法推定是一种行之有效的电子证据认定路径,但这种证明路径是通过避开对电子证据证明思路与传统证据证明思路问题的探讨而采取的临时性措施。

以区块链为代表的电子证据在市场经济活动中正逐步形成一种以高度保留案件事实为思路的证明。将司法推定理论进一步升级为"假定案件事实存在,则应具有相应存储节点理论构建"为司法活动创设了更多的可能性,为电子证据开设了更为广泛的适用空间。通过大胆假设案件事实存在,则相应区块链中区块应具有对应时间戳下的相应记录。如果缺少相应的存储信息,则应当认定电子数据真实性难以判定。

具体而言,可针对区块链以时间戳技术实现的"实时记录"的特征,区块链通过记录元数据、数字证书、时间节点等链式信息,使入链后的数据及其背景信息实现关联追溯。通过时间戳、点对点网络等方式,记录每条数据的来源及流传过程,并将信息无差别地存储至各参与节点,直至形成完整连贯的线上证据,形成证据链条的闭合。其实,区块链仅仅是一个不具有易篡改特征的电子数据的代表,无论是司法实践还是学术研究往往先入为主地视为一种不稳定、容易被篡改的证据。电子证据并不天然具有易篡改性的特征,仅是由于初期追求数据的自由流动而一定程度舍弃数据的安全。随着公民个人信息安全与国家数据主权双重意识的觉醒以及付费式价值互联网围墙的高耸,记录型电子证据将部分取代数据自由流通下交换型电子证据,从而形成网络社会的新样态。

[①] 刘品新:《论区块链存证的制度价值》,载《档案学通讯》2020年第1期。

(二)通过树立管理者思维,以参与式督促公共证明体系形成

爱国主义情怀的培养,离不开国家尽最大可能地保障公民对公共事务的参与。区块链技术提供了一种增强政府、企业和公民之间透明度和协作的新方法。在世界范围内,很大一部分创新政府正探索推出应用区块链来改变规制合规、契约管理、身份管理和公民服务的项目。[①] 根据第 45 次《中国互联网络发展状况统计报告》,截至 2020 年 3 月,我国网民人数规模达 9.04 亿,手机网民规模达 8.97 亿,我国网民使用手机上网的比例达到了 99.3%。[②] 网民规模的上升为一种全新的"参与式"司法模式提供了实现的可能。

"参与式"司法证明模式灵感来源于日本稻盛和夫所提出的"阿米巴管理模式"。"阿米巴"意为变形虫,让原本直线性分工明确的部门成为一个个更精细的小集体,再对小集体进行独立的核算考核。这样的小集体迫使每个成员拥有了管理者思维,开始思考如何提高自己所在集体的工作效率与产出,控制部门的预算。[③] 在新冠肺炎疫情防控中,部分国人对隔离与限制的抵触一方面反映出对公共意识认知的缺乏,另一方面也反映出在直线型组织结构下,普通民众缺少国家管理者思维,很难从大局把握国家的动向。在区块链系统中,以节点相互印证的方式实现了去中心化的功能。以区块链技术为基础,建设以公民信用体系为基石的全社会自发式的交互验证网络可以将司法伪证的风险分担至每一个社会成员中,让司法活动中的当事人直接参与司法证明活动,充分让每个公民在司法证明活动中获得参与感与归属感。区块链架构下的技术证明让公众成为共同验证的节点,让司法伪证风险的社会分担拥有了实现的可能。这种法律验证模式是实现司法证明领域国家治理能力与治理体系现代化的变革先驱。即便是拥有强大国家机器为后盾的刑事诉讼领域,电子证据依然面临着适用困难的境遇,更不谈民事诉讼中当事人需要通过私力取证的方式来证明电子证据的真实性、合

---

① [英]罗伯特·赫里安:《批判区块链》,王延川、郭明龙译,上海人民出版社 2019 年版,第 86 页。

② 《第 45 次〈中国互联网络发展状况统计报告〉》,载中国网信网 2020 年 4 月 28 日,http://www.cac.gov.cn/2020-04/27/c_1589535470378587.htm。

③ 刘方龙、吴能全:《探索京瓷"阿米巴"经营之谜——基于企业内部虚拟产权的案例研究》,载《中国工业经济》2014 年第 2 期。

法性和关联性。由于电子证据科技含量高,取证难度大,以至于诉讼法领域电子证据的证明种类繁多但证明力偏低。而"参与式"司法证明观念完美结合了技术证明的优势,将多种复杂的电子证据通过相互印证的方式予以结合。同时又因为有了人的活动的参与使得其作为电子证据的技术证明显得不那么复杂而又冰冷。

五、"参与式"搭建智慧司法的基础信任构建

(一)缺少信任基础的智慧司法建设

目前,法学界热衷于人工智能与智慧司法的研究,相关的法学研究涉及面很广,涉及人工智能在法律领域尤其是智慧法院建设中的运用问题,人工智能否胜任知识覆盖面大、技术含量高的司法审判工作,未来的"机器人法官"能否替代司法裁判等问题。[①] 现阶段,智慧司法研究主要面临两大难题,一是计算机语言与人类语言的互通性问题,法律语言的多义性与模糊性本身与大数据要求的精确性和机械性相矛盾。[②] 二是极容易被忽视的问题是诉讼参加人的算法信任问题。此处的信任既包括法官对人工智能算法的信任问题,也包括当事人对人工智能算法的信任问题。由于法官在裁判中对人工智能的信任目前缺少具有充分说服力的实证分析,学界的研究往往也脱离了司法实践的现状,大量论证人工智能自动生成裁判文书的可行性。这样的研究忽略了一个根本性问题,法官自身对待新生事物的态度也会决定其走向。积极创制技术应用规则,合理划定技术边界,坚决防止技术过度使用损害司法基本价值,决不能搞所谓的"机器审判",[③]由此,一定程度上反映了部分研究脱离司法实践的现状。

除了缺少机器语言与人类语言精准高效的沟通机制以外,一个更为深层的原因在于裁判者主观对人工智能保持了保守与警惕的态度。广州互联网法院段莉琼、吴博雅通过 850 名裁判者的问卷调查,展现了区块链证据裁判中真实性偏离的深层主观原因,主要包括三点:(1)群盲摸象:对新技术的

---

① 吴习彧:《司法裁判人工智能化的可能性及问题》,载《浙江社会科学》2017 年第 4 期。

② 李傲、章玉洁:《论智慧检务在行政检察中的法治难题及其应对》,载《齐鲁学刊》2020 年第 5 期。

③ 《勇于改革创新 努力把互联网司法工作提高到新水平》,载甘肃法院网 2020 年 9 月 24 日,http://www.chinagscourt.cn/Wap/Show/58413。

认知普遍不足,即便已经搭建技术平台的互联网法院,也仅有 24.02% 的裁判者对区块链技术比较了解,其他法院的了解甚至不到 3%。(2)定式思维:对新技术缺少足够的敏感性。这里值得注意的是,作者指出"91.2% 的裁判者会将区块链证据等同于传统电子数据进行常态化审查。而少部分对区块链证据进行个性化审查的裁判者,仍存在以点带面的思维"。(3)迟疑未决:人为拔高真实性认定标准。尽管该调查是针对区块链电子证据真实性偏差所做的实证分析,却可以很好地延伸至法官面对新技术的态度。① 深究原因,缺少足够信任基础的智慧司法建设研究,如同缺少审判者的法庭,是空洞而无意义的。美国国防科学委员会(DSB)说过:"所有的自主系统都是联合的人机认识系统。"它们"在某种程度上受到人类的监督,通过人与机器的协调与合作能够发挥其最大的能力"。②

(二)"信任机器"构建"智慧司法信任"

区块链作为 21 世纪的"信任制造机",其共识机制建立了一种前所未有的去中心化模式下的信任关系。这种应用场景不仅限定于人与人之间,更可以间接拓展至人与算法、人与机器之间。通过让民众成为司法证明活动的节点,揭开技术神秘的面纱,参与算法、理解算法、接纳算法。在司法证明活动的参与过程中,了解算法的运作原理,掌握算法的优势与劣势。仅有这样在面对判决时,才不致产生信任危机的恶果。英国政府在疫情中正是因为忽略了英国民众缺少对算法的信任基础,暂停了 2020 年英国的 A-Level 和 GCSE 两项考试,使用"算法模型"对学生进行成绩的认定,导致全国混乱,教育部高官被免职。③

"法律的生命在于经验而非逻辑",如果智慧司法仅停留充满法律逻辑理性的说理与论证中,那么它将很难具有司法实践的生命力。广泛而又深入的"参与式"司法让智慧司法的前景不仅呈现给了公众也呈现给了法官,

---

① 段莉琼、吴博雅:《区块链证据的真实性认定困境与规则重构》,载《法律适用》2020 年第 19 期。

② *Task Force Report*: *The Role of Autonomy in DoD Systems*, https://fas. org/irp/agency/dod/dsb/autonomy. pdf,19 July 2012.

③ 《英国高考评分"算法"引全国混乱　教育部高官被免职》,载中国经济网 2020 年 9 月 24 日,https://www. 360kuai. com/pc/9ad56f5297a9a4d19? cota = 3&kuai_so = 1&sign = 360_57c3bbd1 & refer_scene = so_1。

让法官用亲身的经历对新技术的优势产生认同,并且也会督促法官加强对新技术的认识与跟踪,从而完整地建立所有诉讼参加人与智慧司法的信任关系。

六、结论

面对蓬勃发展的数据科学,区块链技术被认为是拥有"信任关怀"的"自我鉴真"的电子数据技术。将新型技术纳入司法证明的轨道既需要法律学者保持包容开放的心态,积极主动学习并了解新型技术的发展观念与技术特征,又需要构建符合技术特征又让普通公民有参与可能的接地气的证明模式。"参与式"法律验证模式利用"节点式验证"的技术特征完美调和了技术的复杂性与公众的参与性。让共识机制不再是看起来神秘而又危险的"潘多拉魔盒",而是为人类带来技术之火的"普罗米修斯"。实现"参与式"法律验证不仅是司法机制的自我革新,也是科技与法律的新型沟通机制。

推进区块链应用司法在数字时代的应用路径突破

彭　星[*]

(长沙市天心区人民法院,湖南　长沙　410114)

摘　要:在新一轮科技革命、产业变革的大环境下,国家治理体系和治理能力通过快速现代化的方式对时代发展予以正向反馈。司法作为社会治理的重要一环,也在与时俱进地通过智慧法院建设、加快智慧审判等方式快速发展,以应对新时期下的新问题。区块链技术以代码构建信任,以科技手段保障数据的真实性,在司法电子数据存取、知识产权司法保护等方面有着独一无二的优势。而司法区块链平台是一个基础为区块链技术,居中为使用该技术的系统(如保全链、知产链),顶层为基于该系统所构建的应用(如存取证、电子卷宗流转)的多层次技术应用体系。在数字时代,搭建司法区块链平台,推进区块链应用可实现司法的应用路径突破。

关键词:区块链;数字技术;智慧司法;司法证明

一、区块链作用于数字时代司法实践的技术原理

(一)区块链主要技术原理

区块链是一种分布式基础架构与计算范式,是信息技术的一类,但不是单一的信息技术,其依托于现有技术,通过数据结构块链式方式组合与创新,实现之前未实现过的功能。"代码即信任"是区块链的核心和精髓,这句话表明了区块链是程序员通过技术手段、代码构建来建立一个值得信任的数字世界。区块链技术在本质上解决的是信任问题,是构建和传递信任的问题,也是通过公开方式来保障电子数据被篡改的信任问题。

区块链作为一个记账体系,其通过数字化的区域把账簿分成若干个碎片,每一个碎片就被称为一个区块。而每个区块包括区块头和区块体两个部分,信息进入区块之后,验证与公开主要通过默克尔树来完成。默克尔树

---

*　彭星,长沙市天心区人民法院综合审判庭副庭长、员额法官。

是从下至上逐层计算的二叉树,其具体计算程序为:第一,基础信息及数据进入默克尔树最下面的叶节点,其中,默克尔树的基础数据并不固定,存储数据由存储人自行确定。对这些技术数据经过哈希运算得到原始的 Hash 值,得到第一个叶节点。第二,相邻的两个叶节点组合计算后得到中间节点。第三,通过层级中间节点计算后得到根节点。这种层层计算的叶节点—中间节点—根节点即形成默克尔树的过程均在区块体中。而父区块哈希、版本、时间戳、难度、随机数及 Merker 根信息均在区块头中。

其中需要注意的是,区块头由包含本区块摘要 Hash 在内的一系列摘要性技术构成,而摘要 Hash 与其下数据一一对应。如果当进入叶节点的任何一个等基础数据发生改变,那么,它的摘要 Hash 就会随之发生改变。摘要 Hash 的存在将前后两个数据块之间关联起来,这就意味着,如果要更改进入区块链的任何一个数据,就会形成传递式更改的连锁反应,在这种模式下,更改数据就会非常困难,而且会全程留痕。这也就是区块链通过其中立的技术手段来保障数据时代的信用。

(二)区块链技术作用于司法实践的技术途径

区块链是纯粹的技术,是通过技术手段来保障信用的方法,其总体融合了计算机网络、数据块、操作系统、密码群、分布置系统等技术,再综合多体量计算机的监控和数据而存在。那么,区块链技术作用于司法实践,其实质就是区块链提供基层技术,作为一种可应用于司法的基础设施而存在。

区块链通过其记账体系构建证据、材料、信息等数字存储体系,通过数字化的区域把巨大的账本分成若干个区块。需要存储的证据、材料、信息等基础信息及数据进入区块体中默克尔树最下面的叶节点,其中,默克尔树的基础数据不固定,证据、材料、信息等基础信息由存储人自行确定。基础数据经过哈希运算得到原始的 Hash 值,得到第一个叶节点—两个叶节点组合计算后得到中间节点—层级中间节点计算后得到根节点。同样的,区块头呈现父区块哈希、版本、时间戳、难度、随机数及 Merker 根信息。

区块链系统各节点通过有效共识机制选取具有打包交易权限的区块节点,该节点将新区块的前一区块的 Hash 值、当前时间戳、一段时间内发生的有效交易及 Merker 根信息等内容打包成一个区块,再向全链广播。同时,通过存在于区块头中将前后两个数据块之间关联起来的摘要 Hash,以更改进入区块链的任何证据、材料、信息等基础数据就会形成传递式更改的连锁反应的方法,即修改单一内容需要重构该区块以外一半以上区块存储信息的方式,来保障进入区块链的证据、材料、信息等基础信息的不可篡改。这也是司法实践中能借助区块链来保障数据时代电子证据、诉讼材料真实性,或核验区块链平台存储信息固定或确定案涉事实的技术性手段与保障。即"代码即信用、技术即信用"。

二、数字时代应用区块链技术的必要性

(一)数字化时代电子证据在线核实、实时固定、安全管理的需要

"以事实为基础"中的"事实"要查明,必须要以有效真实的证据为基础。在数字时代,电子数据亦呈现指数级增长趋势。电子数据成为常见的证据形式,新的证据形式也不断涌现,如何通过信息化技术审判手段在以审判为中心的基础上更好地把握证据裁判规则,做好证据认定,以确保司法公平公正就是信息时代的新要求。我国刑事诉讼法、民事诉讼法以及行政诉讼法都将电子证据作为一种新的证据种类,赋予其独立的法律地位。[1]

原始的电子数据最终出现在案件审理阶段时需要经过生成、存储、传输、提交四个阶段。但是,鉴于电子数据具有虚拟、易灭失、隐蔽、不安全及可篡改的特征,在司法审查中如何判定电子数据的真实性、安全性,确定相应的电子数据能否作为确认案件事实的有效证据使用,成为司法审查的重点和难点。

在司法审查时,法院需要审查判断电子数据生成、收集、存储、传输过程的真实性,还需要审核与确定电子数据存取的硬件、软件环境是否安全、可靠;生成主体和时间是否明确,表现内容是否清晰、客观、准确;存储、保管介质是否稳定,保管方式和手段是否妥当;提取和固定的主体、工具和方式是否可靠,提取过程是否可以以记录方式重现;内容是否存在增加、删除、修改及不完整等情形;是否可以通过特定形式得到验证等多方面内容。而在确保源头真实的前提下,区块链技术可以一揽子解决上述问题。其通过从下至上的加密算法、实时同步数据至区块链网络各节点等组合技术,极具针对性地解决了法院对电子证据的在线核实、实时固定、安全管理问题,而且可

---

[1] 陈蓓、张名扬:《区块链在互联网司法中的应用与发展——基于杭州互联网法院司法区块链平台的实证分析》,载《人民司法》2020年第31期。

以帮助法官在审理过程中以目前最简便的方式实现电子证据核验与相应事实核查的目的。

(二)数字化时代加强知识产权司法保护的需要

习近平总书记在《全面加强知识产权保护工作　激发创新活力推动构建新发展格局》一文中强调："创新是引领发展的第一动力,保护知识产权就是保护创新。""完备的知识产权法律法规体系、高效的执法司法体系,是强化知识产权保护的重要保障。"①最高人民法院院长周强在最高人民法院党组会议上讲话时强调要深入贯彻落实习近平总书记重要讲话精神,充分发挥审判职能作用,切实加强知识产权司法保护。同时要求,要进一步深化智慧法院建设,突出司法数据中台、智慧法院大脑的智慧引擎作用,推动知识产权司法大数据实现数据共享和深度应用。区块链作为可应用于司法工作的基础技术,与知识产权司法保护具有天然的高度契合性。推动区块链司法平台建设,有利于数字时代的知识产权司法保护。

以互联网为基础的数字时代,知识产权是紧联最前沿技术阵地的权利。随着互联网的发展呈现明显的数字化倾向,知识产权也呈现出数字化、网络化的趋势与特征。如文字、音乐、电影作品等多种载体均呈现出数字化、网络化趋势,专利、工业设计、新型设计等形成产品也会有相当部分进入以电子数字为基础技术的商业载体,很多侵权行为也以互联网为载体;在互联网技术快速发展的背景下,通过黑客或代码窃取知识产权的难度大幅度降低;而且,互联网上信息的传播快速迅捷、篡改删减数据非常容易,侵权的广泛性、造成的损害后果相较非数字时代呈指数级放大趋势。以上整体会导致数字时代的知识产权司法保护难度空前。

区块链技术能在确保数据高效流转的同时,还能通过原始数据追踪与溯源、防篡改等方面保障数据安全。这就意味着,从知识产权的权属登记、被侵权后的取证、侵权承载体之间的比对到最终的司法判决都能够大大的缩减流程与成本,对知识产权的确权、追踪与保护有着极大的现实意义,可以使数字时代的知识产权司法保护难点与痛点迎刃而解,这极其有利于知识产权全链条保护中的司法保护工作的开展。

---

① 习近平:《全面加强知识产权保护工作　激发创新活力推动构建新发展格局》,载《求是》2021年第3期。

（三）数字化时代司法效率进一步提升、司法公平进一步保障的需要

电子数据存取是司法区块链平台的重要功能之一，但不是唯一功能。电子卷宗存储与流转、电子数据调取与核验、知识产权保护、合同存储与验证等都是司法区块链平台所能实现的功能。

通过区块链技术搭建的司法区块链应用平台，在链上所存储的数据任何有授权的机构和个人都可以随时访问读取、核验确认；卷宗也能在确保安全的前提下在各层级区域法院之间快速流转；承办案件法官需要核验相应涉诉材料时，也可以随时进行调取区块链内的任何相关信息等。这也是区块链作为信任机器，以对等的方式连接各参与方，确定了一种低成本、高效率的全新协作模式，形成更大范围、更低成本的新协同机制，有利于各方更好协作。这一机制的形成能有效地进一步提升司法效率。

而且，区块链技术实质就是在以代码构建信任，以科技手段保障数据的真实性，进而确保司法公平。如在长沙市天心区人民法院审理的湖南省区块链存取证第一案中，在电子证据不断灭失的前提下，法院依据《中华人民共和国民事诉讼法》第81条和2020年5月1日施行的新《最高人民法院关于民事诉讼证据的若干规定》第27条的规定，批准了原告的证据保全申请。在符合证据保全目的的情况下，委托相应机构通过区块链节点分布式应用，就案件所涉电子数据进行保全取证，并通过该机构区块链取证平台进行了上链存证。这种流程给了当事人相当的司法确信，有利于保障司法公平。

在该案中，区块链技术对经过司法区块链平台提取或存取的数据进行了一次加密处理，得到原始数据指纹，然后针对此数据指纹，结合时间戳信息、用户主体信息，再实施一次加密处理。并基于区块链Kafka的共识机制，确保每个区块链节点可连接到共识服务的一个或多个彼此完全隔离的数据业务通道。在通道上广播的数据指纹信息，授权订阅该通道的区块链节点即可接收到加密的区块数据。之后，每个区块链节点就可以单独验证区块数据。这保障了司法数据对安全性方面的要求，进一步保障了司法公平。

三、区块链技术在司法实际运用中的局限及问题

从理论上讲，区块链技术是现阶段电子数据存取与流转的最优技术选

择,也是提升司法效率、提高司法公信力的理想模式。但是,基于技术条件的限制与阻力,这一新兴技术在司法实践的推广与应用中仍面临一些问题。

(一)进入平台源头数据失真危害性放大的风险

基于区块链技术设计,区块链平台每个参与方都是一个异地多活节点,各节点之间通过交互点对点的通信协议,在确保通信协议一致的情况下,确保不同节点之间的交易均在全节点之间处理。这就确保了某个节点之间的问题或障碍不会影响到区块链平台整体,这也是区块链平台可靠性强、安全性高的基石所在。但是,如果进入平台源头数据失真,就会直接导致区块链平台全节点存在相对应的失真数据。且正是由于区块链平台是全节点处理信息,因此,一旦出现虚假数据,想要在区块链平台上删减或修改源头虚假信息,就需要提出比普通反证更严密与严苛的证据链条才能予以证伪。这就会导致上链至平台的虚假数据难以修改,数据失真危害性放大,从而损害司法公信力。

(二)去中心化与性能、安全的三角平衡问题

去中心化、性能、安全构成一个相互制约的三角形,如何在这三角之间达到平衡,是一直以来存在的区块链三难问题。对于司法区块链平台而言,区块链是一种通过多节点来抵御更多攻击者的相对很安全的系统,安全也是司法区块链平台能够应用于司法的区块链技术的关键点。而区块链技术本身追求"去中心化",即希望各节点参与者或构建者,以节点尽可能分散的方式强化其技术安全。理论上,在没有中心计算节点的情况下,按照现行区块链技术模式,51%算力或节点意见统一的话,就可以修改相应数据,这就是区块链技术平台51%投票权即控制权。如果出现某一大型机构或组织掌握了51%的算力,那么其就获得了擅自修改与变更任何链上数据的权利,这就会出现可能的安全失控风险。但是,掌握全链51%算力和节点的成本极高,概率极低。所以,去中心化一直是区块链技术的追求。如果过于强调去中心化,区块链效能必然会受到影响。虽然一般认为越去中心化越安全,但反过来说,如果把基于区块链技术所架构的系统,设为一个纯中心化系统,其保护单节点安全性的难度会大大降低。

那么,具体到司法区块链平台来说,司法作为一个国家社会治理的重要组成部分,是国家公民权利的重要保障,如果因为司法区块链平台是以区块链技术为基础,而过于追求或设想一个"去中心化"、无政府的平台,就可能

导致过于强调个别利益而忽略公共利益,以致与司法的目的相背离。因为,只有在公共利益最大化的情况下,个别利益才能得到最大限度的保障。现行世界也是以各个主权独立和自治的国家为基础架构,且国家与国家之间存在不同的利益关系与纠葛,过于追求"去中心化"也不符合国家安全与国家利益。而且,"去中心化"只是比特币区块链的特点,但并不意味着所有区块链都必须去中心;吸引大量外部计算机加入,形成计算机公有链共同运行,也不一定就是区块链的必要内容。所以司法区块链平台要在去中心化与性能、安全的三角问题中寻找最佳平衡点。

(三)区块链平台的容量吞吐问题

在现有技术条件下,区块链平台很难做到无限扩容。随着司法区块链平台应用的普及和电子数据指数级的增长,对区块链平台推进过程中的容量吞吐提出了高要求。而现行司法区块链平台一旦全面铺开,现有技术所支撑的吞吐量和存储带宽远不能满足整个司法界的运转需求。而且,随着时间的推移,累计存储的电子数据或基础信息越来越大,对存储的基本电脑设备,既形成了高负担,也提出了高要求。如果通过简单提高区块大小来增加容量,提高吞吐量,那么整个平台就会形成较大的财政压力。这也是现行区块链平台持续运转的最大挑战。

四、区块链技术应用于司法的优化路径

司法区块链平台能够有效汇集政府、司法机关、社会组织、企业的电子数据信息;提升涉案电子证据流转效率和流转可信可靠程度,提高司法审判效率;并能方便涉诉证据、文件等进行可靠流转,实现审判业务全流程记录、可审查、可追溯,有利于司法更好地融入社会治理大格局,也有利于进一步优化法治环境。因此,应通过不断优化区块链技术应用于司法的路径,积极地运用数字技术以推动司法智能化建设。

(一)强化技术手段,更好地保障平台源头数据真实性

司法区块链平台可以通过强化技术手段的方式,提供一个用户无法干预、金融级安全等级保护的环境,所有的源头数据进入平台过程均可通过程序自动执行或者被程序全程记录;同时保障计算机环境与软件程序环境清

洁、网络路径清洁、存取程序生成的电子数据客观真实,以更好地保障平台源头数据真实性。

同时,智能合约是区块链技术的核心技术之一,该技术对处理多方参与、复杂交易的应用场景中有突破性的优势。司法区块链平台可以充分发挥这一技术性优势。在政府数据开放和赎回数据共享不断推动的前提下,加大司法部门与其他各部门之间的数据协作,打通电子数据各端口,流转流畅、相互联通的各数据端口,据以防范电子数据源头失真风险。

(二)加强理论研究和技术推进,丰富司法区块链平台应用场景

运用到司法领域的区块链平台是涵盖区块链、可信计算、信息系统安全、法律可信计算的综合性技术。加强区块链平台的理论研究和技术推进,丰富司法区块链平台应用场景,既能快速助推司法审判智能化、法院建设智慧化,也有助于区块链技术进一步发展,形成良性可持续循环。其中,对上链数据溯源机制、密钥安全防护、电子数据采集平台安全保障、取证源头真实安全确认等方向的技术创新与推进,有助于筑牢司法区块链平台的应用基础,有效防控影响上链数据真实造成损害司法公信力的风险。

同时,可在实践探索中,充分运用区块链技术防篡改的特性,不断拓宽司法区块链平台应用系统,探索司法区块链平台可适用的新应用场景。区块链平台系统与应用的不断推进也有助于倒逼区块链技术进一步发展,以技术发展来有效地解决平台在快速发展过程中出现的容量吞吐问题,这也是以发展来解决发展中的问题。

(三)找到司法区块链平台三难问题最优解

区块链技术能否真正融合并相助于司法实践,关键还是在于其能否在在去中心化、性能与安全的三难问题中取得最优解。

司法区块链平台,最好的方式是通过吸引合格参与者,形成计算机族群共同运行的半中心化"联盟链"运行体系,从而在去中心化、性能与安全的三难问题中取得最优解。这种模式能够在确保性能与安全的同时,保障区块链平台在国家法律约束范围内运行,也更有利于司法公正的实现。

总之,随着区块链技术本身的标准、规范、技术架构等的不断演进,区块链提高效率、降低风险的特性的优势将进一步突出,基于区块链技术所搭建的司法区块链平台也将进一步发展。

区块链在司法领域的应用研究

周蔚林　沈传案　李　科　李兴勤*

（数安时代科技股份有限公司,广东　广州　510030）

摘　要:区块链作为一种前沿的基础设施技术,其发展促使世界技术、经济和产业进入了新的科技浪潮,将区块链技术逐步应用在各个领域已成了科技进步的趋势。随着相关政策的出台以及司法体系现代化进程的加快,我国也开始将区块链技术应用于司法领域,如诉讼服务、辅助审判、公示与送达、辅助执行、司法协同、国际商事仲裁、司法存证等。然而,新兴的技术也伴随着许多难题。虽然区块链不可篡改的特性天然契合于司法实践中电子数据真实性的证明要求,但是其自身也存在一定的技术风险需要加以规避和完善。本文将从区块链的技术、市场情况、应用场景、标准现状、制约因素以及策略、安全要求进行研究分析并进行总结。

关键词:区块链;电子数据;司法领域;技术标准;安全要求

一、引言

近年来,区块链作为一项新兴信息技术,越来越得到人们的关注。习近平总书记在中共中央政治局第十八次集体学习时强调"把区块链作为核心技术自主创新重要突破口,加快推动区块链技术和产业创新发展",区块链在物流、政务、金融、医疗、健康、药品溯源等领域取得广泛运用。

2015年《最高人民法院关于适用〈中华人民共和国民事诉讼法〉的解释》,认可了电子数据作为法定证据种类的合法地位;2015年《中华人民共和国电子签名法》第14条规定"可靠的电子签名与手写签名或者盖章具有同等的法律效力",认可了可靠电子签名的合法效力;2018年,最高人民法院发布《关于互联网法院审理案件若干问题的规定》,规定了互联网法院的管辖范围、上诉机制和诉讼平台建设要求,同时明确了身份认证、立案、应诉、举证、庭审、送达、签名、归档等在线诉讼规则。其中,第11条第2款明确规定:

---

* 周蔚林、沈传案、李科、李兴勤,数安时代科技股份有限公司在职人员。

"当事人提交的电子数据,通过电子签名、可信时间戳、哈希值校验、区块链等证据收集、固定和防篡改的技术手段或者通过电子取证存证平台认证,能够证明真实性的,互联网法院应当确认。"这意味着电子固证存证技术在司法层面的应用迎来重要突破。2020 年 11 月 4 日公布的《最高人民法院关于支持和保障深圳建设中国特色社会主义先行示范区的意见》,突出反映了区块链在法治建设中尤其是在审判领域的重要作用,指出将完善技术事实查明认定体系,推进区块链技术在知识产权审判中的广泛应用,全面推进区块链等信息技术在司法工作中的深度应用,提高司法工作智能化水平,全面加强智慧法院建设。2021 年 1 月 8 日公布的《最高人民法院关于人民法院为海南自由贸易港建设提供司法服务和保障的意见》在第四部分第 21 条明确指出,要加大知识产权司法保护力度,完善新业态新领域的知识产权保护,完善物联网、人工智能、区块链、大数据、生物医药等新业态新领域的知识产权保护,服务高新技术产业发展与产业能级提升。推动完善行政执法和司法衔接机制,强化知识产权全链条保护,促进构建大保护工作格局。加强知识产权刑事、民事、行政案件的执行力度,探索知识产权财产性权益的新型执行方法。

在政策引导下,区块链在司法领域的应用也遍地开花,如广州互联网法院的网通法链、杭州互联网法院的司法区块链、北京互联网法院的天平链、吉林省高级人民法院电子证据平台、杭州互联网公证处的保全网、中信消费金融的网上借贷合同司法存证平台,等等。

而此前《人民日报》发表的《向着治理现代化不断迈进》一文中指出,我国迈入新发展阶段,应拿出更大的勇气、更多的举措破除深层次体制机制障碍,坚持和完善中国特色社会主义制度,推进国家治理体系和治理能力现代化。可以预见,区块链作为社会法治治理现代化的重要技术之一,将会被予以更多的重视。

二、区块链技术概述

根据维基百科的释义,区块链是一种分布式数据库技术,通过维护数据块的链式结构,可以维持持续增长的、不可篡改的数据记录。因此区块链是分布式数据存储、点对点传输、共识机制、加密算法等计算机技术的新型应用模式,属于一种记录技术,数据库内发生的所有动态过程都会按照时间顺序被验证、执行和记录,并盖上"时间戳",形成不可篡改的数据库,提供查阅和验证。[①] 区块链技术是一系列已有技术的组合体,主要包括共识算法、签名验签、链式存储结构、P2P 通讯、智能合约。

(一)共识算法

共识算法用于协调区块链全网中各节点数据的一致性。共识算法通过制定达成共识的规则,实现节点选举、数据一致性验证和数据同步控制等功能。一般来说,共识算法具有如下功能:

1. 参与共识的节点在互不信任的条件下达成共识;
2. 支持节点独立进行算法运算,不依赖任何其他节点数据和状态;
3. 保证各节点对上链数据打包区块的计算能收敛并达到最终一致性;
4. 声明在一定规模的节点环境下达成共识所需的理论时间;
5. 应有明确的抗恶意攻击指标。

(二)签名验签

数字签名是使用非对称密钥加密技术与数字摘要技术,用于鉴别数字信息的方法。主要用于确定消息确实是由发送方签名并发出来,并确定接收到的消息的完整性,没有在传输过程中被篡改。

数字签名技术是将摘要信息用发送者的私钥加密,与原文一起传送给接收者。接收者只有用发送者的公钥才能解密被加密的摘要信息,然后用哈希函数对收到的原文产生一个摘要信息,与解密的摘要信息对比。如果相同,则说明收到的信息是完整的,在传输过程中没有被修改,否则说明信息被修改过,因此数字签名能够验证信息的完整性。

(三)链式存储结构

链式存储结构是将一段时间内发生的事务处理以区块为单位进行存储,并以密码学算法将区块按时间先后顺序连接成链条的一种数据结构。由于后一个区块中包含着前面区块的特征信息,因此如果想要修改其中一个区块中数据,需要将链式存储结构中的后序区块全部修改。而随着区块

---

① 傅煌安、李晓郢:《区块链在国际商事仲裁中的运用、困境与解决路径》,载《上海商学院学报》2020 年第 6 期。

链中区块数量的不断增加,修改难度也不断增大。因此链式存储结构有效地提高了存储其中的数据的防篡改和防伪造能力。

（四）P2P通讯

P2P（点对点）是指网络中的每个节点的地位都是对等的,每个节点既充当服务器,为其他节点提供服务,同时也享用其他节点提供的服务。P2P网络中的资源和服务分散在所有节点上,信息的传输和服务的实现都直接在节点之间进行,可以无须中间环节和服务器的介入,避免了可能的瓶颈,具备网络可扩展性、健壮性等方面的优势。

区块链中的各节点是典型的相互平等,不分主次的服务器网络,通过P2P通讯机制可以实现节点间数据就近快速同步的效果。同时也提高了整个区块链的抗网络攻击的能力。

（五）智能合约

智能合约以代码的方式实现既定的复杂业务逻辑,智能合约由合约参与方共同制定和维护,一旦部署则自动执行。智能合约具有自动执行的特性,可降低人为干扰和人工成本。智能合约技术为区块链用于复杂业务场景,支持垂直行业业务提供了支撑。

区块链拥有如下的技术特点:

1. 分布式:整个系统任意节点之间的权利和义务是均等的,且任一节点的损坏或者失效都不会影响整个系统的运作。分布式具体指分布式记账、分布式传播和分布式存储这三大特性。

2. 自信任:区块链采用一套公开透明的数学加密算法使整个系统中的所有节点能够在自信任的环境下自动安全地交换数据,整个系统的运作不需要任何人为的干预。

3. 公开透明:区块链的数据对所有人公开,任何人都可以通过公开的接口查看区块链上的数据信息。

4. 不可篡改:通过向全网广播的方式,让每个参与维护的节点都能复制获得一份完整数据库的拷贝。除非能够同时控制整个系统中超过51%的节点,否则单个节点对账本的篡改是无效的,也无法影响其他节点上的数据内容。

5. 集体维护:系统中的数据块由系统中所有具有维护功能的节点来共同维护,而这些具有维护功能的节点是开源的,任何人都可以参与。

6. 隐私保护：由于节点和节点之间无须互相信任，因此在信息传递过程中节点和节点之间无须公开身份，系统中的每个节点的隐私都受到保护。

因此区块链其天然的去中心化、防篡改、可溯源、可信赖等特性，决定了区块链在司法领域具有广泛而独特的应用价值。

三、司法领域区块链应用市场情况

2018 年 12 月，北京互联网法院以百度公司的"超级链"为基础，升级搭建了"天平链"电子证据平台。该平台不仅能对当事人上传的证据存证，还能验证、认证、出具报告。据媒体报道，截至 2019 年 9 月，该平台已协助验证跨链数据近 3000 条，涉及 500 多个案件。因其具有更高的真实度与可信度，得到了当事人与法院的积极认可与认定。

2019 年 3 月，广州互联网法院也以百度公司的"超级链"为基础搭建了联合性链条"网通法链"，并与运营商、金融机构、企业等统一了证据保管及固定的接口，以便大规模地运用区块链技术确保电子数据的证据资格、补强其证明力。同时，该链条还能与京东公司的"智臻链数字存证平台"同步存证，进一步扩展了运用范围。

目前司法区块链市场规模可能仅有几千万元，但是在司法区块链中包括律师咨询、纠纷解决等各类增值服务市场或在百亿级别。同时，在司法区块链应用不断升级过程中，将为万亿数字市场中数据确权和数据交易提供专业支撑。

2020 年随着在线诉讼机制的推广以及互联网法院对区块链电子证据应用的推动，涉区块链电子证据判例数大幅增长，以区块链电子证据平台 IP360 为例，2020 年判例数量是 2019 年的两倍以上；与此对应的，一线互联网公司和各行业头部企业因为对新技术的敏感度，在日常法务工作中普遍大量使用区块链电子证据服务；与证据保全密切相关的公证行业进行区块链技术革新的步伐也越来越大，2018 年 9 月杭州互联网公证处上线国内第一个区块链电子证据保管平台，至 2020 年底，全国已建设区块链电子证据平台的公证处近 20 家。区块链电子证据平台正逐渐广泛应用到各类社会主体的法律事务当中，涵盖知识产权、金融、行政执法等（见表 1—表 2）。①

---

① 《区块链电子证据的司法应用现状与展望》，载豆瓣网 2021 年 2 月 22 日，https://www.douban.com/note/795118176/。

表 1　2020 年区块链电子证据平台判例数汇总

序号	平台名称	判例数	所属机构	所属区域
1	IP360	475	真相科技	北京
2	易保全	193	易宝全	重庆
3	百度取证	71	百度	北京
4	保全网	31	数秦科技	杭州
5	飞洛印	1	趣链科技	杭州
6	蚂蚁链	0	蚂蚁集团	杭州
7	至信链	0	腾讯智法	深圳

注：2020 年度区块链证据判例数量，依据最高人民法院裁判文书网整理，因检索精准度问题数据误差 5% 以内；此统计不包括公证处区块链系统判例。

表 2　2020 年主要区块链存证公证平台

公证处	区块链平台	上线时间	技术合作方	区块链网络	区块链网络节点数量
北京市方正公证处	区块链取证公证平台	2019 年 8 月	真相科技	LegaIXchain	22
北京市中信公证处	区块链网络赋强平台	2019 年 4 月	深安未来	深安链	不详
杭州互联网公证处	电子证据保管平台	2018 年 9 月	真相科技	LegaIXchain	22
杭州互联网公证处	知识产权保护平日	2019 年 7 月	数秦科技	保全链	5
广州海珠公证处	区块链取证公证平台	2019 年 8 月	真相科技	LegaIXchain	22
上海徐汇公证处	汇存平台	2020 年 1 月	众享比特	不详	不详
上海新虹桥公证处	彩虹印存证平台	2020 年 5 月	趣链科技	印刻链	6
沧州渤海公证处	区块链取证公证平台	2020 年 3 月	真相科技	LegaIXchain	22
温州华东公证处	区块链取证公证平台	2019 年 9 月	真相科技	LegaIXchain	22

注：仅列出能够公开访问的区块链公证平台。

　　虽然区块链电子证据正在普遍化应用的进程当中，但由于区块链作为一种新兴技术形态，对于司法审判、公众认知和熟悉程度与大规模普及仍然有差距；以电子证据范畴为研究范畴，由于之前很长时间针对区块链电子证据的审查认定技术难度以及区块链技术平台的技术成熟度等各方面要素制约，涉区块链电子证据判例数仅占总涉电子证据判例数的 1/10，同时考量数字经济和在线诉讼等因素的不断增强，作为新兴的区块链电子证据形态还有巨大的空间发挥更广泛的价值。

四、应用场景研究

结合区块链的技术特点以及司法领域的特点,区块链在司法应用上主要体现在以下四个维度价值。

(一)数据可信存储

区块链有不可篡改的特性,在司法领域不管是数据还是证据,我们都希望它是不可篡改并且可以验证的。

(二)数据的安全共享

我们很多时候都会有各种各样案例的数据积累,但是由于安全或者隐私等问题,这些数据通常局限在某家法院或者某家司法机构或者某家事务所的内部,无法对其进行深入挖掘。区块链技术提供的安全共享的机制可以实现对这些数据的深入挖掘。A 通过智能合约定义规则引擎,只要是符合规则的人 B 就可以查询到相关数据,但是数据本身还是由 A 保存,B 可以使用,但是 B 并不能拥有数据。

(三)提高协作能力

协作能力的提高建立在数据可信存储和数据安全共享基础上。传统场景下,当有诉讼需要出具公证书时,首先要跑到公证处递交相关材料;其次需要把公证书与相关材料再递交到法院。如果通过区块链构建一个把公证、用户、法院等相关机构进行连接的平台,相关数据就可以在这个平台上进行可信地流动,多方之间的合作也可以在这个平台上进行,可以提高工作效率。

(四)方便灵活拓展

其实之前有很多人都有一个疑问:"对于使用区块链技术搭建的应用,如何辨认其是采用区块链来搭建的?"区块链其实是一个底层技术,在底层技术上可以构建各种各样的应用,就像用户在使用一个 APP 时并不会感觉到 4G 或者 5G 的底层通信技术。基于区块链可以建设众多机构参与的司法联盟链底层基础设施,在此基础设施上可以灵活拓展相应的应用,比如构建电子合同业务平台、证据存证平台、版权保护平台等。

根据这四个特点目前使用的情况,可以将区块链在司法行业领域的应用分成四个主要场景:存证服务、互联网法院应用、司法行政应用、资料共享应用。

(一)存证服务

2018年6月28日,全国首例区块链存证案件在杭州互联网法院一审宣判,法院支持了原告采用区块链作为存证方式并认定了对应的侵权事实。这是我国司法领域首例确认区块链存证法律效力的判决。判决书指出,应当认定由此生成的电子数据具有可靠性,因为整个过程清晰反映了数据的来源、生成及传递路径。

不久前,在北京互联网法院审理的一批著作权侵权案件中,被告拒不承认侵权行为,要求线下核实证据。法院通过电子诉讼平台送达了证据材料,而侵权行为的相关证据是在区块链存证平台上进行取证固定的,同时这个存证平台也已经与北京互联网法院开发的"天平链"对接,涉案证据的一致性已通过后台验证。这表示该证据在存证后没有被修改,真实度非常高。被告收到证据后,主动联系法院要求调解解决,该效果与区块链技术的增信功能密不可分。

据中国裁判文书网数据,近3年约5000份知识产权民事判决书进行统计,约89%的案件适用电子证据。[①]《2018年中国电子证据应用白皮书》中数据显示,电子证据被认定为法律事实的案件越来越多,涉案保全金额年增长达15%,全国民事案件超73%涉及电子证据。因此,在第一阶段基于区块链的存证广泛地应用于电子合同、电子取证、版权保护、遗嘱存证、公证摇号/抽奖、融资征信、档案存证等场景。

1. 电子合同

电子合同存证平台是一个在去信任的环境下由多方共同维护的防篡改的分布式数据库。借助密码学的数学原理,可以确保数据在区块链上的防篡改与追溯。平台应提供"在线签约(电子合同)+全业务流程存证"的一站式解决方案,在通过区块链实现合同的数字指纹信息分布式存储的同时,还

---

① 中国信息通信研究院、上海市高级人民法院:《可信区块链推进计划》,载《区块链司法存证应用白皮书》(1.0版)2019年6月发布。

可快速生成可信电子合同签署证据链,无缝对接和处理其中合同涉及的纠纷解决、仲裁机构裁决以及电子证据递送等问题;而联盟参与方,如国内的司法鉴定机构,可以依托此存证联盟链,对鉴定中心保全的电子证据进行鉴定并出具鉴定报告。此外,针对商业环境以及客户需求,实现竞争公司之间的数据隔离需求,兼顾了参与各方的平等以及链上数据的隐私性,提高了数据在流转过程中的透明性和效率,如安心签、法大大、易签宝等电子合同服务平台。

2. 电子取证

区块链主要提供的还是取证服务,包括网页、过程、拍照、录音、录像、录屏等。当需要对一个网页进行相应取证的时候,可以通过取证工具把相应的网站上面的数据进行抓取,将网页资源文件、网址,都存在区块链上。有些音频、视频,可能已发布在抖音上,如果涉嫌侵权,需要通过怎样的方式去把这个证据抓取下来?可以采用过程取证的方式。此外,利用安装在手机端的 APP,可以建立手机和区块链之间链接,直接把手机也变成一个取证的工具,能拍照、录音录像等,这些采集到的相关数据都是可信的。底层区块链与法院、公证处相互连接的情况下,后期需要使用数据的时候,可以申请相应的一些服务。取证是区块链在司法领域应用的一个相对比较成熟的场景,有许多比较成熟的证据平台产品,例如真相科技、保全网、吉林省高级人民法院电子证据平台、山东省高级人民法院电子证据平台、郑州市中级人民法院电子证据平台、成都市郫都区人民法院电子证据平台等。

3. 版权保护

版权区块链系统通过区块链技术、CA 电子签名、国家授时中心授时、hash 值校验等对上传的作品进行电子存证,存证信息会同时存入各个互联网法院,保证证据不可篡改,不可伪造,确保了信息可信。

版权区块链系统的侵权取证服务采用网页截屏技术、录屏技术和区块链技术,对侵权内容进行证据固化,并把取证内容信息写入区块链进行存证,信息上链后发放《取证证书》,解决了用户公证取证费用高、网络取证证据无法固定、网络取证后不具有法律效力等多个问题。同时面向全行业提供快照取证、录屏取证、截屏取证、APP 取证的接口服务。

版权区块链系统基于 FISCO BCOS 区块链平台开发,实现了版权确权存证、版权侵权检测、侵权取证,以及基于数字作品的版权交易和跨链服务。核心层使用 solidity 语言,开发了存证合约、资产合约、交易记账合约。服务层使用 web3.js 开发,完成对智能合约的交互和调用,并为用户层提供服务接口。

版权区块链系统目前已经开始商用,分别针对上述的确权、交易和侵权维权三个方面形成了解决方案。确权方面,版权区块链系统的版权存证平台已经为数百万有价值的作品进行了版权存证的确权服务。交易方面,数字作品交易平台上线后,目前已入驻十多万用户,数字作品成交数千份,交易额数百万元。已经有多个图库节点加入版权区块链联盟,并已成功上线数百万张图片内容进行确权。音乐、视频等相关内容正在基于交易平台开发中。维权方面,版权区块链系统的大数据维权平台已经在运行过程中,基于数字作品、图片和视频的大数据全网监测服务取得了很大的进展。

2019 年 4 月,北京互联网法院首个"天平链"互联网版权侵权案例判决出炉,原告维权成功并获得 2500 元赔偿金,其中的关键诉讼证据就由版权区块链系统提供。

4. 遗嘱存证

通过专业遗嘱见证系统,借助人脸识别、身份验证、密室登记、指纹扫描、现场影像、专业见证、文件存档、保密保管以及司法备案存证等功能,使立遗嘱人订立遗嘱的真实性得到了有力保障。涉及诉讼时,还将依法为当事人出具证明文件,遗嘱存证内容可在法院官方证据核验平台验证其真实性合法性有效性。

(1)对立遗嘱人通过人脸识别检测及指纹扫描等方式对其身份信息进行验证;

(2)有相关职业资质的人员经过授权后对立遗嘱人进行精神评估;

(3)在密室进行全程同步录音录像,全程上链;

(4)见证人签署保密协议,由两名以上工作人员对自书遗嘱内容全程见证;

(5)遗嘱存证保全证书生成并可在法院官方证据核验平台进行查验追溯。

2018 年 10 月 4 日,中华遗嘱库"遗嘱司法证据备案查询系统"正式上线,该系统将中华遗嘱库登记系统对接到中国司法大数据研究院下属的司法电子证据云平台,从遗嘱库上传的数据信息与证据文件,通过电子签名,系统自动和国家授时中心授权的可信认证时间绑定,通过第三方云储存、司法鉴定与备份、区块链防篡改等技术保障手段进行电子取证、存证,是我国首次通过区块链技术为遗嘱提供司法存证服务。

5. 公证摇号/抽奖

系统采用随机数原理,对所有参选号码进行随机分组排序,每组结果实时显示在大屏并进行全网直播,直观地显示摇号结果,通过智能合约,将整个摇号/抽奖的过程、每个结果产生的过程在区块链上进行记录(结果实时更新到区块链链上),即在区块链进行存证,保证结果无法被人为篡改,提高摇号/抽奖的公证性、透明性、可追溯性,从技术上对公平公正性作进一步保障,公证处如果需要进行公证服务,可以直接查询区块链记录。

2019年3月25日,全国首家区块链公证摇号系统在苏州上线。在相城公证处公证员的现场监督公证下,现场的工作人员通过点击摇号操作。2019年11月,杭州趣链科技有限公司与杭州互联网公证处合作,研发出一款"区块链公证摇号平台"。目前,这一平台已服务于天猫、中国移动等大型企业,累计服务人数超过2亿人次。区块链技术的介入,使得公众对摇号应用从原本的政府信任背书转变为技术信任背书。通过智能合约保障摇号过程的公平公正性,通过节点共识保证摇号结果真实且不可篡改,实现摇号流程中各节点实时查询、追溯、监管的职能。杜绝人为因素干预,提高摇号应用的公信力,赢得公众的认可与信任。

6. 融资征信

对于个人征信,央行的个人征信报告会体现银行贷款、信用卡等负债情况,无法同步P2P平台等网络贷款等信息。对于企业征信,央行的征信报告也只体现银行金融机构的贷款情况,小额担保公司,P2P等渠道的信息也无法同步。各家机构通常把个人信息看成核心私产,不愿共享或共享信息数据失真,导致各平台、各机构之间存在"信息孤岛"。数据不共享导致信息不对称,数据集中保存容易受到攻击,数据匿名性保护不够,数据的隐私保护不到位,个人多头借贷、过度借贷、骗贷等行为不断。

利用区块链技术的去中心化、不可篡改、分布式、去信任、时间戳、非对称加密和智能合约等特征,能在技术上保证在保护数据隐私的前提下,实现有限度可管控的信用数据共享服务。利用区块链技术去中心化特性,可以实现征信机构数据提供方之间的点对点联通,有助于打破数据孤岛实现各节点征信信息的共享,拓宽征信机构掌握的客户信用信息维度,提升我国征信信息的人群覆盖率。另外,区块链的去中心化分布式结构不存在中心机构,区块链的点对点互联实现了对业务流程的简化,使得共享征信模式具有更高的运行效率。区块链在征信方面还可解决：一是征信机构与征信机构共享部分用户信用数据；二是征信机构从其他机构获取用户信用数据并形成相应信用产品；三是数据可以分散保存避免传统数据存在中心化服务器上面容易受到黑客攻击的情况。

2019年11月中旬，广州民间金融街征信将利用区块链底层技术在小贷行业率先试点，建立地方金融区块链征信共享平台，缓解中小微企业"融资难、融资慢、融资贵"的问题。

7. 档案存证

随着互联网技术、信息技术的不断发展，电子档案管理业务逐渐普及政府机构、社会组织机构、各大央企、国企、大型互联网公司、跨国集团日常运营工作中。电子档案的出现，为各个组织机构以及企业降低了人力成本，减轻了人力负荷；更便于保存与使用；同时也带来更加灵活的管理方式。但电子档案并不是一本万利，也存在以下诸多弊端。

第一，在保存管理过程中，因篡改成本低，难以追溯，管理风险剧增，其真实性以及档案数据安全性难以得到保障。

第二，在一些大型集团中，对于档案管理普遍使用"双套制"导致了档案归档和校验成本过高，并没有充分发挥电子档案带来的便利性，相反却增加了工作量。

第三，项目性电子档案管理涉及众多单位，跨单位的电子档案可信性问题成为阻碍电子档案数据共享的难题。

《中华人民共和国档案法》（2020年修订版）于2021年1月1日起施行，其中第五章档案信息化建设对电子档案的约定与要求提供了法律依据。区块链技术虽然为电子档案的存证、追溯、管理带来了新的转机，但如果缺乏司法背书的区块链，只能形成小规模的共识，难以形成行业或者整个产业链条的共识，其深层次的价值共享交换就难以实现。北京互联网法院、广州互联网法院、杭州互联网法院相继成立，并不约而同地以区块链技术作为司法存证、验证的重要手段，为解决电子档案管理中一线业务中的困境也带来了新的解决方式。

将电子档案管理实际场景中的相关电子数据均上链存证，实现对电子文件的起草、审批、归档、共享、应用等全过程重要环节的全程管控，并以单套体制促进电子文件归档，为实际业务部门的档案管理开启数字化管控提供有力支撑。

（二）互联网法院应用

2019 年 10 月 23 日,北京互联网法院率先将区块链智能合约技术应用于调解书的执行立案,实现了全国乃至全球的首例区块链智能合约技术"一键立案"。通过调解书中约定的履行条件,部署线上合约节点,当事人不再需要按照传统执行立案程序完成申请执行、上传当事人信息和文书等反复步骤,仅需要在确认调解案件履行结果并通过智能合约达成条件后,自动触发抓取,实现执行"一键立案"。

1. 诉讼服务

应用区块链技术将诉讼服务过程中的电子材料、业务数据、用户行为等信息进行固证,防篡改、可验真、可追溯,确保诉讼服务数据的生产、存储、传播和使用全流程安全可信,提升电子诉讼服务的权威性、专业性和司法公信力。

将当事人进行网上立案、网上交费、网上开户、证据交换等诉讼活动的登记信息、电子材料、操作行为全部上链,随时验真、追溯,提升网上电子诉讼服务的公信力和质效。

将诉讼服务过程中自动生成的送达地址确认书、庭审笔录、调解协议、送达回证、调查令等电子法律文书通过数字证书进行电子签名,确保身份真实有效,通过材料上链,实现材料固化和防篡改,保障在线电子生成法律文书的唯一性、真实性和法律效力,为诉讼全流程无纸化网上办理提供有力安全保障。

随着保险、银行、证券、电商等社会组织的数据上链固证,当纠纷产生时,可以构建基于区块链的涉诉单位、法院、鉴定机构等一体化纠纷办案平台,探索信用卡纠纷、金融借款纠纷等特定类型的一体化纠纷化解机制,一体化平台业务数据、电子合同等产生即固化,线上直接提交给法院,实现全流程留痕、全节点见证、全链路可信,快速溯源、采信、利用,实现纠纷精准、专业、一体化快速化解,提升了诉讼服务效率和司法公信力。

2. 辅助审判

法官办案时查看当事人提交证据的上链情况,对存证证书、时间来源等进行查验追溯,辅助其证据认定,提升办案效率。同时,法官开展网上审理案件、网上阅卷等工作时,可将用户的行为、关键数据摘要、文书数据摘要、卷宗数据摘要等信息通过区块链技术节点上链,进行时间和哈希值的存证,可一定程度确保案件办理的公平公正。

3. 公示与送达

在传统存证当中,文件的公示与送达是难以确认、耗时费力的。但是,在实名制支持的区块链司法存证系统中,文件是否进行了公示,当事人是否已经签收了文件,都是可以即时确认、无法抵赖的。这一技术发展可能为法官节约大量工作时间。

4. 辅助执行

应用区块链技术将执行案件办理过程中涉及的财产查询、控制、处置等信息进行全流程记录,实现对财产处置流程的全程可追溯,确保执行案件对被执行人财产的查询、控制、处置流程规范可靠。

将执行案件中涉案款项的到账、发放信息及相关的电子材料进行上链固证,可防篡改、可追溯,确保每一个案件的每一笔款项来源、去向清晰可查,确保所有涉案款项流向全程可记录。

将执行案件中失信限高被执行人信息进行上链登记,可对失信限高被执行人的发布、撤销、屏蔽等行为进行全流程可追溯,确保将执行案件失信惩戒的威慑力发挥到最大作用。

将执行案件中线索悬赏任务、线索提交等材料及信息进行固证,可防篡改、可追溯,确保线索提交责任分明,保证线索悬赏对象明确。

应用区块链技术实现律师调查令的在线申请,并提供协助执行单位在线验证调查令真伪服务,确保律师合理合法利用律师调查令参与执行案件调查工作,充分调动律师参与案件财产调查的积极性,并确保调查行为合理合法、规范高效。

(三)司法行政应用

为推动区块链技术在司法行政领域创新应用和快速发展,赋能司法行政工作质量变革、效率变革、动力变革,也为了能够契合司法部全面依法治国的命题,构建了以"区块链+法治"为总体目标,实现"区块链+法援"、"区块链+司法鉴定"以及"区块链+行政执法监督"为主要建设内容,为司法行政工作助力。

1. 法律援助

以区块链为内核,结合"一案一号"打造全国法援链。通过将法援案件号以及法律援助从申请、审批、指派、办理、判决、补贴发放以及监督各环节信息匹配上链,实现对全国法律援助案件数量的实时掌控;司法部门可通过链上的案号到各省倒查案件详情,对单个案件溯源追踪,实现对法援质量的监管。系统通过将法援链结合大数据建模,分析全国法律援助工作的开展情况,指导各省科学开展法律援助工作,制定各省个性化的考核标准,将法律援助的管理从人治上升到数据治理。

2. 司法鉴定

通过对司法鉴定检案的统一赋码,将案件标准案件号上链,并将鉴定全流程从委托、登记、受理、鉴定以及送达等行为数据上链,从保障鉴定各环节和过程的实时存证,不可篡改,当面向公众、法院、司法厅以及鉴定服务机构等用户,可提供可信的线上取证以满足不同角色的业务办理要求。通过规范鉴定工作者的电子证照,并上链存证,实现鉴定工作者的鉴定工作者随时随地证明自己的真实身份的能力,也可为公众快速甄别鉴定工作者真实身份提供便利,更为法院、检察院、公安机关等协同部门快速核实鉴定工作者的身份,为鉴定工作者提供便利,为协同部门提高效率提供了新的路径。

3. 行政执法监督

通过与执法主体单位共建联盟区块链,推动执法数据上链,将监督规则以区块链的智能合约技术形成规约,从而实现链上自动监督预警;系统通过将执法记录仪等执法设备以可信物联网设备的形式上链,从而保障执法数据的物理设备可信及生产数据的来源可信;系统通过依托区块链的去中心化和不可篡改特性,将执法主体的身份、工作等信息上链,在相应的区块链节点间共享,从而实现执法人员和执法对象的身份互信;系统借助将执法过程中的每一环节及其资料数据即时上链,全程公开执法行为、办理时间、法律政策依据等信息,实现链上执法公开,增强执法公开性和透明度;系统通过将群众举报、执法对象自举证、管理部门监督等行为上链存储,形成全民参与执法监督的协同治理模式,执法相对人及相关人员可在链上实时查询、反馈,有效拓展群众监督渠道。

基于区块链的司法行政可信法治平台的建设,实现了法治业务数据的汇聚、跨链数据的融合,结合智能合约等区块链技术固化法治规则,实现将链上可信法治数据有效的运用,可基于可信法治数据,构建部级、省级的数据分析模型体系,实现全国、各省对法治工作的开展情况进行有效分析指导、决策评估。

(四)资料共享应用

通过区块链智能合约技术实现自动执行,不仅标志着司法区块链智能合约应用的切实落地,更意味着链上数据与链下司法信息系统的深度融合利用,有利于打破信息孤岛,进一步释放司法红利。

1. 司法协同

基于区块链技术构建公安、检察院、法院、司法局等跨部门办案协同平台,各部门分别设立区块链节点,互相背书,实现跨部门批捕、公诉、减刑假释等案件业务数据、电子材料数据全流程上链固证,全流程流转留痕,保障数据全生命周期安全可信和防篡改,并提供验真及可视化数据分析服务。通过数据互认的高透明度,有效消除各方信任疑虑,加强联系协作,极大提升协同办案效率。

更重要的,通过非对称式加密技术、公私钥机制来确保各部门间数据安全隐患问题,消除各方对隐私泄露的顾虑,即保证在区块链司法协同中数据存储与安全的"权责清晰",又实现在各部门之间数据实时共享互认与灵活调用,真正实现"一网通办"。

2. 大数据治理与监督

大数据时代,数据源源不断产生并自主汇聚至多方数据收集者,数据已经成为企业竞争的关键,由此数据治理成为企业治理和国家治理的重点领域和重要方式。然而,大规模数据收集也带来严峻的隐私泄露、数据滥用和数据决策不可信等问题,对传统的数据治理提出了新的挑战。大规模数据汇聚还导致数据垄断困境的出现,使数据被不合理的分配与享用。大数据的"堰塞湖"已经产生,急需有效的监督治理。

通过建设区块链监管治理平台,利用区块链技术,对审计的数据存储和处理,数据一旦存入区块链就不会被篡改或者丢失,即使存在通信故障和蓄意攻击等问题,也仍能保证数据存储的正确性,数据使用者可以对其进行审计。此外,将数据存入区块链还支持数据处理过程和处理结果的可审计性。支持溯源问责的数据获取和共享,可将基于区块链实现数据获取和共享的实现分层管理,实现数据获取、数据授权、数据共享的全程可监管。

五、标准现状

截至目前,主要国际组织 ITU、ISO、IEEE 共发布区块链/分布式账本技术相关标准 23 项,其中 22 项在 2020 年正式发布,聚焦于技术和数据基础、安全和隐私两部分。我国正积极参与区块链架构、区块链金融、区块链数字资产等相关国际标准制定,并取得一定的成果和主动权。

工业和信息化部于 2018 年 5 月提交了《全国区块链和分布式记账技术标准化技术委员会筹建申请书》,其中通过对共识机制、数据存储、网络协议、加密算法、隐私保护和智能合约 6 个核心关键技术及区块链治理和安全问题的分析,结合国内外发展现状,拟定了我国区块链标准体系的未来规划,整体体系包括基础、业务和应用、过程和方法、可信和互操作、信息安全 5 个大类,初步列出了拟制定的 22 项国家标准(见表 3)。①

表 3　区块链和分布式账本拟制定标准体系

类别	说明	拟制定标准名
基本标准	用于统一区块链术语、相关概念及模型,为其他各部分标准的制定提供支撑	区块链和分布式账本技术术语和概述
		区块链和分布式账本技术参考架构
		区块链和分布式账本技术账本编码和标识
		区块链和分布式账本技术智能合约
业务与应用规范	用于规范区块链应用开发和区块链应用服务的设计、部署、交付以及基于分布式账本的交易	区块链和分布式账本技术应用成熟度模型
		区块链和分布式账本技术基于账本的交易规范
		区块链和分布式账本技术交易服务评价
		区块链和分布式账本技术 BAAS 规范
过程和方法标准	用于规范区块链的更新和维护以及指导实现不同区块链间的通信和数据交换	区块链和分布式账本技术跨链通信机制
		区块链和分布式账本技术跨链通信消息规范
		区块链和分布式账本技术账本管理规范
		区块链和分布式账本技术共识机制
可信和互操作标准	用于指导区块链开发平台的建设,规范和引导区块链相关软件的开发以及实现不同区块链的互操作	区块链和分布式账本技术混合消息协议
		区块链和分布式账本技术开发平台参考架构
		区块链和分布式账本技术区块数据格式规范
		区块链和分布式账本技术链间互操作指南
		区块链和分布式账本技术开发平台应用编程接口
		区块链和分布式账本技术分布式数据库要求

---

① 《区块链标准蓝皮书》,载区块链网 2020 年 12 月 26 日,https://www.qklw.com/specialcol-umn/20201226/153604.html。

续表

类别	说明	拟制定标准名
信息安全标准	用于指导实现区块链的隐私和安全以及身份认证	区块链和分布式账本技术信息安全指南
		区块链和分布式账本技术身份认证机制
		区块链和分布式账本技术证书存储规范
		区块链和分布式账本技术 KYC 要求

根据全国标准信息公共服务平台(http://std. samr. gov. cn/)公布的信息,截至 2020 年 12 月,已发布区块链/分布式账本技术国家标准 0 项、行业标准 3 项、省级地方标准 5 项、团体标准 34 项,主要集中在基础标准(术语、参考架构),如 YD/T 3747-2020《区块链技术架构安全要求》、T/JSIA 0002-2020《区块链基础技术规范》等。在这 42 项标准中与司法领域应用相关的标准却寥寥无几,具体如下:

表 4 司法领域相关标准

牵头单位	标准名称	标准号
浙江省电子商务促进会	区块链电子合同平台服务规范	T/ZEA 004-2020
浙江省电子商务促进会	电子商务商品交易信息区块链存取证平台服务规范	T/ZEA 005-2020
上海市司法鉴定协会	基于区块链技术的电子数据存证规范	T/SHSFJD 0001-2020
可信区块链推进计划	区块链司法存证应用白皮书	

而有 3 项正在加紧起草中的国标,涉及参考架构、智能合约和存证,具体如下:

表 5 正在起草的 3 项区块链国标

牵头单位	标准名称	状态	团体标准基础
国家标准化管理委员会	信息技术 区块链和分布式账本技术 参考架构	起草中	区块链 参考架构 T/CESA 6001-2016
国家标准化管理委员会	信息技术 区块链和分布式账本技术 智能合约实施规范	起草中,拟于2022/4 发布	区块链 智能合约实施规范 T/CESA 1050-2018
国家标准化管理委员会	信息技术 区块链和分布式账本技术 存证应用指南	起草中	区块链存证指南

显然区块链在司法领域应用标准几乎是一张空白,亟须完善。鉴于此,2020 年 5 月最高人民法院信息中心牵头制定《司法区块链技术要求》及《司法区块链管理规范》指导全国法院数据上链。

六、制约因素以及策略浅议

区块链的去中心、透明性和可溯源性、开放性、不可篡改性、匿名性等特点在司法领域的应用得到热捧,[①]但是区块链技术并非完美无缺,正如 2020年 5 月 8 日,《人民法院报》刊发浙江省湖州市中级人民法院课题组题为"关于区块链运用热下的冷思考"的文章所述,区块链在司法上应用集中存在四个大问题:技术问题、法律问题、管理问题、基础研究问题。

(一)技术问题

1. 共识协议安全威胁

共识协议是区块链的重要组成部分,在生成区块时需要依赖于区块链的共识机制来选择矿工打包区块。因此,黑客会针对不同的共识机制,采用各种手段来破坏共识原则。目前,主要的共识协议攻击手段有双花攻击、自私挖矿攻击(Selfish Mining)、短程攻击(Short-Range)、长程攻击(Long-Range)、币龄堆积、预计算攻击(Pre-Computation)、女巫攻击(Sybil Attack)等。

若需要完全解决上述安全威胁是非常困难的,但在不同场景下依然需要使用特定的共识机制来满足需求。因此,区块链安全研究人员可以从两个方面来进行研究和解决:一是深入分析不同共识机制的缺陷,针对这些缺陷采用合适的弥补方式来逐步完善共识机制的安全性;二是融合不同共识机制的优点进行互补或是设计更安全的新共识机制。

2. 密码算法安全威胁

区块链底层本身采用了密码学算法的很多机制,例如,以太坊采用了Kec-cak256 哈希算法和椭圆曲线密码学算法,比特币采用了 SHA256、RIPEMD160 哈希算法和椭圆曲线密码学算法。除了以太坊和比特币,其他区块链同样会使用一些其他的哈希函数、加密算法和数字签名方法来保证自身的安全性。就目前而言,这些正在使用的算法都是相对安全的,但在一

---

① 王锡亮、刘学枫、赵淦森等:《区块链综述:技术与挑战》,载《无线电通信技术》2018 年第 6 期。

些特殊情况或者面对未来发展的背景下,这些算法可能会变得不安全。主要有两个方面的安全挑战:哈希函数的碰撞问题和量子计算。目前,MD5 和 SHA1 哈希算法都已经被破解,因此迫切需要在现有的基础上推进国密算法 SM2/SM3/SM4,加快构建基于自主密码技术的区块链密码应用支持体系;① 量子计算机的发展将会给现在使用的密码体系带来重大的安全威胁。区块链主要依赖椭圆曲线公钥加密算法生成数字签名来安全地交易,目前最常用的 ECDSA、RSA、DSA、国密算法等在理论上都不能承受量子攻击,将会存在较大的风险,越来越多的研究人员开始关注能够抵抗量子攻击的密码算法,即后量子密码算法,如基于格、多变量、哈希和编码的密码。②

3. 智能合约安全威胁

进入区块链 2.0 时代之后,智能合约成为区块链中必不可少的一部分,智能合约具备运行成本低、人为干预风险小等优势,但如果智能合约的设计存在问题,将有可能带来较大的损失。2016 年 6 月,以太坊最大众筹项目 The DAO 被攻击,黑客获得超过 350 万个以太币,后来导致以太坊分叉为 ETH 和 ETC。常见的智能合约漏洞主要被分为如下几类:重入漏洞、整数溢出漏洞、tx. origin 和 msg. sender 混淆漏洞、拒绝服务漏洞、关键字过时、未检查返回值漏洞、短地址/参数漏洞、交易顺序依赖、合约构造函数与合约名不一致、时间操作/伪随机。

智能合约的安全威胁主要发生在开发者代码编写过程中,白帽汇安全研究院有如下几点安全建议和注意事项提示:③

(1)尽量避免外部调用;

(2)仔细权衡在发生重要操作时的代码逻辑,避免逻辑陷阱;

(3)处理外部调用错误;

(4)开发者必须对外部调用的控制流程有详细的了解;

(5)标记不受信任的业务内容;

(6)正确使用断言;

---

① 曹琪、阮树骅、陈兴蜀等:《Hyperledger Fabric 平台的国密算法嵌入研究》,载《网络与信息安全学报》2021 年第 1 期。

② 杨妍玲:《后量子密码在信息安全中的应用与分析》,载《信息与电脑(理论版)》2020 年第 8 期。

③ 《白帽汇安全研究院发布区块链安全分析报告》,载 IT168 网 2018 年 5 月 23 日,http:// safe. it168. com/a2018/0523/3204/000003204741. shtml。

（7）小心整数除法的四舍五入；

（8）不要假设业务创建时余额为零；

（9）记住链上的数据是公开的；

（10）在双方或多方参与的业务应用中，参与者可能会"脱机离线"后不再返回；

（11）明确标明函数和状态变量的可见性；

（12）将程序锁定到特定的编译器版本；

（13）小心分母为零；

（14）区分函数和事件；

（15）避免死循环；

（16）升级有问题的业务层代码。

除上述方式之外，对于重点链，特别是司法链，必须通过第三方安全机构进行审核，包括：

（1）函数可见性审核；

（2）合约限制绕过审核；

（3）调用栈耗尽审核；

（4）拒绝服务审核。

4．网络安全威胁

凡是网络都会存在病毒类的恶意程序威胁，区块链系统也是一种新型网络架构。主要的威胁形式有 BGP 路由广播劫持、伪造数字签名和勒索病毒。

区块链底层主要是通过 P2P 网络来进行通讯，所以针对网络层的安全策略主要包含网络验证机制和 P2P 网络安全两个方面。

加强对访问者的访问审计，对于重要操作和信息，客户端节点需要进行必要的验证。使用 https 而非 http，甚至采用基于国密 SM 算法的 https。

5．用户使用安全威胁

区块链用户可以分为开发者用户和普通用户，不同的用户类型会执行区块链系统中不同的功能操作。攻击者会根据用户身份进行针对性攻击，主要分为节点暴露 API 接口和钱包私钥窃取两种情况。

普通区块链用户最关键的就是自己的私钥，黑客会通过各种手段来窃取用户的私钥，从而转移用户的数字资产。为了确保用户使用的安全性，简单方式就是将私钥记忆在脑中或者记录在纸上来抵御黑客的窃取。另外可采用密钥分割技术,将私钥分为两个部分,一部分存储在服务器中,另一部分通过加密存储到用户手机或电脑里,这样即使一部分被盗了,得到的私钥也是不完整的,无法使用。

6. 区块链跨链安全

随着区块链技术不断发展,各种企业级区块链平台也应运而生,导致区块链底层架构也变得类型不一。在整个司法应用中可能不仅涉及司法系统的不同部门甚至银行、政务、企业等部门,因此区块链跨链的需求也在持续上涨。目前,主流的跨链技术有哈希时间锁定、公证人机制和侧链/中继链 3 种,但这 3 种跨链技术都存在自身缺陷,同时也无法避免在跨链交互过程中具有共性的问题。

(1)哈希时间锁定:面临恶意节点建立多笔超时交易以及资金锁定需维持"热钱包"状态问题;[①]

(2)公证人机制:存在中心化特性,存在被伪装可信状态的风险;

(3)侧链/中继链安全问题:不能做到对主链数据的追溯,或是识别一些常见的区块链攻击现象,[②]要有完全可信度,否则将会导致参与跨链交互的区块链发送异常,甚至导致系统紊乱崩溃。

区块链跨链过程的安全性主要取决于不同区块链之间数据信息交互的原子性、同步性和网络通道的安全性。目前而言,区块链跨链技术依然无法实现真正的跨链。然而,量子物理学中的"量子纠缠现象"[③]非常适用于跨链数据的交互,因此将来区块链跨链领域的发展必然离不开量子物理在通信领域的突破。

7. 性能问题

目前,影响区块链性能的因素主要包括广播通信、信息加解密、共识机制、交易验证机制等几个环节。[④] 比如,共识机制的目标是使得参与节点的信息一致,但在高度分散的系统达成共识本身就是一件耗时的任务,如果考

---

① MOHURLES & PATIL M. , *A Brief Study of Wannacry Threat*: *Ransomware Attack* 2017, International Journal of Advanced Research in Computer Science, 2017.

② 李芳、李卓然、赵赫:《区块链跨链技术进展研究》,载《软件学报》2019 年第 6 期。

③ 黄燕霞、刘继兵、程维文等:《量子纠缠相关问题及弱光非线性现象的理论研究》,载《科技成果》2010 年 6 月 1 日。

④ 周茂青:《区块链的可扩展性问题及解决方案对比》,载百家号网 2018 年 10 月 9 日,https://baijiahao. baidu. com/s? id = 1613828113927297523&wfr = spider&for = pc。

虑会有节点作恶,这会更加增加处理的复杂性。目前,比特币理论上每秒最多只能处理 7 笔交易,每 10 分钟出一个区块,相当于交易吞吐量为 7,交易延时为 10 分钟,实际上,等待最终确认需要 6 个左右的区块,也就是说实际交易延时是 1 个小时。以太坊稍有提高,但也远远不能满足应用需求。

(1)广播通信

为了能最大限度地改善交易性能,推荐采用联盟链而不是公链,可以指定节点机器的物理配置和节点数量,并尽量以高速网络(如 5G、专用网)进行连接,则可以很大程度上改善区块链的交易性能。

(2)信息加解密

现阶段采用安全性效率更高的国密算法 SM2/SM3/SM4。

(3)共识机制

从 PoW 到 PoS 再到 DPoS 和各种拜占庭容错算法,共识机制不断创新,区块链平台性能也得到大幅提升。DPoS 或 PBFT 的共识机制下,区块链上交易的确认很迅速,交易吞吐量也满足现有的金融交易规模,部分私链性能达到万笔/秒。

(4)交易验证机制

主要包括:隔离验证、闪电网络、RSK 侧链、分片、分层等手段。这些方式主要是通过将部分链上任务转到链下或其他链进行处理,或者将整个交易分为几个部分并分别处理。另一种思路是调整共识机制。比如,EOS 提出的 DPOS 等,会将共识限制在某一小部分被选举出的节点上,据此来加快共识达成、区块生成和运算的速度和效率,但是这种方式会加剧区块链的中心化程度,并且其安全性和实用性也有待进一步考察。

(二)法律问题

1. 去中心化与法律适用和司法管辖权问题

去中心化是区块链技术的最主要特点,由于其在定义上并没有具体的物理地址,因此在法律适用和司法管辖权上就存在漏洞。每一个网络节点都可能会碰到相对独立的司法管辖,但没有单一机构为分布式账本的运作承担法律上的责任,每一种分布式账本都不存在作为监管之"锚"的中央管理机构。习近平总书记在第二次世界互联网大会上指出,网络空间不是法外之地,区块链领域亦是如此。如何让所有节点都遵守法律,明确各方权利义务是当前亟须解决的问题。

2. 匿名化与网络实名制问题

区块链技术的匿名化特点体现在数字货币等具体应用场景之中,更准确而言应该是非实名化,例如比特币等加密货币技术,其很大的吸引力就在于其进行匿名交易的能力。但需要注意的是,实名制是政府监管的重要手段,特别在司法应用场景,可信身份识别尤其重要。因此,随着技术和应用的发展,出于管理的需要,从最初的电话实名制到后来的网络实名制,并最终通过立法将其作为一种法定的制度固定下来。

3. 可靠性与删除权问题

在区块链系统中,数据块是由整个系统中所有具有维护功能的节点来共同维护,由于巧妙的设计并辅以密码学和共识机制,区块链的数据记录方式使得修改某一数据需要变更所有的后续数据记录,难度极大。除非能够同时控制整个系统中超过 51% 的节点,否则单个节点上对数据库的修改是无效的,也无法影响其他节点上的数据内容。因此,相比于传统信息通信技术和应用,区块链技术是由集体维护且难以篡改的,这也给实践中企业管理尤其是履行"删除义务"带来很多障碍。删除权在国外也称为被遗忘权,是指用户在符合一定条件下有权要求互联网企业删除其全部数据。被遗忘权在谷歌诉冈萨雷斯案中得到欧盟法院的确认,并在 2016 年通过的《通用数据保护条例》中以立法形式确立了其合法地位。《中华人民共和国网络安全法》第 43 条对删除权作了规定:"个人发现网络运营者违反法律、行政法规的规定或者双方的约定收集、使用其个人信息的,有权要求网络运营者删除其个人信息;发现网络运营者收集、存储的其个人信息有错误的,有权要求网络运营者予以更正。网络运营者应当采取措施予以删除或者更正。"然而,区块链技术的出现给删除权的行使带来了极大障碍,由于对数据的修改需要控制超过 51% 的节点,因此在区块链上运行的程序几乎是无法被中止的,任何数据(包括文字、图片、视频等)一旦被写入区块链中,就难以删除或更正。如果不法分子利用区块链技术将一些法律明确禁止的信息写进区块链中,那么将给企业履行删除义务、公民行使删除权利和政府对违法行为监管带来极大的阻碍,严重破坏正常的网络空间治理秩序。

4. 透明化与个人数据保护问题

透明性特点即去信任化,是指参与整个系统中的每个节点之间进行数据交换是无须互相信任的,整个系统的运作规则是公开透明的,所有的数据内容也是公开的,正如中本聪在《比特币:一种点对点电子现金系统》中指出的,新的交易要向全网进行广播。虽然比特币通过"将公钥保持为匿名"的方式可以隔断交易地址和地址持有人真实身份的关联,达到保护个人信息的效果,但随着区块链应用到越来越多的场景和业务,例如智能合约、实名资产登记等,这些都是虚拟世界和传统现实世界相结合的领域,涉及实体法律规则的问题,验证节点在不知道具体合同信息或者个人信息的时候是难以执行的,这就可能陷入一个"个人信息保护的困境"。

5. 链前问题

当然,并不是通过区块链保管、固定了证据就能一劳永逸。这样能担保链条中的电子数据的真实性与可信性,但无法保障"上链"前的数据不被篡改。因此,还需要对其收集、提取程序是否符合技术规范及法律规定详加审查。2019 年 6 月,最高人民法院信息中心发布的《区块链司法存证应用白皮书》指出,目前区块链保管、固定证据已经取得了不少进展,但如果取证时证据原件和设备是分离的,证据的效力也会大大减损。而这些正是当前区块链存证在效率和真实性上面临的最大挑战。这也是学者将司法区块链技术称为部分区块链技术,甚至否认其为真正意义上的网络区块链技术的原因。

6. 法院对取证的采信问题

证据认定往往需要确定真实性、合法性和关联性,而电子证据因量大、原件认定困难等原因往往无法对案件起到强有力的支撑作用。如上文提到全国首例区块链存证案,保全网平台对被告的侵权网页予以取证,获得杭州互联网法院支持采用。但在成都法院审判的另一个案件中,保全网的取证未被采纳。由此可见,现阶段利用区块链技术取证最终还是需要法院来最后认定和采信。那么法院是根据取证平台的资质结合取证内容进行判断,还是要进一步对取证技术本身是否达到要求也一并进行审查?如果要审查技术标准,法官是否具备这样的能力?

7. 结论

对于新兴的"区块技术+司法应用",显然存在法律法规的滞后性,因此对问题的法律界定、审判的采纳等问题,法律法规的完善尤其重要。但是法律法规的制定到实施通常需要经过一段较长的时间,以应对现有复杂社会现象的抽象规制。因此现阶段建议:

与技术厂商协商,通过技术手段来逐步解决现有的部分法律问题,如司法信息共享问题,可通过构建司法私有链,通过白名单、可信身份识别、电子认证等手段确保终端用户的可信识别,解决用户的网络实名问题。对于链前问题可通过物联网技术由终端设备采集数据,直接上链,当然这又涉及物联网的传输的安全问题,身份的可信识别等问题。

在现有法律滞后情况下,建议法官在司法审判过程中,应当在尊重立法者原意,探明法律规范意旨的基础上,正确运用法律解释方法,分析数据法律关系、论证法律结构,运用自由裁量权合理划分各方责任。[①] 同时,也可通过各类指导活动比如区块链技术的讲座、培训等,快速弥补法律缺位而导致的规则模糊这一问题,最高人民法院也可通过将已审理的区块链典型案例进行遴选汇编,形成指导案例,规范各级法院参照裁判要旨定分止争。由最高人民法院牵头,联合行业、高校、企业、律师事务所等社会力量,快速地推进和完善各项制度,尽快落地;推进示范性项目的落地,通过示范性项目总结经验,面向全国进行辐射推广。

(三)管理问题

1. 法律法规标准存在滞后性

社会飞速发展,新鲜事物不断涌现,区块链技术目前正处于高速发展的阶段,而法律法规标准从立项、制定到发布往往需要经历漫长的过程,由此就导致社会对这项技术的认知尚未理性普及,法律层面的认定和定性还比较模糊,对于规范流程的各类规章制度都处于亟待补全的阶段,由此也容易引发后续一系列的问题。

2. 取证平台的资质问题

法院的司法裁判是以事实为依据,而事实的认定主要就是依靠证据。证据不仅要真实,而且获取的手段也必须合法,一些证据还必须是具备一定资质的机构提供才是合法有效的,比如鉴定意见、公证文书、勘验、检查报告等,都需要专业机构或者部门出具。那么,通过区块链技术进行取证的平台是否需要具备相关资质?该资质的获取又该由谁来赋予?(比如,经司法部批准,北京中经天平科技有限公司成立了电子物证司法鉴定中心)目前,提供区块链技术服务的公司也是鱼龙混杂,区块链技术的运用毕竟有一定的

---

① 夏纪森、臧志宏:《论区块链应用的社会风险与法律治理》,载《常州大学学报(社会科学版)》2019年第1期。

技术门槛,不排除一些公司只是炒作概念而根本不具备相应的技术能力。即便具备技术能力,其取证的过程是否有效运用了该技术,存在串通作假等情况或许也难以避免。①

3. 生态发展问题

目前,区块链的形态主要是三种:公有链、联盟链、私有链,而政府部门、政法机关等单位运用的形态一般都是联盟链。由于区块链的最大特点之一是去中心化,其应用的重要价值是打通数据壁垒,实现信息共享,促进多方协同合作。比如,目前运用较多的存证取证,一般就需要在法院、公证处、鉴定中心、律师事务所等设置节点,并形成电子证据流转审核的平台,从而实现数据存证、全网监测、在线取证、司法出证等功能。因此,区块链作用的发挥不能只靠一个单位去实现,而是联盟节点越多越好,比如,司法区块链生态的建立需要公安、检察、法院、司法、政务等机关部门以及律所、公证处、鉴定机构、金融机构乃至企业、个人等多节点共同推进,才能真正发挥其优势和功能。

4. 总结

作为新兴技术,其管理明显也滞后,因此对于现阶段主管部门的管理推进也尤其重要,包括对标准的规范化、资质的管理、行业规范、链条的生态管理等都需要逐一的落实。

(四)基础研究问题

过去十多年,中国科技领域发展迅猛,取得了许多可圈可点的骄人成绩,如全球区块链专利达到5.14万件,2020年,新增1.03万件。其中,中国2020年新增区块链专利约8200件,占全球总数的79.6%;美国新增1434件,占全球总数的13.9%。② 在专利数量我们取得可喜的成绩,然而一个最为突出的特点是对实用性技术研究的"偏爱"。大多数科学研究始终停留在实践阶段而没有实现进一步的"理论"升华,缺乏对基础研究足够的重视,对于基础研究与美国的差距还是相当的明显。2019年中国优秀区块链解决方案及应用案例报告支持19家企业采用Hyperledger Fabric,8家企

---

① 《关于区块链运用热下的冷思考》,载中国法院网2020年5月8日,https://www.china-court.org/article/detail/2020/05/id/5185857.shtml。

② 《零壹智库:中国区块链专利数据解读(2020)》,载东西智库网2021年3月10日,https://www.dx2025.com/archives/126229.html。

业选用公链作为基础架构,其他 10 家企业使用以太坊 Ethereum(6 家)、Bcos(3 家)和 Quorum(1 家)作为底层基础架构。从底层技术选型来看,大部分企业倾向于使用 Hyperledger Fabric。据调查,尽管部分企业声称使用自研底层平台,但多数是基于比特币、以太坊、Hyperledger Fabric 的代码进行改进。[①]

2020 年哈尔滨工业大学、哈尔滨工程大学等院校被美国商务部列入"实体名单"之后,重要的科研工具——科学计算软件 MATLAB (matrix&laboratory,意为矩阵工厂、矩阵实验室)的使用授权被中止,对该院校的科研工作造成了巨大影响。面临相同境遇的还有华为海思,除了已经被禁止使用美国技术,无法生产芯片之外,芯片设计领域的设计软件同样也是"美国制造",随时面临着被彻底禁用的风险。2020 年 10 月 15 日,美国政府公布了"国家关键技术和新兴技术战略",[②]分布式账本技术(区块链)和人工智能、半导体与微电子技术等 20 项,被列为美国国家安全技术,未来将会被限制出口。据调查,真相科技的法律区块链技术框架基于 Hyperledger Fabric、浙江数秦科技有限公司的保全网也是基于 Hyperledger Fabric 等,[③]核心代码受制于人,因此对于区块链在司法上应用,关系民生等重要领域问题,应对这样的危机,注重对前沿科研工具的原创同样重要,也必须引起足够的重视。

七、安全要求

区块链作为一种通用的基础平台(类似数据库),司法领域的应用仅是其业务应用层的一个场景,无非是公链、联盟链、私链的一种体现,但是司法领域应用恰恰涉及人民群众的纠纷、调解、刑事甚至财产、生命,其安全性关系到司法审判的公正性和公平性、权威性。因此,区块链技术架构的安全性及其重要,结合目前现有的标准:T/CESA 6001-2016《区块链参考架构》、YD/T 3747-2020《区块链技术架构安全要求》、JR/T 0184-2020《金融分布式

---

① 宇齐欣浩科技:《2019 中国优秀区块链解决方案及应用案例报告》,载知乎网 2019 年 12 月 18 日,https://zhuanlan.zhihu.com/p/98051903? from_voters_page=true。

② 《美白宫发布〈关键技术和新兴技术国家战略〉》,载知乎网 2020 年 10 月 18 日,https://zhuanlan.zhihu.com/p/266547622。

③ 《区块链赋能新司法,从"第一案"到"白皮书"》,载知乎网 2019 年 6 月 24 日,https://zhuanlan.zhihu.com/p/70455887。

账本技术安全规范》,基础安全规范有国标 GB/T 39786-2021《信息安全技术 信息系统密码应用基本要求》以及行标 GM/T 0054-2018《信息系统密码应用基本要求》以及场景的跨链需求,司法领域的区块链安全要求包括:应用层安全、合约层安全、共识层安全、网络层安全、数据层安全、物理层安全、跨链安全、隐私保护、基础安全、管理安全、监督审计具体框架如下:

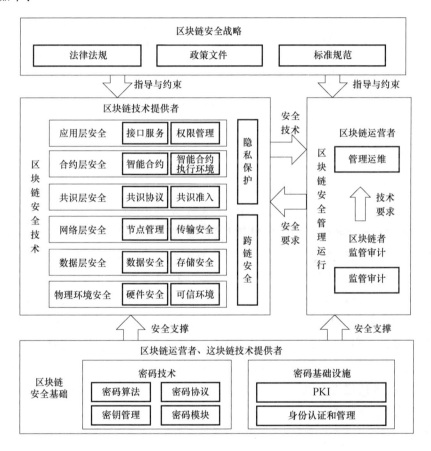

图 1 安全技术框架

根据不同层的安全要求,结合 GB/T 39786-2021《信息安全技术 信息系统密码应用基本要求》和 GM/T 0054-2018《信息系统密码应用基本要求》对密码技术要求,所对应的密码应用技术要求具体如下图所示:

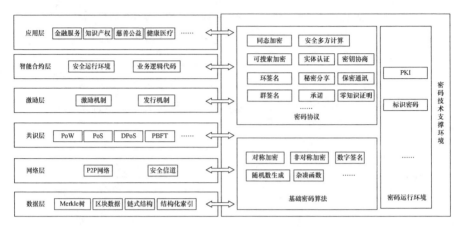

图 2　区块密码应用技术要求

八、总结

《中华人民共和国国民经济和社会发展第十四个五年规划和 2035 年远景目标纲要》指出：培育壮大人工智能、大数据、区块链、云计算、网络安全等新兴数字产业，推动智能合约、共识算法、加密算法、分布式系统等区块链技术创新，以联盟链为重点发展区块链服务平台和金融科技、供应链管理、政务服务等领域应用方案，完善监管机制。① 在政策的红利驱动下以及云计算、安全芯片、5G、人工智能、量子密码等技术助力下，司法应用落地将迎来新的一轮高潮。但是，我们也要正视现阶段技术的不足、法律法规标准的滞后性、基础研究薄弱性、管理的缺陷等诸多制约因素，因此只有迎难而上，一边加快对新技术、基础技术的研究，一边加大对法律法规标准的完善，同时加大对人才的培养、司法应用案例的总结推广工作，这样才能形成全面的发展并促进场景的落实。

---

① 《中华人民共和国国民经济和社会发展第十四个五年规划和 2035 年远景目标纲要》，载中国政府网 2021 年 3 月 13 日，http://www.gov.cn/xinwen/2021-03/13/content_5592681.htm。

区块链司法应用场景分析及应用规则探究

卢爱媛 曹源 邓罡*

（北京知识产权法院，北京 100097；

湖南宸瀚信息科技有限责任公司，湖南 长沙 410003）

摘　要：区块链的分布式多中心、多方共识、不可篡改、安全透明等技术特性，与司法公平、公正、公开的核心要求以及对证据、程序、过程和结果公开透明、可靠可信的基本要求具有天然的契合性，在司法领域有着广泛应用前景。当前，区块链技术方兴未艾，深入研究其在司法领域的应用场景及应用规则，充分吸收新兴技术的优势特点，进一步提高司法工作效益，让人民群众更具公平感、获得感，具有十分重要的意义。本文探讨了区块链的基本特点，分析了区块链技术属性与司法的价值融合与冲突，简述了区块链司法应用的法律规范和样本，最后简要探讨了区块链的司法应用规则。

关键词：区块链；电子存证；应用场景；应用规则

2018 年 5 月 28 日，习近平总书记在两院院士大会上指出，以人工智能、量子信息、移动通信、物联网、区块链为代表的新一代信息技术加速突破应用，科学技术从来没有像今天这样深刻影响着国家前途命运。2019 年 10 月 24 日，习近平总书记在中共中央政治局第十八次集体学习时强调，区块链技术的集成应用在新的技术革新和产业变革中起着重要作用，要把区块链作为核心技术自主创新重要突破口，加快推动区块链技术和产业创新发展。

当前，区块链已经上升为国家战略高度，得到了世界各国的高度重视。司法是维护社会公平正义的重要基石，也是现代国家经济发展和社会稳定的重要保证。推动区块链技术在司法领域的应用，既是落实习近平总书记重要指示的必然要求，也是顺应技术发展趋势，推动司法领域创新发展的现实需要。

---

*　卢爱媛，北京知识产权法院法官；曹源、邓罡，湖南宸瀚信息科技有限责任公司在职人员。

一、区块链的基本特征

狭义来讲,区块链是一种按照时间顺序将数据区块以链条的方式组合成特定数据结构,并以密码学方式保证的不可篡改和不可伪造的去中心化共享总账(Decentralized shared ledger),能够安全存储简单的、有先后关系的、能在系统内验证的数据。广义的区块链技术则是利用加密链式区块结构来验证与存储数据、利用分布式节点共识算法来生成和更新数据、利用自动化脚本代码("智能合约"①)来编程和操作数据的一种全新的去中心化基础架构与分布式计算范式。② 区块链技术的核心优势是去中心化,在节点无须互相信任的分布式系统中建立信用、实现协调与协作,从而为解决中心化机构普遍存在的高成本、低效率和数据存储不安全等问题提供了方案。近年来,区块链技术的研究与应用呈现出爆发式增长态势,被认为是继大型机、个人电脑、互联网、移动/社交网络之后计算范式的第五次颠覆式创新,是人类信用进化史上继血亲信用、贵金属信用、央行纸币信用之后的第四个里程碑。③

区块链的主要特征包括:去中心化、④不可篡改、高抗毁性、安全透明。⑤

第一,去中心化。区块链基于对等网络(P2P网络)技术,在公有链中,每个节点身份对等,拥有完整的数据副本,在联盟链和私有链中,采用分层对等的设计,各层节点之间也具有完全对等的地位,网络没有中心化的集中控制机制。

第二,不可篡改。区块链采用共识算法生成和更新数据,数据多方见证,上链后的数据具有不可篡改性。

第三,高生存性。区块链多节点共同存储区块数据副本,大部分节点失效或出现故障时,区块链仍能从存活节点中恢复数据。

---

① 欧阳丽炜、王帅、袁勇等:《智能合约:架构及进展》,载《自动化学报》2019年第3期。

② 袁勇、王飞跃:《区块链技术发展现状与展望》,载《自动化学报》2016年第4期。

③ Swan M. Blockchain, *Blue Print for a New Economy*, USA: O'Reilly Media Inc, 2015.

④ 曾诗钦、霍如、黄韬等:《区块链技术研究综述:原理、进展与应用》,载《通信学报》2020年第1期。

⑤ 沈鑫、裴庆祺、刘雪峰:《区块链技术综述》,载《网络与信息安全学报》2016年第11期;何蒲、于戈、张岩峰、鲍玉斌:《区块链技术与应用前瞻综述》,载《计算机科学》2017年第4期。

第四,安全透明。区块链数据由多方共识、多方见证,可有效消除数据篡改、暗箱操作等疑虑,有利于不信任方之间建立信任。

二、区块链技术属性与司法的价值融合与冲突

当前,区块链尚处于发展初期,针对区块链在司法领域的研究和实践方兴未艾。从区块链的基本技术特性和司法的基本要求上看,两者既存在相容的方面,但也存在相冲突的地方,这就要求我们在技术选择上扬长避短。

(一)区块链技术理性与司法特征具有天然相称性

首先,司法往往具有法律事实与具体生活事实相分离的特征,对于事实的判断只能基于民事审判实践中的价值判断与利益衡量,无法避免法律行为发生于司法程序前的先天的信息困境。要言之,法庭上能够还原的是法律事实,无法避免当事人隐匿和篡改信息,而区块链技术全程留痕、不可篡改的记录功能,蕴含着解决民事司法固有矛盾的契机。从这个角度来说,区块链技术理论上可以把法官从大量的事实真伪的判断中解放出来。

其次,区块链技术具有增强共享性,增加当事人的司法参与感、提升以下法律的透明度等方面的价值。民事诉讼案件的审理改革现在朝方面发展,包括提升各方主体的参与感,提升法律的透明度,增强司法判决的公信力。随着电子诉讼的普及,民事司法审判程序追求效率的取向愈加明显,而当前部分司法机关对区块链在电子证据平台的探索和应用,显示了区块链电子证据平台证据防篡改、安全,真实性认可度高、效率高等优势,把电子数据变成电子证据,可极大地提升民事审判效率。

上述两方面的融合也验证了最高人民法院在发展电子诉讼中提出的原则,即电子诉讼应当坚持和完善便民利民原则:提升诉讼效率的同时,不能减损当事人合法诉讼权利,既要有利于法院依法独立公开行使审判权,也要实现当事人诉讼高效便捷;并且要统筹兼顾不同群体司法需求,对未成年人、老年人、残障人士等特殊群体加强诉讼引导,提供相应司法便利。

(二)区块链的技术特征与司法内在价值的冲突

尽管区块链技术在电子证据中的适用,有利于实现电子证据真实性与完整性的验证,节省诉讼成本,但任何技术都并非完美无缺。区块链的去中

心化、自治性与司法非效率价值,比如司法公平保护、司法公正与权威等价值可能存在冲突。

首先,目前司法区块链应用范围的有限性可能导致区块链只允许符合技术资质审查标准的行业联盟链成员接入司法区块链,从而提供证据生成和存储服务。一般的用户或者商户在缴纳一定费用后,才能通过这些成员获得被法院所承认的区块链电子证据。一方面,行业联盟链成员的营利性和数量上的有限性将可能导致垄断的出现;另一方面,如果将行业联盟链成员资格完全开放,则可能导致区块链运行速度因成员过多而降低,有损效率。如何处理二者之间的冲突,是监管者在区块链技术推广和应用中应当解决的课题。

其次,如果行业联盟链成员之间存在利益冲突,那么产生的区块链证据可能就不能再自证其真。例如,在杭州华泰一媒文化传媒有限公司诉北京阳光飞华科技发展有限公司侵害作品信息网络传播权纠纷案中,原告是一家传媒企业,同时也是行业联盟链的成员之一,其提供的区块链电子证据的真实性和完整性,是否因该特殊身份而存在疑虑还有待判断。此外,如果将区块链技术视为司法鉴定机关或专家证人的替代品,行业联盟链成员所具有的诉讼原告身份,将可能违反现行规范中对于司法鉴定机关或专家证人中立性的法定要求。但值得注意的是,在北京市东城区人民法院审理的中文在线数字出版集团股份有限公司与被告北京京东叁佰陆拾度电子商务有限公司侵害作品信息网络传播权纠纷案中,法院将存证平台独立且与原被告双方无利益冲突这一前提也纳入平台资质的审查标准。

总体上看,在国家治理和社会治理领域,技术与法律具有相互替代性,如果在某一社会场景中技术解决方案的成本低于法律解决方案,技术工具可能替代法律形式成为秩序的主要生成形式。技术可以用来弥补现有法律运作形式中的不足,尤其是其中不必要的成本,比如验证程序等,从而提高法律的运作效率,提升公正的品质。但是从互联网时代技术最终被驯化和利用的过程看,技术应当成为助推司法公正的工具,不可能也不应当取代法律。

三、区块链司法应用的实证分析

当前,区块链技术在司法领域的应用刚刚起步,其司法应用在现阶段可供考察的样本集中于三个互联网法院以及部分行政机关。

（一）法律规范

目前,有关区块链的法律文件主要是《最高人民法院关于互联网法院审理案件若干问题的规定》,明确在认定方式上,鼓励和引导当事人通过电子签名、可信时间戳、哈希值校验、区块链等技术手段以及通过取证存证平台等对证据进行固定、留存、收集和提取,弥补仅依靠公证程序认定电子证据的不足,提升电子数据的证据效力。

（二）样本分析

从当前的区块链司法应用主体看,互联网法院,主要是杭州互联网法院和北京互联网法院的应用相对比较成熟。北京互联网法院遵循共建、共治、共享、平等、民主、开放的理念,秉持"中立、开放、安全、可控"的建设原则,建设了司法"天平链";制定出台《北京互联网法院电子证据平台接入与管理规范》《北京互联网法院电子证据平台接入与管理规范细则》《北京互联网法院电子证据存证接入申请表》《北京互联网法院电子证据存证接入接口说明》等系列规范性文件。通过打造电子取证、存证、电子数据验证交换等为核心的"天平链",北京互联网法院,对区块链的司法应用进行了有益探索。杭州互联网法院2018年开始探索司法区块链,将区块链应用集合于法院平台,区块链应用贯穿了身份认证、证据提交、送达、调解等审判程序。法院系统中越来越多的区域法院加入司法区块链平台,例如2019年长三角四地法院陆续加入,打造区域司法区块链。从应用方式看,在区块链电子证据方面,比较成熟的做法是通过"天平链"平台,以法院为中心,将相关主体的日常形成的证据数进行上链记录,审判时可通过诉讼平台直接查验,目前已经积累了一些经验。从参与主体看,司法区块链参与第三方主体发展迅速。根据其公开信息,该联盟链目前包括北京高院、公证处、司法鉴定中心等一级节点13个,二级节点7个,共接入了22个应用。天平链应用目前比较成熟的是区块链电子证据方面,通过联盟链的建设,以法院为中心,将相关机构的数据整合,当事人可以通过平台提交上链数据,法官可以通过诉讼平台直接查验。此外,北京地区开展的线上金融案件多元解纷一体化平台也应用了区块链技术,使金融机构加入存证行列。① 杭州互联网法院的业务范围目前集

---

① 《北京上线金融案件多元解纷一体化平台》,载新华网 2020 年 12 月 6 日,http://www.xinhuanet.com/fortune/2020-12/16/c_1126865369.html。

中于版权链、合同链、金融链三方面,并且实时展示的区块链业务数据已经以亿计数。①

此外,区块链在司法行政领域的应用前景也让人期待。司法行政的应用领域包括仲裁、鉴定、法律援助、司法考试等公共法律服务,电子公文、人事档案和财务票据等行政管理业务以及行政执法、社区矫正监管、监狱戒毒监督、电子监控取证等工作。这些工作对公平公正及证据、数据的高可信性等一样有很高的要求,可以预见,区块链在这些领域一样能够得到应用。

（三）当前点状探索反映出的经验和问题

初步经验可概括为:一是区块链司法应用平台的打造以法院为主体,以此来形成规则。二是当前应用领域集中于互联网案件,此类案件具有涉网、参与者信息技术较强的特点,因此形成的规则也充分考虑案件特点。但是,针对此类案件特点形成的经验有一定局限性。

存在的问题包括:一是区块链的应用对当前司法提出的调整,需要法律层面的建设。由于对区块链应用于司法场景没有具体规范,因此在实际操作层面,针对相关应用平台的操作没有统一标准,依赖于各法院的自行探索,目前还没有上升为区域性或者统一的标准,因此亟待加强区块链司法应用领域的法律研究。二是以互联网法院为主体的证据平台以外的探索,目前集中于执行领域,属于实验性的样本,由于互联网法院自身的特点,比如依托第三方机构执行阶段的智能合约,其实质上是执行阶段缔约后的自动执行,不能解决法院执行中财产隐蔽、分散、流动化,查找成本高的问题。

四、区块链司法应用的基本原则

作为新兴的信息技术,区块链的司法应用当前还处于探索阶段,但我们认为,作为新的技术手段或工具,区块链技术同其他的工具手段一样,能够给司法实践带来便利,但并不能超越其作为工具本身的功能定位,更不可能代替司法实践本身。从这个意义上,我们认为,总体上电子诉讼的基本价值、原则对区块链技术司法应用仍应具有限制作用。此外,在区块链的建设

---

① 杭州互联网法院网站,http://blockchain.netcourt.gov.cn,2021年3月26日访问。

应用中,还应遵循如下原则。

(一)标准先行原则

区块链技术的应用与推广,应当遵循边试点边规范的发展路径,逐步完善区块链司法应用的有关规范。当前,应针对区块链发展比较成熟的民事司法领域,如电子证据、电子送达等领域,尽快完善相应的基本规范,如应对区块链形成的电子证据类型、适用范围,以及法院审查证据属性的方式、审查手段、审查标准等,以最高人民法院制定司法解释的形式作出基本规范,以免在法院大规模适用时出现标准和做法不一致的情况。

(二)审慎应用原则

考虑我国大部分地区当事人应用电子诉讼的能力还有待提升以及区块链本身作为技术手段的特点,区块链司法应用的具体领域应当有所限制,遵循审慎应用原则。具体而言:一是适用的范围要加以合理限制,包括案件类型限制和应用审理阶段限制。二是在案件类型上应偏重于技术成熟领域,如互联网法院的涉网商业案件、知识产权领域依赖电子认定的各类侵权确权类案件。在应用审理阶段限制上,区块链技术的应用推广和使用原则上可以覆盖司法活动的流程运用,但适用的力度还应区分阶段,如对于电子诉讼规则成熟的立案、送达阶段可以加大推广,但对于法律审判的核心流程,例如注重当事人言辞对抗的庭审辩论等环节,仍然应当保持克制、谦抑,以避免技术手段的规范取代法律的基本规范。

(三)统筹推进原则

一是加强顶层设计。目前,区块链平台的建设正处于快速发展期,随着裁判文书公开、司法审判流程公开等司法公开工作的推进,大量的司法数据信息形成,各类社会化的区块链存证机构也在迅速发展。在司法区块链应用开发方面,各地法院探索的方式和方法存在差异,同时也存在同质化、零散重复、司法效果不一等问题。因此,应当尽快明确相关的探索方向及发展规划,做到司法系统"一盘棋"。二是注重协调推进。司法区块链的平台建设应当与法院目前的审判系统相整合,避免多系统并存给法官工作带来负担。如可借助区块链,实现审判流程的信息上链,全程流程可溯源,实现技术价值向业务价值的传导,促进司法实践向更加可信、高效的方向发展。

电子证据篇

电子证据审查认定的困境与规则
——以民间借贷纠纷为背景

邓 莹*

（中南财经政法大学,湖北　武汉　430073）

摘　要：互联网时代,电子证据逐渐成为一种独立且重要的证据类型。但纵观目前的司法实践,由于电子证据立法零散,不具有明确性和操作性,导致司法适用中对电子证据的认定较为随意,尤其给民间借贷案件的审理带来巨大挑战。在取证举证存在困难,缺少统一的规范性指引,司法实践中存在较大争议的情形下,亟须明确电子证据的相关法律规定,规范取(举)证程序,细化三性审查标准、统一证明力判断标准,从而建立一套成熟的电子证据审查认定的规则。

关键词：电子证据;民间借贷;审查标准;证明力

一、问题的提出

近年来,我国的网络信息技术和移动社交通信技术高速发展,助力电子证据在各诉讼领域的重要性与日增加。我国民间借贷纠纷中涉及电子证据的案件数量在 2016 年之前还是百件以内,增长较慢,在 2016 年和 2017 年有了跨越式的上涨,至今仍在不断上升。① 这一增长的过程既有 2012 年电子证据被确定为法定证据种类之一的推动,也有 2015 年司法解释对电子证据作出明确定义的影响。② 显而易见的是,电子证据在民事案件中出现的频率越来越高,但法院审理正在面临更大的挑战。这不仅体现在现有的法律规

---

　* 邓莹,中南财经政法大学法律专业硕士研究生。

　① 在"北大法宝"法律数据库中以"电子证据"为检索,搜索到案由是"民间借贷纠纷"的民事判决书共 1694 篇。其中 2013 年 6 件,2014 年 50 件,2015 年 79 件,2016 年 167 件,2017 年 320 件,2018 年 325 件,2019 年 340 件,2020 年 383 件。从案件判决书数量上可以清晰看到我国近年来在民间借贷纠纷中涉及电子证据案件的发展趋势。

　② 《最高人民法院关于适用〈中华人民共和国民事诉讼法〉的解释》第 116 条第 2 款规定,电子数据是指通过电子邮件、电子数据交换、网上聊天记录、博客、微博客、手机短信、电子签名、域名等形成或者存储在电子介质中的信息。

范中关于电子证据的规定分散且大多趋于原则性和模糊性,并没有规范统一的认定标准,还很明显地反映在以往用来认定传统证据的规则适用在电子证据上有难度,如电子数据在取证、举证、审查过程中越来越具有复杂性和疑难性,传统的认定规则不能涵盖这些新类型新情况。

在法律存在空白、规定不完善的情况下,理论界对此进行了不同角度的研究,致力于设计一套在理论、实践层面都成熟的电子证据认定规则。这些成果都是基于虽然电子证据具有特殊性,在适用上存在一定的难度但应当被法院采纳上进行的。基于此,有宏观审视、有具体展开、有域外介绍、有制度构建,也有针对刑诉和民诉两种不同方向,这些角度大多是将电子证据作为一个整体种类进行研究,鲜有区分具体的案件性质。在民事司法实践中,电子证据多出现在合同纠纷中,而在其中占据较高比例的案由是民间借贷纠纷。因而在民间借贷纠纷众多案例中研究电子证据认定规则的现状、发现困境及设计相关规则无疑对未来解决现实矛盾、定纷止争具有重要意义。

二、电子证据审查认定的现状和困境

在司法实践层面上,因为缺乏明确法律规范的指导导致电子证据的运用存在以下困境。

1. 法官在审查认定过程中自由裁量权过大,认定较为随意

在民间借贷纠纷中,借款双方大多在微信、短信、电子邮件等社交通信工具上进行磋商,之后再通过微信、支付宝转账或金融机构转账等形式借款、还款。当出现纠纷诉至法院之后,除了存在借条、转账单等这种司空见惯的传统证据,还可能出现或者只有通话记录、微信聊天记录、转账记录等电子证据,举证当事人想将后者作为证据被采信有一定的技术壁垒,常常出现在质证环节对方当事人对"证据三性"不予认同的争议。因而,在法院审查认定过程中,电子证据是否被采信,往往依靠法官的自由裁量,电子证据多处于传统证据的辅助地位。

在司法实践中,有一种显而易见的现象是法院对微信转账(聊天)记录的认定大多呈现出两种不同的结果。在当事人提供了借据、借款合同等重要传统证据的情形下,有的不予认定,如在王某某与吴某某民间借贷纠纷案中,法院并未采信当事人提供的微信转账记录,理由是无法确认微信转账的款项究竟是不是借款性质,也无法通过未实名的微信账号确认收款方即为

被告。① 而有的予以认定,如在肖某某诉简某某民间借贷纠纷一案中,原告提供了传统证据,也呈交了微信聊天记录,法官采信了未进行实名认证的微信聊天记录,并将其作为定案依据之一。②

除此之外,在不存在直接能够证明案件事实证据的前提下,法官对于电子证据相互印证的程度判断并不统一,要达到何种程度,法官才予以采信和认定案件事实存在着较大差异。有时候即使没有提供借条,但是其他证据之间能够达到相互印证的程度,也认可借款事实的存在,如在谈某某和严某某民间借贷纠纷上诉案中,法院根据自由裁量权把电子证据作为定案依据,作出这一决定主要是因为当事人提供的通话记录和微信聊天记录之间能够相互印证,有一定的客观真实性和较强的证明力。③

从上述案例可以看出,法院在审查认定证据中有无传统证据还是很重要的。因此,电子证据的地位仍然远远低于传统证据,即使它是法定证据种类之一,法院也不愿花费更多成本、时间去进行实质审查,鉴定其是否真实。在这一过程中,电子证据采信与否常常与案件标的额、审判法官自身产生了莫大的联系。在各地法院实践中,有一个倾向性的现象,即案件标的数额越高,法官越为保守,比较倾向于排除电子证据的采信度;而案件标的数额越低,则法官可能会大胆运用自由心证,根据其他线索和证据,结合日常生活经验,适用高度盖然性原则采纳电子证数据。这种区分认定的现象可能给法院工作带来便利和效率,但恰恰暴露了我国电子证据在司法实践中的认定缺乏统一标准、具有较大随意性的弊端。

2. 取(举)证方面不规范,没有统一标准

在取证方面,电子证据的提取固定按理来说有三种途径:申请法院调查取证、通过第三方机构证据保全和当事人的自行存证。就第一种途径来说,在案例检索中还未见有法院进行调取的案例,法院在收到当事人申请之后的处理在实践中是大相径庭的。多数法院不予支持,判决书所呈现的理由既有“不属于调查取证范围”,也有“没有提供证据证明申请调取的证据属于因客观原因不能自行收集的情况”。④ 第二种途径在司法实践中也时有出现,有公证机构也有社会机构,这些机构除了传统的方式之外也会利用同步

① (2017)甘 0271 民初 1295 号民事判决书。
② (2015)靖民初字第 2821 号民事判决书。
③ (2020)苏 04 民终 2877 号民事判决书。其他类似案件见(2020)豫 13 民终 4098 号判决书。
④ (2017)晋 1021 民初 714 号、(2017)陕 0402 民初 2903 号民事判决书。

录像、区块链存证技术等,但其技术标准、操作形式、内容因为没有统一的标准而不尽相同,其规范性有待提高。第三种途径是最为常见的但也是采信程度最低的,多数当事人在发生纠纷诉至法院之前并不懂得取证和妥善保存证据,导致当事人自行存证效力低下。

在举证方式上,目前实践中多倾向于书面化,鉴于电子证据的数字化特征,将其书面化才能更好地展现内容,因此电子证据在提交之前会先由当事人自己或第三方机构将其转化为纸质打印件或光盘形式,这也就导致了在质证环节中双方通常会对这种转化的过程是否合法、内容是否真实而产生争议。对此,法院并没有标准化处理模式,有的法院会要求当事人当庭展示,核验是否与原始载体内容一致,①如果有经过公证的电子证据,则更容易被法院所采信。② 而也有不少法院以未经过公证不符合形式要件或是无法与原件核对不能确认真实性为由不予认可。③ 实际上,电子证据的形式要件在现有的法律框架内并没有明确规定,在检索民间借贷纠纷案件时也发现公证并不是一个常用的举证途径,不仅需要高昂的费用且公证并不能解决"证明对方真实身份"的举证难题,甚至会因为没有相关电子证据公证法律规范而遭到质疑。

3. 审查认定规则不明确,存在较大的争议

作为电子证据是否被采纳的三大标准来说,关联性、合法性和真实性的地位是不一样的。与传统证据相比较,关联性并没有什么特别之处,其在很大程度上是一个事实问题,这也就需要依靠法官的自由裁量来解决,同时现有法律以及司法解释鲜有对电子证据关联性审查的规定,可以说是证据法的一大短板。合法性包括主体和取证两个方面,与传统相比,其特别之处体现在生成、传递、存储和显示等方面,但法院一般不会因为合法性的问题来排除证据的效力。④ 而对于真实性来说,则是电子证据解决可采性的关键,但是由于网络数据、计算机系统容易被攻击篡改等一系列特征,使得审查电子证据真实性变得复杂和疑难,并非是传统的最佳证据规则中"原件"标准能够解决的。光在形式内容上,一般人是很难去确认数据内容是否真实的,而电子数据从何而来,是否完整,有没有公证书都有可能影响对电子数据内

---

① (2020)豫 07 民终 4996 号、(2020)粤 51 民终 474 号民事判决书。

② (2020)粤 03 民终 5929 号民事判决书。

③ (2020)粤 01 民终 17328 号、(2020)桂 06 民终 1056 号、(2020)鄂 01 民终 5978 号民事判决书。

④ 祝芳、洪婧:《对电子证据效力的审查认定》,载《人民法院报》2017 年 1 月 19 日。

容真实性的判断。① 另外,与内容的真实性相比,来源的真实性认定更为特殊也更具难度,当事人提供的微信转账凭证、聊天记录、手机短信、电子邮件等电子数据内容不能确定实际发送人或真实使用者,在诉讼中难以达到证明要求,甚至如果只有单独的电子证据的情况下,证明力是比较低的,很难被采信,在实践中大部分法院也是不予认定的。②

三、电子证据审查认定规则的构建

电子证据在审查认定实践上存在的种种困境和不完善,亟须构建系统完善的审查认定规则,学界已经开始对此进行研究,并从不同角度设计了一些制度规则。

(一)明确相关法律规定、规范取(举)证程序

如前所述,目前我国对于电子证据的相关规定散见于各部门法中,且大多具有原则性和模糊性。在互联网技术高速发展的时代,电子证据的相关法律规定需要更加细化,以更好地指导司法实践中法院的审查认定行为。首先就是规范取(举)证程序。

在取证方面,亟须完善电子证据的提取、固定制度。如前所述,在三大途径中,当事人自行取证最为常见却也是采信率最低的一种。要解决这一困境,除了规范引导当事人自行存证外,设立电子数据保全中心专责进行不失为一种好方法。关于立法规范引导,可以明确规定双方当事人自愿约定提取原件信息的路径或可以参考的技术标准,以此来减少争议,但这也不能根本解决当事人取证难的困境。需要由国家设立安全可靠的电子数据保全中心,原先通过第三方机构来进行取证由于其成本高且可能受到质疑而适用较少,未来可以由电子数据保全中心进行专门的取证,这在技术上也是可以实现的,中心能够与各个数据来源接口无缝衔接,根据具体情况由其对电子证据的真实性进行辅助验证。③

---

① 汪闽燕:《电子证据的形成与真实性认定》,载《法学》2017 年第 6 期。

② (2018)苏 0583 民初 1600 号民事判决书。

③ 陈朝毅、朱嘉蹊:《法常变而道不变:电子证据审查与认定规则研究——以 200 篇民事判决书为分析样本》,载《司法体制综合配套改革与刑事审判问题研究——全国法院第 30 届学术讨论会获奖论文集(上)》2019 年版。

在举证方式上,不仅需要创新,也需要厘清举证责任分配规则。书面化的呈证方式也是导致真实性存疑的原因之一,可以通过多元化的形式,不用拘泥于打印件或光盘。也要打破公证化优先的理念,要明确法院不能以未经公证为由而不采信电子证据,鼓励法院加强对电子证据的实质审查。在举证责任上,除了要坚持传统的"谁主张谁举证"原则,由提交电子证据的一方当事人对其真实性予以证明外,还应当与传统证据有所区分。随着网络技术的多变,其责任配置也应当更具灵活性,必要时可以规定网络平台的举证责任。在有些纠纷中,当事人难以提供只存储在网络平台服务器的电子数据,这时就可以让网络平台管理者提交所保存的电子证据;还可以在当事人无正当理由拒绝提交时实行举证责任倒置。①

(二)细化三性审查标准、统一证明力判断标准

在证据法中,丰富的理论学说和司法实践经验让传统证据"三要件"体系已基本趋向成熟,但是电子证据出现时间较晚,其"三性"认定标准还处于模糊状态,因而需要细化"三性"的审查标准。

对合法性的审查:不管是传统证据还是电子证据,法官对合法性的审查都是比较谨慎的,一般不会因为合法性而排除效力,因而对合法性的审查可以主要适用于传统证据的审查标准。

对关联性的审查:关联性作为一个事实问题,在认定中是最关键也是最困难的一部分,法官的自由裁量权决定该电子证据是否能够成为认定案件事实的依据。在民间借贷案件中,手机短信、电子邮件和微信是主要的电子证据类型,要从不同的因素来认定身份关联关系。从司法实践来看,微信近两年出现在诉讼中作为电子证据提交的频率远远大于手机和电子邮件,甚至有完全替代的趋势,微信目前还没有强制实名认证,在账户信息上并不能看出关联性,这也是关联性认定的主要难题。要解决这一难题,除了在审查时就考虑是否经过实名认证和手机号关联,还可以借助朋友圈的照片、聊天内容、其他证人等予以佐证加强关联性,因而有必要在日后完善实名认证的法律制度。②

---

① 邓慧杰:《民事诉讼中电子证据的证据资格认定规则研究》,载《太原学院学报(社会科学版)》2019 年第 3 期。
② 陈希:《民间借贷案件电子证据认定问题研究》,载《社会科学家》2019 年第 1 期。

对真实性的审查:首先要确立原件等同和技术说明原则。一方面,当事人提取、固定证据效力较低,在诉讼过程中往往因为各种原因无法出示原件,不应过分苛责。此时可以向域外借鉴,突破原件标准,把满足条件的其他复本视为原件;另一方面,对于没有进行公证的电子证据,当事人应在法庭上进行解释说明,向法官及对方当事人说明该电子证据在形成、传输、提取等过程中运用的技术手段,以此来加强真实性。① 其次是确立来源审查规则:根据不同主体提交证据设计不同的审查方式,具体来说对于当事人提供的证据,一般难以保障其中立性,法官在审查认定过程中首先要考虑是否得到双方当事人的认可,此外如果由诉讼当事人记录或存储的,要考虑是否存在利益冲突,如果是由非诉讼的当事人记录或存储的,要考虑是否受控制,最后再考察一下是否附有电子签名等特殊标识。而对于第三方数据服务提供商和国家机关、事业单位这种具有一定中立性的主体,如果提供的信息可信度较高,能形成完整的证据链的话会被采纳,反之要进行进一步的检验。②

统一证明力判断标准,坚持孤证不能定案。在解决完"证据三性"之后,还需要对提交的证据有一个统一的证明力判断标准,这一点可以参考传统证据的做法。具体而言,就是进行位阶的选择,经公证获得的、在正常业务活动中制作的、利益相对方保存的电子证据证明力要大于未经公证的、专门为诉讼目的制作的和利益相关方保存的电子证据。③ 孤证不能立案这一直是基本要求,对电子证据来说也应如此,电子证据通常是多种类型文件的统一,其中还蕴含大量的隐蔽性信息,因而孤立的电子证据是绝对不存在的。电子证据的采信事实上是能够适用最严格的孤证不能定案规则。④

四、总结

互联网的高速发展让电子数据作为一种新的独立证据类型进入民事诉讼法中,体现出了立法水平的提高,但同时不完善的规定也给我国证据法理

---

① 秦旺、谢欣欣、钟晨曦:《检视与构建:互联网法院审理模式下的电子证据认定规则——基于类型化研究的路径探索》,载《司法体制综合配套改革与刑事审判问题研究——全国法院第30届学术讨论会获奖论文集(上)》2019年版。

② 邹翔翔:《互联网时代下电子证据审查认定规则研究》,载《桂林师范高等专科学校学报》2019年第6期。

③ 苏志甫:《知识产权诉讼中电子证据的审查与判断》,载《法律适用》2018年第3期。

④ 刘品新:《印证与概率:电子证据的客观化采信》,载《环球法律评论》2017年第4期。

论和司法实践带来了问题和挑战,司法实践中法官如何对电子证据进行审查认定是一个亟待解决的难题。在未来,大数据时代的到来也意味着越来越多的电子证据会进入诉讼领域,因而构建和完善电子证据认定规则体系是时代变迁的需求,也是司法改革的需要。我国现阶段迫切需要建立一部法律以解决诉讼中的证据问题,对电子数据证据的法律界定、证据能力认定规则、举证证明规则等可以作专门的章节予以规定,对取证、举证等程序予以规范,并在审查认定中严格按照"三性"的标准来进行才能更好地推动电子证据在诉讼领域中的运用。而现阶段妥善应对电子证据提出的挑战,有待学界内外对该问题进行更加系统全面的研究、探索和总结。

网络毒品犯罪中电子证据问题研究

孙宇辉*

（中南财经政法大学,湖北　武汉　430073）

摘　要:大数据时代的到来衍生出新型的网络毒品犯罪,其中各种现代化的犯罪手段给侦查、审查起诉工作带来了全新的挑战,而电子证据在网络毒品犯罪的认定中举足轻重。电子证据具有高科技性、隐蔽性、易毁坏性、广域性等特点,网络毒品犯罪中的电子证据更有诸如电子数据难以破解和转化,容易被销毁等特征。网络毒品犯罪中的电子证据往往存在取证时不够规范全面,侦查和取证环节脱节、取证途径和方式局限等困境,要完善我国网络毒品犯罪中的电子证据运用制度,应当重视侦查机关取证时的规范和全面性,加强与第三方机构的合作,综合审查电子证据,培养侦查知识复合型人才,有效运用网络毒品犯罪中的电子证据,严厉打击毒品犯罪。

关键词:毒品犯罪;电子证据;取证;侦查

一、网络毒品犯罪中的电子证据概述

(一)电子证据的概念和特征

电子证据作为一种法定的证据形式,①除了一般证据具有的合法性、真实性、关联性等基本特征外,还有其他独有特点。

---

* 孙宇辉,中南财经政法大学法律专业硕士研究生。

① 我国 2012 年修正后的刑事诉讼法首次在立法层面将电子数据确立为法定证据种类之一。2012 年 12 月,《最高人民法院关于适用〈中华人民共和国刑事诉讼法〉的解释》出台,其中第 93 条、第 94 条规定了电子数据的审查认定规则。2016 年 9 月,"两高一部"出台《关于办理刑事案件收集提取和审查判断电子数据若干问题的规定》,专门规定了电子数据的收集提取和审查认定规则。这是我国首次以司法解释对单一刑事证据种类进行规范,在刑事诉讼制度和证据制度发展中具有里程碑意义。电子数据规定共计 30 条,其中第 22 条至第 28 条是电子数据审查认定规则。2018 年修正后的刑事诉讼法对电子数据的规定没有任何变动。2021 年 1 月,《最高人民法院关于适用〈中华人民共和国刑事诉讼法〉的解释》出台,其中第 110 条至第 115 条规定了电子数据的审查认定规则。一般是指在案件发生过程中,以数字化的形式存储、处理、处理、传输的,能够证明案件事实的数据。

1. 电子证据具有高科技性

电子证据和传统证据最大的区别就是其高科技性。电子证据的运用需要依附于高科技的电子载体。司法实践中,电子数据一般是固定在一定的设备上,如 U 盘、光盘。这提高了司法实践中认定电子证据的难度,主要体现在一来审查时不仅要核查电子数据内容本身,并且也要审查其存放的载体合法性。二来随着科技的进步发展,电子数据的应用空间加强,但是破解难度也逐步加大,在取证、审查等环节都对司法机关运用高科技技术手段的能力提出了挑战。[①]

2. 电子证据具有无形性

电子证据的本质就是以代码形式存在的电子数据,电子数据的呈现往往不是很直观,需要专业人才使用专业设备才能掌握,并且现代犯罪中的犯罪分子往往具有一定的反侦查意识,在司法实践中,经常有犯罪嫌疑人使用特殊的暗号,加密的文档来掩盖,[②]并且电子证据被篡改后,普通司法工作人员难以认定,这些都大大增加了电子证据的无形性。

3. 电子证据具有易毁坏性

电子数据的高科技性和无形性也让电子数据变得非常容易被篡改和毁坏。一方面,电子数据容易受到其电子载体的影响,黑客攻击、设备故障、电脑死机等因素均有可能破坏电子证据,在电子证据的收集和保存时,都需要专业设备和人员的辅助。另一方面,犯罪嫌疑人为了掩盖犯罪真相,往往会删除电子数据,销毁一份实物证据可能需要很久,但是删除一份电子数据也许只要一秒钟。电子证据的易毁坏性导致其很难被恢复到原始状态。

4. 电子证据存在广域性

电子数据是在全球互联的网络中传输,也许是在某个局域网,但是其存留的网络服务商服务器所在的区域各不相同,与之对应的调查取证也会跨区域。[③]

(二)网络毒品犯罪中的电子证据类型

互联网时代,网络毒品犯罪在交易渠道、支付手段、运输方法等方面相

---

① 徐浩:《利用网络进行毒品犯罪案件中的电子证据研究》,载《人犯罪研究》2012 年第 3 期。

② 王忠勇、王永贵:《毒品犯罪案件常见证据问题及审查要点》,载《人民法治》2018 年第 6 期。

③ 谢登科:《电子数据网络在线提取规则反思与重构》,载《东方法学》2020 年第 3 期。

较于传统毒品犯罪更加科技化和智能化。① 网络毒品犯罪嫌疑人顺利实现犯罪活动离不开互联网的支持,也不可避免地留下更多相关电子证据。具体而言,网络毒品犯罪中的电子数据及载体如表1。

表1　网络毒品犯罪中的电子数据及载体

外在载体		电子数据类型
电脑	未联网	文档、图片、音视频
	联网	电子邮件、网上转账记录、网上聊天记录、微博客、网页等
手机		通话记录、短信及联网电脑所存储的电子数据
移动存储介质 （U盘、移动硬盘）		基本与未联网电脑所存储的电子数据一致

在司法实践中,这些电子证据可以证明犯罪分子的具体交流情况、涉案毒资的往来情况、毒品的转移过程、更包括犯罪嫌疑人的行踪等各个方面,因此电子证据在网络毒品类犯罪中的运用比例和发挥的作用也更高,几乎成为认定网络毒品犯罪的核心证据。但是上述电子证据的相关特征亦带来了网络毒品犯罪中电子数据调查取证困难。

（三）网络毒品犯罪中的电子证据特征

电子证据不同于传统证据,要解决网络毒品犯罪的相关认定问题,需要梳理电子数据在网络毒品犯罪中的特征,以此把握相关难点和困境。

1. 网络毒品案件中的电子数据难以破解

电子证据的高科技性不同于一般证据,网络毒品案件中经常是互不相识的买卖双方,双方也不会使用真实姓名,一般用外号,这就导致犯罪嫌疑人有线上线下两个身份,需要破解其同一性。同时,双方在联络时会频繁使用暗语、黑话来交流,并且不断更新,规律难寻,需要将这些看似正常的黑话与毒品犯罪建立关联性。

2. 网络毒品案件中的电子数据内容难以转化

电子证据具有无形性,一般的重大毒品犯罪往往会使用技术侦查手段,但是毒品犯罪分子一般具有相当的反侦查能力,有些犯罪分子通话时采用呼叫转移功能,使用的电话号码也没有实名注册。加之犯罪分子使用

---

① 比如:（四）毒品犯罪中的电子证据。

方言、暗语过于难懂,侦查人员在转化时很难正确转化成文字版本,而且由于侦查措施具有一定的限制,只能针对重大嫌疑的犯罪分子,有时候会漏掉相关人员和信息,这些问题导致网络毒品案件中的技术侦查转化难度很大。

3. 网络毒品案件中电子数据非常容易被销毁

电子数据的易毁坏性给了犯罪分子大量可乘之机。他们往往会在联系或者交易后迅速选择删除聊天记录或交易记录。这导致侦查人员在第一时间扣押其电子设备时,无法发现相关电子证据,而电子数据的变动需要借助专业的技术和设备才能感知和发现,然而大多数毒品案件由基层干警负责侦查,他们往往不具备这方面的专业技术和设备。

(四)毒品犯罪中的电子证据

网络涉毒犯罪与传统的毒品犯罪方式不同,其手段、途径更加多样化和智能化,涉案的人数更多,跨区域性也更加明显,毒品犯罪活动从交易方法、支付手段、运输方式等方面发生着巨大的变化。比如,首先通过网络采购和销售毒品、制毒原料、制毒工具,教授制毒方法、配方、工艺,组织、策划、指挥、实施毒品犯罪活动,聚众吸毒并通过网络进行直播等;再使用手机电子银行、支付宝、微信等第三方平台进行款项的支付;最后通过物流、寄递、送货上门、上门自取等方式运输毒品、制毒原料及制毒工具等。实施上述这一系列违法犯罪活动的过程,离不开互联网,必定会直接或者间接地遗留一些与毒品犯罪行为相关的电子证据。网络涉毒犯罪案件中常见的电子证据类型主要有:

1. 通话记录

通话记录记载了毒品犯罪分子与其上下家及其他与网络涉毒犯罪活动相关人员之间的通话时间、时长。绝大多数的毒品案件,在进行毒品交易的整个过程中,看货、验货、议价、交易、邮寄、取货等各个节点,毒品犯罪分子上下家和其他参与人员之间的通话会相对频繁。通话记录不能还原通话双方的交谈内容,只能证实持有人有过通话,其证明力不如微信、短信等。但是有一点会被司法机关所忽视,就是通话记录能够还原通话地点。如李某某等十一人制造、贩卖毒品一案,在制毒原料麻黄素的交易环节中,贩卖麻黄素的刘某某否认自己贩卖运输麻黄素给下家,而且通话记录显示,在麻黄素的面交时间点,刘某某和下家派来取麻黄素的马仔没有任何通话记录,只是在该时间点和没有到场的下家有过通话记录。马仔也只和派自己来的下家有过通话记录。此外,下家派来的马仔也否认自己取过麻黄素,见过刘某某。在这种情况下,检察机关公诉人通过比对刘某某和下家派来马仔的手机通话的基站,发现在交易时间段,刘某某和马仔通话使用的基站有多处重合,从而证明二人有见面,再结合其他证据,证明刘某某贩卖麻黄素的犯罪事实。

2. 聊天记录

聊天记录包括手机短信记录,微信、QQ 等即时通讯工具聊天记录、电子邮件记录等。这一类型的电子证据是实践中毒品犯罪嫌疑人使用最为广泛,也是普通大众最为熟知的一种,聊天记录的具体内容在很大程度上能够证实毒品犯罪分子上下家和其他有关人员之间进行沟通、联络以及进行毒品犯罪活动的具体细节和详细内容,对于还原毒品犯罪基础事实提供了强有力的客观性、真实性的证据支撑。

3. 通讯录、照片、音视频、电子文档等客观信息

一方面,通讯录的内容记载了犯罪分子和他人的关系,如通讯录里通常会将进行毒品犯罪活动的卖家、买家、同伙等命名为某某哥、某某姐、某某老板或者其他外号;另一方面,照片、音视频、电子文档(包括各种类型的电子文件,如 word 文档、excel 表格)等可能反映手机、计算机等的实际使用者,存储的与毒品犯罪活动相关的其他信息。如犯罪嫌疑人利用网络销售毒品,并将所有交易的详细情况采用拍照、编辑和保存电子文档的方式予以记录或者在计算机和手机上保存毒品的生产工艺、制毒配方及其他与毒品犯罪活动相关的照片、音视频、文档等。如在田某某贩卖运输毒品案中,田某某下家就将准备好的购毒现金拍照发给田某某,证明自己的购毒实力和诚意。这与有罪供述就能相互印证。

4. 网络连接记录

网络连接记录包括有线和无线连接记录,目前绝大多数公共区域、办公室、家庭、商场等都设置有线和无线网络。就可移动性而言,应用最为广泛的是无线网络,而通过手机鉴定恢复和其他技术措施,能够准确地显示手机、电脑等曾连接过的无线网络名称、时间、路由器的 MAC 地址、网络 IP 地址等,这些信息在一定程度上能定位犯罪嫌疑人的地址,从而还原某些关键节点。

5. 网页浏览记录,地图、购票等信息

犯罪分子利用各种浏览器上网时,浏览器往往都会自动生成和保留历

史浏览记录和检索记录,并保存在固定的路径中。百度地图、手机轨迹等地理位置信息,购票 App 购票记录,这些能够证实犯罪分子曾经浏览的信息和到过的地点,从而有可能发现一些与网络涉毒犯罪活动有关的重要信息。

6. 交易、转账、物流记录

这包括手机银行、电子银行、微信、电子商务平台交易记录、支付宝等转账记录和物流信息等,毒品犯罪嫌疑人通过电子商务平台销售毒品、制毒原料、制毒工具等,而在平台的服务器上就会详细地记录下每一笔交易的信息,包含交易双方的信息、交易时间、收发货时间、转账记录、物流信息等。

7. 其他信息

这主要是指毒品犯罪分子通过朋友圈、抖音、网页、微博、博客、贴吧、网盘、网络聊天室等发布与毒品犯罪活动有关的信息、注册登录信息等,以上行为均会在网站服务器上留下相应的文字、图片、音视频、注册人身份、登录 IP 等信息。

二、网络毒品犯罪中电子证据在侦查取证和审判环节的困境

(一)电子证据取证不够规范全面

电子数据的提取应当按照法定程序,但是基层派出所在实践中,往往缺少正规的提取过程笔录和专业的取证设备,这也导致电子证据的取证合法性降低,并且习惯性地将涉案电脑中的短信、聊天记录作为重点通过拍照方式固定,容易导致电子证据提取的不完整,其一般只是将证据载体放入密封袋存放,这并不能完全阻隔无线通信功能,也容易使这些电子证据载体受到损坏和篡改。

(二)电子证据的侦查和取证环节脱节

目前,司法机关的侦查人员还保留着传统的破案抓人是第一要务的思想,没有证案定罪的意识。对于电子取证的技术不够了解,往往会依赖专门的技术鉴定部门,技术鉴定部门的人员往往又缺乏必要的侦查经验,导致对案件的重点不够明晰。① 侦查和取证环节的人员在知识结构和工作重点两

---

① 张婷:《电子数据证据的收集取证在实践中的思考》,载《宁夏大学学报(人文社会科学版)》2019 年第 5 期。

方面均有偏差,经常是取证者不会侦查,侦查人员不熟悉取证,而侦查和取证人员在沟通时往往不够到位,侦查环节做过的工作到了审查起诉环节还需要重新复盘,导致电子证据的取得和应用难以顺利完成,司法资源严重被浪费。

(三)电子证据的取证途径和方式存在局限

实务中,网络毒品犯罪的隐蔽性导致此类犯罪往往没有明确的被害人和犯罪地,公安机关一般侧重于事后取证,对这类犯罪在犯罪预备阶段的电子证据的收集和提取,缺乏主动性和事前性。并且现有的常规取证途径容易被反侦查。[①] 犯罪嫌疑人往往会销毁手机或者使用多部手机,并且第三方机构存储的信息不会一直保留,使得从实施犯罪活动到案发到移送审查起诉有一定的时间差,在这个时间差过于漫长的情况下,第三方机构的存储器一般会删除一些久远的数据,其中一些第三方机构会出于保护用户隐私等方面的考量,配合度不高。

(四)对电子证据证明力的审查存在偏差

关联性和真实性是证据证明力审查的两大重点,电子证据由于具有易被篡改性特征,导致办案人员不够重视电子证据,对其证明力持保守态度。并且电子证据种类多样,实务中办案人员没有通过具体情况区分不同类型证据的证明力大小。电子证据是否有证明力的焦点往往在其内容上,而系统环境数据、附属数据这些方面的证明力运用相对较少。

三、完善电子证据取证和审查的相关建议

(一)重视侦查机关取证时的规范和全面性

电子证据在网络毒品案件中的地位举足轻重,司法机关应当结合电子证据的上述特征和取证困境,全面审查电子证据。公安部 2019 年颁布的相

---

① 实务中最为常见的电子证据取证方法有:(1)对手机、计算机、移动硬盘等电子设备进行恢复鉴定即通过犯罪嫌疑人的上述电子设备直接恢复有关记录;(2)从第三方机构,如互联网、物流公司等调取相关证据;(3)扣押涉案人员手机、计算机、移动硬盘等电子设备,并进行鉴定,恢复犯罪分子与该手机之间存在的各种联络、交流及其他与网络涉毒犯罪案件相关的信息。

关规则为电子数据的提取提供了一定参考。① 侦查人员在对电子证据取证时应当严格按照规则要求,从取证主体、取证方式、取证过程等方面把握。

一是取证主体。侦查人员一般是基层警察,他们大多是侦查学、法学专业出身,对电子计算机方面的知识匮乏,对一般的未联网电脑和移动存储设备可以直接扣押。但是一些技术性较强的侦查行为,应当和相关专业技术人员互相配合,并在取证时保证两名以上的侦查人员在场。

二是取证方式。正常情况下可以直接扣押外在载体,但如果不具备扣押条件,应当对相关的电子数据进行提取,而且特别注意审查手机和联网的电脑的数据,及时关机或者屏蔽电子信号,防止其他未到案犯罪嫌疑人通过互联网远程对电子数据进行篡改。

三是取证过程。应当重点审查电子数据提取过程中是否发生改变或损坏,对提取收集相关证据时是否录像等方面,对电子证据的载体如手机等,现场勘验中真实反应并且制作扣押笔录和清单。实务中的取证往往不够规范,如上文所述,只采用拍照的方法进行电子数据的提取固定,显然不符合实际要求。此时应当在扣押涉案电子设备进行恢复鉴定的基础上,对文字图片使用打印或者拍照的方式固定证据,并且保证相关信息的完整连贯。② 对语音、视频使用录像方式,确保相关信息按照时间顺序播放,将语音信息转化为文字后打印、拍照固定。侦查过程中要有主动性和事前性,提前将有关电子证据固定好,为后续侦查诉讼活动打下基础。

(二)加强与第三方机构的合作,综合审查电子证据

网络毒品犯罪的整个交易过程涉及网络平台交易,物流运输等方式,产生大量繁多的电子证据,包含大量的无效信息,侦查机关应当在调查取证时突出重点,综合审查,提炼出资金来往、物流信息等重要证据,并分类整理。此外应当注重电子证据在生成、传输等环节生成的附属信息,这些信息也可

①　2019年公安部颁布的《公安机关办理刑事案件电子数据取证规则》第2条规定:"公安机关办理刑事案件应当遵守法定程序,遵循有关技术标准,全面、客观、及时地收集、提取涉案电子数据,确保电子数据的真实、完整。"

②　《公安机关办理刑事案件电子数据取证规则》第19条规定:"现场提取电子数据,应当制作《电子数据现场提取笔录》,注明电子数据的来源、事由和目的、对象、提取电子数据的时间、地点、方法、过程、不能扣押原始存储介质的原因、原始存储介质的存放地点,并附《电子数据提取固定清单》,注明类别、文件格式、完整性校验值等,由侦查人员、电子数据持有人(提供人)签名或者盖章;电子数据持有人(提供人)无法签名或者拒绝签名的,应当在笔录中注明,由见证人签名或者盖章。"

以大大提高内容数据的证明力,①而综合审查这些重点电子数据离不开与第三方机构的友好合作,首先应该让互联网企业和物流公司做好对其业务领域的检查,发现异常及时向公安机关报告,并且加强和第三方支付平台的沟通协调机制,通过与加强与这些第三方机构的合作,更加精准地提取相关电子证据。

(三)培养侦查知识复合型人才

电子证据具有高科技性、隐蔽性等特征,使得其收集、提取过程中要求的专业知识和技能更加广泛。这样一来,我们的基层司法工作人员除了掌握法律、侦查相关知识,也需要掌握一些计算机、金融的知识,还要掌握一定的电子取证设备的使用方法和相关电子取证技术。侦查机关可以着力打造培养一批掌握上述知识技能的复合型人才,可以通过人才委托培训、定期开展技能讲座等方式,让侦查人员了解鉴定人员需要什么,让鉴定人员了解侦查知识,高效对接,大力节省司法资源,妥善运用电子证据。

四、结语

网络毒品犯罪活动是在互联网及现代科技、运送方式、支付手段等不断更新和发展的基础之上应运而生的,其犯罪手段呈现隐蔽化和智能化特点。相关司法机关也应顺应时代的变化,结合案件实际情况,积极学习计算机、电子设备使用、会计金融等相关知识,训练掌握一定的电子证据取证技术,及时规范地收集电子证据,在网络毒品犯罪案件基本犯罪构成要件的基础之上,努力提取、固定与还原案件基础犯罪事实相关的电子证据,确保侦查和检察机关及时沟通交流、节约司法资源、加强电子证据的相关审查,切实提高有效打击网络毒品犯罪活动的强度和力度。

---

① 例如手机微信聊天记录,具体的文字聊天内容属于内容数据,处于主导地位;而聊天的时间、过程、储存位置、微信登录手机等属于附属信息,位于辅助地位。

区块链电子证据的司法应用现状与展望

石 松[*]

(真相网络科技(北京)有限公司,北京 100102)

摘　要:随着互联网法院的建立和在线诉讼模式的推广,电子证据逐步成为数字经济形态下支撑数字司法、智慧法院的重要证据形态。与传统电子取证技术相比,区块链技术凭借其在证据领域的天然优势得到了行业共识,区块链电子证据司法实践在民事诉讼领域正由不温不火到广泛应用转变,区块链电子证据审查认定标准趋于完善。但相比区块链存证技术规范,区块链取证相关技术规范和标准尚不充分清晰,司法实践中区块链电子证据规则和标准的缺失带来主观认知差异,新实践新规则择机而定。区块链电子证据的应用目前依然以诉讼活动进行的民事诉讼电子化取证为主要业务场景,但随着数字司法进程的不断加深,区块链存证必然由主诉向预防法律风险的重心转移,区块链电子证据也将更多地扩展到企业内部数据、行政诉讼、刑事诉讼的证据支撑当中,相关规范和规则也将与之互成互就。

关键词:区块链电子证据;应用;规则标准;发展趋势

2021 年 1 月 21 日,最高人民法院发布《关于人民法院在线办理案件若干问题的规定(征求意见稿)》,该征求意见稿对区块链电子证据的审查、认定以及法律有效性进行了迄今为止立法层面最详尽的一次规定;2021 年 6 月最高人民法院发布的《人民法院在线诉讼规则》于 2021 年 8 月 1 日生效,其中第 16 条、第 17 条、第 18 条、第 19 条明确规定区块链电子证据的证据地位并详细规

---

　*　石松,真相网络科技(北京)有限公司董事长。

本文系最高人民法院 2020 年度司法研究重大课题"互联网时代电子诉讼规则研究"(ZGFYZD-KT202014-03)的阶段性成果。

定审查认定方式。① 经过三年司法解释层面的完善,区块链电子证据法律有效性认定逐步由互联网法院案件审理、民事诉讼案件审理扩大到普遍适用了三大诉讼法,区块链电子证据司法实践与区块链电子数据相关法律规则的制定首次出现了相对均衡的局面,区块链电子数据强实践弱规则的矛盾一定程度上得到了扭转。同时,随着区块链电子证据的适用扩大到行政诉讼、刑事诉讼领域,区块链电子证据司法实践与规则的相互交织发展出现了各有领先的局面。我们从四个层面分析当前区块链电子证据发展现状。

一、区块链电子证据司法实践在民事诉讼领域正由不温不火到广泛应用转变

区块链电子证据的应用可以追溯到 2018 年。自 2018 年起,随着互联网法院的成立以及电子证据平台机构紧跟区块链技术发展,随着联盟链技术的发展完善,部分创新电子证据平台企业率先将区块链技术应用到电子证据领域,如真相科技 IP360、百度取证、腾讯至信链等。在互联网法院成立之前,区块链电子证据作为电子证据范畴已经在市场上应用,但彼时区块链作为新兴技术并不被广泛认可和重视。杭州互联网法院成立时,第一阶段建立的是电子证据平台,第二阶段建立了区块链电子证据平台;此后成立的北

---

① 《人民法院在线诉讼规则》第 16 条规定,当事人作为证据提交的电子数据系通过区块链技术存储,并经技术核验一致的,人民法院可以认定该电子数据上链后未经篡改,但有相反证据足以推翻的除外。

《人民法院在线诉讼规则》第 17 条规定,当事人对区块链技术存储的电子数据上链后的真实性提出异议,并有合理理由的,人民法院应当结合下列因素作出判断:

(一)存证平台是否符合国家有关部门关于提供区块链存证服务的相关规定;

(二)当事人与存证平台是否存在利害关系,并利用技术手段不当干预取证、存证过程;

(三)存证平台的信息系统是否符合清洁性、安全性、可靠性、可用性的国家标准或者行业标准;

(四)存证技术和过程是否符合相关国家标准或者行业标准中关于系统环境、技术安全、加密方式、数据传输、信息验证等方面的要求。

《人民法院在线诉讼规则》第 18 条规定,当事人提出电子数据上链存储前已不具备真实性,并提供证据证明或者说明理由的,人民法院应当予以审查。

人民法院根据案件情况,可以要求提交区块链技术存储电子数据的一方当事人,提供证据证明上链存储前数据的真实性,并结合上链存储前数据的具体来源、生成机制、存储过程、公证机构公证、第三方见证、关联印证数据等情况作出综合判断。当事人不能提供证据证明或者作出合理说明,该电子数据也无法与其他证据相互印证的,人民法院不予确认其真实性。

《人民法院在线诉讼规则》第 19 条规定,当事人可以申请具有专门知识的人就区块链技术存储电子数据相关技术问题提出意见。人民法院可以根据当事人申请或者依职权,委托鉴定区块链技术存储电子数据的真实性,或者调取其他相关证据进行核对。

京互联网法院、广州互联网法院均在第一阶段直接建设了区块链电子证据平台用于支撑在线诉讼活动。

2018年6月杭州互联网法院区块链电子证据第一案、2018年10月北京东城区法院区块链电子证据第一案均在法律界引起广泛关注和讨论。与以往涉及电子证据判例不同,2018年发生的两次判例审判法院均对审查认定区块链电子证据进行了详细的法理论证,对之后的司法审判中区块链电子证据的审查认定以及相关司法解释规则的出台产生了深远影响。在杭州互联网法院的区块链电子证据判例中引入了司法鉴定机构对链外取证程序进行司法鉴定,进一步补强了证据效力,这对于未来相关区块链存取证规则的制定依然是个重点考量点,但引入司法鉴定也削弱了区块链技术电子证据作为独立证据的重要性。① 北京东城区法院对发生在两家上市公司之间的知识产权纠纷案件的涉区块链电子证据进行判决,其中对区块链电子证据的审查认定方式进行了严格的法理论证,基本框架和思路堪称在相关进一步详细的涉电子证据司法解释和规则出台之前,作为电子证据审查认定的教科书式的裁判文书,其对于电子证据平台中立性和利益不相关性的论述逐渐在后续的司法解释和规则制定中得以体现。②

2019年10月24日是个载入我国区块链发展史册的日期,中共中央政治局第十八次集体学习时首次明确了"加快推动区块链产业创新发展"的基调,至此,区块链技术首次从政府层面得以确认,区块链司法进入快速发展期。最高人民法院开始建设全国统一的司法区块链系统,众多社会机构和企业运用区块链技术提供区块链存取证技术,这其中包括很多一线互联网公司、各公证、司法鉴定机构、行政执法部门等,区块链存证进入百花齐放阶段。

2020年,随着在线诉讼机制的推广以及互联网法院对区块链电子证据应用的推动,涉区块链电子证据判例数大幅增长,以区块链电子证据平台IP360为例,2021年判例数量是2018年的20倍以上,与此对应的,一线互联网公司和律师事务所因为对新技术的敏感度以及与在线诉讼活动的衔接便捷考虑,在日常法务工作中普遍使用区块链电子证据服务。与证据保全密切相关的公证行业进行区块链技术革新的步伐也越来越大,2018年9月杭州互联

---

① 杭州华泰一媒文化传媒有限公司诉深圳市道同科技发展有限公司侵害作品信息网络传播权案,杭州互联网法院民事判决书(2018)浙0192民初81号。

② 中文在线数字出版集团股份有限公司诉北京京东×××侵害作品信息网络传播权纠纷案,北京市东城区人民法院民事判决书(2018)京0101民初4624号。

网公证处上线国内第一个区块链电子证据保管平台,至 2021 年底,全国已建设区块链电子证据平台的公证处超过 30 家。区块链电子证据平台正逐渐广泛应用到各类社会主体的法律事务当中,涵盖知识产权、金融、行政执法等。

表 1   2021 年部分区块链电子证据平台判例数汇总①

序号	平台名称	判例数	所属机构	中立性	平台所属区域
1	IP360	963	真相科技	中立	北京
2	至信链	2	腾讯智法	相关方	深圳
3	蚂蚁链	0	蚂蚁集团	相关方	杭州
4	百度取证	37	百度	相关方	北京
5	易保全	115	易保全	中立	重庆
6	保全网	12	数秦科技	中立	杭州
7	飞洛印	0	趣链科技	中立	杭州

注:本表中的中立性以是否开展互联网内容相关服务为准则。

表 2   2021 年主要区块链存证公证平台

公证处	区块链平台	上线时间	技术合作方	区块链网络	区块链网络节点数量
北京市方正公证处	区块链取证公证平台	2019 年 8 月	真相科技	legalXchain	28
北京市方圆公证处	区块链取证公证平台	2021 年 9 月	真相科技	legalXchain	28
北京市精诚公证处	区块链取证公证平台	2021 年 10 月	真相科技	legalXchain	28
北京市中信公证处	区块链网络赋强平台	2019 年 4 月	深安未来	深安链	不详
杭州互联网公证处	电子证据保管平台	2018 年 9 月	真相科技	legalXchain	28
杭州互联网公证处	知识产权保护平台	2019 年 7 月	数秦科技	保全链	5
广州海珠公证处	区块链取证公证平台	2019 年 8 月	真相科技	legalXchain	28
上海徐汇公证处	汇存平台	2020 年 1 月	众享比特	不详	不详
广州公证处	区块链保全平台	2021 年 12 月	真相科技	legalXchain	28
广州公证处	区块链赋强公证平台	2021 年 12 月	真相科技	legalXchain	28
上海新虹桥公证处	彩虹印存证平台	2020 年 5 月	趣链科技	印刻链	6
沧州渤海公证处	区块链取证公证平台	2020 年 3 月	真相科技	legalXchain	28
温州华东公证处	区块链取证公证平台	2019 年 9 月	真相科技	legalXchain	28

注:本汇总仅列出能够公开访问的区块链公证平台。

---

①   2021 年度区块链证据公开判例数量,依据最高人民法院裁判文书网整理,因检索精准度问题数据误差 5% 以内;此统计不包括公证处区块链系统判例。

同时,我们也可以注意到,虽然区块链电子证据正在普遍化应用的进程当中,但由于区块链作为一种新兴技术形态,对于司法审判、公众认知和熟悉程度与大规模普及仍然有差距。以电子证据范畴为研究范畴,由于之前很长时间针对区块链电子证据的审查认定技术难度以及区块链技术平台的技术成熟度等各方面要素制约,涉区块链电子证据判例数仅占总涉电子证据判例数的1/10,同时考虑数字经济和在线诉讼等因素的不断增强,作为新兴的区块链电子证据形态还有巨大的空间发挥更广泛的价值。

二、区块链电子证据审查认定标准趋于完善,新实践新规则择机而定

自2018年9月发《最高人民法院布关于互联网法院审理案件若干问题规定》起,区块链电子证据的相关规范在不断完善。《最高人民法院关于互联网法院审理案件若干问题的规定》于2018年9月3日由最高人民法院审判委员会第1747次会议通过,并于2018年9月7日起施行。其中,第11条关于电子数据审查认定的规定中不仅系统论述了电子数据真实性审查认定规则,也首次将区块链技术与时间戳、数字签名等传统电子证据固定技术一起纳入电子数据固定技术范畴考量。此规定的最大价值在于明确了电子数据审查认定的方面,①但在司法实践当中,如何审查认定各个方面满足该司法解释中的条款依然是审理难点,这与标准缺失有非常大的关系。

《最高人民法院关于修改〈关于民事诉讼证据的若干规定〉的决定》于2019年10月14日由最高人民法院审判委员会第1777次会议通过,自2020

---

① 《最高人民法院关于互联网法院审理案件若干问题的规定》第11条规定,当事人对电子数据真实性提出异议的,互联网法院应当结合质证情况,审查判断电子数据生成、收集、存储、传输过程的真实性,并着重审查以下内容:

（一）电子数据生成、收集、存储、传输所依赖的计算机系统等硬件、软件环境是否安全、可靠;

（二）电子数据的生成主体和时间是否明确,表现内容是否清晰、客观、准确;

（三）电子数据的存储、保管介质是否明确,保管方式和手段是否妥当;

（四）电子数据提取和固定的主体、工具和方式是否可靠,提取过程是否可以重现;

（五）电子数据的内容是否存在增加、删除、修改及不完整等情形;

（六）电子数据是否可以通过特定形式得到验证。

当事人提交的电子数据,通过电子签名、可信时间戳、哈希值校验、区块链等证据收集、固定和防篡改的技术手段或者通过电子取证存证平台认证,能够证明其真实性的,互联网法院应当确认。

当事人可以申请具有专门知识的人就电子数据技术问题提出意见。互联网法院可以根据当事人申请或者依职权,委托鉴定电子数据的真实性或者调取其他相关证据进行核对。

年5月1日起施行。该规定对于电子证据发展的价值在于系统论述了电子证据范畴并将电子证据明确扩大到民事诉讼领域。该规定中针对电子证据的审查认定相比之前针对互联网法院审理案件若干问题的规定,增加了对存证主体相关考量,主要体现在:第93条第(五)项电子数据是否在正常的往来活动中形成和存储;第(六)项保存、传输、提取电子数据的主体是否适当;第(七)项影响电子数据完整性和可靠性的其他因素;并在第94条明确第三方存证平台的法律地位。① 但与前述规定相同的问题,司法实践当中如何判定符合这些要素,依然缺乏足够的标准和资质支撑,主要依靠法官对于司法解释的理解以及实际案例中的特定情境来确定;最直白的问题是,哪类平台属于第94条中定义的第三方中立平台。实际上在司法实践当中,部分法院已经依据此条款排除了部分取证平台的第三方中立性,部分法院又给予支持,说明在司法实践当中规则和标准的缺失所带来的主观认知差异。

2021年1月最高人民法院发布《关于人民法院在线办理案件若干问题的规定(征求意见稿)》,此征求意见稿中对区块链电子证据进行了有史以来最为详尽和重点的论述,与以往相关司法解释中区块链电子证据作为电子证据范畴统一考量不同,此意见稿中将区块链电子证据独立描述,并首次明

---

① 《最高人民法院关于民事诉讼证据的若干规定》第93条规定,人民法院对于电子数据的真实性,应当结合下列因素综合判断:

(一)电子数据的生成、存储、传输所依赖的计算机系统的硬件、软件环境是否完整、可靠;

(二)电子数据的生成、存储、传输所依赖的计算机系统的硬件、软件环境是否处于正常运行状态,或者不处于正常运行状态时对电子数据的生成、存储、传输是否有影响;

(三)电子数据的生成、存储、传输所依赖的计算机系统的硬件、软件环境是否具备有效的防止出错的监测、核查手段;

(四)电子数据是否被完整地保存、传输、提取,保存、传输、提取的方法是否可靠;

(五)电子数据是否在正常的往来活动中形成和存储;

(六)保存、传输、提取电子数据的主体是否适当;

(七)影响电子数据完整性和可靠性的其他因素。

人民法院认为有必要的,可以通过鉴定或者勘验等方法,审查判断电子数据的真实性。

第94条规定,电子数据存在下列情形,人民法院可以确认其真实性,但有足以反驳的相反证据的除外:

(一)由当事人提交或者保管的于己不利的电子数据;

(二)由记录和保存电子数据的中立第三方平台提供或者确认的;

(三)在正常业务活动中形成的;

(四)以档案管理方式保管的;

(五)以当事人约定的方式保存、传输、提取的。

电子数据的内容经公证机关公证的,人民法院应当确认其真实性,但有相反证据足以推翻的除外。

确地将区块链取证和区块链存证过程分别表述。① 这是国家相关司法解释的重大进步，一直以来，在电子证据运用过程中，实际有两个过程，一是取证过程，二是存证过程。以往众多司法解释和相关法规规定对电子证据存证规范进行了足够的规定，但由于电子证据取证技术规范相比存证规范更复杂，在以往的相关规定中基本将审查目标予以明确，但审查方法并不明确，这也是电子证据审查认定难的关键问题。本次发布的征求意见稿中对区块链电子证据的效力，尤其是真实性审查进行了具体的规范，已经涵盖部分资质和规范的规定；其中，显而易见地隐含了网信办区块链服务备案相关规定、信息安全等级保护三级资质以及电子数据存证技术规范等。这一定程度上有效地遏制了区块链存证服务市场的鱼龙混杂局面，对于区块链存证主体的规范将会起到积极作用，这有待于区块链存证平台建设过程中的检验。与此同时，该征求意见稿对于取证过程的客观不可干预性进行了首次描述，取证的可干预性由取证平台主体以及取证技术机制两方面要素影响，

---

① 《最高人民法院关于民事诉讼证据的若干规定》第13条规定，【电子证据材料的认定】当事人作为证据提交的电子化材料和电子数据，人民法院应当按照《中华人民共和国刑事诉讼法》《中华人民共和国民事诉讼法》《中华人民共和国行政诉讼法》及其司法解释，以及关于诉讼证据的司法解释等相关规定，经当事人举证质证后，依法认定其内容的真实性、关联性和合法性。

《最高人民法院关于民事诉讼证据的若干规定》第14条规定，【区块链证据的效力】当事人提交的证据系通过区块链技术存证，并经技术核验后一致的，推定该证据材料上链后未经篡改，人民法院可以确认该证据的真实性，但有相反证据足以推翻的除外。

《最高人民法院关于民事诉讼证据的若干规定》第15条规定，【区块链证据审核规则】当事人对区块链存证证据提出异议并有合理理由的，人民法院应当主要审查以下内容：

（一）存证平台是否符合国家有关部门关于提供区块链存证服务的相关规定；

（二）当事人与存证平台是否存在利害关系，并利用技术手段不当干预取证、存证过程；

（三）存证平台的信息系统是否符合清洁性、安全性、可用性的国家标准或者行业标准；

（四）存证技术和过程是否符合《电子数据存证技术规范》关于系统环境、技术安全、加密方式、数据传输、信息验证等方面的要求。

《最高人民法院关于民事诉讼证据的若干规定》第16条规定，【上链前数据的真实性审查】当事人提出数据上链存证时已不具备真实性，并提供证据予以证明或者说明理由的，人民法院应当予以审查。

人民法院根据案件情况，可以要求提供区块链存证证据的一方当事人提供证据证明上链存证数据的真实性，或者说明上链存证数据的具体来源、生成机制、存储过程、第三方公证见证、关联印证数据等情况。当事人不能提供证据证明或者作出合理说明，该区块链存证证据也无法与其他证据相互印证的，人民法院对该证据的真实性不予确认。

《最高人民法院关于民事诉讼证据的若干规定》第17条规定，【区块链证据补强认定】当事人可以申请具有专门知识的人就区块链平台存证相关技术问题提出意见。人民法院可以根据当事人申请或者依职权，委托鉴定区块链存证证据的真实性或者调取其他相关证据进行核对。

不严谨的取证技术机制即便没有平台干预,取证当事人依然可以进行干预。这在以往的相关学术研讨中多有论述,相信此条款的明确提出,也将成为未来司法实践当中区块链电子证据以及普通电子证据的主要抗辩点。但我们也应该看到,相比区块链存证技术规范,区块链取证相关技术规范和标准在相关文件中并不是非常充分、清晰、有力,这需要在司法实践当中不断完善和发展。

三、区块链电子证据与传统电子证据的"瑜亮之争"

电子证据逐步成为数字经济形态下支撑数字司法、智慧法院的重要证据形态,证据的电子化在民事诉讼、行政诉讼领域的地位将逐步提高到主要位置,即便是刑事领域,对于经济类刑事诉讼,电子证据必然会成为主要的证据形态,这是数字经济发展的必然。由于在以往数字经济的发展过程中没有铺设适应数字司法的基础设施和机制,长久以来,互联网和数字经济的线上运行方式和司法的线下运行方式就像两条平行线,这是由历史原因造成的,数字司法和智慧法治属于数字政务领域,数字经济的司法需求需要将传统的政务专网系统向外部打开,形成数据流转的通道,在区块链技术规模化应用之前,政务系统很难在数据安全保密与互联网开放共融之间找到矛盾的平衡点和技术机制,区块链技术实现了矛盾的化解和统一。由此,数字司法和智慧法院的互联网数字化得以实施,也打开了电子证据普遍应用的必由之路。

随着《最高人民法院关于民事诉讼证据的若干规定》的出台并于 2020年 5 月 1 日正式实施,2020 年可以说是电子证据元年。在此过程中最先大规模使用的并不是区块链电子证据,而是传统采用时间戳机制、云存证机制等方式的电子证据,2020 年度涉此类电子证据判例总裁判数超过 1 万件,但与每年 3000 万件司法审判案件相比,电子证据的普及率依然占比极少。虽然涉电子证据判例占比不多,但电子证据的使用在我国已经有超过 10 年的时间,电子证据大规模普及和应用是大势所趋,在此阶段,传统电子证据形态在经历长期的实践和应用的情况下不得不面临新式区块链电子证据的挑战,区块链电子证据相比传统电子证据技术优势众多,是符合时代发展潮流的电子证据形态。由于法院和律师的认知习惯,在此阶段可能更倾向于使用传统和熟悉的电子证据形态,在电子证据大规模使用初期,传统电子证据使用量剧增,但我们应该看到虽然有熟悉度问题,基于广泛的社会共识,区块链电子证据很快将成为主流电子证据形态。

以裁判文书网 2021 年的数据统计显示,以 IP360 为代表的区块链电子证据平台的裁判数量已经在短短几年时间从鲜有使用到目前跻身年度涉电子证据单平台裁判数量的第二位;在使用电子证据的裁判案例中,区块链电子证据已经在 2021 年实现对传统电子证据的超越,成为最主要的电子证据形态。与此同时,我们也看到传统电子取证技术正在主动向区块链技术靠拢和转移,区块链技术在证据领域的天然优势得到了行业共识(见表 3)。

表 3　电子证据平台数量对比

电子证据	存证方式	2021 判例数量估测	电子证据判例数占比
区块链证据	区块链+云计算	15000	70%
传统电子取证	时间戳或 CA	6000	30%

注:数据统计预测来源于裁判文书网。

四、区块链电子证据的发展趋势

(一)应用范围趋势

区块链电子证据目前依然以围绕诉讼活动进行的民事诉讼电子化取证为主要业务场景,诉讼是整个法律事务漏洞的最后处理方式。随着数字司法进程的不断加深,区块链存证必然由主诉向预防法律风险的重心转移,这与法院系统推行的诉源治理思路一脉相承。实际上,在区块链存证的价值和应用当中,除了对诉讼活动的电子证据化支撑外,区块链电子存证在法律风险防控、数字经济规则保障方面的应用空间更广泛,对数字经济的健康有序高效运行起到积极促进作用。

此外,随着全社会区块链网络的建设和发展,区块链电子证据将更多扩展到企业内部数据、行政诉讼、刑事诉讼的证据支撑当中,此进程不仅依赖于司法区块链的发展阶段,也依赖于全社会区块链网络建设和应用发展情况。

(二)标准发展趋势

当前区块链相关国家标准和规范能够满足目前司法区块链存证应用的

需求,这其中包括最高人民法院及各地方法院发布的关于区块链电子证据的相关规定,也包括司法部、工信部发布的各类区块链存证相关规范。从区块链电子证据的终极状态来看,区块链存证的应用深度和广度目前仍然处于初级阶段,与之对应的相关规范和规则与司法实践是一个相互促进相互成就的过程。但很显然区块链存证的应用深度和广度还有很多空间,以区块链电子证据应用到刑事诉讼领域为例,区块链存证相关标准与实践和"两高一部"印发的《关于办理刑事案件收集提取和审查判断电子数据若干问题的规定》中的相关规定还有很大的融合距离和实践差距。随着区块链电子证据应用的不断加深加宽,预计区块链电子证据相关规定和标准还有两个发展阶段和过程才能趋于完善。

五、结语

作为电子证据科学的区块链电子证据标准和实践体系,需要系统的研究和论证,形成系统科学的理论框架,区块链电子证据绝不是简单的"使用了区块链技术就是区块链电子证据"这么简单的法律逻辑和理论框架。目前阶段需要大力推广区块链电子证据的应用,在实践中发现问题、总结问题、研究问题并形成可指导行业健康发展的理论体系。只有在法学理论、司法实践、行业创新三个方面不断形成新的积累和总结,才能在不久的将来构建一个立法、司法、技术相融合,可持续发展的区块链电子证据生态。

我国统一法律适用下的电子证据规则研究

张诗曼*

（东北大学,辽宁　沈阳　110169）

摘　要:电子证据是互联网普及与现代科技发展孕育而生的新型证据形式,近年来电子证据在诉讼中的运用与作用有目共睹,人类已经进入电子证据的时代。但由于电子证据的特殊性质以及立法的滞后性,电子证据在司法实践领域滋生了规则滥用与审判标准不一等弊端。最高人民法院于2020年9月出台了关于统一法律适用标准的规范性文件,打破了电子证据规则适用的乱象,因此在电子证据规则领域统一法律适用乃大势所趋。本文归纳了电子证据特征,整理了我国电子证据相关立法并将之归纳为四个阶段,探究了统一法律适用在电子证据规则领域的应用标准与价值,列举了当下规则在实践中遭遇的各种窘境,并提出了构建统一电子证据规则系列措施,以期规范司法裁判,增强人民群众对公平正义的获得感。

关键词:统一法律适用;电子证据;电子证据规则

一、引言

电子证据参与诉讼的爆发式发展,电子证据的作用之大以及未来在证据中的主导地位,应该得到立法领域的充分重视。我国司法领域正迈入电子证据时代,面对大量的诉讼实务,对电子证据的差别认识而产生的类案不同判、多样判的合法化、合理化情况成了司法实践难题,也冲击着一般人的法律意识标准。最高人民法院围绕"努力让人民群众在每一个司法案件中感受到公平正义"的目标就统一法律适用提出了具体要求,并以之作为人民法院的基本职责。在电子证据规则层面统一法律适用,即通过建立统一的电子证据规则来实现电子证据在司法领域的应用规则统一,这意味着要建立起统一规则并不偏不倚地适用和解释,并通过借鉴类案的处理方式与标准达成具体案件审理结果的司法共识。在电子证据规则角度进一步构建起

---

* 张诗曼,东北大学文法学院法学专业本科生。

完善的适用标准,统一司法领域电子证据使用的具体操作,是保障审判人员准确认定事实、规范行使审判权力的关键,也是保证审判结果满足公众朴素正义的价值标准的基础。因此,打破电子证据规则滥用的局面,构建统一的、具有针对性的电子证据规则刻不容缓。

二、电子证据的基本问题

(一)电子证据概念

电子证据与立法中的"电子数据"实质相同,[①]这一概念是信息化时代的产物,继 2012 年刑事诉讼法修正后正式成为法定的证据形式之一。此前,网络证据、电子数据、计算机证据等名词经常作为电子化证据的表达方式在学术理论研究、裁判文书或法律规范中出现,多处无规则混合使用,既造成学术术语的混淆,又妨碍法律实践的应用。为规范这一词项的使用,学术界纷纷对"电子证据"的内涵与外延进行了定义。

目前学术研究主要是从证据存储、处理、传输并输出的介质与方式等角度下定义,狭义上,将电子证据视为计算机系统内部及存储器当中的指令和材料;广义上,学者陈光中将其定义为以电子形式存在并用于作证据的所有材料及其衍生物。[②] 这一观点较为全面地概括了现实中电子证据表现形式的本质特征与复杂性,具体包含三个层面:一是电子证据应当能够用作证据,有证明力;二是电子证据的存在与形成难以被感知,需要借助于电子技术与平台;三是电子证据不仅包括以电子形式存在的材料,也包括该材料的衍生物。

同时,在司法实践领域我国目前已经对电子证据这一新型证据种类的定义与范围界定进行了立法与司法解释形式的多次定义与更新调整。[③] 依笔者之见,电子证据即一切产生、存在、传输过程均发生于虚拟电子空间,以电子信息技术与设备平台为依托的,并可以对案件待证事实产生实质作用

---

① 自 2012 年刑事诉讼法与民事诉讼法以及之后的司法解释在条文中明确规范"电子数据"这一表达方式,而在我国法学界证据分类制度中通用"电子证据"这一概念,虽部分学者在不同维度探讨二者区别,但此区分就我国电子证据规则研究几无影响,为避免术语的不统一为理论界和实务界带来的不必要混乱,本文不作咬文嚼字区分。

② 陈光中:《刑事诉讼法》,北京大学出版社 2016 年版,第 220 页。

③ 现行最新统一定义为"以数字化形式存储、处理、传输的,能够证明案件事实的数据"。

的数据信息或其他诉讼材料。电子证据的定义应采取广义的、开放的形式，以便为技术更新与实践的多样性预留空间。

（二）电子证据特征

电子证据的定义与范围众说纷纭、不断演进，但究其实质大同小异。归纳出电子证据的共同特性，一方面有利于在实践中更好地判断、识别与应用相关规范，另一方面也可以通过研究其区别于传统证据的属性以便于加深对电子证据的理解，进一步强化对电子证据规则更有针对性的研究，为我国切实有效地构建起一套系统科学的电子证据相关的法律法规体系夯实基础。

1. 证据性

用于证明案件事实的材料都是证据。电子证据属于我国法定八种证据情形之一，直接指向案件情况的真相与查证待证事实是其存在的意义与价值。电子证据的电子数据性质决定其形式仅为由一串 0 或 1 数字按照二进制代码排列组合成的数字编码，虽然电子证据作为一种新型证据在其证明能力与证明力的实现上缺乏直观性，但这丝毫不影响其经过技术处理后实现对现实社会关系中法律事实的还原。电子证据与传统证据一样必须具有证据基本属性，即客观真实性、事实关联性和程序合法性。

2. 外显形式灵活性与多样性

电子证据自身具有无形性，但是能够依托不同的介质展现并随时转化。从存储与传播形式来看，如手机、电脑的硬盘、光盘、云端服务器、互联网平台等，任何一种电子设备的应用功能都可以成为电子证据的表现形式，如短信、备忘录、电子邮件与聊天记录等。信息化时代，互联网应用与大数据储存几乎实现了社会生活全方面的覆盖，证据在无形中被不受任何地域、媒介的限制中被多样化收集与储存，具有生动形象性。但不能否认的是，没有了时间和地域空间的限制，电子证据的表现形式显化体现出了更多可能性，强化了广域性与难受控性。

3. 电子技术依赖性

电子证据在表现形式、收集过程和审查运用等各个环节都难以脱离现代电子信息技术。此类证据在保存、收集、使用和审查过程中都高度无缝隙依赖特定的电子存储传播介质；同时失去了人机交互和信息转化技术的加持，也不可能实现电子代码的人类感知。电子证据是计算机等设备内部大量二进制数字编码按照一定运算规则运行的结果,按照既定编程与规则运行,不受主观因素的干扰,对稳定性技术的依赖也保证了其准确性与客观性,进一步为电子证据真实性保驾护航。

4. 不稳定性与易损性

电子证据所依托的电子技术是人创造的,在实践过程中不可能排除专业人士对其不着痕迹地进行删除、修改或植入病毒等操作,电磁储存和传输介质也有被电磁攻击、信号中断、机械故障而导致系统出错、储存失败的可能性,大大增加了电子证据的脆弱性与不稳定性。电子证据的证明力与人为蓄意干预和非人为因素引起的数据丢失、系统崩溃息息相关。此外,网络数据具有流动性,电子证据的数据如果得不到及时有效保护,就面临一段时间后无法获得且无法恢复的"挥发性"难题。实践中对电子证据的不可抗因素与突发情况的控制难度较大,极易威胁电子证据对事实还原的完整性和证明能力。

三、我国电子证据立法演变与发展

我国电子证据立法起步晚、分布零散、阶段性明显,电子证据的法律定位在法学界也有不同种思路争鸣,当下电子证据独立证据的法律地位毋庸置疑,并在 2012 年后的司法实践中得到了充分的认可与反映。但此前,在立法进程中经过了多次探索与实践,我国电子证据立法大致可分为如下阶段。

(一)电子证据立法萌芽期

20 世纪末,互联网技术在我国迅速普及与发展,相伴而生的是监管乱象与网络犯罪,网络电子信息与相关数据作为证据的诉讼开始崭露头角。我国最早相关电子证据立法始于行政领域,1994 年国务院发布了《中华人民共和国计算机信息系统安全保护条例》,此条例以行政法规的方式针对计算机系统安全的保护与监管和违法犯罪的法律责任作出了规定。此后我国又通过行政法规和部门规章的方式对计算机信息技术与互联网安全加以规制,如 1996 年颁布的《中华人民共和国计算机信息网络国际联网管理暂行规定》在互联网监控与网络行为监控方面提出了相关要求。

此外,1996 年 12 月由最高人民检察院颁布的《关于检察机关侦查工作贯彻刑诉法若干问题的意见》在刑事诉讼领域通过对视听资料下定义与可能性种类列举的方式首次为电子证据的诉讼地位作出规定。该意见将当时技术下的视听资料分化为录音、录像、照片、胶片、声卡、视盘、电子计算机内存信息资料,将实务中所涉及的电子证据从本质上定性为视听资料,该条文在当时技术背景下具有一定适用性,是电子证据在诉讼领域司法回应的初创之举。①

由此可见,在此期间我国司法实践中尚未出现过电子证据的概念,由于技术发展本身的局限性,电子证据在立法中被狭义理解为依托计算机与互联网的数据与信息。在当时,用视听资料就可以概括信息技术产生的证据类型,多为音视频资料的外在表现形式也决定了其视听资料的法律属性。我国在电子证据立法中的滞后性明显,民事、刑事与行政以及其诉讼领域也没有给予及时且充足的法律回应。总体来看,这一初始阶段我国在立法领域尚未架构起基本的电子证据应用与规制体系。

（二）电子证据立法混同矛盾期

这一时期电子证据在生活中的应用已成大势,在法律关系中所起的作用也日益重要,各规制主体纷纷总结实践经验,通过立法与司法解释的方式对电子证据的使用加以规范。然而各为主张的造法活动也产生了一系列争议与矛盾,如电子证据的法律属性问题。

1999 年《合同法》第 11 条规定中认可了依托包括电报、电传、传真、电子数据交换和电子邮件在内的数据电文而设定的合同,并将其归纳为一种书面形式,以书证的形式来对电子证据进行法律定性与保护,直接把电子证据囊括在书证的范围。② 这显然是与 1996 年最高人民检察院所颁布意见相矛盾。

2001 年颁布的《最高人民法院关于民事诉讼证据的若干规定》通过扩大解释已有"视听资料"范围的方式将日益涌现的电子数据纳入其中。③ 但

---

① 最高人民检察院在 1996 年颁布施行的《检察机关贯彻刑诉法若干问题的意见》第 3 条第 1 款规定,"视听资料是指以图像和声音形式证明案件真实情况的证据。包括与案件事实、犯罪嫌疑人以及犯罪嫌疑人实施反侦查行为有关的录音、录像、照片、胶片、声卡、视盘、电子计算机内存信息资料等"。

② 1999 年《合同法》第 11 条规定:"书面形式是指合同书、信件和数据电文（包括电报、电传、传真、电子数据交换和电子邮件）等可以有形地表现所载内容的形式。"但也只是一句概念简单带过,并没有详细深入的细则规定。

③ 2001 年《最高人民法院关于民事诉讼证据的若干规定》第 22 条规定:"调查人员收集计算机数据或者录音、录像等视听资料的,应当要求被调查人听过有关资料的原始载体……"

2002 年颁布的《最高人民法院关于行政诉讼证据若干问题的规定》第 64 条却将电子数据交换与电子邮件有形化,该类证据真实性确认也效仿书证的证明形式,无疑是对电子证据进行书证定性。① 此次电子证据与视听资料、书证等传统证据形式混同定义,且电子证据在民事部门法与程序法之间的定性不具有一致性,不同司法机关所颁布的条文互不相同,甚至同一时期最高人民法院所作出司法解释之间也矛盾重重。由于这一时期仍然没有法律明确定义电子证据,也没有形成专门化的证据立法,为解决生活需要与实际办案的适用要求,不断细化电子证据的表现形式,也就不可避免地出现混淆电子证据与其他形式证据的边界与出现杂乱矛盾的局面。但在这一时期,也出现了一系列具有规范意义的部门法,对电子证据的表现形式、保存储存、审查核查、真实性认定的规则等作了详细规定,加深了立法层面对电子证据的认识,②同时,在电子证据的外在环境安全上也作出了相应规范。

(三)电子证据立法独立期

2010 年最高人民法院、最高人民检察院等部门联合发布的《关于办理死刑案件审查判断证据若干问题的规定》中,第一次明确以其他规定的方式对电子证据的形式、来源、收集程序、真实性与关联性审查规则提出了一定要求。③ 一定意义上对电子证据不同于传统证据类型的特殊地位予以认可,同时对电子证据的鉴真规则具有先导性意义。

2012 年《刑事诉讼法》修改后的第 48 条将电子数据与视听资料相分离并赋予独立地位,2012 年修正的《民事诉讼法》也通过列举证据的八种类型,肯定了电子证据与其他传统法律证据并列的独立法律地位,并在法律这一

---

① 2002 年《最高人民法院关于行政诉讼证据的若干规定》第 64 条规定,"以有形载体固定或者显示的电子数据交换、电子邮件以及其他数据资料,其制作情况和真实性经对方当事人确认,或者以公证等其他有效方式予以证明的,与原件具有同等的证明效力"。

② 2004 年《电子签名法》、2000 年《全国人大常委会关于维护互联网安全的决定》、2000 年《计算机病毒防治管理办法》等。

③ 《关于办理死刑案件审查判断证据若干问题的规定》第 29 条规定:"对于电子邮件、电子数据交换、网上聊天记录、网络博客、手机短信、电子签名、域名等电子证据,应当主要审查以下内容:(一)该电子证据存储磁盘、存储光盘等可移动存储介质是否与打印件一并提交;(二)是否载明该电子证据形成的时间、地点、对象、制作人、制作过程及设备情况等;(三)制作、储存、传递、获得、收集、出示等程序和环节是否合法,取证人、制作人、持有人、见证人等是否签名或者盖章;(四)内容是否真实,有无剪裁、拼凑、篡改、添加等伪造、变造情形;(五)该电子证据与案件事实有无关联性。对电子证据有疑问的,应当进行鉴定。对电子证据,应当结合案件其他证据,审查其真实性和关联性。"

层面对电子证据地位上明确肯定。① 2014 年 11 月 1 日修正的《行政诉讼法》也承认了这一证据类型。至此,电子证据正式在我国三大诉讼法中拥有独立地位,此后又有司法解释与法律条文进一步解释电子证据的定义与该制度的发展。如 2012 年颁布的《刑事诉讼法司法解释》第 93 条、第 94 条从电子证据来源、形成与收集等角度完善电子证据鉴真与审查制度。2015 年《民事诉讼法司法解释》首次对电子证据下定义为"形成或者存储在电子介质中的信息",对之作出原则性、概括性规定,使电子证据的内涵与外延逐渐明晰。②

（四）电子证据立法完善期

2016 年,最高人民法院、最高人民检察院、公安部联合下发了《关于办理刑事案件收集提取和审查判断电子数据若干问题的规定》,再次对电子证据作出了详细的界定,统一了对电子证据的认知判定标准、收集方法和证据三性审查原则,开启电子证据规则在司法系统克服零散性、谋求整体化发展的新篇章。

2019 年 1 月公安部制定了《公安机关办理刑事案件电子数据取证规则》,针对电子证据的特点,制定区别于传统证据的三阶段取证程序、要求与使用规范,并对 2016 年"两高一部"的规定加以补充,对电子数据规定中未尽事项和争议问题进行了补充和回应,助力电子证据立法统一化进程。

2019 年 10 月颁布《最高人民法院关于民事诉讼证据的若干规定》完善了电子数据证据规则体系。对电子证据范围进行了具有补充意义的详细归纳,兼具了包容开放性与电子证据在当下科技发展阶段的特殊属性;对审查判断进行了详细具体的规定,回应了司法实践中的对于调查收集、保全电子证据的呼声;在鉴真与审查上着重强调真实性原则,对电子证据能力与证明能力提出了一系列要求。③ 这一修正对完善我国电子证据的证据制度具有重大意义,同时在统一法律适用标准,促进电子证据制度在司法实践中操作

---

① 《中华人民共和国民事诉讼法》(2017 年)第 63 条第 1 款规定:"证据包括:(一)当事人的陈述;(二)书证;(三)物证;(四)视听资料;(五)电子数据;(六)证人证言;(七)鉴定意见;(八)勘验笔录。"

② 《最高人民法院关于适用〈中华人民共和国民事诉讼法〉的解释》第 116 条第 2 款:"电子数据是指通过电子邮件、电子数据交换、网上聊天记录、博客、微博、手机短信、电子签名、域名等形成或者存储在电子介质中的信息。"

③ 《最高人民法院关于民事诉讼证据的若干规定》第 15 条、第 16 条、第 105 条、第 106 条。

化、落实化以及保障当事人诉讼权利等方面也具有积极意义。

制度建设立法过程具有渐进性,电子证据规则的统一性构建同样不是一蹴而就,新条文具有补充性,难以全面覆盖电子证据规则的方方面面,在司法实践难免也需要一定的适应空间和进一步的实践检验。目前,我国尚缺乏统一具体的电子证据规则,新型证据种类规则建设必然与传统产生一定出入,但建立起统一法律适用的电子证据规则是大势所趋,还有待立法领域进一步完善。

四、统一电子证据规则法律适用的标准

统一电子证据规则法律适用的标准即对裁判标准进行规范,就是要处理好案件之间的类似性与差异性之间的关系,实现电子证据规则在类案中类用与在不同类案中的协调应用。最高人民法院在统一法律适用标准的规范性文件中采用"类案"①概念。案件类型划分与识别是实现裁判统一性、公正性的前提,一般情况下类案划分通常由案由和构成要件等着眼,将在案件性质与情节的相似性上达成共识的案件划分为类案,然而司法实践具有复杂性,为更进一步实现适法统一,应立足于基础分类后再聚焦证据种类,并就不同种类证据的适用规则实现在裁判结果上的类案类判,实现统一电子证据规则法律适用最终目的与根本标准。

在电子证据类案中,影响着最终裁判结果的因素是多种多样的,客观上电子证据本身的证据能力和充实情况与裁判情况息息相关,具体印证较概括印证对真相揭露有更强的信服力与可采性,与事实认定直接挂钩,反映在裁判结果上必然会有不同的法律责任。主观上,类案类判是最直观的公平正义实现手段,统一电子证据规则的法律适用无疑是对实体正义和程序正义的同时保障。同时,也要灵活划分类案标准,打破民事、刑事与行政三大类传统诉讼的边界,不同类诉讼性质案中的电子证据规则适用上也可能具有趋同性,可以在电子证据于诉讼中的运用里寻找到司法规律性,协调裁判相关电子证据应用的类案。电子证据具有共同特性且均依赖着相似的设备载体,即便在不同案里所指向的待证事实以及数据处理后的表现形式不尽相同,但在取证认证等过程中仍旧适用共同的技术与方法,理应遵循并适用

---

① 类案:最高人民法院待决案件在基本事实、争议焦点、法律适用问题等方面具有相似性,且已经人民法院裁判生效的案件。

其间共同的规则,否则就会导致法律适用的冲突与矛盾。完善统一法律适用机制的核心价值在于提高审判质量,提高司法能力,把握已生效判决与审判经验中的电子证据适用规则,并将之标准统一于具体个案中去。

五、统一电子证据规则法律适用的实践困境

(一)立法不均衡、不全面

当下我国立法现状对于电子证据专门化的规范仅存两部,且这两部由"两院一部"和公安部所发的规定仅囿于刑事案件的适用,然而并非所有的争议与违法都构成刑事犯罪的程度,此规则的调整范围较为狭窄。在民事诉讼领域,电子证据的相关具体规定大多零散分布于部门法与司法解释中,缺乏整体性与完整度,虽然新修正的《最高人民法院关于民事诉讼证据的若干规定》对此作出了补充与完善,但除了对电子证据范围的界定外,其他相关规定也只是概括性阐述,对司法实务产生的作用力以原则性指导为主。在行政诉讼领域对电子证据的规制更加分散,司法解释与互联网信息安全相关行政立法占据主要地位,很难满足诉讼实践中的需求,三大诉讼中电子证据规则立法在民行方向更显薄弱,不均衡性明显。除此之外,现有立法尚不能覆盖电子证据在诉讼中应用的全部环节,现实社会的复杂性很难被一些散化的条文所全面规制,部门法与司法解释的特殊性与补充性也决定了现有规则的不完整性、片面性。民事、行政和刑事案件,都离不开电子证据的强有力支持,证据从调查获取到最终定案依据都应基于一套完整统一的规则,我国迫切需要法律层面上的电子证据规则来补足空白、协调完善,以期实现有法可依、司法正义。

(二)认证方法混乱无序

电子证据认证审查通常需要经过两个阶段,先围绕证据的真实性、关联性、合法性审查证据能力,获得对待证事实证明资格后再对证明力进行认定。由于电子证据无形性及其技术特征导致了在审查认证方面的诸多特殊之处,例如电子证据的应用不仅要审查收集程序正当与否,还要审查证据载体来源、形成与技术稳定性,在电子证据的调取过程中所获得的大量互联互通信息也会加剧证据与案件关系复杂程度,影响对真相的认定,电子证据的

形式与内容具有不可拆分性,这就极易造成程序合法性、内容真实性、事实关联性的考量没有清晰界定。缺乏"证据三性"的明确对应,以及可采性和证明力缺乏法律的认定规则,在认定经验化与以法官主观直觉主导下,经常将证据资格认定与证据力评估相互混同、交叉杂糅、顺序颠倒,对证据资格的含混化审查助长法官心证的效用力,使得实践中一方面极易造成错误解读泛滥与裁判逻辑混乱,另一方面导致证据能力规则被证明力规则所架空而面临"证据能力的附属化"。①

同时,在印证证明模式下,法官作出合理的判断必须通过对证据本身的情况以及与其他证据之间有无矛盾及能否相互印证、在全案证据体系中的地位等衡量。但是电子证据在实践中通常被与传统证据剥离,电子证据还不能融入"从原子分析到整体认知"的递进式的司法证明模式,②这对证据链条整体化思维的证据印证规则又提出了挑战,传统认证方式的套用使当下电子证据审查认证失序,已然不能满足电子证据时代的新要求。

(三)现有规则缺少技术加持与规范

电子证据的无形性与介质依赖性导致在收集和使用过程中具有很多特殊性,在立法上的滞后性明显。电子证据认定的现实难题与核心要点不仅在于法官的裁量标准与自身素质,还在于电子信息技术的应用。电子证据真实性、可采性的影响因素涉及在电子设备中运行由始至终的各个方面以及外部环境与人为因素。对于电子证据这种具有易删除、易篡改等特点的特殊证据来说,当事人预见到可能存在的风险后,迅速将涉案资料删除、篡改、转移,或对设备、网站进行破坏以达到特殊目的的行为屡见不鲜,这对保全与鉴定技术提出了新要求。参照既有的证据规则进行操作,无疑是增加安全隐患,缺乏具备专业知识和技术认证的专家对电子证据进行保全,在鉴定过程中没有法定一致的鉴定标准,鉴定人员分析方向与水平也参差不齐。甚至,一些特定资料分布在网络系统中,这也使电子证据的取得与网络运营商、服务平台等第三方的协助更加密切,司法鉴定人员的资质与技术水平直接影响相关证据的交流与判定。设备自动生成的数据能否认定真实可靠、

---

① 汪贻飞:《论证据能力的附属化》,载《当代法学》2014年第3期。
② 谢澍:《迈向整体主义——我国刑事司法证明模式之转型逻辑》,载《法制与社会发展》2018年。

复印件证明力与原件证明效力比较、其他证据佐证与证据链条建设,电子证据的证明力如何才能最大化,是否需要新型公证等技术规定,这些都是值得探讨并应以立法形式形成规则的。

六、我国统一电子证据规则的完善

电子证据作为新型证据种类,其规则建设必然与传统产生一定出入,妥善处理创新与继承、普遍性与一般性的关系,改善实践中的问题与回应时代的需求,必须与时俱进、推陈出新。既要继承在取证法定程序与涉及公民基本权利保障等方面共性特征,与一般性证据规则做好正当有效衔接,又要寻找属于电子证据规制的特殊性。同时,电子证据规则还应当与司法规律相适应,通过立法与司法技术的结合落实电子证据规则在每一司法环节应用中的可操作性。为使之真正转化成司法机关实现公正的制度能力,现对构建我国统一电子证据规则提出如下建议。

(一)完善电子证据立法与司法解释

我国电子证据的种类与范围覆盖面目前尚不够完整,立法层面的归纳具有滞后性,对正在萌生或即将作为电子证据提交于司法审判的新形式的考量不够全面,在规制对象上的立法漏洞极易造成诉讼取证的缺失,因此通过立法方式在更大视域下为电子证据的种类给予划分,并针对不同类型加以具有针对性的规制尤为必要。在电子证据应用中,取证、保全、审查的规制都存在一定纰漏。在获取电子证据时,大数据背景下的取证边界、电子工具应用程序等都存在立法模糊,特别是人权保障层面,电子证据所依附的介质里包含承载着人的隐私权、信息权和财产权等诸多权利,在互联互通的电子信息平台都被暴露出来,取证手段的合法化、所提取证据对象的确定化、提取证据范围的精确化等问题应该被树立统一规则。在电子证据的保全上,传统的公证规制缺乏实质性审查与及时性,新创制的电子档案保全与借助第三方平台的云储存均没有立法规制,电子证据在新型保全方式中出现的受损与改变不易受控,且相关人员责任并没有法律规范,实时在线的安全控制应该得到法定规则有序调控。在电子证据的审查认定上我国立法一直没有统一的全面规范,且对实践的作用大多都是原则上的指引,将完善有序的认定规则纳入立法也是建立电子证据规则的一大关键。

完善的立法是对电子证据规则实现统一与强适用的保障,司法工作中对一些法律条文的具体应用以及由法律规定不够具体、实践情况新变化以及理解执行的操作化问题,也应该及时、严格依照法律制定相关司法解释,以促进统一电子证据规则的落实。

(二)确立系统性认证审查规则

我国当下证据在认证过程中存在着规则不明、顺序混乱、心证无矩等问题,现有司法解释也大多仅从真实性角度入手列举一些审核方向,并不能从根本上达到统一审查标准的效果,制定一套系统性的高完整度的电子证据审查体系迫在眉睫。实务中证据的审查制度具有"证据准入"和"证据评估"相分离的特征,①本着鼓励证据采集的原则帮助事实还原,但粗略含糊地认识与判定事实并非合法的问题解决方式,也不符合司法公正的价值导向。仅用概括性的证据属性涵盖全部证据认证规则是不能有效解决争议的,先以证据属性为准入标准将证据从当事人提交的证据材料中筛选出来是应用证明力判断原则确定定案根据的前提,建立统一的、具有综合性的电子证据认证审查规则必须包含证明力审查规则。

在真实性认证上,根据证据属性的要求应涵盖两个方面,即表现形式客观可感知和内容不为人的意志所改变。对应在实践中,电子证据存储介质运行状态、内容是否被伪造和篡改等都需要通过对证据来源、证据电子痕迹等角度加以初步审查。在此类审查过关基础上,还应经过鉴真规则和最佳证据规则证明力考验。鉴真可以保障从电子证据保管的链条完整性与其从侦查获取到呈上法庭的电子记录等角度的同一性;最佳证据规则对原始电子资料的崇尚和正当理由下非原始电子资料的可采性判定,可以实现无损性、完整性要求对电子证据真实性的保障。

在关联性认证上,传统意义上要求待证对象和证据间有实质上的直接或间接关联,在海量电子信息中以时间、地点、主体、信息平台等因素入手,将证据资料与事实联系起来,与违法犯罪的构成要件对应起来,即可通过判定关联性的有无认定证据属性。关联性原则对应在证明力规则上,还要求在审判过程中将关联性强弱纳入考量范围。这也要求认证规则要打破单证审查的思维束缚,对证明力考察时应综合考量电子证据与其他证据的相互

---

①　吴洪淇:《刑事证据审查的基本制度结构》,载《中国法学》2017 年第 6 期。

关联是否矛盾,通过对单个电子证据在证据网中的地位和证据链条完整度进行分析,与传统证据形式相互印证以判断其是否可以作为定案依据。

在合法性认定上,取证主体、取证的程序和方法、证据形式是电子信息资料可作为证据使用的门槛与前提,此外,非法证据排除原则与传闻排除规则也应明确纳入认证规则体系。非法证据排除原则就通过"轻微程序瑕疵"和"严重影响司法公正"的非法程序取得的证据产生了不同的采用态度,这里的证明力在判断上还须以人权保障等实体正义为裁量方式,相关衡量标准应该依据规则给予限制,以免法官基于先入为主的事实判断影响证据采用。另外,电子证据的鉴定多涉及第三方平台,鉴定人与电子信息提供者在庭外陈述或不出庭等导致诉讼一方不能经过质证程序的情况也时有发生,类似情况下的电子证据证明力也须借鉴英美法系的传闻排除规则加以考量。

（三）加强统一电子证据规则适用的配套保障

1. 完善类案检索与指导案例运用

对电子证据规则的适用要结合判例以实现统一法律适用的标准,裁判前法官应做好类案检索和借鉴,对有争议或要研讨的案例进行类案分析,充分检索与详细整理与待裁判案件中电子证据应用相似相关的案件。最高人民法院应及时出台指导性案例,通过对价值导向和裁判方法的指引,为电子证据应用树立司法理念与实践操作上的经验模式。同时,出现新型案件时也要在往案中寻找经验,研讨定案后建立新类型案件的归档备案,充分发挥判例作用,并将此制度强制化、规范化,以避免类案不类判与裁判不协调性。

2. 构建分歧解决与监督纠错机制

司法实践中难免产生对电子证据认定的界限模糊与可采性疑惑,法官自由心证顾虑颇多、裁判缺乏底气,导致自由裁量权的滥用、不敢用。为打破此限制定期总结归纳实践案情与学理研究中的问题,我们通过专家学者组成研讨小组,组织开展电子证据应用与认定的的咨询与论证会议,形成一套结合专业知识、贯通体制内外的电子证据分歧解决体系,及时对实践争议与裁量困境给予标准化、统一化的作答。院长、庭长、上级人民法院也要发挥起监督管理与跟踪督办的作用,发现电子证据的裁判中有法律适用标准不统一问题时,及时纠错再审与改判通报,建立起监督纠错与异议反馈制度,超过解决能力的按程序申报上级解决。

3. 强化科技支持与人才培养

基于电子证据的技术依赖性,司法审判中的科技水平要求也水涨船高,电子证据种类多样,实时取证难、取证保全难、完整真实鉴别更是不易,借助大数据平台与数据库等信息平台将之有效安全地获取与保存是对取证与司法人员的巨大考验。一方面,应在必要情况下发展与专业的第三方技术公司与鉴定机构合作,充分发挥高技术人才在电子证据的相关工作中的辅助作用;另一方面,应培养具有高素质、高水准的审判人员,在电子证据方向巩固扩大具有一定知识技能的专门化审判人员。除此之外,还要强化相关人员职业规范意识与道德规范,杜绝电子证据在司法过程中被伪造、篡改、破坏,以技术鉴别技术,以人才规制人才,有违反证据保护原则的行为人要依法追究法律责任。

七、结语

我国电子证据从获取到作为定案根据影响裁决,尚没有一部系统完整的普适性的法律规范。虽然近年来不断有司法解释与部门法针对电子证据适用作出一定规范以回应互联网时代对司法诉讼领域的冲击,但各自为政的零散立法也滋生了一系列实践难题,司法审判中类案类判与协调性受到威胁。统一法律适用的要求为统一电子证据规则的建立提出了新的价值追求与方向指引,面对新挑战。一方面,要处理好电子证据规则与传统证据规则的关系,注重普遍性与特殊性的关系,结合电子证据特性,对传统的证据规则进行适当的创新调整,制定出电子证据独特的适用规则。另一方面,也要适应司法规律,突破在程序与内容上都面临适用困境,严格把握电子证据在收集、保全与使用每一个环节的规则适用。以统筹性、整体性的视角全面审视电子证据规则,完善规则内容,统一认定标准,并从司法机关工作机制中寻找突破,才能从根本上解决裁判的稳定性问题,提高审判质量、维护司法公正。

论区块链技术下电子存证的司法适用问题

金安怡*

（河南财经政法大学,河南　郑州　450016）

摘　要:运用区块链技术进行存取的电子存证,是传统电子数据在大数据时代下更新变化而产生的新样态。与电子证据相比,如今的电子存证已经有了日新月异的变化。2018年6月,杭州互联网法院在对某知识产权案件进行审理的时候,第一次以判决的形式对区块链电子存证的法律效力进行确认。随后,最高人民法院参与编写的《区块链司法存证应用白皮书》发布,标志着区块链技术下存取证据的手段开始获得了司法领域的认可。探究因区块链技术而产生的电子存证对司法领域带来的影响,分析此类电子存证的特征以及其对传统电子数据产生的影响,探索与该技术有关的相关制度构建,使得新兴科技与司法实践进行有效结合。

关键词:区块链;电子存证;电子数据;去中心化

在大数据时代的飞速发展之下,人们逐渐大量的使用电子设备进行信息交流和数字化交易。而数字化交易这种虚拟交易存在一定的隐患,交易过程并不安全,诉讼过程中当事人在此种交易情况下也普遍欠缺相应的举证能力。为响应实践中越来越多呼吁新证据种类出台的主张,也为确保司法机关能够更便捷准确地进行调查取证,2012年3月14日第十一届全国人民代表大会第五次会议上,通过了《关于修改〈中华人民共和国刑事诉讼法〉的决定》,第一次增设电子数据为法定证据种类。同年8月31日,《关于修改〈中华人民共和国民事诉讼法〉的决定》也同步增设了电子数据为法定证据种类。后于2014年11月1日,《中华人民共和国行政诉讼法》也相应地增设了电子数据。电子数据自从问世以来,其优势和弊端就广为学界和实务界探究和讨论。在区块链技术未出现之前,电子数据存在易丢失、易被篡改、取证固证困难、成本高等缺点。而区块链这一新兴技术诞生后,电子数据经过去

---

*　金安怡,河南财经政法大学刑事司法学院诉讼法学专业硕士研究生。

中心化、分布式储存等技术手段成为电子存证,传统电子数据在司法实践领域里出现的问题和弊病被有效解决。2020 年 10 月,中央深入地探究了区块链技术的发展状况,而且还对其未来的走势进行了预测和判断。习近平总书记提出,对于科技创新和产业结构的升级来说,区块链技术的集成应用产生了非常重要的影响。区块链技术如何更好地服务于司法领域,如何在电子数据的存取过程中发挥其自身的优势,我们将进行进一步探究。

一、区块链技术关于电子存证问题探究

(一)区块链概念解析

区块链这一概念最早由中本聪在《比特币白皮书》中提出,其也可被称作价值互联网,是指数据区块以前后相连的方式按照时间先后顺序组合,而形成的链式数据库,是以密码学方式保证该数据无法被篡改和伪造的分布式账本。打个比方,一个村集体内,两位村民进行商品交易,为保证交易安全,二者找了一位见证人帮助他们见证交易,并由见证人记录交易信息,这叫作"中心化"。但二者若通过大喇叭向外部发布信息的方式让其他村民都来对交易进行核实,分别记载在自家的账本上,就叫作"去中心化"。经过一定时间的交易,将各个账本上的信息打包在一起形成的载体就叫作区块。再将多个时间段内产生的区块与区块相连接,就形成了区块链。区块链通过去中心化的方式解决了交易中可能会出现的风险和代价。因为这个区块的记录不是由单一的中心化主体来控制的,而是由多个主体共同记录和维护,每个主体都拥有一份完整的信息。区块链在对信息进行记录的过程中,还会依照特定的顺序来存储所产生的数据。所以,区块链上的任何一个数据都可找到源头,而且它们的形成都有先后顺序,若想进行变动,其难度非常大,所以,可信度很高。

(二)采用区块链调取电子存证的方式

电子存证,即固定和加密保护网页上的电子数据内容在一个安全稳定的数据库中对其进行存储,同时对该数据进行一系列验证程序,随后通过可靠的方式进行传输,待需要使用时将该数据从数据库中调取出来,来证明该电子数据出现的时间点上的样态。

区块链技术充分依托于计算机的优势,对数据安全进行保护。在电子存证领域,其借助去中心化等优势实现了飞速发展。当前,在电子存证上对区块链技术的应用主要有两大方式:一是可信时间戳与哈希值检验;二是区块链技术保全。前者的运算过程是首先通过哈希值计算源头数据,这样便可得出哈希值,紧接着,对于电子数据的哈希值和权威时间源,利用电子签名技术将其绑定成一个源文件。一个源文件的生成只拥有一个属于自己的固定的、不可逆的哈希值。这两个特性保证了被存储的数据始终保持原始状态且也可以对其随时进行检验。而区块链技术保存也是基于可信时间戳和哈希值检验,以便在分布式的储存系统中引入签名后的源文件,为了确保存储数据的安全性,则利用分布式存储系统的特点,如匿名性等。

在我国,采用区块链技术对电子存证进行存证固证,以杭州互联网法院为例,在2018年6月28日上线的全国首个电子证据平台中,分别设置有"司法区块链"和"第三方存证"。在同一时间出台的《杭州互联网法院民事诉讼电子证据司法审查细则》中,规定了这两种路径下的存证手段适用的不同真实性审查标准和程序,包括电子数据的生成、收集、存储、传输等环节。

电子存证在使用区块链技术进行调取的时候,通常会有两大阶段:一是取,二是存。在事前调取时,技术人员会通过多元化的手段,如借助网页来取证、对对方的IP地址等进行查看,由此而确保证据是真实可信的。[①] 相当于将公证处做的一系列事情放在网上来做。因区块链自身的特性,在取完证之后,技术人员对其提取一个哈希值,这个哈希值就是这个证据的唯一ID,这个值永远不变,然后通过区块链技术进行分布式存储。在这个阶段中也综合运用了可信时间戳,保证调取存证的真实性不被篡改。

(三)电子存证合法性审查

在法定电子数据证据中,电子存证具有一定的特殊性。在审查以区块链为重要基础所产生的电子存证的合法性时,需要依照有关法规所设定的标准——主体合法、程序合法、获取途径合法来进行审查。主体合法是指数据的收集主体必须要有法律加以规定。程序合法是指收集数据的程序必须按照合法的流程进行。获取途径合法是指以非法形式获取的证据不能作为

---

① 管筱璞:《打破信息孤岛 释放司法红利——看区块链技术在司法领域如何先声夺人》,载《中国纪检监察报》2019年10月31日。

认定案件事实的依据。根据《最高人民法院关于互联网法院审理案件若干问题的规定》第 11 条规定,当事人提交的电子数据,通过电子签名等技术手段抑或是经过平台认证可对其真实性予以验证的,那么法院才会认定。该条规定,对基于区块链下的电子存证的法律效力进行了确定。

(四)电子存证真实性和关联性审查

在瞬息万变的网络世界,电子存证的真实性和关联性的地位一直在被质疑。在我国,电子存证的真实性审查的主要依据除了诉讼法中相关规定外,还涉及最高人民法院等机构所下发的若干规定。在《关于办理刑事案件收集提取和审查判断电子数据若干问题的规定》中,围绕着电子存证的真实性、完整性、合法性着重审查鉴定的规范有 20 余条。该规范不仅适用于刑事案件中涉及的电子存证的认定问题,民事、行政案件也可以参考运用。而《公安机关办理刑事案件电子数据取证规则》则详细地规定了刑事案件中有关电子存证被扣押、封存、现场和远程提取、冻结、实验以及鉴定等各个步骤的详细规范,共五章六十一条,从公安机关接触电子存证开始到最后的鉴定工作都作了细致而科学的规定。

1. 电子存证的真实性

电子数据这种法定证据形式比较特殊,对证明和案件事实起到相关作用的只能是数据准确地反映客观事实。国内在开展司法实践工作的时候,对于电子数据真实性进行审查,就要求法官重视电子数据的产生、采集、存储和传输等。[①] 在生成电子数据的过程中,数据会在各大节点上存储下来。就算其中一个节点发生损坏也不会影响到整体系统的运行。在电子数据的收集中,基于区块链的数据存证系统,在产生存证数据时依靠电子签名产生,因此就确保了数据真实有效,是在当事人本人操作下进行的。除此以外,还可防止出现数据被篡改的风险。在存储电子数据的时候,区块链技术则可为系统中各大节点进行数据的交换而提供一个相对比较安全稳定的环境,而且无须人为去执行。

在电子数据的传送中,区块链因其区块中数据的集成,具有公开透明和集体维护两大特性。对于区块链上的数据信息,无论是谁都可以借助公开接口进行查看,如果有人想要篡改账本,那基本是不可能的,而且也不会对

---

① 李静彧、李兆森:《基于区块链存证的电子数据真实性探讨》,载《软件》2018 年第 6 期。

其他节点上的数据信息产生一定的影响。因此,能够保证存证在区块链上的数据是透明可信的。在区块链技术下,能够保证电子证据不易被人为篡改,出现差错。电子数据在形成以后,其状态一直都会保持不变,而且还可将案件的实际情况客观反映出来。[①]

2. 电子存证的关联性

在整个证据能力认证中,最为烦琐的一个环节则是关联性的认证问题。该种联系指的是电子证据跟本案的真实情况是否有可能存在关系。关联性也是刑事诉讼程序中证据能否构成完整的证据链的关键因素。但目前在司法实践中,往往只重点审查电子证据的真实性而忽视关联性。事实上,电子证据的关联性并非绝对独立,而是要和真实性、合法性、证明力相互配合,相互交叉,共同还原案件事实。并且,关联性也往往处于核心地位。

关联性的前提条件是真实性,同时又通过真实性和合法性将关联性表现出来。有法规指出:对于电子邮件等电子证据,须对该电子证据跟案件的真实状况是否存在关系进行审查。电子证据的关联性决定了证据证明力的大小,关联程度越高,证明力就越大。但关联性在证据理论中的核心地位却在司法实践中难以表现出来。笔者认为,主要原因一方面是受传统证据理论的影响,将审查证据的真实性和合法性当作重点考察对象的思想根深蒂固。另一方面是电子证据的相关性认定至今为止尚未形成统一的认定体系,往往需要法官根据具体案件和司法解释的理解进行自由裁量。如前所述,采用区块链技术的可信时间戳、电子签名等方式可以完美的解决电子证据真实性的问题,而关联性只能通过法官的主观判断来确定。但我国目前关于证据在关联性上的理论研究与发展还存在着缺乏法律规范和指导问题。

二、区块链技术对司法领域的影响

2018年6月,对于一起网络传播权纠纷案,杭州互联网法院在受理的时候就采用了区块链电子存证。对于电子存证产生的源头、存储内容的真实完整性等,法院都会一一审查,最后再确定其是否具有法律效力。若是确定

---

① 李静彧、李兆森:《基于区块链存证的电子数据真实性探讨》,载《软件》2018年第6期。

可作为证据,那么则会采纳且作为认定案件事实的依据。

在 2020 年 6 月,《区块链司法存证应用白皮书》正式对外发布,其中明确指出,区块链技术可以解决电子证据在司法过程中易丢失、难认定的痛点,对提升电子数据认定效率,具有实用价值。它的发布,意味着区块链司法存证已经在逐渐获得各级人民法院的认可。① 该文件是由最高人民法院联合其他机构一起编写的。而之前,国内上线了区块链电子证据平台的互联网法院一共有 7 家。

2019 年 7 月 11 日,在第四届中国互联网纠纷解决机制高峰论坛暨未成年人隐私保护与多元纠纷调解论坛上,杭州互联网法院副院长官家辉分享了司法区块链在互联网法院的应用实践。官家辉院长提出,司法区块链解决了电子证据的全链路可信问题,从事后治理的角度来讲,破解了电子证据的认定难题,可以让法官快速高效的查明案件事实、明晰双方责任,提升了审判效率。他还总结道,互联网法院正因这一新兴技术的存在,使得著作权侵权纠纷发生率较同期下降 12%,网购合同和网络服务合同纠纷从 5% 下降到 0.01%,区块链存证的总量突破了 9 亿条。

最高人民法院规定,当事人提交的电子数据,通过区块链等证据收集、固定和防篡改的技术手段,可对其真实性进行验证的,那么则可认定其所具有的法律效力。

其实,区块链在司法领域的落地,并非一蹴而就。它来自公检法系统、科技企业、公证行业与学术界等各方共同努力。这在《区块链司法存证应用白皮书》的编委名单中可以显示出来。参与这一白皮书编写的,不仅有最高人民法院信息中心、中国信息通信研究院,也有各省市级法院、公安局、公证协会,以及腾讯、百度、蚂蚁金服等科技企业。"在这其中,各级法院是区块链在司法领域落地的主要推动者。"区块链研究员孙原指出,"但法院的技术能力,却来自科技公司"。以杭州互联网法院为例。2018 年 9 月,杭州互联网法院上线了司法区块链平台,用户可以直接在上面完成区块链取证、存证的全流程操作。而这一平台的技术方案,来自蚂蚁金服旗下的蚂蚁区块链。②

---

① 《区块链改变司法界:取证 1 秒内完成,成本是传统公证的百分之一》,载搜狐网 2019 年 6 月 20 日,https://www.sohu.com/a/321795086_100189678。

② 《区块链改变司法界:取证 1 秒内完成成本是传统公证的百分之一》,载搜狐网 2019 年 6 月 20 日,https://www.sohu.com/a/321795086_100189678。

此外,区块链技术的应用不仅仅局限于法庭之内。2018 年 5 月,广州佛山禅城区发布了全国首个"区块链＋社区矫正"应用项目——"社矫链",将区块链运用于社区矫正实践中。社区矫正作为一项非监禁性惩罚措施,具备一定严肃性。而传统的社矫监督模式,主要通过定期汇报、实地调查、电子监控等方式进行,有成本高、效率低等缺点。在区块链技术引进后,可以通过电子定位手环等硬件上链存储社矫人员的信息,方便工作人员管理,且无须担忧社矫信息遭到篡改。

区块链技术的引入,在群众诉讼、服务法官、提升审判质量效果、促进司法公开等方面起着重要作用。其能够解决电子证据认定的难题,也能够通过前置程序化解纠纷。区块链从源头上记录了事件的全过程,是当事人无法抵赖的客观事实。一旦有纠纷的发生,就可以通过前置调解把纠纷化解掉,大幅度提高维权和解决纠纷的效率,从根源上实现互联网治理的法治化,起到净化网络空间的作用,更能够提高司法审判的效率。区块链技术在方方面面都影响着司法领域的发展。而且在未来,随着科技的不断创新,区块链技术还将会对其他领域产生巨大的冲击,而这一过程又是漫长而复杂的,期间可能会历经很多的困难,而且还会出现一系列的问题与阻力。

三、区块链电子存证对传统法学理论带来的影响

(一)区块链电子存证的意义

对于电子证据认定的效率问题,区块链电子存证平台可进行有效的解决,这样不仅使电子证据的认定速度加快了,而且还使法院受理的成本大大降低。在电子存证的验证程序上,相较于传统的取证程序,区块链存证取证相对简单便捷,并且在此之前已经对区块链平台的安全性和可信度进行了评价和验证,法官可以省略掉对于程序方面的检验,从而将重点放在证据证明的事实方面。而且,费用低是区块链取证存证的一大优势,当事人只需要创建注册账号,就能够运用平台所提供的先进技术,无须再缴纳其他费用。也正因这一大优势的存在,解决了当事人可能因为外在经济负担或其他客观原因导致的无法取证存证的情况。"区块链存证第一案"中的原告方在接受《每日经济新闻》采访时曾表示,案件中涉及的区块链取证可在 1 秒内完成,成本仅 10 元左右,相较于传统公证千元左右的公证费用,确实十分低廉。

在电子数据的真实性和安全性上,区块链技术解决了传统电子数据在生成上是任意的,缺乏对所有权的确认和时间认证等弊端。[①] 区块链技术通过一致性算法将实时维度引入电子数据,确保了电子数据的安全储存和可回溯性,也确保了其无法被篡改。从而也能够确认网络行为的真实性和法律效力。

此外,将区块链电子存证引入司法领域还能够促进司法联动,使整个司法领域通过互联网进一步加深彼此之间的联系。互联网在时代发展和进步的过程中成为不可或缺的一个关键点。通过将区块链技术引进司法领域,使得互联网也得到了应有的监管,也使司法治理逐渐网络化、跨地域化。公证处、司法鉴定机构、仲裁机构和法院都引入区块链技术,能够使法院和上述机构形成有效的对接和互动,促进司法联合,实现共同制约和共同管理。以北京互联网法院为例,互联网法院以"区块链+司法正义"作为基础技术,把大量的网络数据通过区块链技术转变为司法证据。包括"天平链"系统,在配合司法鉴定中心等机构上,这些机构可联合进行背书。

(二)区块链电子存证的比较优势

2018 年 5 月,《2018 中国区块链产业白皮书》中提及,"由于区块链自身是无法被篡改的,而且可追溯到其数据产生的源头,所以其跟电子存证结合在一起则非常的合适",从这一点来看,对于区块链电子存证,我国表示认可与支持。与此同时,文件中还强调,在电子证据领域中,区块链技术有两大应用优势,一是"存证非常的安全";二是"取证效率很高"。

当前,在刑事办案的时候,一直会出现各种问题,比如电子数据的采集过程不合乎要求,或者是数据存储出现泄露等。[②] 本质上看,电子数据具有多重特点,如容易被篡改和破坏等。这就导致其可信度并不高。而利用区块链技术进行存证的电子证据就弥补了传统电子数据的不足。首先,在电子证据生成过程中辅以时间戳技术来证明其产生的时间和内容的完整性;其次,通过哈希算法对该电子证据进行加密以固定证据和传输中的安全,并且在验证中只需要通过计算哈希值与存储在区块链中的数据进行对比,就可以验证出电子证据是否被篡改,因此就充分地保证了电子证据的安全性

---

① 杨玉宛:《基于区块链技术的版权保护问题研究》,载《科技传播》2018 年第 13 期。
② 刘品新:《电子取证的法律规制》,载《法学家》2010 年第 3 期。

和真实性。

(三)对传统证据法理论所带来的问题和影响

在电子存证上,由于区块链技术的应用取得的效果比较突出,所以,对于使用区块链技术存取的证据,最高人民法院也会发布司法解释作为案件事实认定的依据。但我们依然要辩证地认识和思考这一新兴产物对相关理论带来的问题和挑战。

首先,区块链技术对司法领域的影响,使得学界不得不重新审视法律的规定。例如,面对各种区块链诉讼事实认定的问题,法院应当预见到区块链智能合约当事人之间存在矛盾时是否能够找到相关法律依据进行处理。

其次,区块链技术还暴露出很多的弊端与不足。若在司法实践中充分的利用该技术,那么法院须考虑在对新技术进行推广时候所需资金的问题。

再次,相关法学理论也因区块链技术的产生发生变化。比如,有的专家认为借助该项技术则可促使法律实现代码化。还有人指出,摆脱原有法律框构的限制,后期便可不需要法院来认定司法案件,当事人对于区块链也会非常信任,因此矛盾和纠纷也就迎刃而解。在这个层面上,区块链技术在一定程度上挑战了司法的权威。

最后,在传统证据的理论分类上,利用区块链技术获取的电子存证属于原始证据还是传来证据。按之前的电子证据易被篡改等特征为标准,司法机关在对电子数据的法律效力进行审查的时候,通常会要求提供原件。结合有关法规,一般除非在原件的提供存在特殊问题的时候则可考虑复制件。但采用区块链技术存证的电子数据,因区块链具有的去中心化和分布式存储等特性,在区块链上每一个节点都有一份完整的且是完全相同的备份信息,原件和复制件具有"天然的一致性"。在该种状况下,无论是传过来的证据还是原件,它们的法律效力都是相同的,而在对证据的效力进行审查的时候还须对二者区别对待。

四、我国区块链电子存证的完善路径

区块链在司法领域中虽然逐渐得到了广泛的支持和应用,但区块链作为一种新兴技术也存在着很多发展不完善的地方,许多安全技术的局限性在审查应用时也未被考虑全面。在运用区块链技术提取的电子数据时,仍需注意以下几个方面：

1. 对于上链前电子数据本身所具有的特征应该进行重点审查。在区块链上挂载数据之前，区块链本身是无法证明此时间范围内的数据的真实完整性的，也就是说，必须要参考其他方面的证据，比如取证的信息及整个过程等。最终再进行全方位的分析，由此则可判断出在上链之前电子数据是否有可能被篡改或者是受到破坏。①

2. 应当注意收集、提取过程的合法性。这也是区块链技术自身的难点之一，证据上链是由用户自发完成的。若用户将假证据上链，区块链也会忠实记录。如果区块链电子证据的源头真实性无法得到保证，那么区块链电子证据仍然存在造假的可能。通过区块链技术所提取的电子数据，还须依照刑事诉讼法的具体内容或条例来审查相关要素的合法性，由此则可避免在案件认定的时候其成为违法证据的重要参考依据。②

3. 如果在一个区块链系统中参与计算、记录和维护的节点数量过少，掌握超过51%的节点的成本和技术难度就会大大降低，其面临的被攻击和篡改的风险则会显著增加。因此，在对区块链电子存证的法律效力进行认定的时候，司法机关还需针对在证据保全中关于区块链技术的应用而持谨慎的态度。再者，在对跟区块链电子存证相关的案件进行处理的时候，司法机关还要审查认定区块链电子存证的效力，并遵循客观公正的原则。③

4. 在对区块链电子存证的真实合法性进行审查时，司法机关还须审查第三方存证平台的资质，确保存证平台的专业性、技术性和中立性。与此同时，存证的提供方还须对当前区块链技术是否可靠进行证明。④

5. 在我国现阶段建立的电子取证框架内，对于电子存证的真实性和合法性，都有大量的法律规定。而对电子证据的关联性，特别是载体关联性的规定，主要是一些部门规则和司法解释，包括一些行业指导性的软规范。其中，绝大多数条款都只是提出了原则性的要求，而未进一步的规定，因此应当着力于对电子证据关联性方面进行立法规定。

---

① 陈平祥：《运用区块链技术提取和审查刑事电子数据》，载《检察日报》2019年10月14日。

② 《运用区块链技术提取和审查刑事电子数据》，载新浪财经网2019年10月16日，http://finance. sina. com. cn/blockchain/roll/2019-10-16/doc-iicezzrr2619963. shtml。

③ 雷蕾：《从时间戳到区块链：网络著作权纠纷中电子存证的抗辩事由与司法审查》，载《出版广角》2018年第15期。

④ 崔梦雪：《区块链电子存证的证据法价值分析》，载《无线互联科技》2019年第10期。

在存证问题之外,应当着力解决区块链技术在司法领域落地普及的另一个难点,技术平台的搭建。以杭州互联网法院司法区块链平台为例,在业务实践中,大部分司法机构信息化程度比较低,在建立区块链证据平台的过程中,不同的地方法院也不具备统一的技术标准。所以,需要结合实际状况将一整套完善的区块链技术体系确定出来,在此基础上,还要设定统一的标准和认定的流程。唯有此,才可让其成为具有一定效力的法律机制,最终在司法领域使区块链等新兴技术可得到正常的实施。[①]

五、结语

将区块链技术应用到司法领域具有现实可行性,能够对现有的司法程序和司法手段进行补益。某种程度上看,在现阶段,对于该技术下电子存证的运用还在不断地探索当中,不能无限制地推广和夸大区块链技术的作用,而是应当根据实际情况,根据司法实践的发展来运用区块链等新兴技术。随着司法实践工作的不断展开,再加上科技的创新,使得在司法领域区块链技术得到了广泛应用,而且预测未来其发展前景非常广阔。从这一点来看,我们必须尽快构建完备的体制机制,除了推动理论走向完善化,还要为实践活动的开展而提供重要的指导。

---

① 李静彧、李兆森:《基于区块链存证的电子数据真实性探讨》,载《软件》2018年第6期。

诉讼法视角下区块链电子存证路径研究

杨益霞*

（武汉理工大学，湖北　武汉　430070）

摘　要：大数据飞速发展的时代，电子诉讼纠纷越来越多。而电子证据的收集和审查是电子诉讼过程中的一大难点。区块链技术在近年被运用到司法审查之中，但电子存证的真实性存疑问题还未得到解决。从证据收集审查的视角下，研究保证电子证据上链前真实性的方法，采用移动端录制取证和移动设备现场同步取证的方式。在诉讼发生之后，采用第三方平台直接抓取网页侵权信息的方式来收集证据。建立司法联盟链，链上自动生成数据，用户数据自动上链和电子合同自动上链来保证电子证据真实性。利用司法联盟链收集电子证据，法院可以一键提取和审查证据，促进我国区块链电子存证制度的发展。

关键词：区块链；司法联盟链；电子存证；真实性

引言

杭州互联网法院 2018 年首次确认了区块链电子存证的数据具有法律效力。最高人民法院发布的《关于互联网法院审理案件若干问题的规定》第 11 条规定了电子数据真实性审查的内容。最高人民法院《关于人民法院在线办理案件若干问题的规定（征求意见稿）》多次提及"区块链电子存证证据效力、区块链证据补强认定"，在第 14 条中认定了区块链证据的效力，第 15 条规定了区块链电子证据审核规则，第 16 条规定了上链前数据的真实性审查，第 17 条说明了区块链证据补强认定的规则。当前对于区块链电子存证技术的研究主要是从两个方面进行：一是从理论上分析区块链电子存证技术的可行度和存在的问题；二是从技术的角度完善区块链电子存证技术的代码和逻辑运算。本文结合了理论上区块链电子存证证据真实性存疑的问题和区块链电子存证的流程，分析区块链电子存证技术电子证据的收集和审查

---

* 杨益霞，武汉理工大学法学与人文社会学院法学专业硕士研究生。

过程。

当前司法对存证技术本身的审查侧重于两点：一是存证平台是否权威、中立；二是在现有技术环境下，存证数据一般是否不易被篡改。① 现阶段，构建权威、中立的存证平台是区块链电子存证技术的首要任务。而要想达到存证数据不易被篡改，使用区块链技术进行电子存证是目前最有效的手段。区块链的特点之一就是不易被篡改。为了建立权威、中立的存证平台，分析比较了区块链的三种主要分类即私有链、公有链、联盟链，提出构建司法联盟链。当前在司法领域构建司法联盟链能更好地适应电子诉讼制度的发展。电子存证证据真实性存疑问题也是目前电子诉讼制度中的难点问题。本文提出了多种电子存证路径以保证电子证据的真实性。

一、司法联盟链的构建

我国已经开始构建在线诉讼制度，完善与在线诉讼有关的法律法规。在 2021 年最高人民法院发布的《关于人民法院在线办理案件若干问题的规定（征求意见稿）》中对区块链电子证据的认定作出了相应的规定。在区块链与在线诉讼的结合方面，应该构建司法联盟链来保障电子证据的真实性。目前，我国已经构建了多个司法联盟链，大量的证据也成功上链。北京互联网法院搭建了"天平链"这一司法联盟链，旨在收集和存储电子证据，为在线诉讼提供证据来源。联盟链可以兼顾数据开放与信息保密，满足司法数据的保密性要求。②

司法联盟链具有去中心化的特点，由取证平台、当事人、公证处、仲裁委及法院等其他机构构成。如图 1 所示，当事人在进入司法联盟链时需要进行实名认证，按照具体流程提交电子证据。取证平台对接收的电子证据进行哈希值的输出和时间戳的认证，公证处接入司法联盟链是为了对链上的电子证据进行公证。已经成功上链的电子证据则会被用于仲裁和庭审，仲裁委和法院可以提存需要的数据。所有证据一旦上链，将会被发给各个节点，经过所有节点对比一致之后，写入区块发送给所有节点记录，被记录的数据

① 雷蕾：《从时间戳到区块链：网络著作权纠纷中电子存证的抗辩事由与司法审查》，载《出版广角》2018 年第 15 期。

② 杨东、徐信予：《区块链与法院工作创新——构建数据共享的司法信用体系》，载《法律适用》2020 年第 1 期。

会被拥有私钥的用户读取。这样一来,黑客对于部分节点数据的改变不会影响该数据在区块链中的真实性。司法联盟链具有的优势就是可控性强,交易成本低,处理速度快,兼顾了信息开放与数据加密的功能。它表现为一种多方参与、共同依法防范风险的"法治主义与技治主义互动"。①

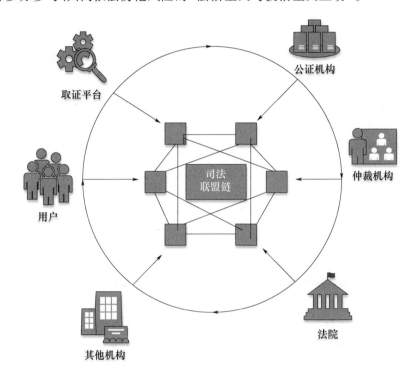

图 1 司法联盟链示意

二、上链前取证

司法实践表明,直接对电子存证证据存证前的真实性审查非常困难。②电子证据上链前的真实性认定存疑一直是电子诉讼过程中具有争议的话题。以往当事人将证据上链之后会请相关机构出具鉴定报告来证明证据的真实性,但鉴定报告的出具只能证明该证据在上链后未被篡改,上链前的证

---

① 张玉洁:《区块链技术的司法适用、体系难题与证据法革新》,载《东方法学》2019 年第 3 期。
② 邓矜婷、周祥军:《电子存证证据真实性的审查认定》,载《法律适用》2021 年第 2 期。

据真实性仍然存疑。

（一）移动端录制取证

为了解决上链前证据真实性存疑的问题,我们提出了移动端录制取证的方法。在线诉讼双方当事人可以采用移动端录制上链取证和移动设备现场取证的方式来提交证据,从而解决上链前对证据真实性的质疑。司法联盟链构建完成之后,电子证据的上链过程便需要法律加以规制,进而保障区块链电子证据的真实性。如图2所示,用户在移动端连接专业取证平台,取证平台开始采用屏幕录制的方式对移动端数据进行取证。屏幕录制的数据将会被上链,上链后的数据会通过哈希函数生成唯一的哈希值,经过可信时间戳服务机构生成可信时间戳,并将数据交由第三方鉴定,完成数据上链的全过程。在传统的诉讼过程中,举证方当事人要想提交录音证据,需要提交原始证据。当事人希望将证据通过一个平台来保存,这样可以保证证据的真实性,又为当事人保存原始证据提供了便利。在现实生活中,当事人想要保存手机里的原始录音,需要使记录有原始录音的设备一直处于可查证的状态。在大数据发展的时代,各种存储信息占据设备容量。录音这类证据极易被当事人因为清理数据文件而删除,这样的证据保存方式增加了当事人保存证据的难度。但是结合区块链技术,采用移动端录制取证,将证据上链至司法联盟链有利于当事人对于证据的保存。例如,举证方想要提交手机上保存原始录音证据,可以采用移动端取证的方式。手机连接取证平台,取证平台开始进行屏幕录制等一系列活动之后,将数据进行加密和时间戳认证,存入司法联盟链中。法院在庭审中调取和检验司法联盟链中存入的数据,举证方完成举证。

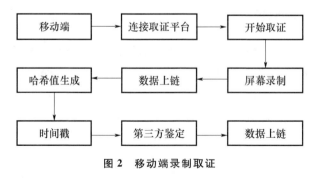

图2 移动端录制取证

（二）移动设备现场同步取证

移动设备现场同步取证的方式同样可以保证用户上链前证据的真实性。如图3所示，用户通过调用设备摄像头进行拍照取证；调用设备麦克风进行录音取证；调用设备摄像头进行录像取证，将现场取证的数据及其取证过程上传，上传的数据生成哈希值和时间戳验证，完成数据的上链。在纠纷发生时，用户可以利用移动端将证据同步到司法联盟链中，现场实时上传取证可以保证电子证据上链前的真实性。区块链技术最大的优势在于赋予电子数据以"指纹"，且可以保证写入区块链的数据不被更改，这主要通过哈希值和去中心化实现。① 总的来说，法院对时间戳持认可态度。② 利用移动设备现场取得的证据，经过哈希值和时间戳的认定，存入司法联盟链中交由法院使用。利用区块链技术中的哈希函数和时间戳技术，可以有效保证上链前电子数据的真实性。司法联盟链用户可以接入区块链取证平台，将希望保存的证据通过移动设备现场取证的方式，同步到司法联盟链中。通过移动设备现场同步取证的方式可以帮助用户更有效地保存证据，既保存了证据，又可以利用区块链技术的特点保证上链后的证据不被篡改，用于后续诉讼中。

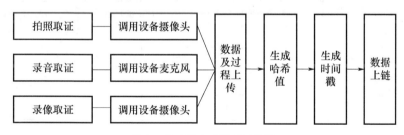

图3 移动设备现场同步取证

三、第三方平台抓取侵权信息

大数据时代，更多的侵权发生在互联网之中，而利用区块链技术，第三方平台在网页抓取侵权信息的证据获取手段应运而生。我国互联网法院审

---

① 罗恬漩：《民事证据证明视野下区块链存证》，载《法律科学（西北政法大学学报）》2020年第6期。

② 娄必县：《知识产权诉讼中时间戳认证的检讨与规范——基于全国高级人民法院749份裁判文书的分析》，载《知识产权》2020年第8期。

理了多起通过第三方平台在网页抓取侵权信息作为案件证据的案件。利用第三方平台直接在网页抓取证据的取证方式都是在诉讼发生之后。如图4所示,在侵权纠纷发生之后,当事人可以经由区块链证据平台抓取侵权网页信息,抓取的侵权信息一般包括网页截图、资源文件、侵权信息和其他信息,并将抓取过程形成取证日志。取证日志中包含的信息有操作流程信息、网络路由信息、目标地址信息、可信时间信息和其他信息。抓取的信息和抓取流程形成的取证日志经过哈希函数计算生成哈希值,上传至司法联盟链中,法院再对哈希值进行校验。在哈希值和去中心化两大技术支撑下,区块链证据恰好回应了"电子数据证据具有易伪造性、易修改性和修改后不易留下修改痕迹"的弊病。① 由区块链证据平台直接对网页侵权证据进行抓取,侵权证据与抓取证据过程被存入司法联盟链中,可以有效地解决区块链电子证据真实性存疑的问题。相比传统的由当事人举证和法院配合取证,第三方平台在网页中直接取证的方式更好地适应网络时代。

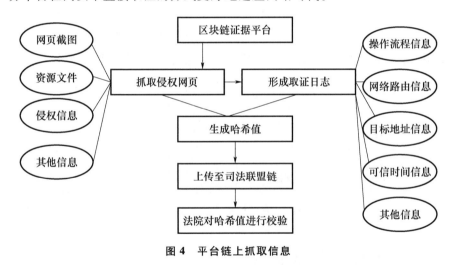

图4 平台链上抓取信息

四、链上自动生成证据

(一)用户数据自动上链

司法联盟链的建立更主要是为了在链上自动生成证据,能够更加适应

---

① 史明洲:《区块链时代的民事司法》,载《东方法学》2019年第3期。

大数据发展的时代。在现实生活中,大部分诉讼纠纷的发生过程都与互联网有关。司法联盟链的建立就是为了能够解决互联网时代电子证据的存证问题。如图5所示,在司法联盟链中,用户在注册时进行实名认证,用户接入阿里、腾讯、京东、谷歌等其他平台,用户在平台中产生的数据生成哈希值,由时间戳和第三方认证,上链至司法联盟链中,法院在需要时可以调取相关证据。这一系列的操作都是在远程监控系统的监控之下自动完成的。这符合区块链技术去中心化的特点。这有利于多角度重建案件事实,法院对于用户在电信运营商、金融机构、互联网企业产生的各类数据一键调取。加密算法和时间戳以及第三方平台的认证可以有效地防止电子数据在保存和传送的过程中被更改的问题。在诉讼发生之前,用户在各大平台产生的数据已经经过加密算法和时间戳的认证存入司法联盟链之中。在诉讼发生之后,当事人无须花费大量精力来举证,法院可以经由司法联盟链一键调取所需要的证据。这大大节省了举证时间,有利于我国电子诉讼制度的发展。

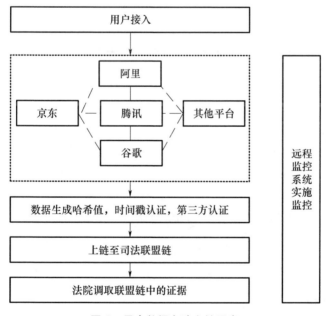

图5 用户数据自动上链示意

（二）电子合同自动上链

合同纠纷也是目前诉讼案件中占有较大比例的一类案件。在以往的案件中当事人签订传统的纸质合同之后，由当事人将合同上传至区块链平台。这一过程无法保证上链前证据的真实性。现如今，有一部分当事人通过互联网技术签订合同，而通过互联网签订合同之后，再上传至区块链平台，其真实性也存疑。为了更好地保证证据的真实性，提出区块链电子合同自动上链的证据保存方式。如图6所示，在司法联盟链中，线上电子合同数据同时存证。节点用户进行实名注册，生成唯一的电子签名，接入签名平台，合同方当事人可以在签名平台签署电子合同，上传签名信息，信息将会被存入平台，生成哈希值和时间戳认证，将电子合同签订信息及过程数据上链。上链后的证据法院在需要时可以一键调取。作为保障电子商务安全的重要手段，电子签名在本质上实际是一种认证技术。① 用户只需要在司法联盟链的电子合同签名平台进行实名认证，获取唯一的电子签名。利用司法联盟链平台与合同方当事人签订合同，合同内容和签订信息以及签订过程将会经过加密算法和时间戳认证存入司法联盟链之中，方便以后的查验。在合同纠纷发生之后，法院也可以通过司法联盟链一键调取与合同相关证据，节约举证时间，保证证据真实性。

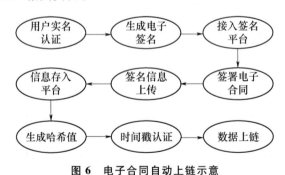

图6 电子合同自动上链示意

五、结语

目前，区块链电子存证技术已经在互联网法院审判中应用，但对于区块

---

① 罗文华：《规则与共识：从电子签名到区块链》，载《中国政法大学学报》2019年第2期。

链电子证据真实性认定仍然存在一定的争议。随着互联网法院的不断实践,关于电子诉讼审判的规则也在不断地完善。司法联盟链的构建符合区块链技术在司法实践中的发展趋势,文中提及的多种电子存证上链路径有利于法院在审判过程中对电子证据真实性的认定。相信随着区块链技术的不断发展,在我国各方主体的努力之下,可以使我国区块链电子存证技术稳步发展,将区块链电子存证技术普遍运用到电子诉讼中。

困境与出路:电子诉讼中电子化证据的真实性审查及其规则构建

程勇跃[*]

(上海市第一中级人民法院,上海　200336)

摘　要:电子化证据是联通线下实物证据同线上诉讼庭审的桥梁,亦是电子诉讼活动的核心。然而,电子化证据在真实性审查上存在三方面问题:电子化证据展示与审核上程序烦琐,同诉讼效率价值相违背;真实性鉴证规则缺失,难以保障电子化证据同原实物证据之间的同一性;证据效力认定同现行规则冲突,电子化证据定案违反原件优先规则。究其原因在于电子化平台建设的滞后、电子化同传统证据规则的冲突以及诉讼能力差异所导致的真实性疑惑。解决方案上不仅须做好真实性保障措施构建,还须进一步完善电子化证据真实性审查规则,一方面通过立法措施明确电子化证据的"视同原件"地位,另一方面在真实性审查规则确立适用推定真实、合理异议规则,从而保障电子化证据实效功能的发挥。

关键词:电子化证据;真实性审查;审查规则

　　无论在传统庭审抑或电子诉讼模式下,证据均是诉讼活动的核心。电子诉讼是一种以信息通信技术为辅助所进行的诉讼虚拟形态。[①] 诉讼主体通过互联网设备在线上实现诉讼行为,这就要求传统实物证据必须为适合进行线上提交、展示和交换的电子化证据。最高人民法院即制定规则规定,当事人需将书证、物证、鉴定意见、勘验笔录等传统实物证据材料通过扫描、翻拍、转录等方式处理,转换成电子化证据后再行提交诉讼平台予以举证质证。[②] 然而,电子化证据同实物证据之间并不能简单等同,在证据规则适用

---

　　* 程勇跃,上海市第一中级人民法院商事庭法官助理。

　　① 王福华:《电子诉讼制度构建的法律基础》,载《法学研究》2016 年第 6 期。

　　② 《最高人民法院关于互联网法院审理案件若干问题的规定》第 9 条规定,互联网法院组织在线证据交换的,当事人应当将在线电子数据上传、导入诉讼平台,或者将线下证据通过扫描、翻拍、转录等方式进行电子化处理后上传至诉讼平台进行举证,也可以运用已经导入诉讼平台的电子数据证明自己的主张。

上亦不能等同,由此亦衍生出新的问题:如何审查电子化证据的真实性。具体而言包括,如何在证据开示环节解决电子化证据的提交、确认与交换,如何衔接和保障电子化证据同实物证据之间的真实同一,如何看待电子化证据作为定案依据的效力。① 这些问题在实践中日益凸显,严重影响了电子诉讼的有效运行和普及推广,实为迫切需要解决之问题。

一、电子化证据真实性审查的现状及困境

(一)电子化的证据开示对诉讼效率价值的背离

证据必须在庭审过程中经过开示,经向当事人展示并核对原件后方可确认其形式真实性。传统庭审模式下,证据的开示只需要当事人到庭将原件进行展示、核对同复制件一致即可完成。而电子诉讼模式下,所有的实物证据都无法再以原有的存在形态进行展示,必须经由一定技术手段转化为电子形式后,方能通过在线方式予以传递并在电子诉讼中予以展现,当事人无法通过物理方式直接展示与核对原件。此一特点导致电子化证据在展示和核对上至少产生如下三项真实性疑虑:

1. 电子化证据的生成具有技术依赖性,必须借助一定的技术手段方能将传统的实体证据转化为虚拟的电子形式。在此过程中存在因转化手段或转化平台受技术水平限制,导致电子化证据无法精确、全面地保留实物证据的全部特征,同实物证据丧失同一性。

2. 电子化证据的展示亦受到技术手段的限制,电子化证据在笔迹、签名等有助于判断真伪的诸多证据细节上无法得到清晰展现。而对于物证证据,则亦难以通过拍摄、扫描的方式展示其内部结构及特征。

3. 电子化证据系以电子数据形态存在,亦同一般电子证据一样具有易改性,存在着被造假、篡改、删除却不易被发现的风险。② 然而,由于缺乏相应技术手段和专业技能,法官亦难以独立判断电子化证据是否与原始实物证据相一致。

实践当中为解决这一问题,法官通常采取表 1 所列以下三种办法。

① 蔡立东:《智慧法院建设:实施原则与制度支撑》,载《中国应用法学》2017 年第 2 期。
② 汪闽燕:《电子证据的形成与真实性认定》,载《法学》2017 年第 6 期。

表1 电子化证据审查核对方式

	核对途径	审核主体	原件提供方式	所需设备	参见
方法一	原件线下提交法院，由法院负责核对	法院	邮寄、当事人到庭提供	无	《最高人民法院关于新冠肺炎疫情防控期间加强和规范在线诉讼工作的通知》第七条规定，当事人及其诉讼代理人通过电子化方式提交诉讼材料和证据材料的，经人民法院审核通过后，可以不再提交纸质原件……
方法二	线上视频核对原件	当事人	线上视频展示原件	电子诉讼平台，微信等其他具备视频通话功能软件	《杭州互联网法院诉讼平台审理规程》第二十五条规定，……当事人将证据拍照、扫描或电子证据等上传至诉讼平台。涉及实物证据，一般要求当事人在庭审前邮寄给审理法官。在庭审时，在线展示给各方当事人
方法三	线上诉讼与线下核对原件相结合	当事人	当事人线下开展证据交换	无	《宁波移动微法院诉讼规程（试行）》第二十三条，……证据交换过程中，若另一方当事人对当事人一方提交的证据原件的真实性有异议的，可指令其于证据交换后或庭后指定时间内到法院现场确认并发表……

三种方法均可实现原件核对的目的，然而均存在一定的缺陷。方法一系由法院就证据原件同电子化证据核对一致，当事人无须再行到庭核对，仅须线上庭审时就该证据本身是否系伪造、关联性、合法性发表意见即可。然而，此种方法举证程序烦琐，当事人不仅需要通过拍照、扫描等方式将证据电子化，同时还需要将证据邮寄至法院。线上线下方式同时进行，一方面增加了证据原件在途传递的时间成本，违背了电子诉讼便捷高效、节省诉讼成本的制度目标，另一方面此种交换方式亦存在证据原件在途寄送过程中毁损、遗失的风险，从而产生难以挽回的后果。方法二系由当事人通过在线视频通话方式直接对证据原件予以核对，此种方式较方法一更加便捷，也弥补了方法一中可能存在的原件在途运输可能遭受的毁损风险。然而，此种方

式能否有效完成原件核对本身即受限于特定设备及软件的性能，且依然未能解决实物证据细节特征无法在视频中清晰体现以供审查证据形式真实性的问题，亦无法确保该证据同电子化证据的同一性。方法三实际上系在电子诉讼之外单独进行线下的证据交换，虽然解决了前述两种方法中存在的问题，但此种方式不仅未能节约司法资源、提高诉讼效率，反而导致线上线下诉讼方式共同进行、频繁切换所造成的法院与当事人的双重负担，[①]违背了构建全业务流程电子诉讼体系的制度设计初衷。[②]

追求纠纷解决的效率，是电子诉讼行为较之于传统民事诉讼行为价值上的最大优势。然而如前所述，现今电子化证据在展示和核对过程中存在的低效、烦琐，致使电子诉讼衍生为一种高成本的正义，[③]最终违背了电子诉讼行为追求纠纷解决效率这一制度价值，也影响了法官适用的积极性。实践中，电子诉讼通常仅被适用于证据相对较少、事实较为简单的案件中，[④]限制了电子诉讼方式的推广。

（二）证据能力审查中真实性鉴证规则的缺失

真实性鉴证规则，是指被用以证明案件事实的证据至少应在形式或表面上为真实的，完全虚假或伪造的证据则不得被采信。[⑤] 鉴证规则是在证据能力上对证据真实性所提出的要求，即证据材料的收集、来源、完整性等形式要件合法、真实，是一种形式上的真实性规则。依据所要鉴别之证据的不同种类，真实性鉴证具有以下两种相对独立的含义：一是证明在法庭上展示、交换、传递的实物证据，同举证方所声称的实物证据是相互一致的；二是证明法庭上所展示的证据的内容，应如实记载了该实物证据的本来形态，体现了实物证据的真实情况。[⑥] 前一种鉴证含义适用于物证、书证，证明法庭上所出示、宣读的证据即为举证方所声称并提交的证据，证明两者的同一性，是一种载体真实性的鉴证；后一种鉴证含义适用于电子数据或视听资

---

① 蔡立东：《智慧法院建设：实施原则与制度支撑》，载《中国应用法学》2017年第2期。

② 根据《最高人民法院关于加快建设智慧法院的意见》第4条规定，……进一步拓展网上诉讼服务，普及网上调解、网上证据交换、网上质证、网上开庭功能，构建支持全业务流程的互联网诉讼平台……。

③ 王福华：《电子诉讼制度构建的法律基础》，载《法学研究》2016年第6期。

④ 高鸿：《互联网庭审的功能和规则构建》，载《人民法院报》2020年3月5日。

⑤ 何家弘主编：《电子证据法研究》，法律出版社2002年版，第115页。

⑥ 陈瑞华：《实物证据的鉴真问题》，载《法学研究》2011年第5期。

料,作为证据载体本身,电子数据、视听资料不仅需要其本身为真实的,还需要证明其所记载内容完整反映了当时的场景、活动或谈话,不存在错记、遗漏等,是一种从完整性角度对证据所承载内容真实性的鉴证。

由于其同传统物证、书证等实物证据之间的特殊关系,决定了电子化证据同传统实物证据在鉴证规则上均存在一定差异,需要在审查载体真实性的同时一并审查所承载内容是否同原始实物证据一致的真实性。真实性鉴证内容的分布,如图 1 所示:

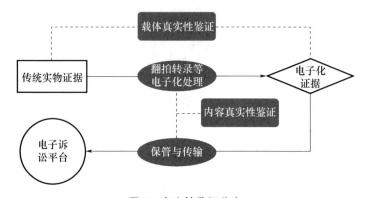

图 1　真实性鉴证分布

一方面,电子化证据是通过翻拍、扫描、转录等方式对传统实物证据的电子化处理,类似于复制件的概念,所欲彰显的仍然是传统实物证据的证明力,因此仍需对电子化证据同传统实物证据之间的载体真实性予以证明。对此问题,上述第一项内容中已经对电子化证据的展示与原件核对存在的困难及现行做法进行说明,除了导致进程拖沓、降低电子诉讼效率外,在线提交的证据也因隔断了法官与当事人同证据原件在物理空间中的直接联系,导致法官无法直接根据证据细节和完整性来认定证据真实性及证据能力。① 另一方面,电子化证据就其载体而言同电子证据一样,都是一种电子数字形式的存在,因此在其真实性上同样带有电子证据的脆弱性和易改性。具体体现在电子化证据中表现为其真实性面临三种质疑:首先,电子化证据的产生所依赖的系统或设备的质疑,基于不可靠的系统或设备可能产生不完整甚至错误的电子化证据;其次,电子化证据在传输或保存过程中因性质

---

① 石毅鹏:《电子诉讼的风险与程序构建》,载《湘潭大学学报(哲学社会科学版)》2018 年第 2 期。

变更、介质受损或系统错误等原因，导致电子化证据完整性受损，从而失去证据价值；最后，电子化证据本身内容真实性的质疑，电子化证据及其内容遭受人为篡改、伪造或变造与原始实物证据内容不再相符，且此种篡改、伪造往往不容易被发现。[①]

然而，实践中无论是最高人民法院相关规范，还是地方人民法院就电子诉讼所制定的实施细则，均未明确过就该电子化证据应如何审查其真实性。真实性鉴证规则不明确导致实践中认定标准模糊不清，不仅影响了电子化证据的采信和诉讼效率，也影响了电子诉讼公信力的形成。

（三）证据效力认定与原件优先规则的冲突

电子化证据的证据性质直接影响到其证据效力的认定，理论界大多数观点将电子化证据界定为传来证据，[②]亦即该电子化证据并非来自于案件事实或原始出处，而是通过翻拍、扫描等中间环节所形成的证据。例如，一份传统的纸质通过扫描方式将其录入计算机设备中作为电子数据存储，但此时的电子数据仅为纸质合同的存储方式而已，在该份纸质合同作为书证时，该电子化后所形成的存储件仅为该书证的一种复制件。基于此项性质，在适用电子化证据作为定案依据时，必然需要考虑该电子化证据同证据原件之间的关系，亦即电子化证据的证据效力问题。

关于原件同复制件之间的证据效力关系，英美法系所确立的系最佳证据规则，要求必须提供该书面证据的原件方能证明该书面证言的真实性，仅当证据原件被证明确已灭失时方能提供复件。[③] 大陆法系国家则是从审查书证的真实性角度出发要求当事人提供原件。我国相应法律虽未明确规定最佳证据规则，但民事诉讼法及最高人民法院新民事诉讼证据规定亦明确规定了原件、原物优先规则（为便于论述以下简称原件优先规则）。[④] 原件优

---

① 莫天新：《从电子证据视角看我国证据规则的规范与完善》，载《研究生法学》2016 年第 2 期。

② 毕玉谦等：《民事诉讼电子数据证据规则研究》，中国政法大学出版社 2016 年版，第 30 页。

③ 何家弘、刘品新：《证据法学》（第四版），法律出版社 2011 年版，第 360 页。

④ 《中华人民共和国民事诉讼法》（2017 年）第 70 条规定，书证应当提交原件。物证应当提交原物。提交原件或者原物确有困难的，可以提交复制品、照片、副本、节录本。提交外文书证，必须附有中文译本。《最高人民法院关于民事诉讼证据的若干规定》第 61 条规定，对书证、物证、视听资料进行质证时，当事人应当出示证据的原件或者原物。但有下列情形之一的除外：（一）出示原件或者原物确有困难并经人民法院准许出示复制件或者复制品的；（二）原件或者原物已不存在，但有证据证明复制件、复制品与原件或者原物一致的。

先规则所解决的是法官对证据形式上证据力问题,即保证证据系真实而非被伪造。① 非证据原件虽然并不当然不具有证明力,但因为无法与原件核实,因此其实质证明力依然受到影响。

对于电子化证据的证据效力,民事诉讼法及相关司法解释中并未规定,但在最高人民法院颁布的相关通知及地方法院制定的操作规范中则有零散规定,通过表2的梳理可以从中略作窥探。

表2　电子化证据同证据原件关系

规范名称	条款内容	同原件关系
2020年2月《最高人民法院关于新冠肺炎疫情防控期间加强和规范在线诉讼工作的通知》	第七条　当事人及其诉讼代理人通过电子化方式提交诉讼材料和证据材料的,经人民法院审核通过后,可以不再提交纸质原件。当事人及其诉讼代理人采取邮寄等方式提交纸质材料的,人民法院应当及时扫描录入案件办理系统。对提交的纸质原件材料,要及时立卷归档……	法院审核通过,即可不再提交原件
2020年1月《最高人民法院关于印发〈民事诉讼程序繁简分流改革试点方案〉的通知》	二、主要内容　(五)健全电子诉讼规则……当事人选择以在线方式诉讼的,可以以电子化方式提交诉讼材料和证据材料,经人民法院审核通过后,可以不再提交纸质原件……	
2018年9月《最高人民法院关于互联网法院审理案件若干问题的规定》	第十条　当事人及其他诉讼参与人通过技术手段将身份证明、营业执照副本、授权委托书、法定代表人身份证明等诉讼材料,以及书证、鉴定意见、勘验笔录等证据材料进行电子化处理后提交的,经互联网法院审核通过后,视为符合原件形式要求。对方当事人对上述材料真实性提出异议且有合理理由的,互联网法院应当要求当事人提供原件	视为符合原件的形式要求
2018年3月宁波市中级人民法院《宁波移动微法院诉讼规程(试行)》	第二十三条　法官根据当事人的需求和案件客观实际,可以决定当事人是否需要提供证据原件……如当事人对证据有异议但仍同意使用宁波移动微法院质证的,法院应要求另一方当事人在庭审提交证据原件;如果无异议,除涉及身份关系等内容和法官怀疑存在虚假的证据,可以不要求当事人提供证据原件……	当事人未提出异议,即不再提交原件

---

① 参见最高人民法院民事审判第一庭关于新民事证据规定理解与适用。

从表 2 中所梳理的相关规定内容可以看出,虽然对电子化证据的证据效力问题在表述上并不统一,但可以得出结论大部分规范均认可电子化证据的效力,在当事人未提出异议的情况下认可电子化证据可取代原件并为定案依据。作此安排的原因在于,电子化证据的提供目的在于提高电子诉讼的便利性,若提交电子化证据的同时仍须提供原件,则电子诉讼的便利性就毫无意义。[①] 然而,结合我国民事诉讼法及证据规定可知,对于证据应当以提供原件为原则,仅有在当事人出示原件确有困难、原件已经不存在情形下才得以例外。因此,实践中对于电子化证据的证据效力认定,同现行民事诉讼法证据规则之间存在冲突。两者之间如何弥合,仍是电子诉讼中必须面对的问题。

二、电子化证据真实性审查困境的原因分析

(一)技术维度:电子化转换平台建设的滞后

电子诉讼是智慧法院建设中的重要一环,其最终目标是达成线上线下打通、内网外网互动的诉讼模式,建立起支持全业务流程的互联网诉讼平台。[②] 而通过技术平台对线下实物证据进行电子化处理,将其转化为可供线上诉讼送达、质证的电子化证据,即是打通线上和线下之间的关键通道。

然而实践当中,与之相配套的电子化转换平台却从未能真正建立起来。从表 3 对最高人民法院和部分地方人民法院指定的相关规范文件的梳理中可以看出:

首先,该些规范文件均未提及有具备公信力和技术条件的电子化转换平台的建设,证据的电子化转换均是由当事人自行开展,转换过程中所形成的电子化证据存在被伪造、变造的可能,证据真实性上难以获得相应公信力认可;其次,这些规范文件中均未涉及电子化转换的具体方式、操作规范和标准要求,对电子化证据的真实性缺乏统一的识别标准和鉴证规则;最后,现有电子诉讼平台建设难以涵盖和解决真实性审查困境。最高人民法院指导建立的电子证据交换平台集中在互联网法院电子证据的真实性审查上,通过运用区块链技术进行存、取证来保证所取得电子证据的真实性。然而,互联网法院所审理的主要系基于互联网而发生的纠纷,证据也主要为形成

---

① 侯学宾:《我国电子诉讼的实践发展与立法应对》,载《当代法学》2016 年第 5 期。
② 《最高人民法院关于加快建设智慧法院的意见》(法发〔2017〕12 号)。

和储存于互联网中的电子证据,①但对于传统实物证据通过转换而形成的电子化证据,则并无相关平台可对其真实性予以保障,从而导致电子诉讼过程中当事人仍须提供原件供法院及当事人予以核对审查。

表3　电子化转换方式

规范名称	时间	条款名称
《最高人民法院关于新冠肺炎疫情防控期间加强和规范在线诉讼工作的通知》	2020年2月	第七条　当事人及其诉讼代理人通过电子化方式提交诉讼材料和证据材料的……
《最高人民法院关于印发〈民事诉讼程序繁简分流改革试点方案〉的通知》	2020年1月	二、主要内容　(五)健全电子诉讼规则……当事人选择以在线方式诉讼的,可以以电子化方式提交诉讼材料和证据材料,经人民法院审核通过后,可以不再提交纸质原件……
《最高人民法院关于互联网法院审理案件若干问题的规定》	2018年9月	第九条　互联网法院组织在线证据交换的,当事人应当将在线电子数据上传、导入诉讼平台,或者将线下证据通过扫描、翻拍、转录等方式进行电子化处理后上传至诉讼平台进行举证,也可以运用已经导入诉讼平台的电子数据证明自己的主张
《杭州互联网法院诉讼平台审理规程》	2017年8月	第二十五条　在线举证……当事人将证据拍照、扫描或电子证据等上传至诉讼平台。涉及到实物证据,一般要求当事人在庭审前邮寄给审理法官。在庭审时,在线展示给各方当事人
宁波市中级人民法院《宁波移动微法院诉讼规程(试行)》	2018年3月	第十条　当事人及其诉讼代理人在登录后点击"在线立案"、"点击立案"后,拍照上传起诉状、证据材料、身份证明材料及授权委托书等基本诉讼材料,并电子签名,最后点击"提交",即完成在线立案申请

(二)规则维度:电子诉讼同传统证据规则的冲突

电子诉讼并非简单的互联网技术同诉讼的简单相加,而是互联网同诉讼制度的深度融合,并借助互联网等信息通讯技术来实现与传统线下庭审

---

①　胡仕浩、何帆、李承运:《〈关于互联网法院审理案件若干问题的规定〉的理解与适用》,载《人民司法》2018年第28期。

模式相等价值的功能。诉讼是一个信息传递和交流的过程,表示信息的符号和承载符号的载体的物理介质的变化,必然相应地改变诉讼行为与审判行为的方式,[①]以及基于该诉讼行为产生的相应规则。电子诉讼将诉讼行为以电子化的方式呈现出来,在深刻地改变了传统诉讼行为方式的同时,也对传统证据规则形成了挑战,导致电子诉讼实践同传统证据规则之间发生冲突。此种冲突发生的原因在于,传统证据规则及诉讼程序是建立在法官同当事人共同线下亲历庭审和诉讼资料书面提供、存档的基础之上,而电子诉讼则是强调在互联网技术辅助下诉讼行为的虚拟形态,在物理上隔绝了法官同当事人之间的直接接触,二者诉讼行为所依赖的信息载体不同。

具体到电子化证据真实性审查问题上。电子化证据同传统诉讼模式下的实物证据之间存在紧密联系,电子化证据是借助信息通信技术对传统实物证据的另一种形式的展示和表现。之所以产生真实性问题的质疑,其原因在于对证据的电子化转换、传递和保存在现今诉讼规则方面并无有效的应对策略和行为规范。而对于"原件"规则的孜孜追求,则使得电子化证据看起来同传统证据规则显得格格不入。

(三)心理维度:电子诉讼能力差异加剧真实性疑惑

诉讼主体参与诉讼活动的能力并不平等,电子诉讼则将此种诉讼能力的差异进一步扩大,当事人的教育程度、年龄层次、对网络的接触时间不同,则对电子诉讼的接受程度、参与电子诉讼的能力亦不同。[②]

传统庭审模式下诉讼能力的差异通常是对法律关系的识别能力、对诉请加以证明或辩驳的能力、配合法庭开展调查活动的能力,而电子诉讼模式下这种诉讼能力差异则更进一步扩大,主要体现在对证据进行电子化转换的能力、对电子化证据存在的失真情形予以识别的能力。具体而言,电子诉讼过程中诉讼能力较弱的一方将实物证据进行电子化的难度更高,而电子化证据本身亦带有脆弱性和易改性,在因客观原因发生失真或者为其他当事人进行篡改或变造时,诉讼能力较弱的一方亦难以发现。由此导致,电子诉讼当中诉讼能力较弱的一方更加容易对电子化证据的真实性产生疑惑,

---

[①] 王福华:《电子法院:由内部到外部的构建》,载《当代法学》2016 年第 5 期。

[②] 张峰、滑冰清:《电子法庭与传统民事诉讼法理的冲突与协调》,载《河南师范大学学报》(哲学社会科学版)2013 年第 1 期。

亦更加倾向于选择通过传统线下方式开展证据质证和交换。

必须说明的是,心理维度原因并非独立于其他两要素,心理维度上对电子化证据真实性疑惑的产生很大程度是技术维度和规则维度原因的产物,可以通过构建具有权威性和公信力的电子化证据真实性保障措施以及真实性审查规则来予以消解。因此,电子化证据真实性审查困境的破解途径,实际仍应从技术保障与规则构建两方面着手。

三、电子化证据真实性的技术保障措施构建

(一)具有公信力的统一电子化平台的建立

电子化证据真实性的审查,首先是要确保经过转化而来的电子化证据同实物证据之间的准确性与同一性,亦即这种电子化应当是真实、完整地表现实物证据本身信息的转化。这就要求电子化证据必须是经过中立、可靠、具有权威性的平台转化而来,因此有必要建立具有公信力的电子化平台,统一对当事人所提供的证据进行电子化转换。

就该电子化转换平台,一方面应当保证其中立性与公信力。只有由独立于诉讼主体之外的权威第三方平台对实物证据进行电子化转换,才能最大程度保证该电子化证据的真实性与可信度;另一方面还应保证转换的低成本与便捷性。转换成本和效率是当事人在诉讼过程中所要考虑的重要问题,过高的转换成本或较低的效率将迫使当事人放弃电子化证据的提供,转而仍旧选择传统的举证质证程序。故而,基于该两点考虑,在平台选择上可以考虑采取由市场上的电子存取证机构,或者由各个法院设立电子化转换部门。① 在电子诉讼过程中,当事人可以任意选择就近的法院或第三方存证机构进行证据的电子化转换,由这些专门平台负责转换及将电子化证据上传至诉讼平台,供案件审理法院用以庭审质证。

(二)区块链等电子存证技术的应用

传统实物证据经由平台转化生成电子化证据后,可借助区块链、可信时

---

① 随着智慧法院建设的推广,法院内部往往亦会设立有专门的材料扫描部门,负责对卷宗及当事人提供的诉讼材料进行扫描上传至诉讼平台,这些部门本身即是电子化转换部门,可以发挥电子化转换平台的功能。

间戳、哈希值校验等电子存证技术予以固化,从而防范电子化证据被篡改和变造,保证电子化证据的真实性。

区块链等电子存证技术属于电子证据固化方面的成熟技术,不仅被相关法律规范确定为电子证据存证认证的有效技术手段,[①]在实践当中也已经被互联网法院所广泛应用。[②] 现今,区块链技术等主要是应用在电子证据的存、取证上,在电子化证据领域则尚未能发挥相应作用。究其原因,传统实物证据经扫描等转化为电子化证据后,即便是存储至区块链存证平台,存证平台亦不具有该证据的原始数据资料,[③]无法生成数据摘要来比对电子化证据是否同原始证据之间存在篡改。

然而,由此并不表示区块链等存证技术在电子化证据中不能发挥其应有的价值,尤其是结合统一电子化平台的建设,区块链存证技术可以保障已经生成的完整、准确的电子化证据在后续传输和使用过程中不被篡改。区块链存证平台可接入统一电子化平台,将已经生成的电子化证据作为原始数据存储至存证平台并生成数据摘要,由此来保证上链的电子化证据在后续传输和使用过程中的完整性和真实性。

四、电子化证据真实性审查规则的重构

(一)电子诉讼模式下对原件概念的扩大

电子诉讼不仅重新塑造了当事人参与诉讼行为的方式,也不可避免地对相应规则产生了挑战和冲突,而在证据领域则体现为电子化证据同原件优先规则之间的冲突。面对此种冲突,应当从立法上赋予技术以法律上的合理性。[④]

无论是我国民事诉讼法所规定的原件优先规则,还是英美法上长久以

---

① 《最高人民法院关于互联网法院审理案件若干问题的规定》第 11 条第 2 款规定,当事人提交的电子数据,通过电子签名、可信时间戳、哈希值校验、区块链等证据收集、固定和防篡改的技术手段或者通过电子取证存证平台认证,能够证明其真实性的,互联网法院应当确认。

② 陈国猛:《互联网时代资讯科技的应用与司法流程再造——以浙江省法院的实践为例》,载《法律适用》2017 年第 21 期。

③ 邹翔翔:《互联网审判机制研究——以杭州互联网法院为样本的考察》,载《浙江万里学院学报》2019 年第 2 期。

④ 王福华:《电子诉讼制度构建的法律基础》,载《法学研究》2016 年第 6 期。

来所确立的最佳证据规则,其规则本身都是为了确保证据本身的形式真实性。该规则得以确立的原因在于,原件同复制件之间极为细微的差别即可导致案件认定事实的差异,而原件所包含的细节、痕迹等特征更加不易被篡改和变更。然而,原件优先规则所关注的真实性仅是证据的形式真实性,在证据并非原件的情况下亦不因此而当然否定其证据能力。原件优先规则所要求的是一方当事人提出可以利用的最佳的证据规则,其是一项包容性规则,亦即"如果你没有更好的,则在其具有可采性的前提下,你手里所掌握的证据就是可以接纳的"。①

因此,民事诉讼法并未否认电子化证据的证据能力。在电子诉讼模式下,为了高效、便捷的解决纠纷,亦应当肯认电子化证据的证据效力,准许电子化证据作为证据使用。当然,此处准许电子化证据作为证据使用,其前提在于该电子化证据经核对同原实物证据相一致。对于电子化证据同原件优先规则之间的冲突协调,可通过司法解释对民事诉讼法第 70 条中的"原件"概念做扩大解释,通过"视同原件"的解释将电子化证据纳入原件范围内。

(二)以完整性为标准的真实性鉴证规则

电子化证据存储于特定设备中,同电子数据一样具有易被删改、修订和破坏且不易被察觉的特点,实践中若非依靠特定专业设备及鉴定手段,法官通常亦难以就该电子化证据形式上真实、未曾被篡改作出判断。因此,对于传统证据的真实性鉴证规则已经不再适用于电子化证据,而是应参照电子证据,建立起以完整性为标准的真实性鉴证规则。

所谓电子证据的完整性,是指电子记录的产生、传递、使用过程未被篡改或添加。② 该完整性标准在电子化证据中适用则应理解为,该电子化证据生成、存储、传输所依赖的设备、系统、软件等是否完整可靠,电子化证据生成、存储和传输所依赖的设备、系统硬件、软件是否处于正常运行状态,该电子化证据的保存、传输、收取是否由有资质的主体完成。

(三)电子化证据真实性推定规则的确立

法律推定是解决待证事实证明的一种技术性手段,电子化证据在真实

---

① 毕玉谦等:《民事诉讼电子数据证据规则研究》,中国政法大学出版社 2016 年版,第 119 页。
② 吴哲:《论民事诉讼电子证据的真实性》,载《河北科技大学学报(社会科学版)》2015 年第 3 期。

性审查上亦可采取推定规则。与此同时,电子化证据亦具有电子数据的部分特性,因此在推定规则的内容上亦可借鉴我国《最高人民法院关于民事诉讼证据的若干规定》中对电子数据真实性推定规则的内容。

具体而言,电子化真实性的推定真实规则内容可包含如下:(1)国家机关或者其他社会管理职能的社会组织在其职责范围内制作的文书,对该文书进行拍照扫描等所形成的电子化证据;(2)对鉴定机构所出具的鉴定意见进行拍照扫描等所形成的电子化证据;(3)对以档案管理方式保管的材料进行拍照扫描等所形成的电子化证据;(4)经公证机关公证的材料进行拍照扫描等所形成的电子化证据;(5)对方当事人在另案诉讼中所提供的电子化证据;(6)对双方均占有的材料,一方进行拍照扫描等所形成的电子化证据,另一方当事人虽然予以否认真实性,但并未提供其所持有部分且无法合理说明的。当事人一方在诉讼中提出以上该些电子化证据材料,在对方当事人未能提供相反证据的情况下,法院可推定该电子化证据的真实性。

(四)电子化证据真实性合理异议制度的建立

对于电子化证据真实性的审查还应建立合理异议制度。在依照前述真实性审查规则对电子证据的真实性予以审查后,若对方当事人仍有异议,则此时应由提出异议者对其异议进行合理说明,并由该当事人对此予以证明。法院在审查后认为该异议不具有合理性的,则可不予采纳该真实性异议,若认为该异议具有合理性的,则可以组织双方当事人补充进行线下举证质证。

五、结语

电子化证据是联结线下与线上之间的桥梁。为了更好地发挥电子化证据在电子诉讼中的效用,后续应当从技术保障措施建设和真实性审查规则两方面着手。保障措施建设方面应当建立具有公信力的电子化转换平台,保障转化形成的电子化证据同原始实物证据之间的同一性和完整性,并运用区块链存证技术避免电子化证据在后续运输、保管环节被篡改或变造。在真实性审查规则上,首先应当肯认电子化证据的原件效力,以完整性为标准来认定其真实性,同时辅以法律推定规则和当事人合理异议制度。

区块链电子证据的应用现状以及规则探索

阮 啸 王 悦*

（杭州互联网公证处，浙江 杭州 310009）

摘 要：以区块链技术为基础固化的电子数据证据在我国的司法实践中已得到了大量的运用。对于链上数据与实际真实性、规则复杂性与审理便捷性、数据效益与信息共享等问题，目前正在通过规则和技术的手段加以解决。在形成规则的过程中，对于区块链电子证据正反两方面的裁判案例给予了规则确立的经验基础。《关于人民法院在线办理案件若干问题的规定（征求意见稿）》的起草和出台将给区块链电子证据的认定规则完善提供重要的支持。

关键词：区块链；司法链；电子证据；公证；存证

一、区块链电子证据的现状与发展

区块链的目的与公证的目的相同，都是创造信用、证明可信、产生信任。区块链技术驱动如核爆一样，会颠覆传统公证技术，为行业带来发展。[①] 从杭州互联网法院首次采信区块链电子证据的法律效力进行认定的案件开始，区块链电子证据开始进入了高速发展的阶段。2018 年 9 月 7 日，随着最高人民法院《关于互联网法院审理案件若干问题的规定》（以下简称《互联网法院审理案件规定》）的实施，首次在最高司法层面上出现了关于区块链电子证据的规则。随着区块链在司法领域中各种应用的不断落地，越来越多的区块链电子证据正逐渐进入人民法院的司法实践。2021 年 1 月，最高人民法院起草了《关于人民法院在线办理案件若干问题的规定（征求意见稿）》

---

* 阮啸，杭州互联网公证处互联网二部部长；王悦，杭州互联网公证处知识产权中心副秘书长。

本文系最高人民法院 2020 年度司法研究重大课题"互联网时代电子诉讼规则研究"（ZGFYZD-KT202014-03）的阶段性成果。

[①] 杨东：《链金有法：区块链商业实践与法律指南》，北京航空航天大学出版社 2017 年版，第 210 页。

（以下简称《征求意见稿》）向社会公开征求意见。在此次《征求意见稿》中，有关电子材料和电子证据内容占据较大篇幅，而其中一半是关于区块链电子证据的。这说明我国对于区块链等新技术新领域相关法律问题的高度重视，中国的互联网司法已在全球处于"领跑者"地位；区块链在司法中的应用亦是如此。

区块链电子证据作为一种新兴技术衍生的电子数据证据种类内的证据，难免会有技术先行、制度滞后的情况发生，但区块链存证的应用深度和广度目前仍然处于初级阶段，与之对应的相关规范和规则与司法实践是相互促进相互成就的一个过程。《互联网法院审理案件规定》《征求意见稿》《最高人民法院关于民事诉讼证据的若干规定》《最高人民法院关于知识产权民事诉讼证据的若干规定》等制度的发布都是这个趋势的体现。

当然，诉讼是整个纠纷最终极的处理方式，随着数字司法进程的不断加深，区块链存证必然由主诉向预防法律风险的重心转移，这与法院系统推行的诉源治理思路相呼应，实际上在区块链存证的价值和应用当中，除了对诉讼活动的电子证据化支撑外，区块链电子存证在法律风险防控、数字经济规则保障方面的应用场景可以有更广泛的空间。[①] 区块链电子证据虽然目前仍是主要应用于民事诉讼领域，但随着我国数字司法制度的发展，区块链在司法领域的应用应当朝着预防风险、减少纠纷的方向发展。

二、区块链电子证据的问题与解决方案

中国互联网司法的"领跑者"地位意味着许多规则没有前例可循，我们须在便民诉讼、合法合规、公正审理和权利保障之间寻求最大公约数。尽管此前《最高人民法院关于民事诉讼证据的若干规定》《最高人民法院关于知识产权民事诉讼证据的若干规定》已经对电子数据证据的一般采信规则作出了规范，但单就区块链电子证据本身并没有太多特别的说明。且目前存储区块链电子证据的服务提供商资质不一，这也导致了部分裁判者对区块链电子证据不了解、不理解，没有办法对区块链电子证据的审查达到适度且合理的程度，并进一步导致了不敢采信、不愿采信。

准确有效地应用区块链电子证据对在线办理案件（尤其是涉及互联网

---

① 2020 司法研究重大课题《互联网时代电子诉讼规则研究》课题调研组：《区块链证据的司法应用现状与展望》，载微信公众号"IPRdaily"，2021 年 2 月 22 日。

的知识产权和金融案件)有重要意义和价值;如果在证据环节还停留在过去的传统模式,那就势将影响司法机构快速高效地处理互联网案件;如果不能对区块链电子证据的真实性、合法性、关联性作出准确判断,那就势将影响裁判者公正审理案件。让区块链电子证据在实务中发挥更大的证据效能,推动裁判者对于案件中的区块链电子证据做到兼顾效率和精准审查,将是推动区块链电子证据及证据法发展的阶段性跨越。

(一)链上数据与实际真实性

区块链电子证据在审判案件中日渐增多,证据的审查问题是多数裁判者聚焦之处。在司法实践中,即便使用了这种存证方式,仍然需要在个案中对存证获得的数据证明力进行认定,尤其是在数据挂载到区块链之前,这个时间段内数据的真实性和完整性是区块链本身无法证明的,就好像公证处只能证明看到了什么数据,但没看到之前的数据证明不了。① 对于区块链电子证据的审查,其实可将上链前数据和上链后数据的审查进行区分。在技术层面,区块链运用共识机制、多点分布的链式存储结构,并搭载时间戳等技术能够给予上链后的区块链电子证据在一定程度上存在自我校验的能力。尽管区块链的技术特性为上链后数据的审查提供了诸多助力,《征求意见稿》第14条也对上链后数据的效力审查问题进行了规定。② 然而,在实务中较容易被裁判者忽略,也让区块链电子证据效用被质疑的更大问题存在于上链前数据的真实性审查中,三家互联网法院及部分地区的人民法院在面临区块链电子证据上链前数据真实性审查时,往往有两种做法:一是对上链前数据的审查较为忽视,着重于上链后数据审查,对上链前证据采取忽略的态度(尤其是自身节点所在平台上的材料);二是通过审查在上链之前利用区块链存证平台进行取证时的取证环境是否清洁来判断上链前数据的真实性,再结合存证平台主体资质综合考量(通常是非自身节点所在平台的材料)。

针对上链前数据的审查,目前《征求意见稿》第16条已经给出明确的处

---

① 张延来:《网络法战地笔记:互联网法律从业者进阶指引》,法律出版社2019年版,第230—231页。

② 《征求意见稿》第14条规定,当事人提交的证据通过区块链技术存证,并经技术核验后一致的,推定该证据材料上链后未经篡改,人民法院可以确认该证据的真实性,但有相反证据足以推翻的除外。

理方式。① 对于可能发生的证据在上链前就已经存在不真实的情况,在这一条文中明确了处理方式,当事人可通过数据的具体来源、生成机制、存储过程等技术问题进行说明或通过公证、其他第三方的见证以及关联证据的印证来增强证据的真实性。可以体会到条文背后的目的是推定认可区块链存证证据的真实性,但针对有证据证明或合理理由说明上链前数据已经不具备真实性的情况仍须进行审查。这为司法区块链平台主体在调整平台主要发展方向及技术能力提升方面也提供了思路,如加强数据来源、证据生成机制、存储过程等平台产品应用功能,在链上节点引入公证、第三方见证,让区块链电子证据的证据效力得到进一步的增强。

(二)规则复杂性与审理便捷性

区块链在司法领域应用中存在的挑战,既有裁判者的审查证据顾虑,也有区块链技术应用中出现的自身问题。比如有关裁判者的顾虑,尽管近几年人民法院在面对区块链电子证据审查时已经摸索出一套对于区块链电子证据的审查模式,便是参照电子数据审查方式进行处理。但在针对在线审判、电子数据等方面的司法研讨中,不少法官提出:根据电子数据证据的审查标准对区块链电子证据进行审查的方式确实是最周密的方式,但有些证据并不是主要证据而且所涉案件标的额不大,在案件数量剧增的情况下,如果还要按照最周密但复杂的方式去审查对法官来说过于苛刻,影响到相关证据审查的时效性,以及对积压案件的处理速度,进而影响审判的效率。规则复杂性与案件审理便捷性之间的矛盾对区块链电子证据的推行也会产生相应障碍。并且层出不穷的区块链平台也是区块链在司法领域应用中面临的问题之一——我国新增区块链企业数量迎来高峰。随着区块链应用落地加快推进,"区块链+"业务已经成为互联网骨干企业进军区块链行业的发展重点,在金融业务之外,积极部署互联网、溯源、供应链和物流、数字资产、政务及公共服务、知识产权、法律、医疗等多领域的应用。在大大小小的区块链平台所生成的证据面前,对于区块链电子证据的采信除了涉及证据本身

---

① 《征求意见稿》第16条规定,当事人提出数据上链存证时已不具备真实性,并提供证据予以证明或者说明理由的,人民法院应当予以审查。人民法院根据案件情况,可以要求提供区块链存证证据的一方当事人提供证据证明上链存证数据的真实性,或者说明上链存证数据的具体来源、生成机制、存储过程、第三方公证见证、关联印证数据等情况。当事人不能提供证据证明或者作出合理说明,该区块链存证证据也无法与其他证据相互印证的,人民法院对该证据的真实性不予确认。

的"证据三性"审查,还存在与证据相关的区块链平台及平台主体资质问题。在实际的审判中也曾有过当事人存储的区块链电子证据所在平台已经注销、倒闭的情形,采信与否的判断对于裁判者来说也是一种挑战。

《征求意见稿》中第14条对区块链电子证据的效力作出了说明,同时第15条给出了对于区块链电子证据的审查方式。① 这两个条文从区块链电子证据的效力及区块链电子证据的审查两个方向为裁判者审查区块链电子证据提供标准及审查思路。在上述的第15条中,我们可以看到,平台方和技术的合规性都是审查中需要关注的内容,上述条文同时也可以为区块链平台主体划定一条行为红线,净化目前区块链存证的行业市场。

(三)数据效益与信息共享

目前区块链在公共服务上的落地应用已经产生多个区块链平台,如在司法领域有北京互联网法院参与的"天平链"和杭州互联网法院参与的"司法区块链",以及市面上多家紧跟区块链技术的电子证据平台机构,在区块链平台"遍地开花"的场面下,便容易在一定程度上产生信息孤岛问题。这个问题也是司法区块链行业这几年一直在关注的话题,各地方以及区块链企业基于自身链路发展、产品业绩的需求,总是有自建一套区块链的行为和"占山为王"谋求自身利益的冲动。短期来看很多企业追赶上了"区块链热潮",但区块链本身应用于社会各领域包括在司法领域内所要解决的问题之一便是传统互联网在大数据时代下的信息孤岛问题。

区块链技术虽然在我国的司法活动中已经迈出了较有成效的一步,但在技术层面的深入程度,我国与其他区块链技术发达的国家作比较时,可以发现,我们还处于一个相对初级的发展阶段。最高人民法院实际上已经关

---

① 《征求意见稿》第14条规定,当事人提交的证据通过区块链技术存证,并经技术核验后一致的,推定该证据材料上链后未经篡改,人民法院可以确认该证据的真实性,但有相反证据足以推翻的除外。

第15条规定,当事人对区块链存证证据提出异议并有合理理由的,人民法院应当主要审查以下内容:

(一)存证平台是否符合国家有关部门关于提供区块链存证服务的相关规定;

(二)当事人与存证平台是否存在利害关系,并利用技术手段不当干预取证、存证过程;

(三)存证平台的信息系统是否符合清洁性、安全性、可用性的国家标准或者行业标准;

(四)存证技术和过程是否符合《电子数据存证技术规范》关于系统环境、技术安全、加密方式、数据传输、信息验证等方面的要求。

注到了这个话题,并且最高人民法院自身已建设了"人民法院司法区块链统一平台",建设人民法院统一的区块链平台不失为一个解决信息孤岛问题的好方式。同时,跨链技术也是一种能够促进信息共享的方式,就笔者所任职的公证机构来说,现阶段我们是可以通过跨链技术将部分电子数据同步到相应的区块链上。相信未来除了大一统的"人民法院司法区块链统一平台"之外,一定会更多地应用跨链技术来实现数据的全局性。

三、司法案例与规则的确立

区块链在司法实践中所产生的问题与解决方案需要通过规则来进行逐步固化,同时又需要根据技术的进步不断调整。实际上区块链电子证据本身也是作为电子数据证据的一种新表现形态。基于区块链系统的法律所适用的范围,可能比传统法律法规更窄。事实上,用严格和正式的语言编写的规则缺乏自然语言的灵活性,无法适用处于法律灰色地带的一些意外案件,也很难预先考虑这些意外,并将其写入基础代码中。[①] 这就使得我们无法完全依赖于技术本身的规则,更多的还是需要法律人将相应的内容进行确认以形成一定的共识。

(一)正面典型:规则的提炼

2018 年 6 月 28 日,杭州互联网法院首次确认区块链电子证据法律效力,这也被认为是我国司法领域首次确认区块链存证的法律效力。在这起杭州华泰一媒文化传媒有限公司诉深圳市道同科技发展有限公司侵害作品信息网络传播权案中,法院指出:对于区块链技术手段进行存证固定的电子数据,应秉承开放态度、中立态度进行个案分析认定。既不能因为区块链技术本身属于当前新型复杂的手段而排斥或者提高其认定标准,也不能因为该技术因为难以篡改、删除的特点而降低认定标准,而应当根据电子数据认定的有关规定,综合判断其证据效力;[②]其中重点审查电子数据来源和内容的完整性,技术手段的安全性、方法的可靠性、形成证据的合法性,以及其他

---

① [法]普里马韦拉·德·菲利皮、[美]亚伦·赖特:《监管区块链:代码之治》,卫东亮译,中信出版社 2019 年版,第 219 页。

② 郑观、范克韬:《区块链时代的信任结构及其法律规制》,载《浙江学刊》2019 年第 5 期。

证据相互印证的关联程度。① 这种审判理念也为裁判者提供了后续更多区块链电子证据审查的参考思路。该案为区块链电子证据的认定提供了审查思路,提炼了考量因素,明确了认定标准。在后续的司法审判实践中,相关规则也得到了其他法院以及司法解释的肯定。

2018 年 9 月 9 日,在北京互联网法院成立后的第一案中,据称通过第三方平台北京"中经天平"进行了区块链取证;但该案法院似并未进行论证。北京地区真正首次对区块链存证电子证据认可的应该是 2018 年 9 月 25 日北京市东城区人民法院的"京东公司侵害中文在线数字出版集团作品信息网络传播权"一案。在该案中,法院对真相科技提供的 IP360 取证数据证据予以采纳,对采用区块链技术存证的电子数据的法律效力予以确认,并明确了区块链电子存证的审查判断方法。

(二)负面典型:规则的修正

2019 年 2 月 28 日,成都市中级人民法院在北京全景视觉公司(原告)诉成都日报社(被告)侵害作品信息网络传播权纠纷一案的二审中,否认了《电子数据取证证书》的效力,全部驳回了原告的诉讼请求。北京全景视觉公司通过重庆易保全公司运营的"易保全"网对成都日报社的侵权图片进行了网络取证和存证,易保全公司向北京全景视觉公司出具了《电子数据取证证书》。法院认为:(1)涉案《电子数据保全证书》并非公证文书,其所记载的事实和文书,不属于《中华人民共和国民事诉讼法》第 69 条所规定的经过法定程序公证证明的法律事实和文书;(2)本案中并无证据表明重庆易保全网络科技有限公司已经取得电子认证许可证书,则其所作出的认证证书也不能作为电子认证予以认定,但可作为第三方证明,按照电子数据的性质予以审查;(3)考虑电子数据易复制、易篡改的特性,电子数据证据的审查应当包括取证环境的清洁性、取证时间的客观性、取证过程的规范性、取证结果的真实性、完整性、副本与初始取证结果的一致性、能否与在案其他证据相互印证等内容。应该说该案从反面确认了原有的规则并提出了较为可行的方案。尽管该案作出裁判时《最高人民法院关于民事诉讼证据的若干规定》尚未发布,但该案说理部分的内容与该司法解释的规则高度相同。因此可

---

① 王红霞、李威娜、熊志钢:《机遇、挑战与规范——论区块链证据的司法审查规则构建》,载《贵阳学院学报(社会科学版)》2020 年第 3 期。

以说该案不仅仅是个案,而且提炼的一般性规则促进了相关司法解释的出台。

(三)区块链电子证据规则的明确

关于区块链电子证据,各裁判机构实际上也是有从不懂到粗懂再到深入了解的过程(包括目前以及未来一段时间内的部分裁判者认识中,也是有着这样的一个过程)。先行者的裁判规则提炼对于后来者的裁判有着非常重要的价值和意义。在数据上链之前,法院仍有必要在两个环节进行审查:(1)当事人使用锚定式区块链存证工具的具体流程以及现场还原程度;(2)存证工具本身的原理和可靠性。① 应该说最开始的时候裁判机构对于区块链电子证据是非常谨慎的,不仅考虑了区块链相关因素,而且也是更多地从电子数据证据的审查方面进行了全方位的论证。随着经验的不断积累,各法院逐步提炼并总结出了一套相对稳定并逐步细化的规则。《互联网法院审理案件规定》第 11 条对电子数据真实性审查的认定规则首次将区块链技术纳入电子数据技术审查的考量范畴内。② 尽管第 11 条具有明确电子数据审查认定方面的价值,但在当时这条规定出台的时期,包括后续的一段时间内,如何在法院案件的审理过程中去贴近这一司法解释条款仍没有实际操作的标准可循,这也是裁判者在审理过程中面临的一大难点问题。应该说,之前所整理的区块链电子证据审查规则基本上还是围绕着电子数据证据的审查规则。

---

① 张延来:《网络法战地笔记:互联网法律从业者进阶指引》,法律出版社 2019 年版,第 231 页。

② 《关于互联网法院审理案件若干问题的规定》第 11 条规定,当事人对电子数据真实性提出异议的,互联网法院应当结合质证情况,审查判断电子数据生成、收集、存储、传输过程的真实性,并着重审查以下内容:

(一)电子数据生成、收集、存储、传输所依赖的计算机系统等硬件、软件环境是否安全、可靠;

(二)电子数据的生成主体和时间是否明确,表现内容是否清晰、客观、准确;

(三)电子数据的存储、保管介质是否明确,保管方式和手段是否妥当;

(四)电子数据提取和固定的主体、工具和方式是否可靠,提取过程是否可以重现;

(五)电子数据的内容是否存在增加、删除、修改及不完整等情形;

(六)电子数据是否可以通过特定形式得到验证。

当事人提交的电子数据,通过电子签名、可信时间戳、哈希值校验、区块链等证据收集、固定和防篡改的技术手段或者通过电子取证存证平台认证,能够证明其真实性的,互联网法院应当确认。

当事人可以申请具有专门知识的人就电子数据技术问题提出意见。互联网法院可以根据当事人申请或者依职权,委托鉴定电子数据的真实性或者调取其他相关证据进行核对。

至于区块链所独有的审理规则,直到 2021 年 1 月最高人民法院发布《征求意见稿》才对区块链电子证据有较大篇幅的论述。在以往的相关司法解释及规定中,通常是将区块链电子证据融合在电子数据这一证据类型中统一考量,在这一《征求意见稿》中,首次确认了区块链电子证据的法律性质,并对区块链电子证据的效力、审查规则、补强规则等方面分别制定规定。针对在实务中所涉及的对于区块链电子证据难以审查的问题提供了解决路径。这意味在过去一段时间内裁判者、权利方、司法领域内的区块链平台主体共同分别在其自身的司法实践、权利保障、技术提升等领域内作出的努力显有成效,探索方向也更为明晰。

四、结语

综合近几年区块链在司法领域的发展,我们可以感受到区块链技术以其天然的"不可伪造""全程留痕""可以追溯"等特性促进了证据法理论研究、审判实务改革以及数字司法的发展,可谓是"大展身手"。但区块链在司法领域的应用场景、方式并不止于单纯的存证、生成区块链电子证据等方面。技术、理论及制度的互相促进为未来区块链在司法领域内的发展提供了良好的环境;这也促进了数字化改革在司法领域内的实现。

后记

数字化司法与新时空文明

本书为最高人民法院 2020 年司法研究重大课题"互联网时代电子诉讼规则研究"课题研究过程中,面向社会各界法律人士征集的相关优秀研究论文的集结出版作品,对于电子诉讼规则研究工作来说,需要涵盖诉讼程序规则、电子证据规则、数字化司法与程序法的司法衔接问题、全流程数字化审判的闭环研究等,是现代数字社会立法研究中的重大复杂疑难课题研究项目。电子诉讼规则的研究工作不是一蹴而就的,需要多年甚至几十年的研究工作,并与时代发展相契合。显然,我们看到数字化进程在不断加速,法律的数字化运行机制需要做大量的研究与演进才能成为维护社会运行规则和秩序的基础。

在互联网与数字化进程越来越成熟和普及的情况下,司法案件正在从物理空间逐渐演进到涉网与物理空间结合,甚至纯数字化案件的数量在与日俱增,相信在不久的将来,纯数字化案件的比例会越来越大,未来以数字化为基础的社会运行机制将完全建立。这是前所未有的变化,将彻底改变社会对法律运行方式的要求。从传统的物理空间法律转变为数字空间法律,司法的作用将从法律的"最后一公里"演进为法律的"最先一公里",这是社会客观进步的表现,按照马克思唯物主义思想发展和演进的社会制度和社会运行机制,社会的运行机制将不断向文明和秩序演进。设想未来的数字社会,一个由数字技术实现和自动运行的法律逻辑运行在全世界的各个角落,任何违背法律道德的行为,将在行为源头被发现、预测并实时监控行为的法律风险和走势,在触发法律后果后,将由数字化法律程序对相关法律主体的法律行为进行数字化的审判和数字化的执行。这将是一个高度文明的社会,每个法律主体将在法律与道德的数字之光下合法合理的行事,人类的幸福文明程度将远超当前的水平。

显然,要达到这样一种理想状态,会有很多工作要做,需要全社会科技、法律的不断进步与发展,在当下互联网时代,我们有幸组建一个产学研结合的专家团队参与到最高人民法院的相关课题研究工作当中。电子诉讼规则是实现司法审判数字化的基础规则，是衔接物理空间到数字空间司法审理工作的关键一环，在电子诉讼规则阶段性确立并付诸实施后，我们将实现数字化司法的第一步，也是必然的第一步。未来，以电子诉讼为根基，协同社会的科技和文明进步，我们将逐步实现法律到法律行为源头的渗透以及司法裁判数字化执行对法律主体行为实质性直接的约束和影响。

在目前的研究阶段，实现物理空间司法到数字时空司法的巨大转变需要大量的研究工作，面临众多复杂的系统问题挑战，涉及政治、社会、经济等各方面数字化进程与法律数字化的耦合和衔接工作，因此，数字化司法的进程对于新时空数字世界而言，仅仅是刚刚起步，需要众多专家学者持续不断的研究工作，也需要法律及社会各界从实践当中不断总结、提炼。希望我们的研究工作能够抛砖引玉、能够引起和激发全社会对数字化司法的认识程度并对其在未来数字社会的作用产生足够高的重视。即便我们已经在电子诉讼规则研究相关领域汇集大量专家研究相关命题，但对于数字化司法的研究工作而言，此番研究工作仍然是沧海一粟。

在此，对于参与课题研究的相关专家以及对于积极进行电子诉讼规则相关研究工作的全社会学者表示由衷的感谢，对于课题组的研究工作的不足之处，也希望社会各界给予意见和建议。感谢最高人民法院研究室、最高人民法院应用法学研究所对课题工作的指导。特别感谢中国人民大学法学院、中国政法大学、北京互联网法院、北京市海淀区人民法院等单位的专家学者对于课题研究工作的支持。研究工作没有止境，我们将继续不断地加强加深数字化司法相关理论的研究工作。

石　松

真相科技创始人

2021 年 12 月 25 日